# Information Literacy
## 정보문해

김 순 희

# **Information** Literacy
## 정보문해

김 순 희

Information Literacy : Essential Competencies for the Knowledge-Information-Based Society

한국학술정보㈜

# 머리말

　정보는 평등을 위한 유일한 필수전제조건이라고 할 만큼 개인이 현대사회를 살아가는데 있어 매우 중요한 요소이다. 그런데 오늘날 현대인들은 급증하는 정보의 양과 새로운 정보기술 발달로 인해 정보문제에 직면해 있으며, 이러한 현상은 갈수록 더욱 심화되는 추세이다. 정보문해(情報文解)는 이러한 정보문제를 해결할 수 있도록 하는 것으로, 오늘날 모든 학문분야의 학습능력 향상과 학업성취에 기초가 되는 능력이며, 지식정보사회에서 독립적인 전문가로 살아가는데 필요한 평생학습을 위한 기초로 간주되고 있다. 따라서 고등교육을 실시하고 있는 대학은 대학생들이 교육과정을 통해 정보문해 교육을 받음으로써 제기된 문제를 정확하게 인식하고 문제해결을 위한 정보와 지식의 검색·분석·평가·종합 등에 필요한 정보기술을 체계적으로 사용할 수 있는 능력을 갖출 수 있도록 해야 한다.

　미국, 영국, 호주 등 해외에서는 일찍이 1990년대 후반부터 국가적 차원의 고등교육 정보문해 기준 및 모형을 개발하여 대학에 정보문해 교육을 권고하기 시작하였다. 그 결과 현재 일반적 정보문해에 대한 교육과 연구는 물론 생물학, 의학, 예술, 과학 등 각 학문분야별로 정보문해 교육이 실시되고 있으며 이를 위한 다양한 프로그램의 개발 및 온라인 튜토리얼 교육 등 여러 교육방법의 학습 효과에 대한 연구가 상당히 진행되었다. 그리고 이렇게 정보문해가 발달한 것으로 우리에게 잘 알려진 해외 선진국 이외에 독일, 덴마크, 남아프리카, 네델란드 등 세계 여러 국가에서도 최근 정보문해의 중요성을 인식하고 대학 및 학교에서의 교육의 필요성 및 역할을 강조하고 있으며, 교육방법 등 다양한 측면에서의 연구를 시작하고 있다.

우리나라에서는 고등교육에 있어 일반적인 정보문해 교육에 대한 연구가 2000년대 초부터 시작되었으며, 현재 디자인분야 등 학문분야별 정보문해 교육에 대해서도 점차적으로 연구가 진행되기 시작하였다. 최근에는 대학생들이 갖추어야 할 기초적인 교양으로 정보문해가 인식되면서 직접 강의실에서 또는 온라인 방식을 통해 일부 대학에서 교양과목 또는 학부생 필수과목의 연계학습으로 정보문해 교육을 실시하고 있다.

이 책은 정보문해 교육에 사용될 수 있도록 저자가 대학 및 부설교육기관에서 대학 내에 설치된 전체 학과의 전공자들을 대상으로 2005년부터 2년간 직접 강의실 및 온라인 강의실인 i-campus에서 강의한 정보문해 교과목의 교재, 선행 연구자료 및 국내외의 사례를 토대로 집필한 것이다.

이 책은 총 10장으로 구성되어 있다. 1장에서부터 4장까지는 정보문해 교육을 받는 데 필요한 가장 기본적인 사항인 정보와 정보원, 도서관 및 정보문해 교육의 필요성에 대해 충분히 이해할 수 있도록 되어 있다. 5장에서부터 10장까지는 1장에서부터 4장까지에 대한 이해를 바탕으로 본격적으로 자기주도적인 학습 및 독립적인 평생학습자가 되기 위하여 제기된 문제를 정확하게 인식하고, 문제해결을 위해 필요한 정보를 찾고, 분석하고, 평가하고 효과적으로 종합하고 조직하여 이용할 수 있는 일련의 능력인 정보문해를 갖출 수 있도록 되어 있다. 따라서 대학생의 정보문해 교육에 도움이 되기를 바란다.

이 책을 쓸 수 있도록 많은 가르침과 기회를 주신 고영만 교수님께 깊이 감사드립니다.

2008년 2월
저자 김순희

# 제 4 장

## 고등교육 정보문해 프로그램      127

# 제 5 장

## 정보 요구의 인지 및 필요한 정보의 결정      153

# 제 6 장

## 관련정보의 소재 파악 및 접근:
## 도서, 연속간행물, 멀티미디어      193

## 제 7 장

# 웹 정보 검색　　　　　　　　　　　　　　　　239

## 제 8 장

# 정보 평가　　　　　　　　　　　　　　　　　285

# 제 1 장

정보와 정보원

본 장에서는 지식정보사회에서 중심적인 역할을 하고 있는 정보에 대한 정의와 유형에 대해 살펴본다. 그리고 필요한 다양한 정보들을 이용목적에 맞게 내용을 기록하여 전달하는 문헌적 자료인 정보원의 유형과 대표적인 정보원인 도서의 구성부분에 대한 명칭과 수록정보에 대하여 소개한다. 이를 통해 지식정보사회에 대한 이해와 정보문해 교육을 하는데 필요한 가장 기본적이고 기초적인 사항인 데이터, 정보와 지식, 정보와 정보원의 유형에 대한 이해를 할 수 있도록 한다. 그리고 정보원의 구조에 대한 학습을 통해 온라인 목록과 같은 검색도구의 검색항목이 어떻게 만들어지게 되었는지를 이해할 수 있도록 하는 것을 학습목표로 한다.

## 1. 지식정보사회

인류사회는 수 천년동안 인류에게 큰 사회변혁이라고 할 수 있는 농업혁명, 산업혁명, 정보혁명, 지식혁명의 과정을 겪으면서 농업사회에서 산업사회로 발전하였으며, 세계대전이후에는 정보사회로 발전하였고, 21세기에는 다시 정보사회를 거쳐 지식사회로 향해가고 있다(그림 1-1 참조).

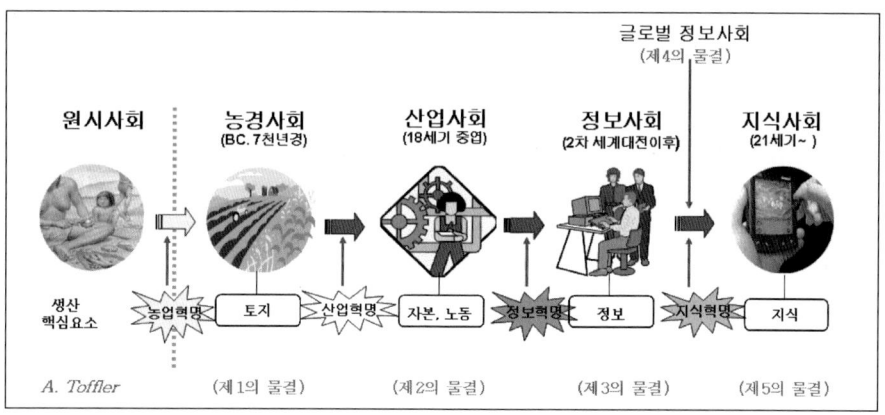

〈그림 1-1〉 산업구조의 발달에 따른 패러다임의 변화과정  (차대운 2002)

미국의 미래학자 앨빈 토플러(Alvin Toffler)는 그의 저서 『제3의 물결(The Third Wave)』에서 이와 같은 정보사회로의 발전 흐름을 제3의 물결로 보고 가장 기본적인 자원은 정보이며, 정보사회는 정보가 효율적으로 활용되는 사회라 정의하였다.

경영학자 피터 드러커 교수는 21세기를 지식사회라고 칭하였다. 지식사회라는 용어는 1962년 벨(Bell)이 기술과 사회변동이란 토론회에서 처음 사용하였으며, 피터 드러커 교수에 의해 논의가 촉진된 것으로 지식사회는 지식이 사회적 부의 원천이 되는 사회 즉 노동, 자본이 주된 생산요소였던 산업사회를 넘어 정보와 지식이 개인, 기업, 국가의 경쟁력을 좌우하는 핵심요소이자 가치창출의 원천이 되는 사회라는 것이다.

정보사회와 지식사회의 차이점에 대해 마호트라(Malhotra 1998)는 정보사회가 인간의 창조적 능력보다는 정보기술이 사회변화의 추진력이라고 파악하는 반면에 지식사회는 정보기술의 발달로 폭증하는 다양한 정보의 가치를 지속적으로 평가, 판단하는 '인간'을 변화 추진의 원동력으로 파악한다고 설명하였다. 따라서 정보사회에서는 인간은 정보를 수동적으로 받아들이는 소극적 입장을 취하지만 지식사회에서의 인간은 급변하는 환경변화를 적극적으로 해석하고 가치를 부여하는 능동적인 학습주체로 부각된다는 것이다. 즉 정보와 정보통신기술이 주도하는 정보사회와 달리 인간의 적극적인 학습과 이를 통한 지식창출 그리고 창출된 지식이 경쟁력의 원천이 되는 사회를 지식사회라고 할 수 있다(유영만 1999).

오늘날의 사회는 정보사회, 지식사회라는 명칭 이외에 여가사회, 소비사회, IT사회 등과 같은 명칭으로 불리고 있다. 이와 같이 학자들의 관점에 따라 어떤 사회의 상태를 선별적으로 서술함으로써 한 시대의 사회에 대한 명칭은 여러가지로 다르게 불려지고 있으나 일반적으로 생산의 핵심요소로 구분해 볼 때, 우리는 오늘날의 현대 사회를 지식정보사회로 보고 있다. 정보사회에서 한 걸음 더 나아간 지식정보사회(knowledge-information-based society)는 지식의 정보화와 지식화를 기반으로 하는 정보기반의 지식사회를 말한다(한국문헌정보학회 2004).

## 2. 정보(情報)의 정의와 유형

### 1) 정보의 어원 및 유래

지식사회학자 자이퍼트는 정보로 번역되는 영어 information의 어원은 informatio이며, 그 당시 informatio의 의미는 주어진 어떤 현상, 구성, 또는 교시 등을 뜻했던 것으로 어원적 해석은 '형상을 내면화하는 행위'로 정의된다고 한다.

---

in( =internal), form( =form), ation( =act of)

---

일본에서 Information은 처음에는 교훈, 고지, 수술, 양해, 송사 등으로 번역되다가 1921년(大正 10년) 『大英日辭典』에서 '情報'라고 번역되었다. 그러나 역사적으로 살펴볼 때 일본에서 Information 이외에 독일어의 'Nachricht', 불어의 'Renseignement', 영어의 'Intelligence'도 '情報'라고 번역하여 사용한 사례를 찾아 볼 수 있다. 동양에서는 '情報'라는 낱말이 1876년 일본에서 발행된 『군사용어사전』에 최초로 나타났는데 이것은 불어의 'Renseignement'를 번역한 말이다. 1903년에는 독일어의 'Nachricht'를 '情報'라고 번역하여 사용하였다. 영어의 'Intelligence'는 1916년(大正5년)에 간행된 『표준숙어 영일중사전』에서 '情報'로 번역되었다(한상완 2002)(그림 1-2 참조).

우리나라에서는 1920년에 발행된 『조선어사전』에 정보라는 낱말이 없었으나, 1938년에 발행된 『우리말사전』에 비로소 처음으로 정보라는 낱말이 나오고, '사정의 통지'라고 해석되었다. 현재 우리가 일상적으로 쓰고 있는 '정보(情報)'라는 말은 일본에서 1921년 '情報'라고 번역한 것을 그대로 차용해서 사용하고 있는 것이다. 그리고 우리나라에서도 'Intelligence'를 '情報'로 번역한 예를 국가정보원(National Intelligence Agency), 경쟁정보(Competitive Intelligence) 등의 명칭에서 찾아 볼 수 있는데 이것 또한 일본에서 'Intelligence'를 정보로 번역한 것을 가져다 쓴 것으로 유추된다(고영만 2005).

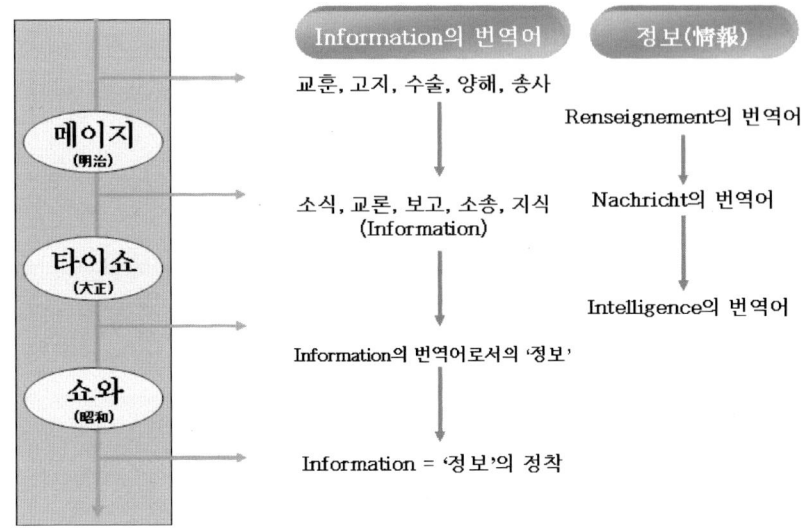

<그림 1-2> Information과 정보의 의미 변천  (한상완 2002)

## 2) 정보의 정의

정보(Information)와 지식(Knowledge)에 대한 정의 특히 정보의 정의는 아주 다양하기 때문에 한 마디로 규정할 수 없다. 그 이유는 정보는 무형의 재화이고, 원래 정보는 인문과학 용어였으나 20세기에 들어와 자연과학이나 공학에서도 사용되면서 학문분야에 따라 학자들의 정보에 대한 관점과 견해가 다르기 때문이다. 그리고 사회가 발전하고 고도화됨에 따라 정보에 대한 개념이 계속 변화되고 있기 때문이다.

정보에 대한 정의를 크게 3가지 관점 즉 지식과 동일하게 보는 관점, 지식과 구별되게 보는 관점, 정보과학분야의 관점으로 나누어 살펴보면 다음과 같다.

첫째, 지식과 정보를 동일하게 보는 관점으로 미국의 정보과학자 둘스(Allen W. Dulles)는 '정보란 행동의 방침을 결정하는데 있어 미리 알아두어야 할 일체의 사항을 망라한 것'이라고 하였으며, 일본의 다다가즈오(多田和夫)는 '정보는 행위에 우선하여 알아야 할 필요가 있는 모든 지식'이라고 정의하고 있다. 또한 Oxford사전에는 '정보는 어떤 주제나 사실에 관하여 전달되는 지식'이라고 되어 있으며, Webster사전에는

'다른 사람에 의하여 전달되거나, 개인의 연구와 발명에 의하여 얻어지는 지식, 또는 특수한 사건이나 상태 등에 관한 지식'으로 정의되어 있다.

둘째, 지식과 정보를 구별하여 보는 관점으로 미국의 경제학자 매클럽(Machup)은 '지식이란 정보들이 집합된 상호관련적 체계(interrelated system)로 기본적인 인과적 구조가 갖추어진 형태'로 정의하고 있다. 따라서 지식의 개념에는 이미 정보의 속성이 내재되어 있기 때문에 일상적인 용어의 차원에서 두 개념이 통용될 수 있다고 하였다. 그러나 정보는 '알려지는 것'인 반면에 지식은 '사고되어지는 것'으로 구분하였다. 즉 매클럽에 의하면 두뇌활동의 측면에서 볼 때 정보는 단순히 들어서 수동적 방식으로 얻을 수 있지만, 지식은 생각함으로써 적극적인 방식으로만 얻을 수 있다는 것이다. 정보는 데이터, 지식과 구별되나, 이들은 유기적으로 결합되어 있는 하나의 요소들이라 볼 수 있다. 사실(fact), 데이터(data), 정보(information), 지식(knowledge)과의 관련성은 〈그림 1-3〉과 같이 설명될 수 있다.

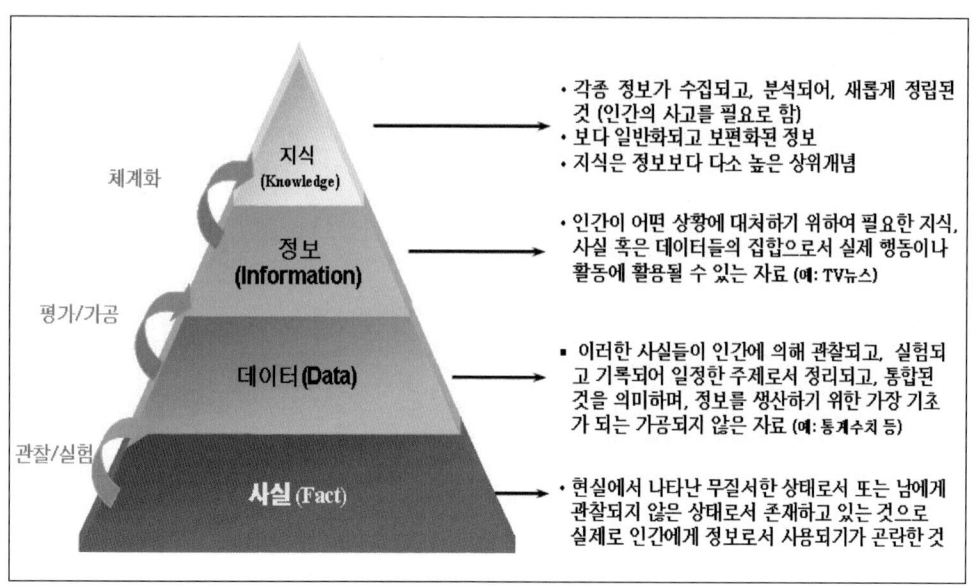

〈그림 1-3〉 매클럽의 정보의 정의 중 사실, 데이터, 정보, 지식과의 관련성

사실(fact)은 현실에 나타난 무질서한 상태로서 또는 남에게 관찰되지 않은 상태로서 존재하고 있는 것으로 실제로 인간에게 정보로서 사용되기가 곤란한 것이다. 데이터(data)는 그러한 사실들이 인간에 의해 관찰되고 시험되고 기록되어 일정한 주제로서 정리되고, 통합된 것을 의미하며, 정보를 생산하기 위한 가장 기초가 되는 가공되지 않은 자료(예: 통계수치 등)를 말한다. 정보는 인간이 어떤 상황에 대처하기 위하여 필요한 지식, 사실 또는 데이터들의 집합으로서 실제 행동이나 활동에 활용될 수 있는 자료(예: TV뉴스 등)이다. 지식(knowledge)은 각종 정보가 수집되고 분석되어 새롭게 정립된 것으로 인간의 사고를 필요로 한다. 지식은 보다 일반화되고 보편화된 정보이며, 정보보다 다소 높은 상위개념이다(한국문헌정보학회 2004).

미국의 경제학자 맥도너(A. McDonough 1963)는 데이터와 정보는 구별하여 다루어져야 한다고 주장하고, 데이터는 특정상황에서 '평가되지 않은 메시지'이며, 정보는 '특정 상황에 놓여진 가치가 평가된 데이터'로 개인이나 조직의 문제해결과 결정을 위하여 유용한 것이고, 지식은 '일반적 상황에서 평가된 데이터'라고 정의하였다(박종찬 2002).

우미노 빈 등(海野敏, 影浦峽, 戶田愼一 1999)은 정보는 지식을 포함하는 광의의 개념이나 일상적인 사용에 있어 정보가 지식을 완전히 포함하는 것은 아니라고 한다. 그들의 정보의 관련어에 대한 그림을 보면 이 두개의 단어는 감각적으로 구별되어 사용되어져 있다(그림 1-4 참조).

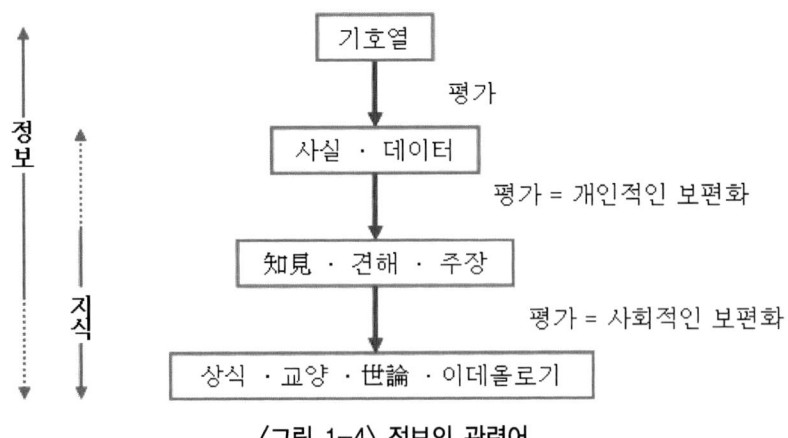

〈그림 1-4〉 정보의 관련어

단순한 사실과 데이터를 지식이라고 하는 것이 아니라 정보보다 보편성, 일반성을 가지고 있는 것을 지식이라고 하는 것으로 지식이라는 단어에는 고정적인 것, 기록되는 것, 축적되는 것이라는 의미가 포함되어 있다. 반면에 정보라는 단어에는 미평가, 불확실성, 불안정, 유동적인 것, 전달되는 것, 소비되는 것이라는 의미가 포함되어져 있다고 한다.

나카모토(伸本秀四朗)는 정보는 흘러서 유통을 형성하고 단편적이고 수명이 짧으며, 신용할 수 없는 내용을 포함하는 것인 반면, 이와 정반대가 지식이라고 한다. 그 중에 해석과 실증이 덧붙여지는 것에 따라 정보가 지식이 될 수 있고 유통으로의 조건이 갖추어진 것에 따라 지식은 정보가 된다는 것이다. 노나카 이쿠지로(1996)는 지식을 '정당화된 진정한 믿음(Justified True Belief)'이라고 정의하고 '성에 있는 연못의 물고기와 불' 우화를 통해 본 정보와 지식의 차이를 설명하였다. 즉 '성에 불이 났다'는 수동적으로 전해진 정보와 땅위의 불과 물속에 사는 물고기와의 상관관계를 파악하여 대피할 수 있는 지식을 구별하였다.

셋째, 정보과학분야의 관점으로, 정보과학분야에서 가장 일반적인 정보의 정의는 쉐논(C. Shannon)의 정보이론과 위버(W. Weaver)의 정의를 들 수 있다. 쉐논(1948)은 'Mathematical Theory of Communication(커뮤니케이션의 수학적 이론)'에서 '정보는 자유롭게 메시지를 선택할 수 있는 하나의 수단이며, 정보의 최소 측정단위는 비트(bit)'라고 정의하였다. 쉐논과 위버(1949)는 어떤 상황에서 불확실성(uncertainty)을 감소시켜 주는 것은 무엇이나 포함된다는 의미에서 '정보는 엔트로피(entropy)를 감소시키는 도구'라고 정의하였다.

이상의 정의를 통해 볼 때 일반적으로 '정보는 어떤 것에 대한 메시지(message)로써 개인이나 조직의 의사결정 혹은 행동을 위하여 사용되는 의미있는 내용'으로 정의되고 있다(박종찬 2002). 정보학적 관점에서는 '정보는 행동을 위한 지식(Knowledge for/in action)' 즉 특정의 개인이나 그룹, 조직 등이 구체적인 상황에서 행동(예: 문제의 극복)을 하기 위해 필요로 하는 지식의 부분집합이며, 커뮤니케이션에 있어서의 '불확실성을 감소시키는 것(The Reduction of Uncertainty)'이라고 정의한다(고영만 2005).

〈표 1-1〉 정보학적 관점에서의 정보의 정의

- 행동을 위한 지식(Knowledge for/in action)
  : 특정의 개인이나 그룹, 조직 등이 구체적인 상황에서 행동
  (예: 문제의 극복)을 하기 위해 필요로 하는 지식의 부분 집합

- 불확실성을 감소시키는 것(The Reduction of Uncertainty)
  : 커뮤니케이션에 있어서의 불확실성의 감소

## 3) 정보의 유형

정보의 개념이 다양하게 정의되고 있는 것과 같이 정보의 유형도 경영주체, 유동성 여부, 발생형태상, 내용, 이용주체 등의 보는 관점에 따라 다양하게 구분될 수 있다. 그 중 내용을 중심으로 정보의 유형을 구분하면 크게 사실정보 & 의견정보, 객관적 정보 & 주관적 정보, 일차정보 & 이차정보, 배경정보 & 깊이 있는 정보 그리고 학술정보 & 대중정보의 5가지로 분류할 수 있다. 그러나 학술정보 & 대중정보는 좀 더 엄밀히 분류하게 되면 내용과 이용주체에 의한 분류라고 할 수 있다(표 1-2 참조). 그리고 정보의 내용에 의한 분류가 절대적인 것은 아니다. 어떤 정보는 일차정보이면서 의견분석정보일 수 있고, 주관정보이면서 대중정보일 수 있다. 또한 이차정보이면서 학술정보일 수 있고 사실정보이면서 배경정보일 수 있다(Manuel 2004).

〈표 1-2〉 정보의 유형

| 구 분 | 정보의 유형 |
|---|---|
| 경영주체 | 국가정보, 기업정보, 단체/법인정보 |
| 유동성 여부 | 동태정보, 정태정보 |
| 발생형태상 | 자연정보(내적정보, 외적정보) |
| | 인공정보(문자정보, 영상정보, 음성정보, 뉴미디어정보) |
| 내 용 | 사실(데이터)정보 & 의견(분석)정보, 객관적 정보 & 주관적 정보, 일차정보 & 이차정보, 배경정보 & 깊이 있는 정보, 학술정보 & 대중정보 |

## (1) 사실 & 통계 정보와 의견 & 분석정보

사실정보(Factual Information)는 사실에 근거한 것으로 입증될 수 있고 구체적인 정보를 말한다. 즉 누가, 무엇을, 언제, 어디서 그리고 어떻게 라는 질문에 대한 대답으로 왜(Why)라는 물음에 대답을 필요로 하지 않는다(SCCC). 통계 정보(Statistical Information)는 숫자 데이터 또는 숫자 데이터의 조직을 말한다. 사실 & 통계정보의 예를 들면 '세계 최초로 실질적인 비행에 성공한 비행기는 미국의 라이트 형제가 만든 플라이어호(號)이다', '오늘의 환율은 1달러에 1000원이다', GNP, 국민총인구수, 실업률, 물가지수 등이다. 사실 & 통계 정보는 사전, 지도자료, 핸드북, 디렉토리 등의 참고정보원에서 입수할 수 있다. 그러나 도서, 연속간행물 아티클 그리고 일반 웹 페이지 등은 사실 & 통계 정보를 찾기 위한 효과적인 정보원이 아니다.

의견정보 & 분석정보(Opinion & Analysis Information)는 진실인 것처럼 보이는 것에 근거한 개인적인 견해와 판단을 말한다. 또는 사실, 인물, 장소, 사건, 이슈, 아이디어 그리고 창작물에 대한 해설과 해석을 말한다. 예를 들면 '김소월의 시 〈진달래꽃〉은 좋은 시이다', '〈햄릿〉은 발표 이후 400여년의 세월이 흘렀지만 이 작품은 끊임없이 공연되고, 새로운 의미로 재해석되곤 하는 것으로 셰익스피어의 작품 중에서 가장 성공한 작품이라고 할 수 있다', '도서와 영화에 대한 리뷰 정보' 등이다. 의견 & 분석정보는 도서, 연속간행물 아티클, 신문기사, 일반 웹 페이지 등의 정보원에서 입수할 수 있다. 특히 리뷰 아티클 그리고 신문의 의견란 아티클은 의견정보를 위한 좋은 정보원이다.

〈표 1-3〉 사실 & 통계 정보와 의견 & 분석 정보의 비교

| 사실 & 통계 정보 | 의견 & 분석 정보 |
|---|---|
| • 엥겔의 법칙(Engel's law)은 독일의 통계학자 엥겔이 벨기에 노동자의 가계조사에 의하여 발견한 법칙이다. | • 찰스 디킨즈 소설의 예술적 성과를 인정하면서도 그의 대중적인 요소를 결점으로만 여기는 제한적 찬사가 여전히 디킨즈에 대해서 적용되고 있는 것이 오늘의 실정이다. |
| • 2005년 합계 출산율은 1.08명으로 2004년 1.16명보다 0.08명 감소하였다. | • 서울시 공채시험의 높은 경쟁률은 높은 청년 실업률, 공직선호도의 증가 때문이다. |

## (2) 객관적 정보 & 주관적 정보

객관적 정보(Objective Information)는 특정 주제, 문제에 관련된 모든 측면을 나타내야 하고 대개 사실에 근거한다. 때때로 그 분야의 전문가가 어떤 이슈에 관해 객관적으로 말한 정보일 수 있다. 예를 들면, '에이즈는 바이러스 감염을 통해 전파되는데 감염자와의 성접촉, 감염된 혈액이나 혈액제제에 대한 노출, 모자간의 수직 감염의 크게 세가지 경로를 통해 이루어진다'이다. 객관적 정보는 백과사전, 핸드북, 편람 등과 같은 참고정보원에서 입수할 수 있다. 도서, 아티클 또는 웹 페이지에도 객관적 정보가 수록될 수 있으나 이러한 정보원은 매우 조심해서 사용해야 한다. 그리고 비평과 의견란 아티클(op-ed piece)과 같이 의견정보만을 수록하고 있는 정보원은 피해야 한다(Manuel 2004).

주관적 정보(Subjective Information)는 흔히 특정 주제, 문제에 관한 개인이나 단체의 신념 또는 의견이다. 그러나 특정 주제, 문제에 대한 모든 측면을 다루지 않고 하나의 측면 또는 부분적인 측면에서 표현하거나 분석한 정보를 말한다. 예를 들면, '나는 어제 예술의 전당에서 오페라를 보았는데 주인공의 의상이 매우 잘 디자인되었다고 생각한다', '에이즈는 동성간의 좋지 못한 행동에 대한 신의 처벌로 볼 수 있다' 등이다. 이것은 개인의 주관적 의견으로 다른 사람은 그 의상에 대해 또는 에이즈에 대해 다른 견해를 가질 수 있다. 정보에 '내가 생각하기에', '내가 이해하기에', '나는 ….. 느꼈다' 등의 표현이 포함되어 있는 것은 주관적 정보임을 나타내는 근거이다(CSUH 2000). 주관적 정보는 도서, 연속간행물 아티클, 웹 사이트, 신문 사설 등의 정보원에서 입수할 수 있다.

의견정보와 주관적 정보가 같은 것으로 여겨지나 기본적으로 다음과 같은 차이점이 있다(표 1-4 참조).

〈표 1-4〉 의견 정보와 주관적 정보의 비교

| 의견 정보 | 주관적 정보 |
| --- | --- |
| • 진실인 것처럼 보이는 것에 근거한 간략한 진술(예: 파란색은 차의 색상으로 가장 좋다. 녹색은 눈에 가장 좋다.) | • 주관적 정보는 흔히 어떤 주제나 문제에 대한 불충분한 또는 한쪽 측면에서의 설명을 가진 의견을 결합시킨 좀 더 길게 진술된 정보이다. |

(Manuel 2004)(고영만 2005)

## (3) 일차정보 & 이차정보 & 삼차정보

일차정보(Primary Information)는 원저작자에 의해 표현된 정보로, 번역되거나 해석되지 않은 원래 형태의 정보를 말한다. 일차정보의 예를 들면 수집되거나 분석되지 않은 데이터와 통계, 시, 소설, 연구자에 의해 발표된 아티클에 수록된 독창적인 연구 내용 등을 들 수 있다. 일차정보는 학술지 아티클, 회의자료, 연구보고서, 출판전 배포기사, 학위논문, 도서 등의 일차정보원에서 입수할 수 있다.

이차정보(Secondary Information)는 기본적으로 일차정보를 효과적으로 검색할 수 있도록 체계적으로 정리 배열한 서지정보, 색인정보와 일차정보에 포함된 정보를 압축 정리하거나 해설, 분석 또는 해석한 정보를 말한다. 이차정보의 예를 들면 서지정보, 색인정보, 초록을 들 수 있다. 이차정보는 서지, 색인, 목록, 백과사전, 핸드북, 연감, 리뷰논문 등의 이차정보원에서 입수할 수 있다.

삼차정보(Tertiary Information)는 이차정보의 급속한 증가로 이차 서지정보를 찾기 위한 삼차 서지정보가 필요하게 됨에 따라 이차정보를 재가공한 정보를 말한다. 삼차정보를 수록한 삼차정보원은 서지의 서지라고도 하며, ALA의 *Guide to Reference Books*, *Information Sources in Engineering*, 『문헌정보안내』 등이 이에 속한다.

## (4) 배경정보 & 깊이 있는 정보

배경정보(Background Information)는 특정 주제, 이슈, 이론, 아이디어 또는 사건에 대한 폭넓은 개관(overview)을 준다. 또한 특정 주제분야의 용어 정의를 제공하고, 핵심 이슈를 소개하며, 주요 일자와 사건을 확인하고, 주제의 특정 어휘와 키워드를 제공한다. 그리고 추가적인 정보원을 찾아 볼 수 있도록 서지를 제공한다. 따라서 잘 알지 못하는 특정 주제 또는 연구를 시작하는데 있어 배경정보가 필요하며, 백과사전, 사전, 핸드북 등의 참고정보원은 배경정보를 찾기 위한 좋은 정보원이다. 깊이 있는 정보(In-depth Information)는 특정 주제, 문제 등에 대한 상세한 정보를 말한다. 깊이 있는 정보는 학술지 아티클, 도서 및 기타 일차정보원 등에서 찾아볼 수 있다(UNM 2003).

### (5) 학술정보 & 대중정보

학술정보(Scholoraly Information)는 전문분야의 연구자들에 의해 표현된 정보로서 일반적으로 같은 분야의 전문가, 동료연구자를 독자층으로 겨냥한다. 학술정보는 『철학연구』, 『중국사연구』, 『법과 사회』, 『경영학연구』 등과 같은 학술지 등에서 찾아 볼 수 있으며, 연구에 이용된 다른 연구자의 정보원에 대한 인용정보를 제공한다.

대중정보(Popular Information)는 전문가보다는 비전문가인 일반 대중을 대상으로 한 것으로 일반적으로 저널리스트, 직원 또는 프리랜서 작가에 의해 표현된 비공식적이고 읽기 쉬운 정보이다. 대중정보는 일반 대중잡지인 *Time*, 『여성동아』, 『행복이 가득한 집』 등의 정보원에서 찾아 볼 수 있다. 이러한 대중을 대상으로 한 정보원은 이용된 다른 연구자의 정보원에 대한 인용정보를 대부분 제공하지 않는다.

## 3. 정보원(情報源)의 유형

정보원은 필요한 다양한 정보들을 이용목적에 맞게 내용을 기록하여 전달하는 문헌적 자료이다. 정보원의 유형은 여러 가지 기준에 따라 분류할 수 있으나 일반적으로 수록한 정보의 유형과 정보원의 형태에 따라 분류할 수 있다. 수록한 정보의 유형에 따라 정보원을 분류하면 정보원은 일차정보원, 이차정보원, 삼차정보원으로 구분할 수 있다.

일차정보원(Primary Sources)은 원저작자에 의해 표현된 정보인 일차정보를 수록한 정보원, 즉 원저작물을 말한다. 일차정보원으로는 단행본, 학술지 아티클, 회의자료, 연구보고서, 출판전 배포기사, 학위논문, 신문기사, 특허명세서 등이 있다. 그런데 단행본, 학술지 아티클, 신문기사의 경우 독창적인 내용이나 연구결과 또는 사건 당시에 쓰인 기사를 수록하여야 일차정보원이며 그렇지 않고 주제의 개요 또는 요약, 해설, 해석한 것을 수록한 자료는 이차정보원이다.

이차정보원(Second Sources)은 일차정보원을 쉽게 찾게 하기 위한 서지정보 등의 이차정보를 수록한 서지, 색인, 초록 등의 정보원과 일차정보원에 수록된 일차정보를 압축 정리하거나 분석, 비교, 설명, 또는 해석을 한 백과사전, 핸드북, 연감, 리뷰논문 등의 정보원을 말한다(그림 1-5 참조).

〈그림 1-5〉 일차정보원과 이차정보원의 사례

삼차정보원(Tertiary Sources)은 이차정보원을 쉽게 찾을 수 있도록 하기 위한 삼차 정보를 수록한 정보원을 말한다.

정보원의 형태에 따라서는 크게 단행본(Books, Monographs), 참고정보원(Reference Sources), 연속간행물(Periodicals)과 연속간행물 아티클(Periodical Articles), 시청각 정보원(Audio & Video Sources), 전자정보원(Electronic Sources)의 5가지로 구분된 다. 그러나 이러한 정보원의 분류가 절대적인 것은 아니다. 어떤 정보원은 단행본이면 서 전자정보원일 수 있고, 단행본이면서 참고정보원일 수 있고, 연속간행물이면서 전 자정보원일 수 있다. 그리고 이러한 정보원들에 특정 정보가 수록되는 데는 유형에 따 라 시간적으로 차이가 난다. 특히 인쇄매체의 정보원의 경우에는 그 차이가 뚜렷하다 (그림 1-6 참조).

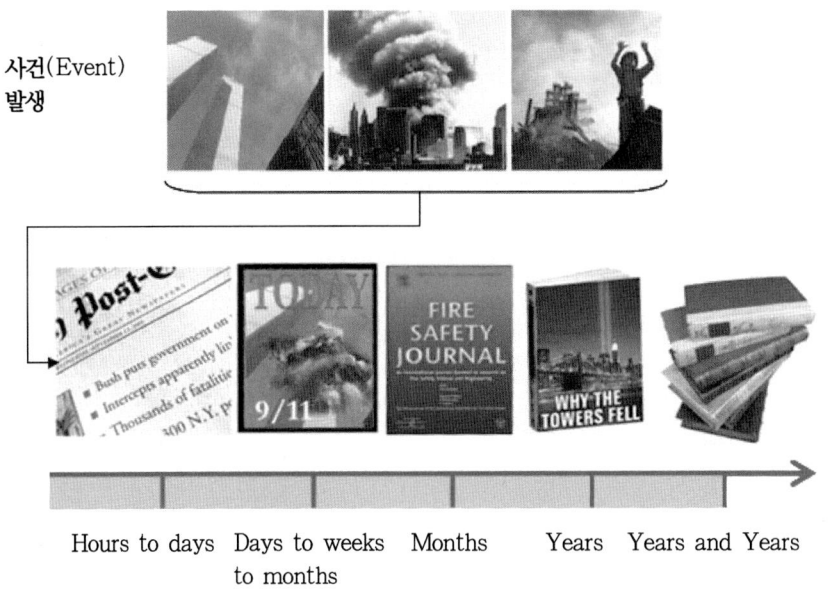

〈그림 1-6〉 출판물의 시간대별 유형 (QUT 2006)

예를 들어 〈그림 1-6〉과 같이 화재 등 어떤 사건이 일어났다고 했을 때 그 사건에 관련된 정보는 몇 시간 후부터 며칠까지 처음 신문, 라디오, 텔레비전 그리고 인터넷과 같은 대중매체를 통해 퍼뜨려진다. 며칠이 지나 또는 여러 주나 여러 달이 지나 정보가 좀 더 많이 모아지면, 기록물들은 영화화될 수 있고 일반사람들을 대상으로 한 요약 기사들은 대중잡지에 게재될 수 있다. 여러 달이 지나게 되면 주목할 만한 사건들 또는 아이디어들은 깊이 분석되어 학술지의 아티클로 발표된다. 그리고 좀 더 시간이 흘러 여러 해가 지나게 되면 주요한 논제에 대한 철저한 분석 및 논의는 도서에 게재된다. 좀 더 오랜 해가 지나면 하나의 논제에 대한 누적적인 요약 또는 새로운 용어는 백과사전과 사전 같은 참고정보원에 게재된다(QUT 2006).

## 1) 단행본

도서(Books)에 대한 정의는 여러가지가 있으나 도서관에서 도서는 일정한 내용을 지니며, 표지와 표제지를 제외하고 49페이지 이상이 되는 것으로 연속간행물이 아닌 저술을 말한다. 도서에는 포괄적으로 단행본(monographs)이라고 알려진 일반도서와 참고자료가 포함된다. 그러나 도서관에서 일반적으로 도서라고 하면 특정 주제 아래 단독 저자 또는 공동 저자가 집필한 도서로, 1회에 발행되는 도서인 단행본(monographs)이라고 불려지는 대출되는 일반도서를 말한다.

- 광의의 도서(Books) ┌ 일반도서( =단행본(Monographs), 도서(Books), 대출도서)
　　　　　　　　　　 └ 참고도서(참고자료, Reference Books, Reference Works)

단행본은 일반적으로 특정 주제에 대해 보다 체계적이고 포괄적인 정보를 제공하는 것으로, 각종 지식과 정보를 획득하는 데 있어서 가장 기본적이며 전통적인 정보원이다. 대개 도서관 자료의 대부분을 차지하며, 도서, 책, 서적이라고도 불린다. 단행본을 사용하는 목적은 확립된 이론과 사실, 역사적 정보, 특정 주제에 관한 깊고 폭넓은 정보 또는 고전적인 전문서적과 저술(예: 정치학에 관한 『칼 막스』, 상대성에 관한 『아인슈타인』)을 찾기 위해서이다(QUT 2006). 그러나 특정 정보가 발생한 이후 단행본에 수록되기에는 많은 시간이 소요되는 것으로 최신 정보를 얻기에는 적합하지 않다. 단행본은 인쇄본 또는 전자형태로 발행되며, 전자 형태로 발행된 단행본은 e-book 이라고 한다. e-book은 인터넷에서 다운로드 받거나 도서관에서 빌려볼 수 있으며, 소형 기기(예: SoftBook Reader 등) 또는 컴퓨터를 통해 읽을 수 있는 전자책을 말한다(그림 1-7 참조).

〈그림 1-7〉 e-book device - Softbook Reader (IDEO 1999)

〈부의 미래〉  〈문헌정보학의 이해〉  〈Color Combinations〉  〈Management Accounting〉

〈그림 1-8〉 단행본의 사례 (교보문고, Google 2006)

## 2) 참고정보원

참고정보원(Reference Sources)은 '참고도서(Reference Books)' 또는 '참고자료 (Reference Works)'라고 불린다. 참고도서(Reference Books)는 ALA의 *Glossary of*

*Library Terms*에 의하면 계속적으로 읽는 것이기보다는 특정사항의 정보를 참조하기 위하여 배열 및 취급된 도서이다. 이러한 참고도서는 주로 도서관내에서만 열람이 가능한 자료들로 최근에는 정보원의 매체가 다양해짐에 따라 '참고자료' 또는 '참고정보원'이란 명칭으로 사용되게 된 것이다. 그러나 최근 정보서비스가 주제 중심으로 개편되고, 전자매체가 확산되어 새롭게 사용하게 됨에 따라 참고정보원이란 용어로 더 많이 사용되고 있다. 이러한 경향에 따라 ALA 용어사전에서는 참고정보원은 인쇄자료, 시청각자료, 기계가독형 데이터베이스, 도서관에서 작성한 서지기록과 타 도서관 및 기관 그리고 관내외의 인적자원까지 포함된다고 정의되고 있다(참고도서〈참고자료〈참고정보원).

참고정보원은 대부분의 주제에 관한 연구를 시작하는데 있어 맨 처음으로 사용하면 좋은 이차정보원으로 특정주제, 사안 또는 문제에 대한 간략하고 사실적인 정보, 정의, 통계 데이터, 배경정보 그리고 다른 정보원에 대한 서지정보를 제공한다. 그러나 주제가 매우 최신이고 세부적일 때는 적합하지 않다. 참고정보원의 종류는 크게 일차정보를 효과적으로 검색하기 위한 색인, 서지, 목록 등의 자료와 일차정보에 포함되어 있는 정보를 압축, 정리해서 읽기 쉬운 형태로 제공하는 백과사전, 데이터집, 연감, 사전, 디렉토리 등의 자료가 있다. 그리고 양자의 기능을 겸하고 있는 참고정보원으로 초록, 리뷰논문 등이 있다. 참고정보원은 매우 광범위한 주제 영역을 다루거나 또는 매우 전문적인 주제에 초점을 맞춘 것일 수도 있으며, 참고정보원의 형태는 인쇄본, CD-ROM, 전자형태의 온라인데이터베이스 등이 있다. 인쇄형태의 참고정보원은 청구기호에 별치기호 'R'(References)로 표시되어 다른 일반도서와 구분된다.

## (1) 백과사전

백과사전(Encyclopedia)은 기본적으로 지식 전 분야의 개요서로 배경정보를 제공하는 탁월한 정보원이다. 백과사전의 종류는 수록되는 주제의 범위에 따라 크게 일반백과사전과 주제백과사전으로 나눌 수 있다.

일반백과사전은 다양한 주제에 관한 정의, 역사, 통계 등과 같은 입문 정보(Introductory Information)를 제공하며, 각 주제의 끝에는 간략한 서지를 포함한다. 예를 들면 *The New Encyclopaedia Britannica*, 『두산세계대백과사전』 등이 있다. 주제백과사전은 교육, 철학, 예술, 기술 등과 같이 한 학문분야 내에 상세한 주제에 관해 다루는 것으로 상세하고 포괄적인 정보는 물론 일반 백과사전과 같이 정의, 역사, 통계 등을 제공한다. 주제백과사전의 예를 들면 *Medical Encyclopedia*, *The New Princeton Encyclopedia of Poetry & Poetics*, *The House Plant Encyclopedia*, 『Internet Network 백과사전』 등이 있다(그림 1-9 참조).

〈그림 1-9〉 일반백과사전과 주제백과사전 사례

## (2) 사전

사전(Dictionaries)은 어휘에 대한 정의와 해석을 내리는데 기본적으로 목적을 둔 정보원으로, 어휘를 모아서 일정한 순서로 배열하여 정의와 해석을 수록하고 있으며, 그

외에 낱낱이 그 발음, 어의, 용법, 어원 등에 관하여도 해설하고 있다. 사전은 목적에 따라 일반언어사전, 특수사전, 주제사전으로 나눌 수 있다.

일반언어사전은 한 어휘에 관한 모든 정보 즉 발음, 유래, 철자법, 의미 등을 제공하는 포괄적인 사전이다. 수록된 언어를 기준으로 각국어사전, 대역사전, 다국어사전으로 나누기도 한다(예: *Oxford English Dictionary*, 『실용국어사전』, 『大漢和辭典』 등). 특수사전은 언어의 특수한 부면(部面) 즉 어원, 동의어, 반의어, 속어, 구어, 방언, 용법 등과 같이 어휘의 종류별로 표출어를 선정하고 해설한 사전이다. 특수사전에는 외래어사전, 방언사전, 숙어사전, 약어사전, 상징어사전, 관용구사전 등이 있다(예 : 『영어관용구사전』, 『영어숙어사전』, 『중국어상용약어사전』 등). 주제사전은 특정 주제분야의 용어와 사항을 뽑아서 해설한 사전으로 그 분야에 관심을 가진 사람, 연구자들을 위해서 만들어진 사전이다. 주제사전에는 교육학, 법률학, 사회학, 경제학, 심리학, 음악, 문학 등의 주제분야의 사전들뿐만 아니라 음식, 사건, 행사 등에 관한 사전도 포함되는 것으로 일반언어사전, 특수사전보다 그 수가 많다(예: 『신법률용어사전』, 『교육학 용어사전』, *A Dictionary of Psychology* 등).

    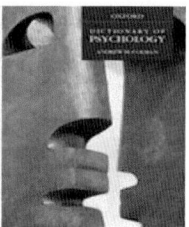

〈실용국어사전〉    〈영어숙어사전〉    〈신법률용어사전〉    〈교육학 용어사전〉    〈A Dictionary of Psychology〉

〈그림 1-10〉 일반언어사전, 특수사전, 주제사전의 사례

### (3) 편람

편람(Handbooks)은 취급하기가 간편한 도서라는 뜻을 가지고 있는 것으로, 그 이용이 간편한 물리적, 형태적 특징을 가지고 있는 도서를 말한다. 즉 편람이란 한 주제

또는 몇 가지 주제에 관한 사실 & 통계정보를 제공하기 위하여 그 분야의 전반적 지식 또는 데이터를 집약하고 이를 어떤 체계에 따라 차트, 그래프, 통계, 표 등을 사용하여 용어, 사항, 방법 등을 이론적, 실무적 양면으로 간결하게 해설하고 있는 도서를 말한다. 편람에는 영어의 핸드북(Handbook) 이외에 매뉴얼(manual), 컴펜디엄(compendium), 다이제스트(digest), 컴페니언(companion), 미셀러니(miscellany) 등의 각종 참고도서들을 이 유형에 포함시킬 수 있다(예: *Handbook of Research on Multicultural Education*, *The Creative Writing Handbook*, 『중국정보 핸드북』, *Manual of Smoking Cessation* 등).

- 매뉴얼: 포함되는 주제나 내용은 핸드북(Handbook)과 동일하지만 특히 사용방법, 작성방법 등 순서, 방법, 수단 등을 알려 주도록 편성하는 것에 중점을 둔 참고도서
- 컴펜디엄: 한 주제에 대해 포괄적이면서도 간결한 요약을 제시해 주고 있는 일종의 편람서
- 다이제스트: 저작의 서명, 기타를 표출어로 하여 여기에 요약 또는 개요를 제공해주고 있는 참고도서
- 컴페니언: 어떤 주제에 관한 각종의 기본적인 지식을 제공하고 있는 참고도서
- 미셀러니: 각종의 주제에 관해 잡다한 정보를 수록하고 있는 참고도서

(한국도서관협회 1994)

〈Handbook of Research Multicultural Education〉  〈The Creative Writing Handbook〉  〈중국정보 핸드북〉  〈Senior Law Handbook〉  〈Manual of Smoking on Cessation〉

〈그림 1-11〉 편람의 사례

### (4) 명감

명감(Directories)은 협회, 기관, 인물 또는 회사의 리스트로서 보통의 알파벳순 또는 분류순으로 배열하여 개인의 주소, 전화번호, 약력, 또는 기관의 주소, 임원, 기능, 발행물, 제품 등 식별정보를 제공하고 있는 문헌을 말한다. 주로 기관이나 공급자를 찾는데 사용하며, 디렉토리, 총람이라고도 부른다. 명감은 수록내용에 따라 지역명감, 정부명감, 기관명감, 기업명감, 전문명감 등으로 나눈다. 예를 들면 *Jane's Space Directory*, 『2003 디자인 디렉토리(디자인 총람)』 등을 들 수 있다.

### (5) 연감

연감은 역(曆: Almanacs), 연감(Yearbooks), 연보(Annuals) 등을 총칭하는 용어로서, 특정 국가 또는 주제분야에서 연간에 일어난 각종 사건을 기록, 해설하고 있는 연간 간행물을 말한다. 연감의 기사에는 수록된 주제를 불문하고 연지(年誌), 연간 토픽의 특집, 개관, 현황, 추세, 요람, 통계, 자료, 명부 등으로 구성되어 있으며, 특히 풍부한 통계자료, 표, 도표 등을 사용하여 해설하고 있다. 연감은 주로 사실 & 통계정보를 찾기 위해 이용하며, 백과사전연감, 일반연감, 통계연감, 주제연감으로 나눌 수 있다(한국도서관협회 1994). 예를 들면 『광고연감』, 『한국벤처기업연감』, 『에너지통계연보』, 한국경제연감』, *MUSO Yearbook 2007* 등이 있다.

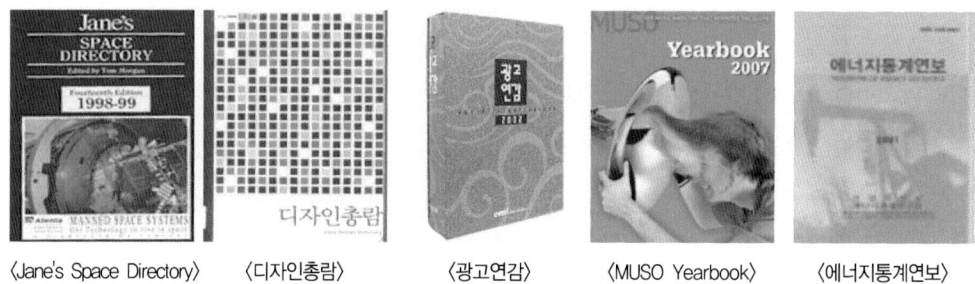

〈Jane's Space Directory〉　〈디자인총람〉　　〈광고연감〉　　〈MUSO Yearbook〉　〈에너지통계연보〉

〈그림 1-12〉 명감 및 연감의 사례

### (6) 전기정보원

전기정보원(Biographical sources)은 개인의 프로파일과 에세이를 모아 놓은 것으로 대개 한 인간의 생년월일, 경력, 업적, 저서, 사업, 교우, 관계단체, 사상과 학술 등의 다양한 정보를 수록하기 때문에 개인에 대한 신상정보 및 기초정보를 찾기 위하여 이용한다. 대표적 전기정보원은 인명사전, 전기색인을 들 수 있다. 예를 들면 *Who's Who German Design*, *Who's Who Contemporary Authors*, 『한국을 움직이는 인물들』, 『한국인명사전』 등이 있다.

### (7) 서지

서지(Bibliographies, 書誌)는 원문이 수록된 개개의 문헌에 대한 식별 및 접근이 가능하도록 문헌의 서지사항을 체계적으로 기술하고 배열한 리스트를 말한다. 즉 문헌의 원문을 수록하고 있지 않으면서 문헌의 서지사항인 서명, 저자, 발행지, 발행처, 발행년도, 판사항, 형태사항(페이지, 삽도, 크기) 등을 수록한 리스트로서, 구하는 정보의 유무 또는 소재파악이 가능하도록 하는 이차정보원이다. 예전에는 인쇄본으로 서지가 간행되었으나 현재는 데이터베이스화하여 전자형태로 제공된다. 대표적인 예로는 대학도서관 등의 온라인 목록, OCLC WorldCat, MEDLINE을 들 수 있다.

### (8) 초록

초록(Abstracts, 抄錄)은 색인이 주는 서지정보와 소재정보뿐만 아니라 각 문헌의 내용 중 주요 내용을 발췌하여 간략하고 정확하게 요약하여 한 문헌에 관한 정보를 전달하는 정보원이다. 초록이 색인과 같은 점은 주제에 관한 연속간행물 아티클을 찾는데 사용되며, 원문 아티클을 포함하지 않고, 원문 아티클을 찾는데 필요한 정보를 제공한다는 것이다(표 1-5 참조). 예전에는 *Women Studies Abstracts* 등과 같이 인쇄본으로 초록이 간행되었으나 현재는 데이터베이스화하여 전자형태로 제공된다. 대표적인 예로는 CSA ILLUMINA의 LISA net을 들 수 있다.

### (9) 색인

서지가 독립된 단위로 발간되는 문헌에 대한 정보를 주는 것이라면 색인(Indexes, 索引)은 한 단위 문헌속에 포함되어 있는 소단위 문헌정보를 대상으로 하여 그들에 대한 정보를 주는 것이다. 색인은 주제별 또는 저자별로 접근이 가능하도록 논리적인 체계로 제작된다. 예전에는 인쇄본으로 색인이 간행되었으나 현재는 데이터베이스화하여 전자형태로 제공된다. 대표적인 예로는 OCLC Article First를 들 수 있다.

〈표 1-5〉 서지, 색인 및 초록의 구분

- 서지(書誌): 책 서, 기록할 지 – 개개의 문헌에 대한 서지사항을 기술한 리스트

- 색인(索引): 찾을 색, 끌 인　　┐　연속간행물 아티클(또는 문헌 속의 내용)
- 초록(抄錄): 뽑을 초, 기록할 록　┘　에 대한 기술

## 3) 연속간행물과 연속간행물 아티클

연속간행물(Periodicals)은 동일한 표제를 가지고 정기적 또는 비정기적으로 계속 간행되는 간행물로, 정기간행물과 부정기간행물로 크게 구분된다. 정기간행물은 간행빈도에 따라 다시 일간, 주간, 월간, 격월간, 계간, 연간으로 나누어진다. 대표적인 연속간행물에는 학술지(scholarly journals), 전문잡지(trade or professional magazines), 대중잡지(popular magazines), 신문(newspapers) 등이 있으며, 이러한 연속간행물들 속에 아티클이 발표된다.

각 유형의 연속간행물에 수록된 아티클은 서로 다른 특성을 가지고 있으며, 연구를 위해 필요하다. 학술지에 수록된 아티클들은 다른 유형의 아티클보다 좀 더 복잡하고 좀 더 좁게 초점을 맞춘다. 또한 발행되기 이전에 다른 학자들에 의해 일반적으로 동료 평가(peer-review)를 받는다(표 1-6 참조).

〈표 1-6〉 연속간행물의 유형 및 특징

| 구 분 | 내 용 | 사 례 |
|---|---|---|
| 학술지 (scholarly journals) | 전문가에 작성된 연구목적을 위한 보다 높은 학술적인 컨텐츠와 가치를 가지는 아티클을 수록한 저널로, 학술단체, 연구기관, 전문단체 또는 상업적 출판사에 의해 발행된다. 학술지는 특정 분야의 독창적인 연구의 보고, 특정주제의 심층 분석, 역사, 이론, 비평적 분석 등을 수록한다. | 국어국문학, 광고학연구, Journal of Direct Marketing, 한국문헌정보학회지 |
| 전문잡지 (trade or professional magazines) | 해당전문분야의 실무자에게 정보를 제공하고 현재의 추세와 실무지식을 제공하는 데 목적이 있는 잡지이다. | 과학동아, 경영과 컴퓨터, 공간, 전자과학 |
| 대중잡지 (popular magazines) | 일반적인 관심사에 대해 일반적인 언어와 체재로 쓴 아티클을 수록하고 있다. 아티클은 서지와 저자에 대한 정보를 포함하지 않는다. | 여성조선, 행복이 가득한 집, Time |
| 신문 (newspapers) | 일반 독자를 대상으로 일간, 주간 등으로 발행하는 것으로 인물, 사건, 조직체 그리고 이슈에 대한 기사, 사설, 질문에 대한 대답을 수록한다. 최근 사건이나 관심사에 대한 정보를 얻기 위해 이용하나 저자의 전문성에 따라 신뢰성이 떨어지는 문제점이 있다. | 중앙일보, 동아일보, 매일경제신문, 스포츠서울 |

| 학술지 (scholarly journals) | 전문잡지 (trade & professional magazines) | 대중잡지 (popular magazines) | 신문 (newspapers) |

〈그림 1-13〉 연속간행물의 유형 사례

일반적으로 연속간행물의 내용에 따른 구분을 할 때 사용하는 대표적인 기준으로는 저자, 독자, 언어, 출판/조직, 참고서지 등을 사용한다(표 1-7 참조).

〈표 1-7〉 연속간행물의 내용에 따른 구분을 할 때 대표적인 기준

| 학술지 아티클 | 기  준 | 대중잡지 아티클 |
|---|---|---|
| 일반적으로 주제분야에 경력이 있는 학자 또는 연구자: 저자의 자격 또는 승인이 주어진다. | 저 자 | 저자의 이름이 주어지거나 또는 주어지지 않을 수 있다. 흔히 주제분야에 경험이 있거나 또는 없는 전문적인 저자 |
| 다른 학자, 연구자 그리고 학생 | 독 자 | 일반 대중, 관심을 갖고 있는 비전문가 |
| 그 분야의 전문용어: 사전지식 또는 전문사전을 필요로 한다. | 언 어 | 대부분 독자가 이해할 수 있는 일반적으로 사용되는 어휘 |
| 아티클은 초록, 목적, 방법론, 분석, 결과 그리고 결론을 가지는 명백히 정의된 구조를 가진다. 차트 또는 그래프는 포함하나 사진 또는 다른 일러스트레이션은 거의 포함하지 않는다. | 출판 / 조직 | 비공식적인 조직: 눈길을 끄는 타입과 포맷. 일반적으로 사진과 일러스트레이션을 포함한다. |
| 언제나 참고문헌 리스트 또는 서지를 가진다. 인용문 그리고 사실의 출처가 명시되어 있고 확인될 수 있다. | 참고 서지 | 거의 모두 참고문헌 리스트를 가지지 않는다. 일반적으로 정보의 출처에 관한 완벽한 정보를 주지 않는다. |

(SJSU 2005)

연속간행물 아티클은 주제(topic)가 너무 새로운 것이거나 또는 너무 세부적이어서 그것에 관해 쓴 도서가 없기 때문에, 도서는 실제 너무 많은 정보를 가지고 있으나 아티클은 짧고 가장 관심있는 부분을 포함하고 있기 때문에, 질이 높은 그래프를 필요한 경우 어떤 연속간행물은 질이 좋은 그래프를 가지고 있기 때문에 이용하거나 필요로 한다(UNLV 2007).

## 4) 시청각 정보원

시청각 정보원(Audio-Video Sources)은 음성ㆍ음향자료, 영상자료와 시각이미지자료를 의미하는 것으로, 텔레비전 프로그램, 영화, 음악녹음자료 및 사진, 그림, 포스터

등의 정보원이 이에 포함된다. 시청각자료는 음향과 시각 이미지를 찾기 위하여 이용한다. 특히 디자인분야 등 예술분야에서는 예술사 연구 및 예술작업의 영감을 얻기 위해, 드로잉 & 일러스트레이션을 위한 모델로 사용할 이미지를 찾기 위하여 영상자료 및 시각이미지자료를 많이 이용한다.

## 5) 전자정보원

전자정보원(Electronic Sources)은 전자정보를 수록하고 있는 자원을 말한다. 전자정보는 전자적 방식을 이용하여 전자공간상에서 전달되어지는 정보 좀 더 정확하게 표현하자면 '정보통신망(네트워크)을 이용할 수 있는 정보'를 말한다. 전자정보는 생성과정에 따라 크게 기존에 인쇄자료에 수록된 것을 전자형태로 변환시킨 전자정보와 원래부터 전자형태로 발생된 전자정보(born digital information)의 두 가지로 구분된다. 그런데 현재 전자정보들은 주로 웹을 통해 유통되므로 전자정보원을 웹 정보원이라고 부르기도 한다. 전자정보원(웹 정보원)은 크게 웹 페이지와 웹 DB로 구분된다. 웹 페이지는 인터넷을 통해 이용할 수 있는 전자 문헌으로, 관련되고 상호연결된 페이지들의 그룹을 웹 사이트라고 한다. 웹 DB는 컴퓨터화된 정보의 집합체로 전자적 방식으로 서지 및 원문 접근이 가능하도록 되어 있다.

전자정보원은 다른 곳에서 찾기 어렵거나 찾지 못한 정보를 찾을 때, 주제에 관한 가장 최신의 정보를 찾을 때, 주제에 관한 다양한 사람과 기관의 의견을 구할 때, 경영, 조직, 참고자료 등 갖가지 종류의 정보를 원할 때 이용한다. 그러나 전자정보원은 수록된 정보의 생성이 자유롭기 때문에 신뢰성 등에 많은 문제점을 가질 수 있으므로 이용할 때는 항상 게재일자, 게재자의 전문성 등을 평가하도록 해야 한다. 전자정보원의 예로는 여러 기관 또는 기업의 웹 사이트, 동방미디어 한국학 DB, 누리미디어 KRpia, KIS-LINE, DDOD, ERIC 등을 들 수 있다(그림 1-14 참조).

| | |
|---|---|
| DDOD | 전 학문분야 / 1999 ~<br>북미 및 유럽 상위 20위권 대학교의 박사학위논문 원문 제공<br>(KERIS 가입 후 초록 및 원문 무료 이용) |
| D1-Law | (일본)법학 / 일본 [현행법규], [판례체계], [법률판례문헌정보]<br>등의 정보를 종합한 DB.<br>판례서지 약 17만건, 판례요지 약30만건, 판례본문 Full-text 약 15<br>만건 수록<br>D1-Law 번역 보기 (프로그램을 설치하셔야 합니다) |
| Econlit | 경제, 경영 / 1969 ~<br>미국경제학회(AEA:American Economic Association)의 대표적<br>경제학관련 서지데이터베이스<br>(KERIC 가입, 로그인 후 이용) |
| Eric | 교육학 / 1966 ~<br>Educational Resources Informatin Center의 교육분야 약 100만<br>건 서지정보 제공<br>* 학술정보관 구독 전자저널과 링크됨 |
| E*subscribe | 교육학 / 1993 ~<br>Educational Resources Information Center E-Subscribe의 10<br>만여건의 원문 제공<br>* Eric과 E*Subscribe 본 사이트, 학술정보관 구독 전자저널과<br>링크 안됨 |
| Factiva.com | 경제, 경영 / 1993 ~<br>Dow Jones & Reuters제공. 전세계 주요신문, 저널, 뉴스와이어,<br>방송자료, 기업정보, 주식정보 등 약 9,000여 정보원에서 제공되<br>는 비즈니스 컨텐츠 |

〈그림 1-14〉 전자정보원(웹 정보원)의 사례   (성균관대학교 2007)

# 4. 정보원의 구조

정보원은 정보를 수록하고 있는 것으로 여러 물리적 부분으로 구성되어 있다. 그리고 인체의 각 부분에 대해 명칭이 따로 있듯이 정보원에도 각 부분별로 명칭을 가지고 있다. 정보원 중 대표적인 정보원인 도서를 중심으로 주요 구조와 명칭에 대해 살펴본다.

도서는 여러 부분으로 구성되어 있으며, 정보검색과 관련하여 우선적으로 알아야 할 주요부분에 대한 명칭과 이에 수록된 주요 정보들은 표지(Cover), 책 등(Spine), 표제지(Title page), 표제(Title), 저자(Author), 청구기호(Call number), 발행처(Publisher), 국제표준도서번호(ISBN), 색인(Index) 등이다(그림 1-15 참조).

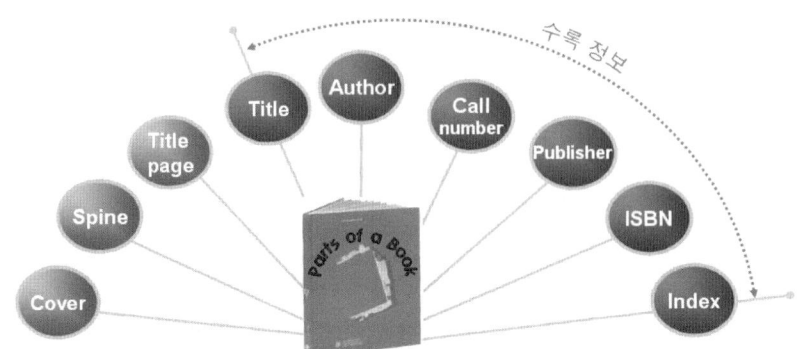

〈그림 1-15〉 정보원의 주요 구성부분에 대한 명칭 및 수록정보

## 1) 표지

표지(Cover)는 도서 속의 페이지들을 보호하는 것으로 앞표지(Front Cover)와 뒤표지(Back Cover)가 있다. 앞표지와 뒤표지를 통칭하여 표지라 한다. 앞표지에는 서명(Title)과 저자(Author)가 기록되며 발행처(Publisher)도 기록되는 경우가 있다. 서명은 도서의 이름(예:『사람의 아들』,『좋은 인재 나쁜 인재』등)이며, 저자는 도서를 쓴 사람의 이름(예: 이문열, 정민정 등)이다. 그리고 발행처는 도서가 저자에 의해 쓰여지고 난 후 도서를 만든 회사(예: 민음사, 부키 등)를 말하며, 출판사라고도 한다(그림 1-16 참조).

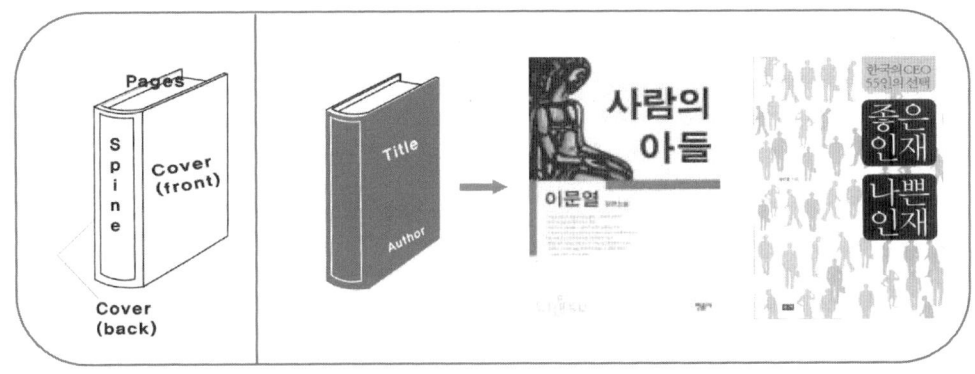

〈그림 1-16〉 표지와 수록정보 및 이에 대한 사례

뒤표지에는 일반적으로 국제표준도서번호(ISBN)와 바코드(Barcode)가 기록된다. 국제표준도서번호는 전세계에서 발행되는 도서에 부여되는 국제적으로 표준화된 고유번호이다. 2007년 이전에는 국가-발행처-서명-체크기호 등으로 구성되어 있는 10자리의 국제표준도서번호를 사용하였으나 2007년부터는 이전의 10자리 앞에 접두부 978을 추가하고 체크기호를 재계산하여 13자리의 국제표준도서번호를 사용한다(그림 1-17 참조).

• 2007년 이전 ISBN: 10자리 (예: 89-7383-052-X)
• 2007년 이후 ISBN: 13자리 (예: 978-89-7383-052-7)

바코드는 도서에 대한 번호정보를 Bar(검은 막대)와 Space(흰 막대)로 표현해 놓은 것으로 바코드 리더기를 통해 해독된다.

〈그림 1-17〉 ISBN 변경전 후의 비교 사례  (국립중앙도서관 2006)

## 2) 책 등

책 등(Spine)은 책의 등으로 도서가 서가(Shelf)에 꽂혀 있을 때 우리가 볼 수 있는 앞부분을 말한다. 인체의 등뼈와 같이 'Spine'이란 용어를 사용한다. 책 등 위에는 서명, 저자, 청구기호 그리고 발행처의 이름이 기록된다. 청구기호(Call Number)는 도서가 도서관 서가의 어디에 있는지 위치를 나타내는 기호로 청구번호라고도 한다. 도서관에서 도서를 구입한 후 분류 및 정리과정을 거쳐 청구기호를 부여하고 이를 레이블(label)에 기재하여 책 등 아래 부분에 붙인다(그림 1-18 참조).

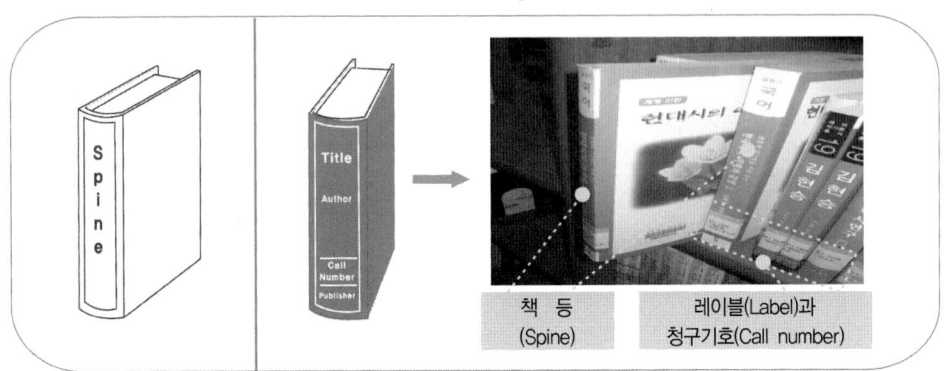

〈그림 1-18〉책 등과 수록정보 및 이에 대한 사례

## 3) 표제지

표제지(Title page)는 도서를 펴면 맨 처음에 오는 페이지로 도서에 있어 가장 중요한 부분이다. 도서에 따라서는 표제지 앞에 백지가 있는데 이것은 간지라 부른다. 표제지에는 도서의 완전한 서명(Full title), 저자, 발행처, 그리고 그림을 그린 일러스트레이터(Illustrator) 등의 이름이 기록된다. 도서에 따라 표지와 표제지에 기재되어 있는 서명이 조금 다른 경우가 있는데 온라인 목록 등 도서관에서 사용하는 서명이라고 부르는 것은 이 표제지에 기록된 서명을 기준으로 한다. 도서관의 소장인도 표제지에 날인된다(그림 1-19 참조).

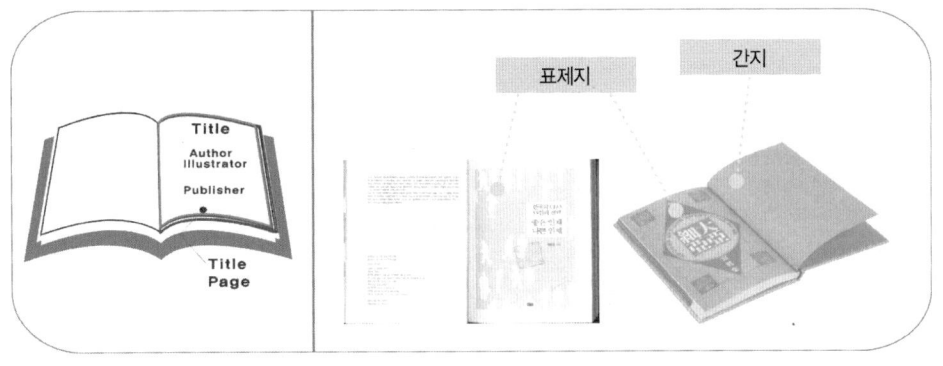

〈그림 1-19〉표제지와 수록정보 및 이에 대한 사례

## 4) 기타

표지, 표제지, 책 등 이외에 주요 구성부분으로는 목차 페이지와 색인 페이지가 있다. 목차 페이지는 도서의 앞쪽 부분에 있는 것으로 목차를 수록하고 있다. 목차(Table of contents 또는 Contents)는 장(Chapter), 섹션(Section), 하위섹션(Subsection) 등에 의해 정리된 도서 컨텐츠 리스트를 말한다. 색인 페이지는 도서의 뒤쪽 부분에 있는 것으로 색인(Index)을 수록하고 있다. 색인은 도서 속에 있는 이름, 주제 또는 장소의 알파벳 또는 가나나순 리스트를 말한다. 독자가 도서 속에서 해당 단어를 찾을 수 있도록 페이지와 함께 기록되어 있다(그림 1-20 참조).

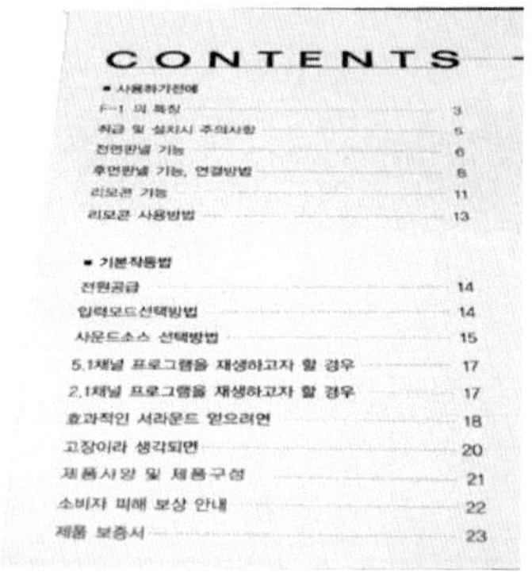

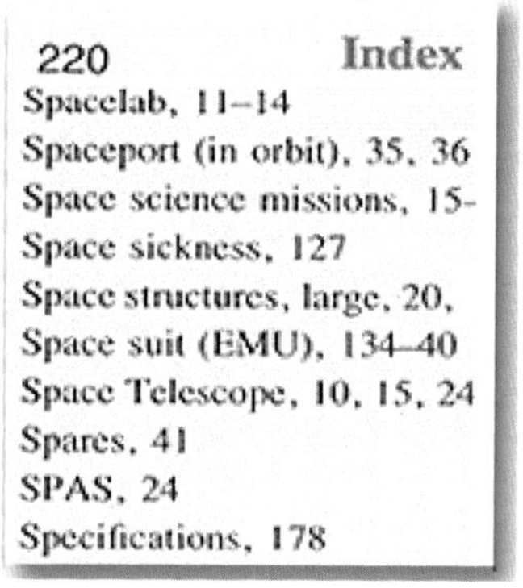

<그림 1-20> 목차와 색인에 대한 사례

## 연습문제

1. 다음 가로 안에 알맞은 말을 넣으시오.

   1) 지식정보사회는 지식의 정보화와 정보의 지식화를 기반으로 하는 (          )를 말
      하며, 일상 생활에서 정보는 영어(                    )을 번역한 것이다.

   2) 정보의 개념은 (        )에 따라 학자들의 관점과 견해가 다르기 때문에 한마디
      로 규정할 수 (          ). 정보학적인 관점에서의 정보의 정의에 의하면 정보는
      (          )과 (          )이라고 할 수 있다. 행동을 위한 지식이란 정보가 특정의
      개인이나 그룹, 조직 등이 구체적인 상황에서 (          )(예:                  )을 하기
      위해 필요로 하는 (                    )이란 것이다.

2. 아래의 문제에 해당하는 정보의 유형을 보기에서 가장 적합한 번호를 골라 기입하시오.

   > 보기: ① 사실/데이터정보     ② 의견/분석정보     ③ 주관적 정보
   >        ④ 객관적 정보        ⑤ 일차정보         ⑥ 이차정보

   1) 〈햄릿〉은 발표 이후 400여년의 세월이 흘렀지만 이 작품은 끊임없이 공연되고,
      새로운 의미로 재해석되곤 하는 것으로 셰익스피어의 작품 중에서 가장 성공한
      작품이라고 할 수 있다. (      )

   2) 2005년 출산율은 2004년보다 0.08명 감소하였다. (      )

   3) 도서 『멘토』에 대한 저자, 발행처, 발행년도 등의 서지정보 (      )

   4) 에이즈는 신의 처벌로 볼 수 있다. (      )

   5) 김소월의 시 〈진달래 꽃〉의 내용(나 보기가 역겨워 가실 때에는 ~ ) (      )

   6) 에이즈는 바이러스 감염을 통해 전파되는데 감염자와의 성접촉, 감염된 혈액이나 혈
      액제제에 대한 노출, 모자간의 수직 감염 등 여러 경로를 통해 이루어진다. (      )

3. 아래의 문제에 필요한 정보원의 유형 및 그에 해당하는 종류 또는 사례를 보기 1, 2에서 각각 하나씩 골라 기입하시오.

---
보기 1: ① 연속간행물  ② 도서  ③ 참고정보원  ④ 전자정보원
보기 2: ① 백과사전  ② 용어사전  ③ 교육학개론  ④ 학술지  ⑤ 대중잡지

---

  1) 연구를 시작하는데 있어 개략적인 주제정보를 알고자 한다. (      ) (      )
  2) 특정 주제분야의 용어에 대한 정의(definitions)를 찾고자 한다. (      ) (      )
  3) 특정주제에 관한 포괄적이고 상세한 정보가 필요하다. (      ) (      )
  4) 정기적 혹은 지정된 간격으로 발행되는 정보원이면서 주요 관련 연구를 알려주는 문헌의 서지사항을 수록하고 있는 정보원을 찾고자 한다. (      ) (      )
  5) 웹을 통해 사실적이고 객관적인 배경정보를 입수하기를 원할 경우 가장 적합한 정보원 (      ) (      )

4. 정보원의 유형에 대한 적합한 사례가 아닌 것은? (      )
  1) 참고정보원 - The Creative Writing Handbook, 브리태니카 백과사전, 법률사전
  2) 학술지 - The China Quarterly, 국어 국문학, 한국문헌정보학회지
  3) 대중잡지 - Newsweek, 전자과학, Time, 행복이 가득한 집
  4) 단행본 - 멘토, 부의 미래, 사기의 인간 경영법, 경영학개론, 권력의 조건

5. 도서의 구성부분에 대한 명칭 또는 정보에 대해 답을 기입하시오(한글, 영어 모두).

    1) 도서의 이름 (　　　　　　) (　　　　　　　　)

    2) 도서에서 가장 중요한 부분으로 서명, 저자, 발행처, 일러스트레이터 등이 기록
       되어 있다. (　　　　　　) (　　　　　　　)

    3) 도서의 청구번호가 기재되어 있는 부분 (　　　　　　　) (　　　　　　)

    4) 도서를 쓴 사람의 이름 (　　　　　　) (　　　　　　)

    5) 도서 속에 있는 이름, 주제, 장소 등을 찾아 볼 수 있도록 알파벳 또는 가나다순
       으로 정리해 놓은 리스트 (　　　　　　) (　　　　　　　)

    6) 2007년부터 13자리를 사용하는 국제적으로 표준화된 도서의 고유번호
       (　　　　　　) (　　　　　　　)

6. 도서의 구성부분에 대한 명칭 또는 정보에 대해 사례를 들어 설명하시오.

7. 정보(Information)와 정보원(Information sources)이란 무엇인가?
   (정보와 정보원의 정의와 유형에 대하여 기술하시오).

8. 매클럽(Machlup)의 정보의 정의에 대해 사실, 데이터, 지식과 관련하여 설명하시오.

# 참고문헌

고영만. 2005. 『정보문해』. 서울: 성균관대학교 문헌정보학과.

고영만. 2005. 『정보문해론』. 서울: 한국도서관협회.

교보문고. 2006. [cited 2007.3.22]. 〈http://www.kyobobook.co.kr/index.laf〉.

김순희. 2007. 『정보문해 온라인 강의록』. 서울: 성균관대학교.

국립중앙도서관. 2006. 『국제표준자료번호[ISBN/ISSN제도]』. 서울: 국립중앙도서관.

노나카 이쿠치로, 히로타카 다케우치 공저. 1998. 『지식창조기업: 지식경영의 바이블』. 장은영 역.
　　　서울: 세종서적.

성균관대학교. 2007. "학술 Web DB." [cited 2007.3.22]. 〈http://skkcl.skku.ac.kr/skkcl.htm〉.

유영만. 1999. 『지식경영과 지식관리시스템』. 서울: 한·언.

차대운. 2002. 『21세기 정보사회론』. 서울: 형설출판사.

한국도서관협회. 1994. 『도서관정보관리편람』. 서울: 한국도서관협회.

한국문헌정보학회 문헌정보학의 이해 편찬위원회 편. 2004. 『문헌정보학의 이해』. 서울: 한국도서
　　　관협회.

한상완. 2002. 『지식정보사회와 지식정보의 활용』. 서울: 형설출판사.

海野敏, 影浦峽, 戶田愼一 共著. 1999. 『學術情報と圖書館』. 東京: 雄山閣出版.

California State of University hayward. 2000. "Types of Information." [cited 2007.3.22].
　　　〈http://www.library.csuhayward.edu/staff/li1010/handouts/typesinfo.htm〉.

Google. 2006. [cited 2007.3.22]. 〈http://www.google.co.kr/〉.

IDEO. 1999. "Softbook Reader." [cited 2007.4.20]. 〈http://www.ideo.com/portfolio/re.asp?x=10347〉.

Malhotra, Yogesh. 1998. "Knowledge Management for the New World of Business." [cited
　　　2007.8.22]. 〈http://www.brint.com/km/whatis.htm〉.

Manuel, Kate. 2004. "Types of Information & Information Sources." [cited 2007.4.20].
　　　〈http://lib.nmsu.edu/instruction/toolkit/typesofinfo.ppt〉.

MUSO. 2007. *MUSO Yearbook 2007*. [cited 2007.4.20].
　　　〈www.impromptupublishing.com/ subscribe/muso/yearbook_us.php〉.

Queensland University of Technology. 2006. "Pilot: Online Information Literacy Tutorial."
　　　[cited 2007.3.22]. 〈http://pilot.library.qut.edu.au/〉.

San Jose State University. 2005. "Art 100W Tutorial: Intro." [cited 2005.2.7].
　　　〈http://www.sjsu.edu/~ecrowe/art/100wIntro.htm〉.

Suffolk County Community College. "Information Types." [cited 2007.3.22]
　　　〈http://www.sunysuffolk.edu/Web/West/Library/infolit/Developing_a_Search_
　　　Stratergy/Information_Types/information_types.html〉.

The University of New Mexico. 2003. "Kinds of Information: Background vs. In-Depth." [cited
　　　2007. 4. 20]. 〈http://elibrary.unm.edu/tutorials/General/Choosing/Kind/background.htm〉.

Time. [cited 2007. 4. 20]. 〈http://www.time.com〉.

University of Nevada, Las Vegas Libraries. 2007. "Finding and Using Resources in Architecture,
　　　Landscape Architecture and Interior Design." [cited 2007.4.20].
　　　〈http://library.nevada.edu/arch/instr/〉.

# 제 2 장

## 대학도서관의 이해

본 장에서는 지식정보사회에서 정보를 제공하는 중추적 역할을 하는 있는 도서관의 정의, 유형 및 기능과 업무에 대해 살펴본다. 이를 통해 도서관에 대한 이해를 돕고 보다 친밀하게 도서관에 접근할 수 있도록 하는 것을 학습목표로 한다.

## 1. 도서관의 정의

도서관은 지식정보사회에서 정보를 제공하는 중추적 역할을 하는 여러 기관 중의 하나이다. 즉 도서관은 자료를 수집, 정리, 분석, 보존, 축적하여 공중 또는 특정인의 이용에 제공함으로써 정보이용, 조사, 연구, 학습, 교양 및 평생교육 등에 이바지하는 시설을 말한다(도서관법 제2조 1항). 도서관으로 번역되는 영어 'library'라는 용어는 도서를 뜻하는 'libr(liber)'과 모아놓은 것 즉 집합체를 뜻하는 '-ary'가 결합된 것으로 용어 자체로는 도서의 집합체를 의미한다. 14세기 이후부터 문헌이 집성되어 있는 건물 또는 서고 같은 것을 'library'라고 사용하게 되었다(한국문헌정보학회 2004).

도서관은 고대시대부터 존재하였으며, 그 시대의 도서관은 왕족, 귀족 등 특권층을 위한 것이었고, 자료를 수집하여 보존하는 것이 도서관의 중심 업무이었다. 이러한 도서관은 19세기 후반부터 전통적인 보존중심에서 이용자가 정보에 보다 쉽게 접근할 수 있고, 이용자의 요구에 적합하도록 가공하여 제공하는 이용자중심의 도서관으로 전환되었다. 20세기에 들어서는 다양한 이용자 요구에 대응하기 위하여 여러 가지 형태의 도서관이 출현하였으며 정보기술의 발달에 따라 도서관 업무와 기능 및 외부 환경에 많은 변화가 나타난 것으로, 도서관의 업무가 전산화되었고 정보매체가 다양화되었다. 그리고 인터넷의 사

〈그림 2-1〉 British Library and Information Centre 내부

용이 가능하게 됨에 따라 대부분의 도서관들은 물리적인 장소로서 도서관에 소장되어 있는 자료만 다루는 것이 아니라 도서관이라는 물리적인 벽을 넘어 전자적으로 도서관 외부에 있는 데이터나 문서도 이용자들이 원격으로 자유롭게 접근하여 이용할 수 있도록 정보서비스를 제공하는 하이브리드 형태의 디지털도서관으로 변모하였다. 또한 도서관간의 상호협력 네트워크를 통해 자원을 공유함으로써 보다 많은 다양한 정보서비스를 제공하고 있다(그림 2-2 참조).

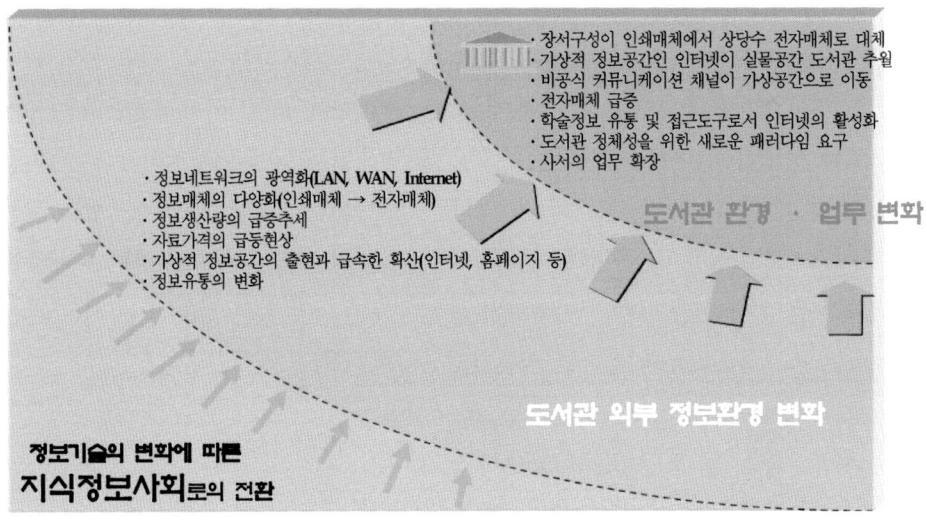

〈그림 2-2〉 정보기술의 변화에 따른 도서관의 환경과 업무 변화

따라서 최근에는 도서관의 기능과 역할의 변화로 인해 국내외에서 library 또는 도서관이라는 용어 이외에 Library & Information Center, 학술정보관 또는 정보센터 등의 다양한 명칭으로 부르고 있다. 그리고 정보기술의 발전 흐름에 따라 디지털도서관, 하이브리드 디지털도서관 또는 유비쿼터스 도서관 등으로도 부르고 있다.

환자 또는 진료를 필요로 하는 사람에게 병원 등의 의료기관이 필수적인 것처럼 도서관은 '연구' 또는 '학습'을 위한 모든 사람들에게 정보를 제공하기 위한 필수적인 지식정보기관이다. 또한 빈부계층간의 지식 정보격차(digital divide)를 문화적으로 해소시킬 수 있는 중요한 사회적 장치이다.

## 2. 도서관의 유형

도서관의 유형은 설립모체, 소장 정보의 특성 등 관점에 따라 여러 형태로 분류할 수 있으나 설립 목적에 따라 분류하면 국립도서관, 공공도서관, 대학도서관, 학교도서관, 전문도서관으로 분류할 수 있다. 도서관은 설립 목적에 따라 이용자 대상, 정보자원의 소장 범위 등에 차이가 있다. 따라서 이용자는 필요한 정보의 유형, 이용 목적, 이용자의 연령 등에 따라 도서관을 선정하여 이용할 수 있어야 한다.

### 1) 국립도서관

한 국가의 대표도서관으로서 국가의 지적 문화유산을 총체적, 체계적으로 수집, 보존하여 국민들이 유용하게 이용할 수 있도록 하며, 이를 후대에 전승하는 기능, 국내 모든 도서관 및 세계 각국의 도서관·문화 기관과의 교류와 협력 기능, 한 국가의 도서관 발전을 위한 주도적 기능 등을 수행한다. 우리나라의 경우 국립도서관은 국립중앙도서관이다. 국립중앙도서관은 18세 이상을 원칙적으로 이용자 대상으로 하고 있으며, 국내에서 자료를 발행하거나 제작한 자가 일정한 부수를 의무적으로 제출해야 하는 납본기관 중 국내 유일의 납본도서관으로 국내에서 출판되는 문헌 및 대학의 석·박사학위논문을 가장 포괄적으로 소장하고 있다. 미국의 경우에는 미국의회도서관 (Library of Congress, LC)이 국립도서관이다.

### 2) 공공도서관

공중(Public)의 정보이용, 문화활동, 독서활동 및 평생교육을 위하여 국가 또는 지방자치단체가 설립한 도서관이나 공중에게 개방할 목적으로 민간기관 및 단체가 설립한 도서관을 말한다. 국가 및 지방자치단체 또는 민간기관 및 단체가 도서관의 설립·운영 및 자료수집에 필요한 경비의 일부를 지원하는 것으로 대부분의 공공도서관은 무료로 이용할 수 있다.

우리나라 공공도서관의 범주에는 소규모의 비영리 독서시설인 문고, 장애인을 대상으로 하는 장애인도서관, 의료기관에 입원중인 사람을 대상으로 하는 병원도서관, 육군, 해군, 공군 등 각급 부대의 병영내 장병을 대상으로 하는 병영도서관, 어린이를 대상으로 하는 도서관서비스를 제공하는 어린이도서관이 포함된다.

공공도서관의 사례를 들면 우리나라의 정독도서관, 과천시 정보과학도서관, 중원문화정보센터, 미국의 시애틀 공공도서관, 보스톤 공공도서관 등이 있다.

## 3) 대학도서관

교육, 연구 등을 통해 지식을 전달하고 창출해야 하는 대학의 교육적 목표를 달성하기 위하여 설립된 도서관으로서 소속 대학의 교수와 학생의 교육 및 연구 활동과 교직원의 지식정보 함양에 필요한 정보와 서비스를 제공하는 것을 주된 목적으로 한다. 우리나라 대학도서관의 경우 이용자가 소속되지 않은 다른 대학도서관을 이용할 때에는 도서관 상호간에 협의된 일정 서류(타도서관열람의뢰서)를 첨부하여야 한다. 성균관대학교 학술정보관, 서울대학교 중앙도서관, 미국의 하버드대학교 도서관, 산호세주립대학교 도서관 등 각 대학의 도서관이 대학도서관에 해당된다.

## 4) 학교도서관

학교교육을 지원하기 위해 초등학교, 중학교, 고등학교에 설립된 도서관으로서, 교수학습 활동에 필요한 각종 도서 및 학습 자료 이외에 정보활용 교육 등을 교사와 학생, 직원들에게 제공해 주는 것을 목적으로 한다. 우리나라의 경우 도서관 유형 중 학교도서관이 가장 많은 수를 차지하고 있으나 다른 유형의 도서관보다 크게 발전하지는 못한 상황에 있다(표 2-1 참조).

〈표 2-1〉 한국 도서관 관종별 현황

| 관종별 구분 | 도서관수(2005.12현재) |
|---|---|
| 국립도서관 | 1개 |
| 공공도서관 | 514개 |
| 대학도서관 | 438개 |
| 학교도서관 | 10,297개 |
| 전문도서관 | 589개 |
| 계 | 11,839개 |

(한국도서관협회 2005)

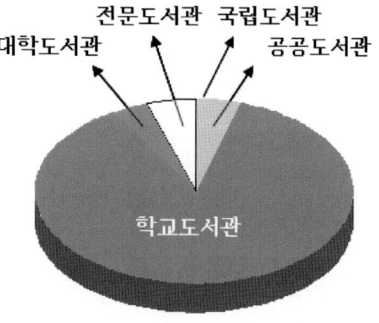

## 5) 전문도서관

설립기관, 단체의 소속원 또는 공중에게 특정분야에 관한 전문적인 도서관 서비스를 제공하는 것을 주된 목적으로 하는 도서관을 말한다. 전문도서관은 소속된 기관 및 국내외 관련기관에서 발행하는 특정 주제분야의 자료를 중점적으로 소장하고 있다. 이러한 자료들은 비매품인 경우가 많으며, 다른 도서관들에서는 찾아 보기 어려운 것으로, 그 주제분야의 연구자 또는 학생들이 연구 및 학습을 위해 많이 이용하게 되는 도서관이다. 우리나라의 한국과학기술정보연구원 지식정보센터, LG상남도서관, 국회도서관, 법원도서관 등이 이에 해당된다.

국립중앙도서관 웹 사이트에서는 국내외 도서관의 웹 사이트를 관종별로 분류하여 링크 서비스하고 있는 것으로 세계 각국의 다양한 유형의 도서관에 편리하게 접근할 수 있다(그림 2-3 참조).

〈그림 2-3〉 국내외 도서관사이트 (국립중앙도서관)

## 3. 대학도서관의 주요 기능과 업무

과거의 전통적인 도서관에서부터 현대의 도서관에 이르기까지 그리고 도서관의 유형에 관계없이 이용자에게 정보를 제공하기 위한 기관인 도서관이 수행하는 기본적인 주요 기능은 정보수집 기능, 정보조직 기능, 정보제공 기능이다. 따라서 대학도서관도 이러한 세가지 기능을 가지며(그림 2-4 참조), 이러한 기능을 수행하기 위해 정보수집 업무, 정보조직 업무, 정보제공 업무를 한다. 대학도서관의 기능과 업무를 중심으로 살펴보면 아래와 같다.

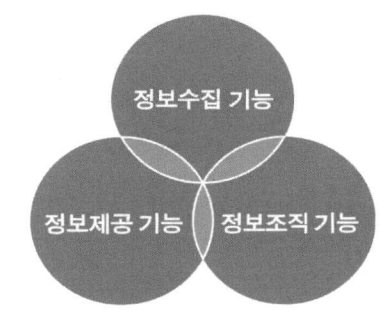

〈그림 2-4〉 대학도서관의 기본적인 주요 기능

### 1) 정보수집 기능과 업무

정보수집 기능은 필요한 정보를 조사하고 선정하며, 선정된 정보를 수집하는 것을 말한다. 정보수집은 해당 도서관의 목표와 기능에 따라 많은 영향을 받는다. 대학도서관은 소속 대학의 교수와 학생의 교육 및 연구 활동과 교직원의 지식정보 함양에 필요한 정보와 서비스를 제공하는 것을 주된 목표로 한다. 따라서 대학도서관의 정보수집 업무는 도서관 자체의 장서개발정책, 해당 대학의 교육목표와 여러 전공학과의 교육과정, 교수, 학생, 직원들의 요구사항, 예산 등 여러 가지를 고려하여 합리적이면서도 효율적으로 이루어진다.

도서관에서는 여러 가지 자료 선정도구를 가지고 자체적으로 자료를 선정하나, 각 학과의 교육과정과 교수, 학생들의 요구사항을 반영하기 위하여 일정한 주기 또는 수시로 각 학과로부터 전공자료를 추천받거나 희망자료를 조사한다. 온라인 목록을 검색한 후에 없는 자료에 대해 희망도서신청을 할 수 있도록 하는 것도 이용자의 요구를 자료수집에 반영하기 위한 것이다.

자료를 수집하는 방법으로는 구입, 수증, 교환 등이 있다. 대부분 구입에 의해 이루어지나 비매품 등의 자료들은 각 대학, 연구소, 행정기관, 기업체와의 협력체계를 갖고 수증, 교환 등의 방법으로 수집한다.

정보수집 업무에는 이용자의 정보요구 분석, 예산의 확보와 배정, 정보자료의 선정과 수집, 장서개발 이외에 정보자료의 폐기, 협동수집과 정보공유, 장서평가, 이용자 만족도 조사, 통계분석 등이 포함된다(한국문헌정보학회 2004).

## 2) 정보정리 기능과 업무

정보정리 기능은 수집된 정보자료를 이용자가 편리하게 이용할 수 있도록 일정한 규칙에 따라 정리하는 것을 말한다. 정보정리 기능을 하기 위한 정보정리 방법으로는 분류와 목록을 작성하는 방법이 있으며 각종 레이블과 도서용 바코드 또는 RFID 태그를 출력하여 부착하는 업무도 포함된다. 도서관에서는 분류와 목록을 합쳐 자료조직이라고 한다.

분류업무는 이용자가 같은 주제의 자료를 한 곳에서 찾아 볼 수 있도록 일정한 분류체계를 바탕으로 공통된 유사성에 따라 정보를 체계적이고 논리적으로 배열하는 것을 말한다. 구체적으로 말하면 입수된 자료의 주제를 파악한 다음 분류표에서 해당되는 주제에 대한 분류기호를 찾아 분류기호를 부여하며, 도서기호, 별치기호 등을 부여하여 한 자료에 대한 청구기호를 만드는 것이다. 청구기호(Call Number)는 서가상에 자료의 위치를 표시하여 주는 기호로, 청구번호라고 부르기도 하며 분류기호(Class Number)와 도서기호(Book Number)로 구성된다. 도서기호는 일반적으로 저자기호(

Author Number)와 저작(또는 서명)기호(Work or Title Number), 판차기호(Edition Mark), 연차기호(Date of Publication), 권기호(Volume Number), 복본기호(Copy Number), 그 밖에 도서관 규정을 나타내는 기호 등의 부차적인 기호로 구성된다(표 2-2 참조). 도서에 따라 저작(또는 서명)기호, 판차기호, 복본기호 등의 부차적인 기호가 없이 저자기호만 기록되는 경우에는 저자기호가 도서기호가 된다.

- 청구기호(Call Number)= 분류기호(Class Number) + 도서기호(Book Number)

- 도서기호(Book Number)= 저자기호 + 저작(또는 서명)기호 + 판차기호 + 연차기호 + 권기호 + 복본기호 + 그 밖에 도서관 규정을 나타내는 기호

### 〈표 2-2〉 청구기호의 구성요소

| 세부명칭 | | 청구기호 구성요소에 대한 설명 |
|---|---|---|
| 분류기호 | | · 분류기호는 자료의 주제와 그 표현형식을 나타내는 숫자 또는 숫자와 문자. |
| 도서기호 | 별치기호 | · 별치기호는 자료의 형태나 용도에 따라 별도로 보관할 필요가 있는 도서들을 표시하기 위한 기호. 일반적으로 분류기호 상단에 알파벳 대문자 또는 문자와 아라비아 숫자로 변환한 기호<br>· 도서관별로 규정에 따라 정하는 것으로 각 도서관마다 조금씩 다름. |
| | 저자기호<br>+<br>저작기호<br>(또는<br>서명기호) | · 저자기호는 같은 분류번호 내의 자료를 동일한 저자 또는 기관명으로 배열하기 위해 사용하는 기호. 문자와 숫자의 조합.<br>· 저작기호는 같은 저자의 다른 저작임을 나타내기 위한 것으로 서명기호라고도 함.<br>· 저자기호 다음에 서명의 첫 자음 또는 머리글자로 나타낸다.<br>· 저작(또는 서명)기호, 권·연차기호, 복본기호 등 부차적인 기호가 없는 도서의 경우에는 저자기호가 도서기호가 된다. |
| | 연차기호 | · 연차기호는 발행년도를 나타내기 위한 기호 |
| | 권차기호 | · 권차기호는 여러 권으로 이루어진 자료의 경우 각 권에 대한 순서를 표현하기 위한 기호 |
| | 복본기호 | · 복본기호는 동일한 책이 여러 권 있을 경우 각각을 구분하기 위한 기호 |

도서관에 있는 도서의 책 등 하단 부분에 붙여진 레이블(label)에 기재되어 있는 청구기호는 분류작업을 한 결과물이며, 이 청구기호에 의해 자료가 서가의 그 위치에 꽂혀 있는 것이다.

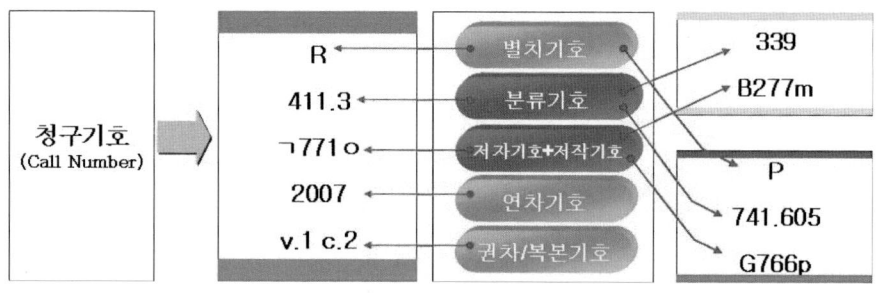

〈그림 2-5〉 청구기호의 구성요소에 대한 사례

## (1) 분류기호

분류기호(Class Number)는 자료의 주제와 그 표현형식을 나타내는 숫자 또는 숫자와 문자로 되어 있는 기호이다. 도서관에서 분류기호를 부여하기 위한 분류법에는 현재 세계적으로 널리 쓰이고 있는 듀이십진분류법(Dewey Decimal Classification, 이하 DDC), 미국의회도서관분류법(Library of Congress Classification, LCC), 국제십진분류법(Universal Decimal Classification, UDC)이외에 콜론분류법(Colon Classification, CC)과 우리나라의 한국십진분류법(Korea Decimal Classification, 이하 KDC)이 있다. 국내의 대학도서관에서는 대부분 자료를 십진분류법인 DDC 또는 KDC를 사용하여 분류한다.

DDC는 미국의 멜빌 듀이(Melvil Dewey)가 개발한 십진분류법으로, 도서관에서 주제별로 자료를 분류하는 방식 중 전 세계에서 가장 많이 사용하고 있는 분류법이다. 성균관대학교를 비롯한 국내 대학도서관들은 구미중심의 DDC를 분류법의 정신에 어긋나지 않는 범위내에서 우리나라 및 동양의 실정에 맞게 일부 수정하여 사용하고 있다(국어 구분 등). DDC에서는 각각의 자릿수에 들어가는 숫자에 어떤 주제로 분류되는지를 알 수 있게끔 세자리 숫자를 기본단위로 하는 분류기호로 자료의 주제를 나타낸다. DDC는 십진수 체계에 따라서 분류한다고 해서 십진분류법이라 하는데 DDC에서는 전체 학문분야를 총류, 철학 등 10개 학문분야(대분류, 주류)로 나누고 있다. 그리고 다시 주류의 각 학문분야(예: 사회과학)를 다시 10개의 세부학문분야로 분류하고, 세부 학문분야(예: 법학)를 10개로 다시 분류한다. 따라서 십진분류법은 10주류(classes), 100강목(divisions), 1,000요목(sections)으로 구분된다(그림 2-6 참조).

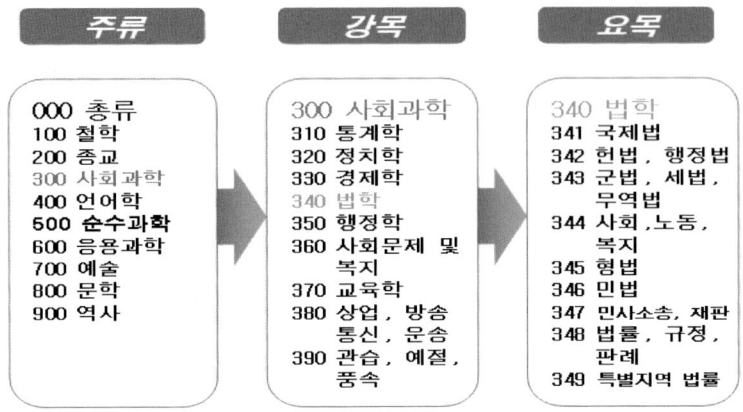

〈그림 2-6〉 DDC의 분류체계

그럼으로 DDC 분류기호 100자리(대분류, 주류)는 10개 학문분야를 나타내고, 그 아래 자릿수는 그에 포함되는 하위 학문분야를 표시한다. 예를 들면 연역법 DDC 분류기호 162에서 백의 자릿수 1은 주류인 철학(분류기호 100), 십의 자릿수 6은 강목인 논리학(분류기호 160)을 나타낸다. 즉 연역법은 넓게는 철학, 조금 넓게는 논리학에 속하는 하위 학문분야임을 알 수 있다. 민법 DDC 분류기호 346에서는 백의 자릿수 3은 주류인 사회과학(분류기호 300), 십의 자릿수 4는 강목인 법학(분류기호 340)을 나타낸다. 즉 민법은 넓게는 사회과학, 조금 넓게는 법학에 속하는 하위 학문분야임을 알 수 있다(그림 2-7 참조).

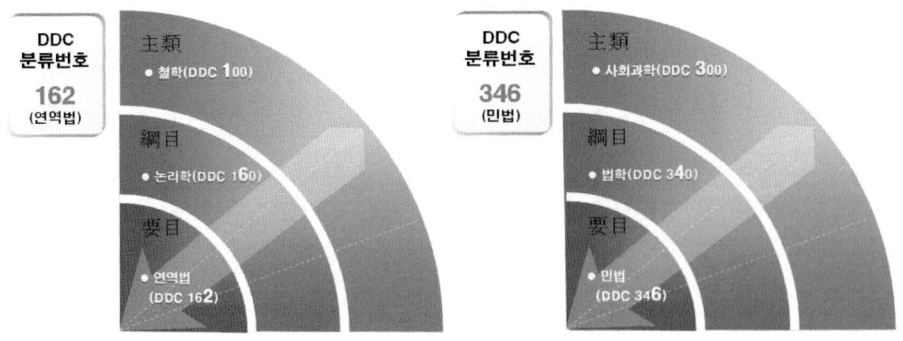

〈그림 2-7〉 DDC 분류기호의 사례

도서관에 따라서는 서가에서의 위치를 구분하기 위하여 대분류와 중분류를 10개의 색을 지정하여 사용한다. 도서의 책 등(Spine)에 있는 레이블의 청구기호 위쪽과 아래쪽에 있는 색띠가 대분류와 중분류를 나타낸다.

자료를 좀 더 세부적으로 분류할 때는 분류기호 3자리 다음에 소수점을 찍고 소수점 아래로 숫자를 더 붙인다(예: 『민법강의』의 경우 346.51).

DDC의 분류체계는 전적으로 미국의 실정에 맞춰져 있으므로 우리나라 도서관들은 DDC의 분류체계 자체를 약간 변형시켜서 사용한다. 그리고 DDC를 사용하지 않는 대학도서관은 KDC를 사용하거나 또는 국외서는 DDC, 국내서는 KDC를 사용하여 자료를 분류하기도 한다. KDC는 DDC를 우리나라 환경에 맞추어서 만든 것이다. 우리나라 국립도서관인 국립중앙도서관은 국내서는 KDC, 국외서는 DDC를 사용하여, 공공도서관의 경우는 주로 KDC를 사용하여 자료를 분류한다. KDC와 DDC의 가장 큰 차이는 DDC에서 어학(400)과 문학(800)이 분리된 것을 KDC에서는 400에 위치한 어학을 700으로 옮겨 800 문학에 접근시켰다는 것이다. 어학과 문학의 위치를 바꿈으로써 DDC의 500 순수과학, 600 기술과학(응용과학), 700 예술이 KDC에서는 400 순수과학, 500 기술과학, 600 예술로 바뀌었다(그림 2-8 참조)(표 2-3, 2-4 참조).

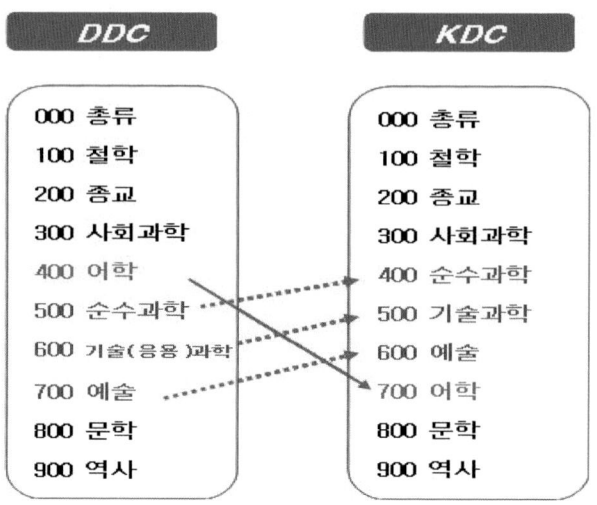

〈그림 2-8〉 DDC와 KDC의 주류(대분류) 비교

## 〈표 2-3〉 DDC 분류체계

| 분류기호 | 학문분야 | 분류기호 | 학문분야 | 분류기호 | 학문분야 |
|---|---|---|---|---|---|
| **000** | **총류** | **300** | **사회과학** | 650 | 경영학 |
| 010 | 서지학 | 310 | 통계학 | 660 | 화학공학 |
| 020 | 문헌정보학 | 320 | 정치학 | 670 | 제조업 |
| 030 | 일반 백과사전 | 330 | 경제학 | 680 | 특정 제조업 |
| 040 | | 340 | 법률학 | 690 | 건축 |
| 050 | 일반 연속간행물 | 350 | 행정학 | **700** | **예술** |
| 060 | 일반 단체 및 박물관학 | 360 | 사회복지, 사회문제 | 710 | 조원 및 도시계획 |
| 070 | 신문, 저널리즘, 출판 | 370 | 교육학 | 720 | 건축술 |
| 080 | 일반 전집, 총서 | 380 | 상업, 무역, 통신, 교통 | 730 | 조각 |
| 090 | 필사본 및 희귀서 | 390 | 풍속, 민속 | 740 | 도화, 장식미술 |
| **100** | **철학 및 심리학** | **400** | **언어** | 750 | 회화 |
| 110 | 형이상학 | 410 | 동양어 | 760 | 판화 |
| 120 | 인식론, 인과, 인간 | 420 | 영어 | 770 | 사진술 |
| 130 | 과학적으로 알 수 없는 현상 | 430 | 독일어 | 780 | 음악 |
| 140 | 특정 철학파 | 440 | 프랑스어 | 790 | 오락 |
| 150 | 심리학 | 450 | 이탈리아어 | **800** | **문학** |
| 160 | 논리학 | 460 | 스페인어 | 811 | 한국문학 |
| 170 | 윤리학(도덕철학) | 470 | 라틴어 | 812 | 중국문학 |
| 180 | 고대철학, 중세철학, 동양철학 | 480 | 희랍어 | 813 | 일본문학 |
| 190 | 현대서양철학 및 비동양철학 | 490 | 기타 언어 | 820 | 영미문학 |
| **200** | **종교** | **500** | **순수과학** | 830 | 독일문학 |
| 210 | 종교 철학 및 이론 | 510 | 수학 | 840 | 프랑스문학 |
| 220 | 성경 | 520 | 천문학 | 850 | 이탈리아문학 |
| 230 | 기독교 신학 | 530 | 물리학 | 860 | 스페인문학 |
| 240 | 기독교 도덕신학 및 헌신신학 | 540 | 화학 | 890 | 기타문학 |
| 250 | 목회학 | 550 | 지구과학 | **900** | **역사** |
| 260 | 교회 | 560 | 고생물학, 고동물학 | 910 | 지리 및 여행 |
| 270 | 기독교회사 | 570 | 인류학, 생물학 | 920 | 전기 |
| 280 | 기독교회와 각종파 | 580 | 식물학 | 930 | 고대세계사 |
| 290 | 기타 제종교 | 590 | 동물학 | 940 | 유럽사 |
| 294.3 | 불교 | **600** | **기술과학(응용과학)** | 950 | 동양사 |
| 294.5 | 힌두교 | 610 | 의학 | 951 | 한국사 |
| 296 | 유대교 | 620 | 공학 | 960 | 아프리카사 |
| 297 | 이슬람교 | 630 | 농업 | 970 | 북아메리카사 |
| | | 640 | 가정경제학, 가정관리 | 980 | 남아메리카사 |

〈표 2-4〉 KDC 분류체계

| 분류기호 | 학문분야 | 분류기호 | 학문분야 | 분류기호 | 학문분야 |
|---|---|---|---|---|---|
| **000** | **총류** | 350 | 행정학 | **700** | **어학** |
| 010 | 도서학, 서지학 | 360 | 법학 | 710 | 한국어 |
| 020 | 문헌정보학 | 370 | 교육학 | 720 | 중국어 |
| 030 | 백과사전 | 380 | 풍속, 민속학 | 730 | 일본어 |
| 040 | 강연집, 수필집, 연설문집 | 390 | 국방, 군사학 | 740 | 영어 |
| 050 | 일반 연속간행물 | **400** | **순수과학** | 750 | 독일어 |
| 060 | 일반학회, 단체, 협회, 기관 | 410 | 수학 | 760 | 프랑스어 |
| 070 | 신문, 잡지, 저널리즘 | 420 | 물리학 | 770 | 스페인어 |
| 080 | 일반전집, 총서 | 430 | 화학 | 780 | 이탈리아어 |
| 090 | 향토자료 | 440 | 천문학 | 790 | 기타 제어 |
| **100** | **철학** | 450 | 지학 | **800** | **문학** |
| 110 | 형이상학 | 460 | 광물학 | 810 | 한국문학 |
| 120 | | 470 | 생물과학 | 820 | 중국문학 |
| 130 | 철학의 체계 | 480 | 식물학 | 830 | 일본문학 |
| 140 | 경학 | 490 | 동물학 | 840 | 영문학 |
| 150 | 아시아(동양)철학, 사상 | **500** | **기술과학** | 850 | 독일문학 |
| 160 | 서양철학 | 510 | 의학 | 860 | 프랑스문학 |
| 170 | 논리학 | 520 | 농업, 농학 | 870 | 스페인문학 |
| 180 | 심리학 | 530 | 공학, 공업일반 | 880 | 이탈리아문학 |
| 190 | 윤리학, 도덕철학 | 540 | 건축공학 | 890 | 기타 제문학 |
| **200** | **종교** | 550 | 기계공학 | **900** | **역사** |
| 210 | 비교종교 | 560 | 전기공학, 전자공학 | 910 | 아시아(아세아) |
| 220 | 불교 | 570 | 화학공학 | 920 | 유럽(구라파) |
| 230 | 기독교 | 580 | 제조업 | 930 | 아프리카 |
| 240 | 도교 | 590 | 가정학 및 가정생활 | 940 | 북아메리카(북미) |
| 250 | 천도교 | **600** | **예술** | 950 | 남아메리카(남미) |
| 260 | 신도 | 610 | 건축술 | 960 | 오세아니아(대양주) |
| 270 | 바라문교, 인도교 | 620 | 조각 | 970 | 양극지방 |
| 280 | 회교(이슬람교) | 630 | 공예, 장식미술 | 980 | 지리 |
| 290 | 기타 제종교 | 640 | 서예 | 990 | 전기 |
| **300** | **사회과학** | 650 | 회화, 도화 | | |
| 310 | 통계학 | 660 | 사진술 | | |
| 320 | 경제학 | 670 | 음악 | | |
| 330 | 사회학, 사회문제 | 680 | 연극 | | |
| 340 | 정치학 | 690 | 오락, 운동 | | |

## (2) 도서기호

도서기호(Book Number)는 동일한 분류기호 내의 자료를 서가 상에서 재배열하는 데 필요한 순위를 결정하기 위하여 부여하는 기호이다. 도서관에서 도서기호를 부여하기 위한 도서기호법에는 도서의 입수순으로 일련번호를 부여하는 수입순 기호법, 특정 주제내에서 자료의 간행연대순으로 자료를 배열하는 연대순기호법과 저자명을 도서기호의 기준으로 삼는 저자기호법이 있다.

현재 도서기호법으로 가장 많이 사용되고 있는 저자기호법에서 도서기호는 저자기호 이외에 저작(또는 서명)기호, 판차기호, 연차기호, 권기호, 복본기호, 그 밖에 도서관 규정을 나타내는 별치기호 등의 부차적인 기호로 구성되며, 일반적으로 별치기호를 제외하고는 분류기호 하단에 기록된다.

저자기호법으로는 우리나라에는 박봉석의 조선십진분류표의 권말에 수록된 성별기호표(1947), 고재창의 『한국저자기호표』와 『일본저자기호표』(1954), 이춘희의 『동서저자기호표』(1960), 장일세의 『한국인저자기호표』(1961)와 이를 개제한 『동양서저자기호표』(1964), 정필모의 『한국문헌기호표』(1972, 1982 개정)와 이재철의 『한글순 도서기호법』이 있다(김태수 2000). 이 중에 이재철의 도서기호법은 미국의회도서관의 도서기호법을 응용한 부분이 있고, 이춘희, 정일세의 저자기호표는 C. A. Cutter의 저자기호 조직의 원리와 방법을 응용한 것이다.

해외에서는 Cutter 저자기호표(Cutter's Two-Figure Author Table, Cutter's Three-Figure Author Table, Cutter-Sanbon Three-Figure Author Table), Olin기호법, Merrill 기호법, 일본저자기호법(日本著者記號法), 중국저자호마편제법(中國著者號碼編製法)이 있다.

도서관에서는 여러 저자기호표 중에서 그 도서관에 적절한 것을 선정하여 사용하게 되는데 현재 우리나라 도서관에서는 동양서의 경우에는 이재철의 『한글순 도서기호법』, 서양서의 경우에는 Cutter 저자기호표 중에서 『카터-샌본 세자리 저자기호표(Cutter-Sanbon Three-Figure Author Table)』, 『카터 세자리 저자기호표(Cutter's Three-Figure Author Table)』를 많이 사용하고 있다(그림 2-9 참조).

| Aa | 111 | Adams | 211 | Ait | 311 |
|---|---|---|---|---|---|
| Aal | 112 | Adams F | 212 | Aj | 312 |
| Aar | 113 | Adams G | 213 | Ak | 313 |
| Aars | 114 | Adams J | 214 | Aker | 314 |
| Aas | 115 | Adams M | 215 | Akers | 315 |
| Aba | 116 | Adams N | 216 | Al | 316 |
| Abal | 117 | Adams S | 217 | Alain | 317 |
| Abar | 118 | Adams T | 218 | Alam | 318 |
| Abat | 119 | Adams W | 219 | Alan | 319 |

| 940.54 A752 | 940.54 Di68 | 940.54 S553 | 940.54 S283 |
|---|---|---|---|

(Cutter-Sanbon Three-Figure Author Table)

| A | 1 | Ab | 1 | Ac | 1 | Ad | 1 | Ae | |
|---|---|---|---|---|---|---|---|---|---|
| Aa | 11 | Aba | 11 | Aca | 11 | Ada | 11 | Aea | |
| Aab | 12 | Abac | 12 | Acab | 12 | Adal | 12 | Aeac | |
| Aac | 13 | Abach | 13 | Acal | 13 | Adam | 13 | Aed | |
| Aach | 14 | Abadi | 14 | Acam | 14 | AdamM | 14 | Aedh | |
| Aachm | 15 | Abag | 15 | Acap | 15 | Adami | 15 | Aedi | |
| Aacho | 16 | Abal | 16 | Acar | 16 | Adamo | 16 | Aedo | |
| Aachu | 17 | Aban | 17 | Acars | 17 | Adams | 17 | Aedu | |
| Aacr | 18 | Abar | 18 | Acat | 18 | AdamsJ | 18 | Aee | |
| Aacu | 19 | Abba | 19 | Acau | 19 | AdamsM | 19 | Aef | |

| 940.54 Ar64 | 940.54 Di91 | 940.54 Sh55 | 940.54 Sca64 |
|---|---|---|---|

(Cutter's Three-Figure Author Table)

| Aa | 1 | Aj | 1 | As | 1 | Ba | 11 | Ca | 11 |
|---|---|---|---|---|---|---|---|---|---|
| Aad | 2 | Ajc | 2 | Asc | 2 | Bac | 12 | Cai | 12 |
| Aag | 3 | Aje | 3 | Ash | 3 | Baco | 13 | Call | 13 |
| Aak | 4 | Ajg | 4 | Asi | 4 | Bad | 14 | Cam | 14 |
| Aan | 5 | Aji | 5 | Asl | 5 | Bail | 15 | Camp | 15 |
| Aap | 6 | Ajl | 6 | Asp | 6 | Bain | 16 | Can | 16 |
| Aar | 7 | Ajo | 7 | Ass | 7 | Bak | 17 | Cap | 17 |
| Aau | 8 | Aju | 8 | Ast | 8 | Bal | 18 | Care | 18 |
| Aax | 9 | Ajy | 9 | Asu | 9 | Bald | 19 | Carf | 19 |

| 940.54 Ar6 | 940.54 Di9 | 940.54 Sh5 | 940.54 Sca6 |
|---|---|---|---|

(Cutter's Two-Figure Author Table)

〈그림 2-9〉 카터 저자기호표   (Hargrave House)

성균관대학교 도서관에서는 동양서의 경우에는 이춘희의 『동서저자기호표』, 서양서의 경우에는 『카터-샌본 세자리 저자기호표(Cutter-Sanbon Three-Figure Author Table)』를 사용하고 있다.

## (3) 저자기호와 저작(또는 서명)기호

저자기호는 각 도서의 저자 또는 책임이 있는 기관 등에 부여하는 기호로 문자와 숫자를 조합한 것이며, 저작(또는 서명)기호는 같은 저자의 다른 저작임을 나타내기 위한 것으로 저자기호 다음에 서명의 첫 자음 또는 머리글자로 나타낸다.

예를 들면 성균관대학교 도서관에 소장된 한국방송공사의 『온라인 광고의 정책과 제도에 관한 연구』이라는 자료를 보면 도서기호가 ㅎ155ㅇ 으로 되어 있다(표 2-5 참조).

<표 2-5> 동양서의 저자기호 및 저작기호 사례

| NO | 서명 / 저자 | 청구기호 |
|----|-------------|----------|
| 1 | 유교 아시아의 힘 / 한국방송공사 | 181.22 ㅎ155ㅇ |
| 2 | KBS 조사백서 / 한국방송공사 | 384.54065095 ㅎ155ㅋ |
| 3 | 온라인 광고의 정책과 제도에 관한 연구 / 한국방송공사 | 655.144 ㅎ155ㅇ |

성균관대학교 도서관에서 동양서에 사용하고 있는 이춘희의 『동서저자기호표』에서
는 저술에 책임이 있는 기관명인 한국방송공사의 저자기호로 항상 ㅎ155를 부여한다.
따라서 동일주제하의 같은 저자 또는 기관에 의해 저술된 저술들은 동일한 서가에 배
열되게 된다. 여기에 저작기호인 서명의 첫 글자에서 따온 자음 ㅇ을 붙임으로써 도서
기호가 완성된 것이다. 이것은 같은 저자의 다른 저술임을 구분하기 위한 것이다.

다른 도서관에서 많이 사용하고 있는 이재철의 『한글순 도서기호법』에 의하면 한국
방송공사의 저자기호는 한17이며, 여기에 서명의 첫 글자에서 따온 ㅇ을 붙임으로써
도서기호(한17ㅇ)가 완성된다. 따라서 도서관에서 어떠한 저자기호법을 사용하는가에
따라 도서기호는 다르게 나타날 수 있다.

저자가 서양인명인 경우에 『카터-샌본 세자리 저자기호표(Cutter-Sanbon Three-
Figure Author Table)』를 사용하는 성균관대학교 도서관에 소장된 『부의 미래』의 저
자 Alvin Toffler의 저자기호는 T644이다. Alvin Toffler의 다른 저술들도 저자기호는
T644으로 원서이든 번역서이든 같은 저자의 저자기호는 같음을 알 수 있다. 여기에
원서명인 *Revolutionary wealth*의 첫 글자에서 따온 알파벳 r을 붙이고 그 뒤에 다시
아라비아 숫자 1을 붙임으로써 도서기호가 완성된다. 1은 역자 김중웅의 성인 김을 코
드화해 붙인 것이다. 『카터 세자리 저자기호표(Cutter's Three-Figure Author Table)』
를 사용하는 다른 대학도서관에서는 저자기호 및 기타 부차적인 기호들이 다른 것으
로 도서관별로 도서기호가 달리 표기될 수 있다(예: T571rKg, T571r한)(표 2-6 참조).

〈표 2-6〉 서양인명의 저자기호 및 저작기호 사례

| 청구기호 〔서명 / 저자〕 | DDC Cutter-Sanbon Three-Figure Author Table | DDC Cutter's Three-Figure Author Table |
|---|---|---|
| Revolutionary wealth / Alvin Toffler and Heidi Toffler. | 339 T644r | 339 T571r |
| (앨빈 토플러)부의 미래 / 앨빈 토플러, 하이디 토플러 지음; 김중웅 옮김. 원서명: Revolutionary wealth | 339 T644r1 | 339 T571rKg (S대학) 339 T571r한 (E대학) |
| 부의 법칙과 미래 / 앨빈 토플러, 하이디 토플러 저; 이규행 감역. 원서명: War and anti war: survival at the dawn of the 21st century. | 355.02 T644w7 | 355.02 T571wkh2 (S대학) 355.02 T571w한 2003 (E대학) |

## (4) 별치기호

별치기호는 자료의 형태나 내용에 따라 일반서가와 구분하여 별도로 배열해 주기 위해 부여하는 기호이다. 별치기호는 도서관마다 다르게 정할 수 있는 것으로 차이가 있을 수 있다. 성균관대학교 중앙학술정보관의 별치기호는 〈표 2-7〉과 같다.

〈표 2-7〉 별치기호

| 별치기호 | 대상자료 | 소장위치 | 대출여부 |
|---|---|---|---|
| R | 참고도서 | 각 자료실 참고도서 코너 | 대출불가 |
| P | 연속간행물 | 연속간행물실 | 대출불가 |
| MF | 마이크로필름 | 연속간행물실 | 대출불가 |
| TM | 석사학위논문 | 지정도서실/학위논문실 | 대출불가 |
| TD | 박사학위논문 | 지정도서실/학위논문실 | 대출불가 |
| DVD | DVD | 전자매체실 | 관내이용 |
| VR | VCR Tape | 전자매체실 | 관내이용 |
| CT | 카세트 테입 | 전자매체실 | 관내이용 |
| CD | CD | 전자매체실 | 관내이용 |
| E | 특수자료 | | 대출불가 |
| ** | 개인문고 | 교사자료실 | 대출불가 |
| * | 서고자료 | 제 1-2 서고 | 대출가능 |
| 법학 | 법학도서관 소장 | 한용교기념도서관(법학관 5층) | 대출가능 |

(성균관대학교 2007)

## (5) 연차기호와 권차기호

연차기호는 발행년도를 나타내는 것이다. 예를 들면 v.2는 여러 권중에 두 번째 도서임을 나타내는 권차기호이며, 2007은 2007년도에 발행된 것을 나타내는 연차기호이다. 권차기호는 여러 권으로 이루어진 자료의 경우 각 권에 대한 순서를 표현하기 위한 기호이다. 권차기호는 v.(volume) 다음에 여러 권중에 해당되는 번호를 기입한다.

## (6) 복본기호

복본기호는 도서관에 동일한 자료가 여러 권 소장되어 있는 경우 각각의 자료를 구분하기 위한 기호로 c.2, c.3, c.4 등 c.(copy) 다음에 일련번호를 기입한다.

자료의 배열은 청구기호의 순서대로 한다. 먼저 분류기호순으로 하며 분류기호가 동일할 경우에는 저자기호, 저작기호, 연차기호, 권차기호, 복본기호의 순으로 하고, 서가의 상단에서 하단으로, 각 단에서는 왼쪽에서 오른쪽으로 배열한다. 별치기호가 있는 자료는 지정된 서가에 배열한다.

즉 도서관에서는 자료를 먼저 분류기호 000 ~ 999 순으로 서가에 배열한다. 그리고 같은 분류기호 내에서는 문자와 숫자로 구성된 저자기호순으로 배열한다. 저자기호의 맨 앞에 오는 문자의 자모 또는 알파벳순으로 배열하며 같은 문자 내에서는 문자 다음에 오는 숫자순으로 배열한다. 같은 저자기호 내에서는 저작기호의 문자순으로 배열한다. 저자기호와 저작기호가 같은 경우에는 연차기호의 숫자순, 권차기호의 숫자순, 복본의 숫자순으로 배열한다(그림 2-10 참조).

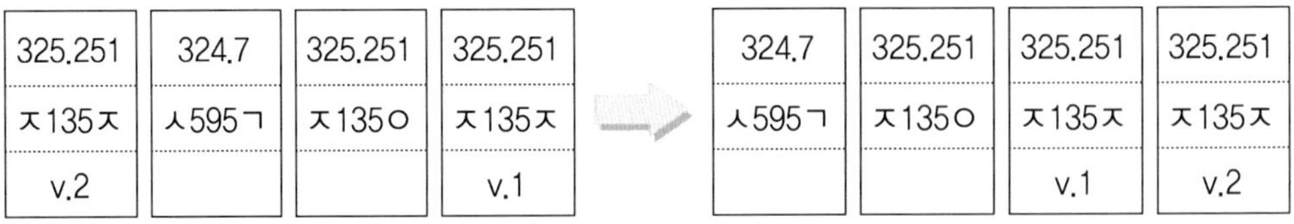

| 325.251 | 324.7 | 325.251 | 325.251 | | 324.7 | 325.251 | 325.251 | 325.251 |
| --- | --- | --- | --- | --- | --- | --- | --- | --- |
| ㅈ135ㅈ | ㅅ595ㄱ | ㅈ135ㅇ | ㅈ135ㅈ | → | ㅅ595ㄱ | ㅈ135ㅇ | ㅈ135ㅈ | ㅈ135ㅈ |
| v.2 | | | v.1 | | | | v.1 | v.2 |

〈그림 2-10〉 자료의 청구기호별 배열순서 사례

 목록업무(Cataloging)는 서명, 저자, 발행년도 등 소장자료의 서지사항 및 소장 위치를 일정한 규칙에 따라 목록 데이터베이스로 구축하는 것을 말한다. 과거에는 도서관에 수집된 도서의 서명, 저자, 발행처, 발행년도, 페이지수, 크기 등 서지사항과 청구기호를 기입한 카드목록을 여러 장 작성하였다. 그리고 작성된 카드를 저자명 카드목록함, 서명 카드목록함 등 여러 카드목록함에 넣어 이용자가 카드목록의 서지정보를 읽고 자료를 찾아 갈 수 있도록 하였다(그림 2-11 참조).

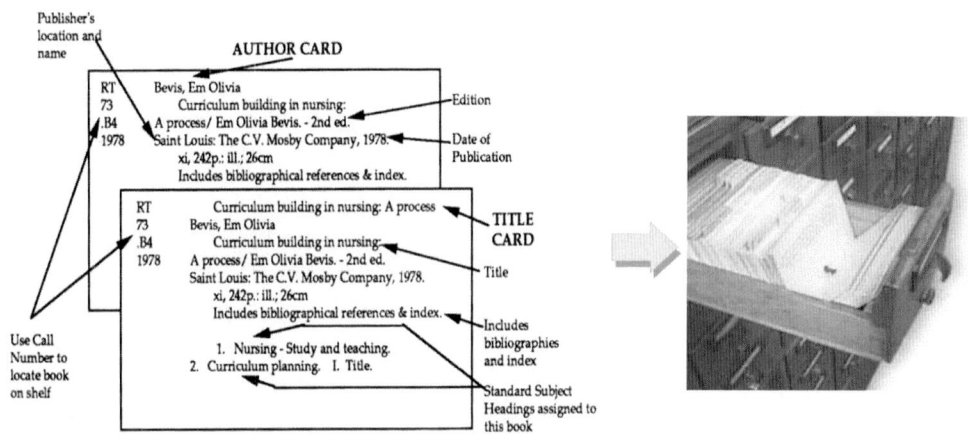

〈그림 2-11〉 카드목록 및 카드목록함   (Bethlehem 2005)

 그러나 정보기술의 발달로 도서관 업무 전산화가 이루어진 이후에는 도서관에서는 전산화된 목록시스템을 이용하여 목록업무를 수행한다. 전산화된 목록시스템은 서지정보를 MARC(Machine Readable Cataloging)형식으로 편집하여 데이터베이스로 저장하는 시스템이다. 다른 정보원으로부터 서지데이터를 반입하거나 직접 시스템의 지정된 입력양식에 서명, 저자, 발행처 등의 서지사항과 청구기호 등을 입력하면 자동으로 목록이 작성된다. 이러한 업무를 통해 이용자는 웹에서 온라인 목록의 서명, 저자 등의 여러 검색항목 중 하나를 선택하거나 몇가지 항목을 조합하여 검색함으로써 필요한 정보자료를 확인하고 입수할 수 있는 것이다(그림 2-12 참조).

(목록시스템 입력화면)

(온라인 목록 검색화면)

〈그림 2-12〉 자료관리시스템 중 목록시스템 및 온라인 목록 화면

또한 분류(Classification)와 목록작업이 끝나면 도서관에서는 전산화된 목록출력시스템을 이용하여 각종 레이블과 도서용 바코드(Barcode) 또는 RFID 태그(Tag)를 출력하여 부착한다. 이 바코드는 간단한 문자와 숫자로 구성된 것으로 도서의 등록번호를 나타낸다. 등록번호는 일반적으로 동양서는 'EM1234567', 서양서는 'WM1234567'처럼 자료를 구분하여 등록번호를 부여하고 있다. 사람의 주민등록번호와 유사한 것이다(그림 2-13 참조).

〈그림 2-13〉 바코드 레이블  (aimjal 2007)

　RFID 태그는 최근 RFID 시스템을 도입한 도서관에서 기존의 도서관리를 위해 사용하던 바코드를 대신하여 사용하고 있는 것이다. 국내에서는 서울시 은평구립도서관, 인천광역시 계양도서관, 연수도서관, 부산광역시립 시민도서관 등에서 RFID 시스템을 사용하고 있다.

　RFID란 Radio Frequency IDentification(무선인식기술)의 약자로서 일종의 반도체칩을 활용하여 무선으로 칩 내부의 정보를 읽을 수 있을 뿐만 아니라, 새로운 내용으로 기록할 수 있는 비접촉식 첨단 무선인식기술을 말한다. RFID란 용어는 무선주파수를 사용하는 기술의 통칭으로 사용되는 RF에 고유의 인식번호를 갖는다는 의미의 ID가 합해진 것이다. 기존의 바코드로 도서관리를 하던 것을 기존 바코드와 IC카드의 장점만을 조합해 만들어낸 RFID 시스템의 RFID 태그를 사용함으로써 유비쿼터스(Ubiquitous) 컴퓨팅을 도서관에 적용시킨 것이라고 할 수 있다. RFID 태그에는 도서관코드, 등록번호, 청구기호, 배가위치, 대출상태 등의 정보가 저장되며, 갱신이 가능하다. 기존의 바코드는 저장용량이 적고, 바코드 스캐너를 가까이 대어야만 정보를 읽을 수 있는 단점이 있는데 반해 RFID 태그는 저장용량이 바코드에 비해 크며 3-5m 정도의 근거리에서도 무선으로 정보를 읽을 수 있다. RFID 시스템은 도서관 장서관리, 열람 및 대출업무를 보다 효율적으로 처리할 수 있도록 하는 것으로 전문가들은 RFID 시스템이 바코드 시스템을 대체할 것으로 전망하고 있다(그림 2-14 참조).

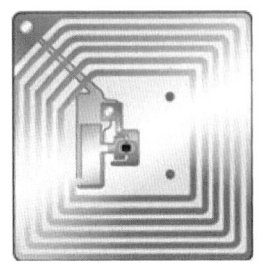

〈그림 2-14〉 RFID Tag 및 RFID 장서관리 업무 사례 (3M 2004) (김은지 2006)

## 3) 정보제공 기능과 업무

정보제공 기능은 정리되어 축적된 정보와 자료를 이용자에게 제공하는 것을 말한다. 이러한 정보제공 기능을 수행하기 위해 도서관에서는 열람 및 대출업무, 웹을 통한 온라인 정보검색 서비스, 참고봉사업무 등을 수행한다.

### (1) 열람 및 대출업무

열람 및 대출업무는 도서관의 자료를 도서관내에서 이용할 수 있도록 환경을 조성하고 자료를 관리하거나 도서관 밖에서 이용할 수 있도록 빌려주는 과정과 반납하는 과정을 관리하는 일로서 이용자를 위한 도서관 정보제공업무 중 가장 기본적인 업무이다.

열람 및 대출관련 규정 즉 이용시간, 도서관 층별 소장자료 및 업무, 출입방법 및 자격, 대출권수 및 기간, 대출 가능 자료의 종류는 각 도서관별로 각기 다르다. 도서관 직원은 이러한 열람 및 대출관련 규정이 모든 이용자에게 공정하게 적용될 수 있도록 업무를 수행한다.

도서관 업무 전산화이전에는 도서관에서는 대출시 이용자가 도서의 뒤표지 안쪽에 부착된 북 포켓(Book Pocket)에 들어있는 북 카드(Book Card)와 이용자의 대출수첩에 일일이 대출사항을 기록하도록 하였으며, 북 카드를 자료 반납할 때까지 별도로 보관하였다(그림 2-15 참조).

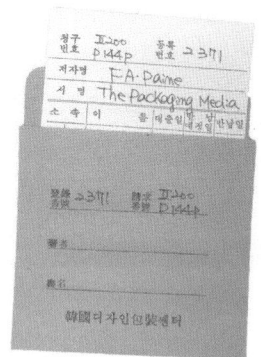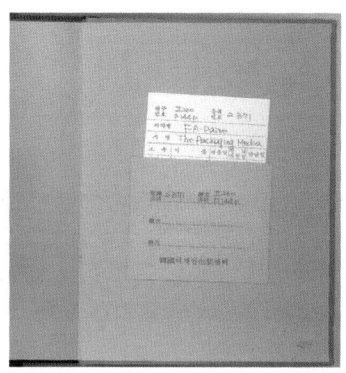

〈그림 2-15〉 도서관 북 카드와 북 포켓

　도서관 업무 전산화이후에는 전산화된 대출시스템과 자료의 정리과정에서 자료에 부착한 바코드에 의해 대출 및 반납업무를 보다 정확하고 신속하게 수행한다. 대출자의 자격, 대출 책수, 대출 기간, 대출제한도서 등에 관한 규정 및 대출/반납사항이 입력된 대출시스템에서는 대출자, 대출도서, 연체자, 미반납도서 등에 대한 현황 및 리스트를 신속하게 출력할 수 있다. 그리고 전산화된 시스템을 이용하여 자동대출반납이 가능하도록 하고 있다. 또한 해당 도서관에 소장되지 않은 자료에 대한 상호대차 및 복사서비스도 협력도서관 및 타 기관에 의뢰하여 수행한다.

　대출업무에 RFID 시스템을 도입한 도서관에서는 RFID 태그에 저장된 도서관코드, 등록번호, 청구기호, 배가위치, 대출상태 등의 정보를 통해 대출업무를 보다 신속히 처리할 수 있으며, 대출하고자 하는 자료에 대한 정확한 위치 정보 및 이용경로를 제공할 수 있다(그림 2-16 참조). 그리고 이용자가 대출 반납을 오래 기다리지 않고 빠르고 보다 편리하게 할 수 있도록 함으로써 보다 나은 연구 지원 및 서비스를 제공하게 되었다. 해외에서는 대학도서관, 공공도서관 등에서 RFID 시스템을 대출 및 장서관리 업무에 많이 적용하고 있으며, 국내에서는 현재 학교도서관, 공공도서관을 중심으로 이 시스템을 도입하여 사용하고 있다.

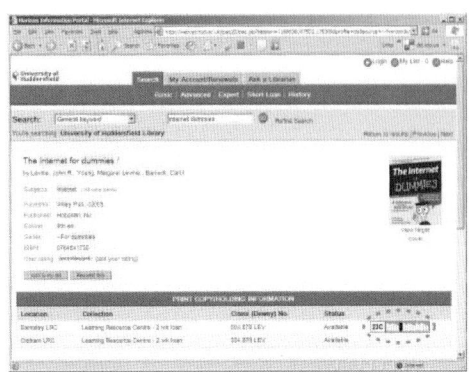

〈그림 2-16〉 온라인 목록(OPAC)에서의 장서 위치현황 서비스 사례   (Pattern 2007)

성균관대학교 중앙학술정보관을 중심으로 열람 및 대출관련 이용규정에 대해 살펴보면 아래와 같다.

성균관대학교 중앙학술정보관은 성균관대학교에 소속된 5개 도서관(과학학술정보관, 중앙학술정보관, 한용교기념도서관, 존경각, 의대도서관)중의 하나이다(표 2-8 참조).

〈표 2-8〉 성균관대학교 도서관

| 명 칭 | 위 치 | 소장자료 / 서비스 | |
|---|---|---|---|
| 과학학술정보관 | 자연과학캠퍼스 | 자연과학캠퍼스 이용자를 대상으로 중앙학술정보관과 유사한 서비스 제공 | |
| 중앙학술정보관 | 인문사회과학 캠퍼스 | 인문사회과학캠퍼스 이용자를 대상으로 법학분야를 제외한 인문사회과학분야, 예술, 순수과학 전반에 걸친 자료 | |
| 한용교기념도서관 | 인문사회과학 캠퍼스 법학관 | 법학자료실 | 법학관련자료 (일반도서, 참고도서, 연속간행물) |
| | | 법률정보검색실 | 법률관련 학술 DB 및 전자매체자료 |
| 존경각 | 인문사회과학 캠퍼스 600주년 기념관 4층 | 고서, 동아시아학자료, 동양고전, 근대시기 중국 일본의 신문잡지 공보, 동양학관련 CD-ROM, WEB DB | |
| 의대도서관 | 자연과학캠퍼스 의학관 | 의학관련자료, 의학전문도서관 | |

① 이용시간

| 학기중 | | 방학중 | |
|---|---|---|---|
| 평 일 | 토요일 | 평 일 | 토요일 |
| 08:00 - 21:40 | 09:00 - 17:00 | 09:00 - 17:20 | 휴실 |

② 중앙학술정보관 층별 자료실의 소장자료 및 업무

중앙학술정보관 층별 자료실의 소장자료 및 업무는 〈표 2-9〉와 같다.

③ 출입방법

학술정보관 출입은 성균관대학교의 전임교수, 비전임교원, 강사 및 연구원, 직원, 대학원생 및 조교, 대학생, 부속교육기관인 사서교육원의 교육생, 기타 관장의 이용승인을 얻은 자에 한해 가능하며, 출입시 신분증(학생증)을 소지하여야 한다.

### 〈표 2-9〉 중앙학술정보관 층별 자료실의 소장자료 및 업무

| 층별 | 자료실명 | 소장자료/업무 |
|---|---|---|
| 5층 | 인문과학자료실 | 철학, 심리학, 논리학, 윤리학, 종교, 역사, 지리 분야 일반도서와 참고도서 |
| | 특수자료실 | 북한자료, 공산권 또는 반국가 단체에서 제작, 발행된 자료 |
| | 사회과학자료실 | 사회과학(사회, 통계, 정치, 경제, 사회복지, 교육, 무역, 여성), 경영학, 가정학, 아동학 분야 국내 단행본과 일부 서양서 및 국내외 참고도서 |
| 4층 | 연속간행물실 | 국내외 연속간행물, 국내 대학간행물, 국내 학회지, 문헌복사서비스 |
| | 종합정보자료실 | 국내외 신문, 취업정보, 기업정보, 마이크로자료 |
| | 전자매체자료실 | SCAN, DVD, VCR, VIDEO, AUDIO, 위성방송, 심산넷터(인터넷, 문서작성) |
| 3층 | 어문학자료실 | 어학, 문학, 북카페 |
| | 교사자료실 | 학교관련역사, 행사, 인물자료 |
| | 대출 반납대 | 자료의 대출 및 반납, 이용자 ID관리 |
| 2층 | 예술자연자료실 | 총류, 언어/미디어학, 순수과학, 컴퓨터/IT, 순수과학, 예술관련 국내 단행본 및 국내외 참고도서 소장, 수업관련 과제도서 소장 |
| | 제2서고 | 서양서, 제본신문서고, 학위논문 |
| 1층 | 제1서고 | 동양서(중국서, 일본서, 이용도 낮은 국내서) |
| | 제3서고 | 이용도 낮은 참고도서, 연속간행물, 개인문고 |

(성균관대학교 2007)

④ 대출 및 반납방법 / 대출책수 및 기간

학술정보관에서는 대출자의 자격, 대출책수, 기간, 반납, 대출제한도서 등에 관한 규정을 수립하고 전산화된 대출관리시스템을 통해 대출 및 반납업무를 수행한다. 전산화된 대출관리시스템에서는 대출자, 대출도서, 연체자, 미반납도서 등에 대한 현황을 신속하고 정확하게 파악할 수 있다.

대출은 성균관대학교의 전임교수, 비전임교원, 강사 및 연구원, 직원, 대학원생 및 조교, 대학생, 부속교육기관인 사서교육원의 교육생에 한해 가능하며, 대출책수 및 대출기간은 이용자의 신분에 따라 조금씩 차이가 있다(표 2-10 참조).

〈표 2-10〉 성균관대학교 중앙학술정보관의 이용자별 대출책수 및 대출기간

| 구 분 | 대출책수 | 대출기간 |
| --- | --- | --- |
| 전임교수 | 50책 | 180일 |
| 비전임교원 | 20책 | 60일 |
| 강사 및 연구원 | 20책 | 60일 |
| 직 원 | 20책 | 60일 |
| 대학원생 및 조교 | 15책 | 30일 |
| 대학생(사서교육원 포함) | 8책 | 15일 |

(성균관대학교 2007)

그러나 도서관에 소장되어 있는 모든 자료가 대출 가능한 것은 아니고 여러 이용자의 자료 이용에 참고가 되는 자료, 이용요구가 많은 자료 등은 대출제한도서로 규정하고 있다. 성균관대학교 학술정보관에서는 각 학과에서 과제용으로 신청한 과제도서, 청구기호에 'R' 별치기호 표시가 붙은 참고도서, 청구기호에 'P' 별치기호 표시가 붙은 연속간행물, 청구기호에 'TM' 또는 'TD' 별치기호 표시가 붙은 석박사학위논문, 전자매체자료실에 비치된 비도서자료, 청구기호에 '**' 별치기호 표시가 붙은 개인문고는 대출이 제한된다.

대출을 원하는 도서가 이미 대출중일 때는 예약신청을 하면 해당도서가 반납되었을 시 우선적으로 대출을 할 수 있다. 도서관에 소장되지 않은 단행본은 상호대차를 통해

협력도서관 및 타 기관에 의뢰하여 대출할 수 있다.

대출자료의 반납은 기한 내에 하여야 하며, 타인이 예약을 하지 않은 경우에는 반납전에 1회에 한하여 대출기간을 연장할 수 있다. 반납은 학술정보관 반납창구 또는 자동대출반납기에서 하여야 하나, 학술정보관 개관 종료이후에 자료를 반납할 때에는 중앙학술정보관 정문 왼편, 교내 정문, 한용교기념도서관 입구에 설치된 무인반납함(Book Drop)을 이용하여 반납할 수 있다. 무인반납 후에는 중앙학술정보관 홈페이지의 My Library에서 반납여부를 반드시 확인하여야 한다.

〈그림 2-17〉 미국 CSU
도서관의 Book Drop
(CSU 2007)

## (2) 온라인 정보검색서비스

오늘날 정보기술의 발달에 따라 대학도서관을 비롯한 대부분의 도서관들은 이용자가 직접 도서관을 방문하여 정보자료를 이용하는 것 이외에도 웹을 통해 소장자료 및 다양한 전자정보를 이용할 수 있도록 온라인 정보검색서비스를 제공하고 있다. 예를 들면 성균관대학교 학술정보관은 성균관대학교 홈페이지에서 디지털도서관(Digital Library)에 접속하여 정보검색을 할 수 있도록 하고 있다(그림 2-18 참조).

〈그림 2-18〉 성균관대학교 중앙학술정보관 홈페이지 (성균관대학교 2007)

### (3) 참고 & 정보 봉사업무

참고 & 정보 봉사(Reference and Information Services)는 이용자의 요구에 충족하는 정보를 제공하는 것으로, 이용자에게 직접, 전화 또는 e-mail로 사실적인 질문에 응답을 하거나, 도서관과 도서관자원에 관한 정보를 제공함으로써 이용자가 독립적인 학습자가 될 수 있도록 도와주는 행위를 말한다. 참고 & 정보 봉사는 이용자가 정보 환경을 제대로 이해하고 이용할 수 있도록 교육하고 지도하는 것도 포함한다. 참고 & 정보 봉사는 과거에는 참고봉사(Reference Services)라 불렸으며 지금도 혼용되어 사용되고 있다. 대학도서관에서는 일반적으로 학문분야별로 주제사서를 두고 참고 & 정보 봉사를 실시하고 있다.

예를 들면 스탠포드대학교 도서관에서는 참고 & 정보 봉사의 범위를 도서관 견학, 워크샵, 그리고 질의 응답을 통해 도서관과 도서관 자원의 이용을 돕거나 교육하는 것, 정보원의 선택을 돕는 것, 다양한 온라인 목록 및 색인의 이용을 돕는 것, 데이터베이스 검색을 중재하는 것, 도서관 상호대차 요청을 하는 것을 돕는 것이라고 규정하였다(Stanford University 2005). 그리고 생물학, 화학/화학공학, 의학 등 학문분야별로 주제사서를 배정하고 각 분야에서 참고 & 정보 봉사의 범위에 속하는 업무를 수행하고 있다. 성균관대학교 도서관에서는 주제분야를 경제/경영, 생활/사범, 인문과학, 어문학, 예술, 사회과학, 법학, 응용화학/신소재/기계공학, 약학/생명공학/스포츠, 자연과학, 정보통신, 건축/조경/사회환경/시스템경영으로 나누고 각 주제분야별로 주제사서를 두어 학술정보자료의 선정, 이용자교육 및 안내, 정보서비스 등을 담당하도록 하고 있다(성균관대학교 2007).

## 4. 학문분야별 주요 도서관 및 웹 사이트

### 1) 인문사회과학분야

- 국립민속박물관 자료실(http://www.nfm.go.kr/data/d0_bri.jsp)

- 국립중앙도서관(http://www.nl.go.kr/)
- 국립중앙박물관 도서관(http://library.museum.go.kr/)
- 국사편찬위원회 자료실(http://www.history.go.kr/front/index.jsp)
- 국제문제조사연구소(http://www.riia.re.kr/index.htm)
- 국회도서관(http://www.nanet.go.kr/)
- 노동부(http://www.molab.go.kr/)
- 대한민국예술원 도서실(http://www.naa.go.kr/book/book01.asp)
- 문화재청 문화재지식정보센터(http://info.cha.go.kr/)
- 법원도서관(http://library.scourt.go.kr/)
- 불교방송 불교정보센터(http://www.bbsfm.co.kr/)
- 삼성경제연구소(http://www.seri.org/)
- 서울시정개발연구원 정보자료실(http://www.sdi.re.kr/)
- 정부출연연구기관 지식정보 검색시스템(http://220.72.21.13/search/s_study.jsp)
- 체육과학연구원 도서관(http://www.sports.re.kr/index.php)
- 통계청(http://www.nso.go.kr/)
- 통일부 북한자료센터(http://unibook.unikorea.go.kr/)
- 한국개발연구원 KDI도서관(http://lib.kdi.re.kr/jsp/search/w11_01s.jsp)
- 한국경영자총연합회
  (http://www.kef.or.kr/kefinfo.htm?pg=pg2&Pmode=view&BoardNo=84)
- 한국교육개발원 전자도서관
  (http://askkedi.kedi.re.kr/dlsearch/TGUI/Theme/KEDI/index.asp)
- 한국교육학술정보원(http://www.riss4u.net/index.jsp)
- 한국농촌경제연구원 전자도서관(http://library.krei.re.kr/)
- 한국문화예술위원회 아르코예술정보관(http://library.arko.or.kr/)
- 한국무역협회 정보자료실(http://www.kita.net/)
- 한국법제연구원 전자도서관(http://www.klri.re.kr/)
- 한국사회과학도서관(http://www.kssl.or.kr/)

- 한국조세연구원 전자도서관
  (http://taxweb.tax.re.kr/lis/old_library/guide/guide1.asp)
- 한국언론재단 언론자료실(구.한국언론연구원)(http://www.kpf.or.kr/)
- 한국영상자료원 영상자료실(http://www.koreafilm.or.kr/service/lib_seocho.asp)
- 한국정보문화센터(http://www.kcis.or.kr/)
- 한국학중앙연구원(구, 한국정신문화연구원) 장서각(http://lib.aks.ac.kr)
- 한국형사정책연구원 디지털도서실(http://www.kicjp.re.kr/)
- 헌법재판소도서관(http://www.ccourt.go.kr/library/index.asp)

## 2) 자연과학분야

- 한국과학기술정보연구원. 과학기술정보포털사이트
  (http://www.yeskisti.net/yesKISTI/index.jsp)
- 한국과학기술정보연구원. 국가과학기술전자도서관
  (http://www.ndsl.or.kr/eng/newindex.html)
- 교육과학기술부(http://www.mest.go.kr)
- 생물학연구정보센터(http://bric.postech.ac.kr)
- 국가표준정보센터(http://www.kssn.net)
- 섬유의류연구정보센터(http://www.ricta.or.kr/)
- 의학학술지 종합정보시스템(http://medlis.riss4u.net/art/ESearch.asp)
- 한국데이터베이스진흥센터(http://www.dpc.or.kr)
- 한국기초과학지원연구원 지식정보자원관리시스템(http://kims.kbsi.re.kr)
- 한국과학재단(http://www.ksef.re.kr)
- 한국과학기술평가원(http://www.kistep.re.kr)
- 재료연구정보센터(http://icm.re.kr)
- 화학공학연구정보센터(http://www.cheric.org)

- 농생명과학연구정보센터(http://www.alric.org)
- 건설연구정보센터(http://www.cric.or.kr)
- LG상남도서관(http://www.lg.or.kr/index.jsp)
- 항공우주연구정보센터(http://www.aric.or.kr/treatise/journal/common.asp)
- 의학연구정보센터(http://kmbase.medric.or.kr)
- 화학연구정보센터(http://chemwave.com)
- 물리학연구정보센터(http://www.icpr.or.kr)
- 전자통신기술정보(http://www.ktechno.co.kr)
- 한국표준과학연구원(http://library.kriss.re.kr)
- 한국전자통신연구원(http://www.etri.re.kr)
- 환경종합디지털도서관(http://library.me.go.kr/)
- 자동화기술연구정보센터(http://icat.snu.ac.kr)
- NASA(National Aeronautics and Space Administration)
  (http://search.nasa.gov/home/index.html)
- Agricultural Biotechnology Information Center(http://nal.usda.gov)

## 연습문제

1. 대학도서관에서 자료의 주제분류에 가장 많이 사용하고 있는 분류법은 무엇인가?

( )

   1)KDC(Korean Decimal Classification)

   2)DDC(Dewey Decimal Classification)

   3)UDC(Universal Decimal Classification)

   4)LCC(Library of Congress Classification)

2. 청구기호는 어떻게 구성되어 있는가? ( )

   1)별치기호   2)저자기호   3)분류기호   4)저작기호   5)위의 것 모두

3. 공중의 정보이용, 문화활동, 독서활동 및 평생교육을 위하여 국가 또는 지방자치단체가 설립한 도서관이나 공중에게 개방을 목적으로 민간기관이나 단체가 설립한 도서관을 무엇이라고 하는가? ( )

   1)대학도서관   2)국립도서관   3)공공도서관   4)전문도서관   5)학교도서관

4. 서가에서 제일 먼저 앞에 오는 청구기호는 다음 중에서 어느 것인가? ( )

   1)338.64 H318   2)321.07 M836u8   3)321.86 V819r1   4)328.34 C758z

5. 다음 설명 중 틀린 것은 어느 것인가? ( )

   1) 분류기호는 자료의 주제와 그 표현형식을 나타내는 숫자 또는 숫자와 문자로 되어 있는 기호이다.

   2) 청구기호는 분류기호와 도서기호로 이루어져 있다.

3) 청구기호는 알아보기 쉽게 앞표지에 있는 라벨에 기입되어 있다.

4) 자료의 대출권수, 기간 등은 도서관 규정에 따르며, 별치기호 R이 붙은 자료는 대출이 가능하지 않다.


6. 도서관 서비스의 종류가 아닌 것은 어느 것인가? (      )

1) 참고봉사

2) 온라인 정보검색서비스

3) 상호대차 서비스

4) 과제 작성 서비스

# 참고문헌

고영만. 2005. 『정보문해』. 서울: 성균관대학교 문헌정보학과.

국립중앙도서관. "관련사이트." [cited 2007.5.3] 〈http://www.nl.go.kr/〉.

김은지. 2006. "도서관 정보화 흐름 속의 대학도서관." 『성대신문』. [cited 2007.5.25].
〈http://www.skknews.com/news/read.php?idxno=4593〉.

김자후. "한글순 도서기호법(이재철)사용법." [cited 2007.6.15].
〈http://web2.kwangju.ac.kr/~jahookim/myhome/auther-table(lee,jang).htm〉.

김태수. 2000. 『분류의 이해』. 서울: 문헌정보처리연구회.

노진영, 이춘택. 2002. 『학술 정보 검색』. 공주: 공주대학교출판부.

법제처. 2006. "도서관법." [cited 2007.8.12].
〈http://www.lawnb.com/lawinfo/law/info_law_searchview.asp?ljo=1&lawid=0011850〉.

부산광역시립 시민도서관. "RFID 도서대출반납." [cited 2007.6.13].
〈http://www.siminlib.go.kr/siminlib/3special/31rfid.php〉.

성균관대학교. 2007. "학술 Web DB." [cited 2007.3.22].
〈http://skkcl.skku.ac.kr/skkcl.htm〉.

통계청. 2007. [cited 2007.3.22]. 〈http://www.nso.go.kr/〉.

한국과학기술정보연구원. "국가과학기술전자도서관." 2005. [cited 2007.8.12].
〈http://www.ndsl.or.kr/eng/newindex.html〉.

한국교육학술정보원. 2007. [cited 2007.6.15]. 〈http://www.riss4u.net/index.jsp〉.

한국문헌정보학회 문헌정보학의 이해 편찬위원회 편. 2004. 『문헌정보학의 이해』. 서울:
한국도서관협회.

Bethlehem University Library. 2005. "How to Use the Card Catalog." [cited 2007.3.22].
〈http://library.bethlehem.edu/publications/pamphlet/pamphlet1.shtml〉.

dlwlgp0228. "대영도서관". [cited 2007.5.12]. 〈http://blog.naver.com/dlwlgp0228〉.

Hargrave House. "Cutter Author Tables." [cited 2007.6.14]
〈http://www.cuttertables.com/cutter1.html〉.

Japan Administrative Labels Co., Ltd. "book 바코드." [cited 2007.3.22].
　　　〈http://www.aimjal.co.jp/english/products/book.jpg〉.

Library of Congress. 1995. "LC Cutter Tables: Contents." [cited 2007.6.15].
　　　〈http://www.itsmarc.com/crs/cutr0001.htm〉.

LG상남도서관. 2006. [cited 2007.3.22]. 〈http://www.lg.or.kr/index.jsp〉.

Pattern, Dave. 2007. "Self-plagiarism is style: Spooky an Eureka! moments." [cited 2007.6.15].
　　　〈http://www.daveyp.com/blog/index.php/archives/159/〉.

Stanford University. 2005. "Reference and Information Services." [cited 2007.6.15].
　　　〈http://www-sul.stanford.edu/guides/refinfo.html〉.

Agricultural Biotechnology Information Center. 2007. [cited 2007.6.15].
　　　〈http://nal.usda.gov/〉.

York University. "Understanding Call Numbers." [cited 2007.3.22].
　　　〈http://info.library.yorku.ca/yorkline/lc/howto.html〉.

# 제 3 장

## 정보문해 기준 및 모형

  본 장에서는 정보문해의 용어를 정의하고, 미국, 호주, 영국, 뉴질랜드 등 국가적으로 정보문해 교육을 지원하고 있는 해외 네 개 국가의 고등교육을 위한 정보문해 국가 기준과 모형에 대하여 학습한다. 그리고 각 기준과 모형이 공통적으로 추구하는 일반적인 핵심 정보문해능력과 학문분야별 주제별 정보문해 교육을 위한 지침에 대해 살펴본다. 또한 미국을 중심으로 한 대표적인 학교교육 정보문해 기준 및 모형에 대하여 학습한다. 이를 통해 실제 정보문해 교육을 받거나 실시하는데 있어 정보문해 교육에 대한 전반적인 이해를 증진시키고 교육의 필요성을 인식할 수 있도록 하는 것을 목표로 한다.

## 1. 정보문해의 정의

  정보문해(Information Literacy)는 1974년 처코브스키(Zurkowski)가 자신의 정보서비스(information service)에 관한 연구에서 '정보자원이 실제 업무 상황에 적용되어야 하고, 테크닉이나 기술이 정보 도구를 사용하는데 필요하며, 문제를 해결하는데 정보를 이용해야 한다'는 취지로 처음 사용한 용어로 알려지고 있다(Behrens 1994).

  정보문해 개념의 발전은 1989년에 발간된 미국도서관협회 정보문해위원회(ALA Presidential Committee on Information Literacy)의 최종보고서에서 시작되었다. 이 문헌은 정보시대의 정황에서 개인, 사업체, 그리고 시민에게 정보문해의 중요성을 강조하였다. 또한 고등교육기관이 그들의 졸업생에게 학술적으로 성공할 수 있도록 할 뿐만 아니라, 중요한 문제 해결 및 평생학습을 할 수 있도록 하는 정보문해능력을 갖추도록 하는 것이 중요하다고 필요성을 피력하였다. 그리고 정보문해를 정보가 필요한 때를 인식할 수 있고, 필요한 정보를 찾아내고, 평가하고, 효과적으로 이용할 수 있는 능력이라고 정의하였다.

    궁극적으로 정보문해능력을 갖춘 사람은 학습하는 방법(how to learn)을 배운 사람이다. 그들은 지식이 어떻게 조직되고, 어떻게 정보를 찾고, 다른 사람들이 그들로부터 배울 수 있는 방식으로 정보를 이용하는 방법을 알기 때문에 학습하는 방법을 안다. 그들은 어떤 과제 또는 의사결정에 필요한 정보를 언제나 찾을 수 있기 때문에 평생학습을 위한 준비를 한 사람이다(ALA 1989).

도일(Doyle 1992)은 정보문해는 다양한 정보원으로부터 정보에 접근하고, 정보를 평가하고, 이용하는 능력이라고 정의하고, 정보문해능력이 있는 사람을 다음과 같이 설명한다.

정확하고 완벽한 정보가 현명한 의사결정의 기초임을 인식하고, 정보의 요구를 인식하고, 정보 요구에 기반을 둔 질문을 형성하고, 잠재적인 정보자료를 확인하고, 성공적인 검색 전략을 개발하고, 컴퓨터 기반 그리고 다른 기술을 포함하는 정보자료에 접근하고, 정보를 평가하고, 실제적인 적용을 위해 정보를 조직하고, 새로운 지식을 기존 지식체계에 통합하고, 비판적 사고와 문제 해결 상황에서 정보를 이용하는 사람

레녹스와 워커(Lenox & Walker 1993)도 또한 정보문해능력을 갖춘 사람을 연구문제를 조직화하고 결과를 평가하기 위한 분석적 및 비판적 기술, 정보요구를 충족시키기 위해 다양한 정보유형에 접근하기 위한 검색기술을 가지고 있는 사람으로 특징지음으로써 정보문해를 정의한다.

샤피로와 휴즈(Shapiro & Hughes 1996)는 정보문해는 컴퓨터를 이용하고 정보에 접근하는 방법을 아는 것부터 정보 그 자체, 혹은 정보의 기술적 구조, 정보의 사회, 문화, 심지어 철학적 관계와 효과를 비판적 사고로서 인식하는 것까지 확정한 단순한 기술이상의 교양(Liberal Art)으로 인식되어야 한다고 하였다.

위와 같이 도일, 레녹스와 워커, 샤피로와 휴즈 등 여러 학자들의 다양한 정보문해에 대한 많은 정의가 있지만 ALA의 정보문해 정의는 정보문해의 개념을 '정보에 대한 태도, 정보활용 방법, 정보기술 활용능력 등의 의미를 포괄하는 용어로서 독립적인 평생학습자가 되기 위하여 제기된 문제를 정확하게 인식하여, 문제해결을 위해 필요한 정보를 찾고, 분석하고, 평가하고 효과적으로 사용할 수 있는 일련의 능력'으로 폭넓게 규정한 것으로 가장 많이 사용되고 있으며, 플로트닉(Plotnick 1999), 미국 대학

도서관협회(ACRL 2000) 등 수많은 곳에서 인용하고 있다. 아래의 그림은 이러한 정보문해가 독립적 학습과 평생학습을 위한 전제조건임을 잘 나타내고 있다(그림 3-1 참조).

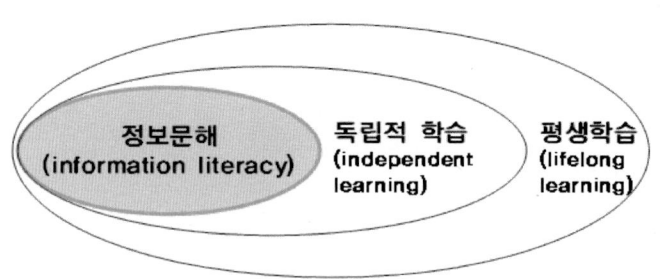

〈그림 3-1〉 정보문해, 독립적 학습과 평생학습의 관계  (ANZIIL 2004)

또한 정보문해는 주로 정보의 생산과 정보의 유통문제에 집중하는 컴퓨터 문해(Computer Literacy) 및 서지 교육(Bibliographic Instruction), 그리고 미디어를 이해하고 활용할 수 있는 능력인 미디어 문해(Media Literacy), 이미지를 이해하고 활용하며 능동적이고 창의적으로 제작할 수 있는 능력인 비주얼 문해(Visual Literacy) 등과 부분적으로 결합된 것으로서 그 결합형태에 따라 다양하게 정의되고 있다.

브레이빅(Breivik 2000)은 정보문해 우산(Information Literacy Umbrella)을 예로 들어 정보문해를 설명하고 있다. 기본적인 문해(basic literacy)는 손잡이이고, Computer literacy, Library Literacy, Media Literacy, Network Literacy, Visual Literacy와 같은 정보문해능력의 다양한 양상은 우산살(spokes)로, Information Literacy안에 이들이 포함됨을 나타내고 있다.  즉 정보문해는 좀 더 포괄적인 용어임을 나타내고 있다. 또한 브레이빅은 정보문해가 비판적 사고를 바탕으로 이루어짐을 그림을 통해 나타내고 있다 (그림 3-2 참조).

또한 정보문해로 번역되는 영어 Information Literacy는 정보문해 기준이나 모형 또는 프로그램에 따라 'Information Literacy Competency', 'Information Competency', 'Information Skills' 등의 용어로도 불리우고 있는데, 모두 'Information Literacy'의 다

른 표현으로 이해하는 것이 필요하다(Bawden 2001).

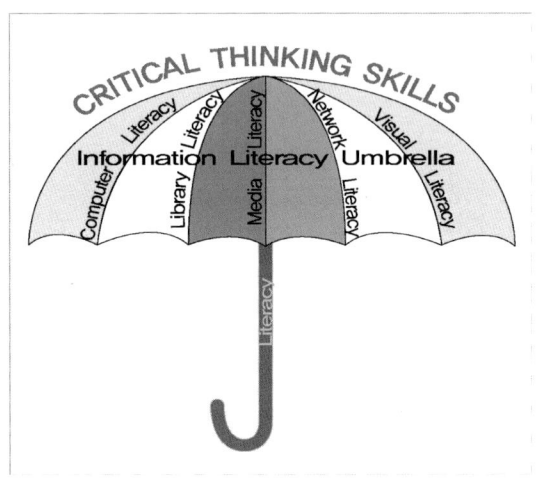

〈그림 3-2〉 브레이빅의 정보문해 우산(Information Literacy Umbrella)   (Breivik 2000)

우리나라의 경우 문헌정보학에서는 'Information Literacy'를 문제해결을 위해 정보와 정보기술을 활용하는 것을 강조하는 측면에서 정보소양, 정보문해, 정보활용능력, 정보이용능력 등으로 다양하게 번역하여 소개하고 있으며, 교육분야에서는 교육의 목표달성과 관련하여 정보와 정보기술을 활용하는 측면에서 대부분 정보문해라는 단일화된 용어로 번역하여 사용하고 있다. 1994년 산호세주립대학교에서 발표한 '정보문해 이니셔티브(Information Literacy Initiative)'이라는 제안서는 정보시대를 맞이하여 전통적인 'Literacy'(문해: 읽기와 쓰기)의 개념을 확장하여 정보처리 능력을 포함시킨 'Information Literacy'가 필요함을 밝힌 바 있다. 이는 'Information Literacy'가 문해(읽기와 쓰기)의 개념과 관련이 있음을 말해주는 것이다. 'Information Literacy'가 일반 학습과 분리된 별개의 정보교육이 아니라 모든 학문분야의 학습능력향상이나 학업성취에 기초가 되는 역량이며 교육과정과의 통합교육측면에서 정보와 정보기술의 활용능력 등을 포함하는 용어라는 점에서 문헌정보학에서도 'Information Literacy'를 정보문해로 번역하는 것이 바람직할 것이다.

## 2. 정보문해와 정보문해 교육의 필요성

정보문해와 이에 대한 교육의 필요성에 대해 고영만(2001)은 아래와 같이 정보문제
와 정보자주성 그리고 정보교육의 관계로 설명하고 있다.

정보문제가 없는 시대는 없었으며 그 시대마다 그러한 정보문제를 해결하기 위해
고유의 형식을 발전시켜 왔다. 정보사회 또는 IT사회로 묘사되는 오늘날의 사회는 개
인적 정보문제와 사회적 정보문제의 질적, 양적 분화가 이전의 시대에 비해 훨씬 복잡
한 형태로 나타나고 있다(그림 3-3 참조).

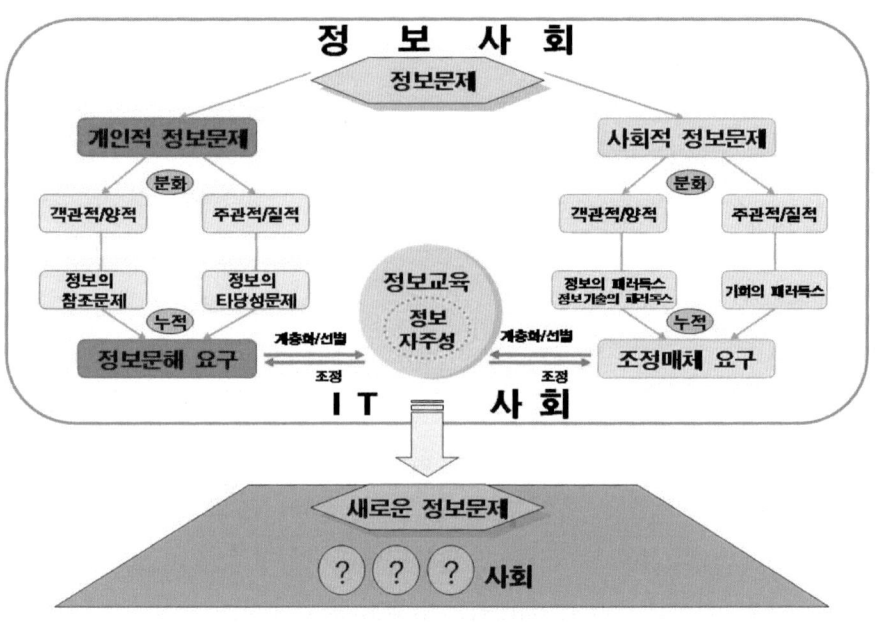

〈그림 3-3〉 정보문제의 구조적 분화와 조정매체로서의 정보교육  (고영만 2001)

정보사회에서 나타나는 정보문제 중 사회적 정보문제는 양적 정보문제인 정보의 패
러독스, 정보기술의 패러독스와 질적 정보문제인 기회의 패러독스라는 사회적 재생산
과정에서의 갈등현상으로 나타난다.

　　정보의 패러독스는 정보의 탈가치화와 정보의 범람에 의해 나타나는 양적측면에서의 사회적 정보문제로서 '문제 극복을 위한 정보 행위에서 요구되는 위험부담의 축소와 불확실성의 감소가 오히려 위험부담과 불확실성을 증가시키거나 새로운 부담으로 다가오는 현상'을 말한다. 이는 패러독스의 순환적 심화를 가져와 결국 정보의 신뢰성에 대한 요구를 발생시키고 복잡한 정보작업이 더 복잡한 정보문제로 형성되는 것을 초래한다.

　　정보기술의 패러독스는 '정보의 이용을 위한 기술적 보조 도구의 기능이 발전할수록 이용자는 그 도구를 어떻게 작동시켜야 하는지에 대하여 더 모르게 되는 것'을 뜻한다. IT기술의 발달에 따라 기술적 보조도구의 기능이 아무리 이용자에게 편리하게 설계된다고 해도 이러한 패러독스는 해소되지 않으며, 정보작업이 점점 더 많은 기술적 보조도구에 의존하게 된다.

　　기회의 패러독스는 원칙적으로 모든 사람이 모든 책과 잡지를 사용할 수 있게 되었다고 해서 모든 사람이 정보와 경제적인 영향력 측면에서 동일하지 않듯이 전자적 지식 저장체에 대한 공중의 접근이 보장된다고 해서 정보의 평등이 실현되는 것은 아닌 것을 뜻한다. 정보사회 초창기에는 정보 · 통신기술에 의해 모든 사회 구성원들이 동일하고 개방된 정보의 토대 위에 서게 될 것이므로 지금까지의 교육과 커뮤니케이션 시스템으로는 완벽하게 실현시킬 수 없었던 계몽의 요구를 보충하게 될 것이라는 '계몽의 확산 테제'라는 견해가 있었다. 그러나 모든 사회 구성원들이 동일 · 개방된 정보 토대 위에 서게 됨으로서 정보사용과 이에 따라 얻어지는 지식이 오히려 더 차별적으로 사람들에게 작용되고 이는 사회적 정보문제에서 나타나는 보다 질적이고 본질적인 문제로서 '정보에 대한 접근의 균등'이 아니라 정보문제 해결을 위한 '학습기회의 균등'이라는 측면의 '기회의 평등'에 의해서만 해결되는 문제이다.

　　개인들이 정보사회의 다양한 정보자원들 속에 저장되어 있는 정보들을 이용하는데 있어 발생하는 개인적 정보문제는 크게 양적 측면에서의 정보의 참조 문제와 질적 문제에 해당하는 정보의 신뢰성 혹은 타당성 문제로 나누어진다.

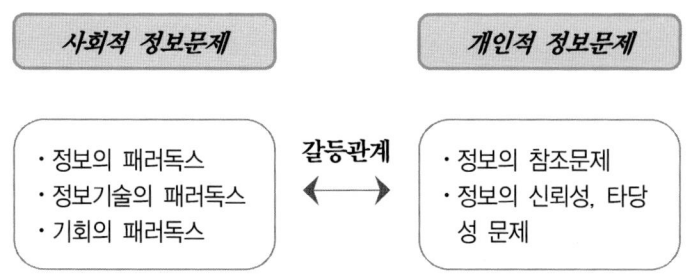

〈그림 3-4〉 사회적 정보문제와 개인적 정보문제

정보의 참조문제는 당연히 알고 있어야 할 정보단위들이 점점 많아짐에 따라 매우 좁은 범위의 지식 분야에 있어서도 문제 해결에 필요한 정보자원, 원저작물, 메타데이터 등을 찾아서 읽어보는 것, 더 나아가 그저 무엇이 있는지 알아내는 것만도 불가능하게 된다는 것을 뜻한다. 이러한 정보의 참조문제는 지식정보사회가 발달할수록 더욱 심화될 것이다.

정보의 신뢰성·타당성 문제는 정보 자체가 그 정보의 토대이자 참조체였던 지식의 진실적 가치를 포함하지 않으며, 증명된 진술과 경험적 사실, 추정이나 분명한 허위의 사실관계로부터도 추출될 수 있는 문제를 말한다. 즉 정보의 신뢰성, 타당성 문제는 스스로 습득하거나 정보 중계자 또는 정보 기술적 보조도구를 통해 획득한 정보의 유효성 및 품질의 문제와 관련되어 있다. 따라서 습득한 정보의 가치와 행동관련성을 판단해야 하는데 이론적으로는 훈련을 통해 학습함으로써 판단을 할 수 있으나 현실적으로는 시간부족 및 정보의 참조문제가 극대화되거나 가치의 검증이 불확실한 상황이 대부분으로 개인의 능력으로 불가능하다.

이러한 정보문제들을 해결하기 위해서는 '정보자주성'을 목표로 하는 '문화적 중재매체'로서의 '정보교육'이 필요하다.

정보교육은 궁극적으로 개인과 사회의 이해관계 즉 생활세계와 체계에서 발생하는 정보문제의 이해관계를 조정함으로써 IT사회가 예측할 수 없는 부정적인 방향으로 전개되는 것을 방지하는 '사회 통합의 조정매체 기능'을 수행하는 것이라고 할 수 있다. 그리고 '정보자주성'은 스스로 모든 것을 아는 것이 아니라 현존하는 자원들을 확인하

고 이용할 수 있는 능력을 갖추는 것을 뜻하며, 사회구성원들이 지니고 있는 정보자주
성의 수준은 그가 속한 사회의 정보 문화 수준을 나타내는 척도로 컴퓨터문해가 아니
라 정보문해를 토대로 형성된다.

그러나 일반적으로 부르고 있는 지금까지의 IT사회에서는 IT를 중시함으로써 정보교
육이 컴퓨터 문해와 같은 기능적인 면에 치중되어 왔다. 그러나 '문제 상황이나 교과내용
과 분리된 컴퓨터문해 교육만으로는 개개인들이 실제 상황에 활용 및 적용할 수 있는 정
보 활용 능력을 갖출 수 없다'라는 주장이 대두된 이후 독립적인 평생학습자가 되기 위
해 정보의 소재를 파악, 정보를 평가·이용 할 수 있는 능력이며 제기된 문제를 정확하
게 인식하고 문제 해결을 위한 정보와 지식의 검색, 분석, 평가, 종합에 필요한 정보기술
을 체계적으로 사용할 수 있는 능력인 정보문해 교육의 필요성이 증가되고 있다.

문화적 중재로서의 정보교육 즉 정보문해 교육을 통해 대학생을 비롯한 학습자 개
개인들은 학습능력의 향상뿐만 아니라 독립적인 평생학습자가 될 수 있는 것으로 독
립적인 전문가로 성장하는데 도움이 될 것이다. 그리고 전체적으로는 사회적 정보문제
와 개인적 정보문제 사이의 이해관계 조정을 통해 생활세계의 합리성과 체계[1]에 의
한 생활세계의 통제 사이의 균형적 유지도 가능하게 될 것이다(고영만 2001).

## 3. 고등교육 정보문해 기준 및 모형

미국, 호주, 영국, 뉴질랜드 등 네 개 국가는 국가적으로 정보문해 교육을 지원하고
있다. 이 국가들의 도서관협회 및 단체들은 고등교육을 위한 정보문해 국가 기준 및
모형을 제시하여 대학에서 이를 이용하거나 적용하도록 권고하고 있다. 이러한 정보문
해 기준 및 모형은 정보문해 교육 개발과 학습 평가를 위한 도구로 대학에서 실제 정

---

1) 생활세계란 개인적, 사회적 동질성을 유지하기 위해 상징적으로 구조지어진 그물망을 말하
며, 체계는 경제나 관료 행정의 영역에서 합목적적 행위를 조절하기 위해 환경의 복잡성을
제어하는 능력을 의미한다(윤평중 1992)(고영만 2001 재인용).

보문해 프로그램 개발하는데 이용되거나 인증을 위한 학문분야에 기반을 둔 지침으로 적용된다(ACRL 2003).

## 1) 미국의 고등교육 정보문해능력 기준

미국 대학의 정보문해 교육에 큰 영향을 미치고 있는 이 기준은 1989년에 발간된 ALA의 정보문해위원회(Presidential Committee on Information Literacy)의 최종보고서에 입각하여, 미국 대학도서관협회(Association of Collage and Research Libraries, 이하 ACRL)의 기준위원회(Standards Committee)에 의해 조사되었으며, 2000년 1월 ACRL 이사회에 의해 승인을 받았다.

미국의 고등교육 정보문해능력 기준(Information Literacy Competency Standards for Higher Education)은 정보문해를 '모든 학문분야와 모든 학습환경, 모든 교육수준에 있어, 평생 학습을 위한 기초를 형성하는 것으로, 학습자가 컨텐츠를 통달하고 그의 연구를 확대할 수 있도록 하며, 좀 더 자기 주도적이 될 수 있도록 하고, 자신의 학습을 좀 더 통제할 수 있도록 하는 것'이라고 규정하고 있다. 이 기준에 따르면 정보문해능력을 갖춘 사람은 '필요한 정보의 범위를 결정하고, 필요한 정보에 효과적이고 능률적으로 접근하며, 정보와 정보원을 비판적으로 평가하여 선택한 정보를 자신의 지식기반에 통합하고, 특정 목적을 달성하기 위해 정보를 효과적으로 사용하며, 정보의 이용과 관련된 경제적, 법적, 사회적 문제를 이해하고, 정보를 윤리적으로 법적으로 접근하고 이용할 수 있는 능력을 갖춘 사람'으로 표현되어 있다. 더 나아가 학습자가 갖추어야 할 다섯개의 핵심 능력으로 필요한 정보의 특성과 범위 결정능력, 필요한 정보에 대한 효과적이고 효율적으로 접근하는 능력, 정보와 정보원을 분석적으로 평가하고 자신의 지식기반과 가치시스템에 선택된 정보의 통합능력, 특정 목적을 달성하기 위한 효과적인 정보 이용능력, 정보의 이용과 관련된 경제적·법적·사회적 문제를 이해하고 정보를 윤리적으로 법적으로 접근하고 이용하는 능력을 제시하고 있다(표 3-1 참조).

ACRL의 다섯개 기준은 다시 22개의 수행지표(Performance indicators) 및 87개 성과항목들로 세분화되어 있다. 성과항목은 블룸(Bloom 1956)의 교육목표 분류체계

(Taxonomy of Educational Objectives)를 기초로 작성된 것으로, 낮은 사고력에서부터 높은 사고력을 필요로 하는 성과들로 진행되는 다음과 같은 인지적 학습과정을 응용한 것이다: 지식(knowledge) → 이해(comprehension) → 적용(application) → 분석(analysis) → 종합(synthesis) → 평가(evaluation)(Jonassen, Hannum & Tessmer 1989)(그림 3-5 참조).

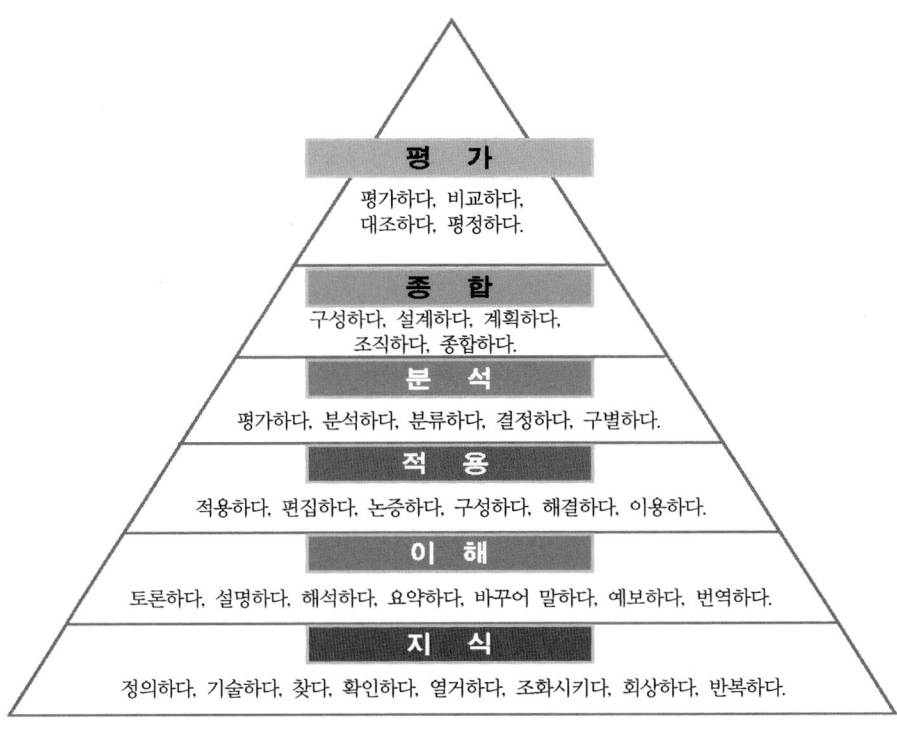

〈그림 3-5〉 블룸(Bloom)의 교육목표 분류체계

(Jonassen, Hannum & Tessmer 1989)

## 〈표 3-1〉 ACRL의 고등교육 정보문해능력 기준
(Information Literacy Competency Standards for Higher Education)

| 기준(standards) | 수행지표 & 성과항목 (Performance indicators & Outcomes) |
|---|---|
| **기준 1**<br>정보문해능력을 갖춘 학생은 필요한 정보의 특성과 범위를 결정한다. | 1.1 정보 요구를 정의하고 표현한다. [6 Outcomes] |
| | 1.2 잠재적인 정보원의 다양한 유형과 포맷(formats)을 식별한다. [6 Outcomes] |
| | 1.3 필요한 정보의 입수를 위한 비용과 효과를 고려한다. [3 Outcomes] |
| | 1.4 필요한 정보의 특성과 범위를 재평가한다. [2 Outcomes] |
| **기준 2**<br>정보문해능력을 갖춘 학생은 필요한 정보에 효과적이고 효율적으로 접근한다. | 2.1 필요한 정보에 접근을 위한 가장 적절한 조사방법과 정보검색시스템을 선정한다. [4 Outcomes] |
| | 2.2 효과적으로 설계된 검색 전략을 구축하고 시행한다.[6 Outcomes] |
| | 2.3 다양한 방법의 온라인 혹은 인적서비스를 이용한 정보검색을 한다. [4 Outcomes] |
| | 2.4 필요하다면, 검색 전략을 재정의한다. [3 Outcomes] |
| | 2.5 정보와 정보원을 추출, 기록, 관리한다. [5 Outcomes] |
| **기준 3**<br>정보문해능력을 갖춘 학생은 정보와 정보원을 분석적으로 평가하고, 자신의 지식기반과 가치 시스템에 선택된 정보를 통합한다. | 3.1 수집된 정보로부터 추출된 주요 아이디어를 요약한다. [3 Outcomes] |
| | 3.2 정보와 정보원을 평가하기 위한 초기 기준을 표현하고 적용한다. [4 Outcomes] |
| | 3.3 새로운 개념을 만들기 위한 주요 아이디어를 통합한다. [3 Outcomes] |
| | 3.4 부가가치나 모순, 다른 개별 정보의 특징을 결정하기 위한 새로운 지식과 이전 지식을 비교한다. [7 Outcomes] |
| | 3.5 새로운 지식이 개인의 가치시스템에 영향을 미치는 지를 결정하고 차이점을 조정하는 단계를 거친다. [2 Outcomes] |
| | 3.6 다른 개인, 주제전문가, 실무자들과의 토론을 통해 정보의 해석과 이해를 정당화한다. [3 Outcomes] |
| | 3.7 최초의 질의어가 수정되어야 하는지를 결정한다. [3 Outcomes] |
| **기준 4**<br>정보문해능력을 갖춘 학생은 개인 또는 집단의 일원으로서 특정 목적을 달성하기 위해 효과적으로 정보를 이용한다. | 4.1 특정한 연구성과 또는 퍼포먼스의 계획과 창조에 새로운 정보와 기존의 정보를 적용한다. [4 Outcomes] |
| | 4.2 연구성과 또는 퍼포먼스를 위한 개발과정을 수정한다. [2 Outcomes] |
| | 4.3 연구성과 또는 퍼포먼스를 다른 사람에게 효과적으로 전달한다. [4 Outcomes] |
| **기준 5**<br>정보문해능력을 갖춘 학생은 정보의 이용과 관련된 경제적, 법적, 사회적 문제를 이해하고, 정보를 윤리적으로 법적으로 접근하고 이용한다. | 5.1 정보와 정보기술을 둘러싼 윤리적, 법적, 사회-경제적 문제를 이해한다. [4 Outcomes] |
| | 5.2 정보자원의 접근과 이용에 관한 법률, 규정, 제도적 정책 그리고 에티켓에 따른다. [7 Outcomes] |
| | 5.3 연구성과 또는 퍼포먼스를 전달하는 데 있어 정보원(information sources)의 이용을 알린다. [2 Outcomes] |

## 2) 호주 정보문해 기준

호주 대학도서관사서협의회(Council of Australian University Librarians, 이하 CAUL)의 호주 정보문해 기준(Australian Information Literacy Standards 2001)은 미국 ACRL 기준의 영향을 받아 만든 것이다. 이 기준에서는 미국의 ACRL 기준이 적용될 경우 이용할 수 없거나 접근되지 않는 호주의 실제 환경이 고려되었으며, 브루스(Bruce 1997)[2]의 정보문해 모형을 이론적 정교화의 토대로 삼았다(CAUL 2001).

CAUL의 기준은 ACRL의 기준을 바탕으로 하였으나 몇 가지 다른 점이 있다. 예를 들면 CAUL의 기준은 정보문해능력을 갖춘 학생보다는 정보문해능력을 갖춘 사람(Information literate person)에 초점을 맞추고 있다는 점이며, 따라서 ACRL의 기준에 비해 보다 포괄적이다. 또한 CAUL의 기준에는 기준 4 '정보를 통제하고 다루는 능력'과 기준 7 '정보문해는 평생학습을 위한 가능성을 제공하는 지적 프레임웤'이 추가되었다(ALIA 2001).

CAUL의 7개 항목의 기준은 25개 성과항목 및 성과항목에 대한 상세한 예시로 구성되어 있다(표 3-2 참조). CAUL의 기준에서는 정보문해능력을 갖춘 사람을 '정보요구를 인지하고, 필요한 정보의 범위를 결정하고, 필요한 정보를 효과적으로 접근하며, 정보와 정보원을 평가하고, 선택한 정보를 자신의 지식 기반에 통합하고, 목적을 달성하기 위해 정보를 효과적으로 사용하며, 정보의 이용에 있어 관련된 경제적, 법적, 사회적 문제를 이해하고, 정보를 윤리적으로 법적으로 접근하고 이용하며, 수집된 또는 생성된 정보를 분류하고, 축적하고, 다루고, 고치며, 정보문해를 평생학습을 위한 필수조건으로 인식할 수 있는 사람'으로 정의하고 있다.

---

2) 브루스(Bruce 1997)는 고등교육에서 정보를 이용하는 사람들이 어떻게 정보문해를 경험하는지를 결정하기 위하여, 몇 개의 핵심문제에 초점을 맞춘 깊이있는 인터뷰를 포함하는 현상도식법(phenomenographic method)을 사용하여 조사하였다. 연구결과 Bruce는 2개 호주 대학교에 고등교육전문가의 경험으로부터 개인이 정보문해를 받아들이는 7가지 방식(seven ways or 'faces')을 확인하고, 정보문해 7면 모형(Seven Faces Model)을 개발하였다. Seven Faces Model에서는 정보문해를 정보기술 개념(Information Technology Conception), 정보원 개념(Information Sources Conception), 정보과정 개념(Information Process Conception), 정보통제 개념(Information Control Conception), 지식구축 개념(Knowledge Construction Conception), 지식확장 개념(Knowledge Extension Conception), 지혜 개념(Wisdom Conception)의 7가지 개념으로 분류하고 있다.

〈표 3-2〉 CAUL의 호주 정보문해 기준 (Australian Information Literacy Standards)

| 기준(standards) | 성과항목 및 예시(Outcomes & Examples) |
|---|---|
| **기준 1**<br>정보문해능력을 갖춘 사람은 정보 요구를 인지하고, 필요한 정보의 특성과 범위를 결정한다. | 1.1 정보 요구를 정의하고 표현한다. [6 Examples]<br>1.2 다양한 정보원의 목적, 범위, 적합성을 이해한다. [6 Examples]<br>1.3 필요한 정보의 입수를 위한 비용과 효과를 고려한다. [3 Examples]<br>1.4 필요한 정보의 특성과 범위를 재평가한다. [2 Examples] |
| **기준 2**<br>정보문해능력을 갖춘 사람은 필요한 정보에 효과적이고 효율적으로 접근한다. | 2.1 필요한 정보에 접근을 위한 가장 적절한 조사방법과 정보 접근 도구를 선정한다. [5 Examples]<br>2.2 효과적으로 설계된 검색 전략을 구축하고 시행한다. [6 Examples]<br>2.3 다양한 방법을 이용하여 정보를 검색한다. [4 Examples] |
| **기준 3**<br>정보문해능력을 갖춘 사람은 정보와 정보원을 비판적으로 평가하고, 자신의 지식기반과 가치 시스템에 선택된 정보를 통합한다. | 3.1 입수된 정보의 유용성을 평가한다. [3 Examples]<br>3.2 수집된 정보로부터 추출된 주요 아이디어를 요약한다. [3 Examples]<br>3.3 정보와 정보원을 평가하기 위한 초기 기준을 표현하고 적용한다. [5 Examples]<br>3.4 개인, 주제전문가, 실무자들과의 토론을 통해 정보의 이해와 해석을 정당화한다. [3 Examples]<br>3.5 최초의 질의어가 수정되어야 하는지를 결정한다. [3 Examples] |
| **기준 4**<br>정보문해능력을 갖춘 사람은 수집된 또는 생성된 정보를 분류하고 축적하고 다루고 고친다. | 4.1 정보와 정보원을 추출하고, 기록하고 관리한다. [5 Examples]<br>4.2 정보 자원, 설비, 시스템 및 시설의 통합을 유지한다. [3 Examples]<br>4.3 텍스트, 데이터, 이미지 또는 소리를 합법적으로 수집하고, 획득하고 배포한다. [5 Examples] |
| **기준 5**<br>정보문해능력을 갖춘 사람은 개인 또는 집단의 일원으로서 기존 지식과 새로운 이해를 통합함으로써, 새로운 지식을 확대하고, 다시 구성하고, 또는 창조한다. | 5.1 특정한 연구성과 또는 퍼포먼스의 계획과 창조에 새로운 정보와 기존의 정보를 적용한다. [4 Examples]<br>5.2 새로운 개념을 구축하기 위해 주요 아이디어를 종합한다.[3 Examples]<br>5.3 정보의 부가가치, 모순 또는 다른 독특한 특성을 결정하기 위하여 새로운 이해를 기존 지식과 비교한다. [6 Examples]<br>5.4 연구성과를 위해 개발 프로세스를 수정한다. [2 Examples]<br>5.5 연구성과를 다른사람에게 효과적으로 전달한다. [4 Examples] |
| **기준 6**<br>정보문해능력을 갖춘 사람은 정보의 이용과 관련된 문화적, 경제적, 법적, 사회적 문제를 이해하고, 정보를 윤리적으로 법적으로 그리고 공손하게 접근하고 이용한다. | 6.1 정보와 정보기술 둘러싼 문화적, 윤리적, 법적, 사회-경제적 문제를 이해한다. [5 Examples]<br>6.2 정보자원의 접근과 이용에 관한 법률, 규정, 제도적 정책 그리고 에티켓에 따른다. [5 Examples]<br>6.3 연구성과를 전달하는 데 있어 정보원의 이용을 알린다. [3 Examples] |
| **기준 7**<br>정보문해능력을 갖춘 사람은 평생학습과 참여적인 시민의식이 정보문해를 필요로 한다는 것을 깨닫는다. | 7.1 정보문해는 평생학습이 가능하도록 하기 위해 학습과 정보 기술에 지속적인 투자가 필요하다는 것을 올바르게 인식한다. [6 Examples]<br>7.2 새로운 정보가 민주제도와 개인적인 가치시스템에 연루되어 있는지 그리고 다른점을 조정하기 위하여 조치를 취해야 하는 지를 결정한다. [3 Examples] |

### 3) 호주 뉴질랜드 정보문해 프레임웍

호주 뉴질랜드 정보문해 연구소(Australian and New Zealand Institute for Information Literacy, 이하 ANZIIL)는 2004년 CAUL의 호주 정보문해 기준(1판)을 개선하고, 기준의 명칭을 변경하여 '호주 뉴질랜드 정보문해 프레임웍(Australian and New Zealand Information Literacy Framework: principles, standards and practice - 2nd ed.)'을 발표하였다. 중요한 변경내용은 ACRL 기준에 사용된 언어의 모호성을 명확하게 하였으며, 정보문해의 핵심 구성요소인 일반적 능력(generic skills)의 역할을 폭넓게 규정한 것이라 할 수 있다(ANZIIL 2004). 이는 교육에 있어 일반적 능력의 역할이 폭넓게 강조되고 있는 호주의 교육환경을 반영한 것이다.

ANZIIL의 프레임웍은 6개의 기준, 19개 성과항목 및 상세한 예시로 되어 있다(표 3-3 참조). 기준은 특정 학문분야의 전체적 맥락과 관계되는 일반적 능력(generic skills), 정보능력(information skills) 및 가치와 신념(values & beliefs)에 근거하여 개발되었다(그림 3-6 참조). 그리고 이 ANZIIL의 프레임웍은 정보문해를 학문분야 교육과정 전체에 걸쳐 교육 프로그램의 설계와 교수방법에 끼워 넣는 것을 지원하는 것으로, 교육과정 목표와 학습성과 및 평가기준을 고안하는데 사용될 수 있다.

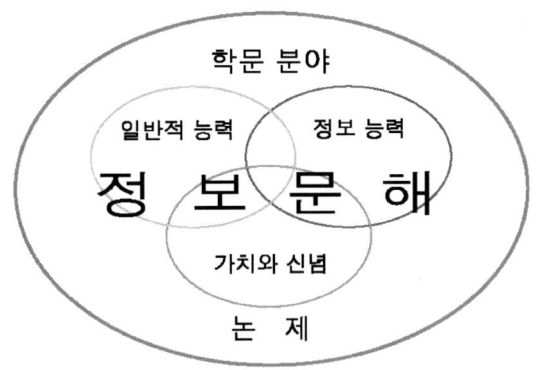

〈그림 3-6〉 정보문해 구성요소(Information literacy elements)

(ANZIIL 2004)

〈표 3-3〉 ANZIIL의 호주 뉴질랜드 정보문해 프레임웍(ANZILF)

| 기 준 | 성과항목(Examples 포함) |
|---|---|
| **기준 1**<br>정보문해능력을 갖춘 사람은 정보 요구를 인지하고, 필요한 정보의 특성과 범위를 결정한다. | 1.1 정보 요구를 정의하고 표현한다. [4 Examples]<br>1.2 다양한 정보원의 목적, 범위, 적합성을 이해한다. [4 Examples]<br>1.3 필요한 정보의 특성과 범위를 재평가한다. [2 Examples]<br>1.4 결정을 알리기 위하여 다양한 정보원을 이용한다. [3 Examples] |
| **기준 2**<br>필요한 정보에 효과적이고 효율적으로 접근한다. | 2.1 필요한 정보에 접근을 위한 가장 적절한 조사방법과 정보 접근 도구를 선정한다. [4 Examples]<br>2.2 효과적인 검색 전략을 구축하고 시행한다. [5 Examples]<br>2.3 다양한 방법을 이용하여 정보를 입수한다. [3 Examples]<br>2.4 정보원, 정보기술, 정보 수집 도구 및 조사방법의 최신성을 유지한다. [4 Examples] |
| **기준 3**<br>정보와 정보검색과정을 비판적으로 평가한다. | 3.1 입수된 정보의 유용성과 적절성을 평가한다. [3 Examples]<br>3.2 정보를 평가하기 위한 기준을 정의하고 적용한다. [5 Examples]<br>3.3 정보 추구 프로세스를 숙고하고, 필요에 따라 검색 전략을 수정한다. [4 Examples] |
| **기준 4**<br>수집된 또는 생성된 정보를 관리한다. | 4.1 정보와 정보원을 기록한다. [3 Examples]<br>4.2 정보를 조직(정리/분류/축적)한다. [2 Examples] |
| **기준 5**<br>새로운 개념을 구축하거나 새로운 이해를 만들기 위해 기존 및 새로운 정보를 적용한다. | 5.1 정보의 부가가치, 모순 또는 다른 독특한 특성을 결정하기 위하여 새로운 이해를 기존 지식과 비교한다. [5 Examples]<br>5.2 지식과 새로운 이해를 효과적으로 전달한다. [4 Examples] |
| **기준 6**<br>정보의 이용과 관련된 문화적, 윤리적, 경제적, 법적, 사회적 문제를 이해하고, 정보를 이용한다. | 6.1 정보의 접근과 이용에 관련된 문화적, 윤리적, 법적, 사회-경제적 문제를 이해한다. [3 Examples]<br>6.2 정보가 가치와 믿음에 의해서 실증된다는 것을 인식한다. [3 Examples]<br>6.3 정보의 접근과 이용에 관련된 관습과 에티켓에 따른다. [2 Examples]<br>6.4 텍스트, 데이터, 이미지 또는 소리를 합법적으로 수집하고, 획득하고 배포한다. [4 Examples] |

## 4) 영국 국립 및 대학도서관협회의 정보문해 7주 모형

영국 국립 및 대학도서관협회(Society of College, National and University Libraries, 이하 SCONUL)의 정보능력특임팀(Information Skills Task Force)은 1999년 고등교육 내에 정보능력(Information skills)의 위상과 컨텐츠를 조사하고, 7개의 주요 능력을 의미하는 'Seven Headline Skills'를 고안하였다. 'Seven Headline Skills'는 정보 요구를 인지하는 능력, 정보의 '갭(gap)'이 해결될 수 있는 방법을 식별하는 능력, 정보 검색을 위한 전략을 구축하는 능력, 정보를 검색하고 접근하는 능력, 다른 정보원으로부터 구한 정보를 비교하고 평가하는 능력, 상황에 맞는 방법으로 정보를 조직하고 적용하고 전달하는 능력, 새로운 지식을 생성하는데 기여하기 위해 기존 정보를 종합하고 구축하는 능력을 말한다(Bainton 2001). 'Seven Headline Skills'는 이후 '7주 모형(Seven Pillars Model)'(1999)으로 발전되었으며, 2004년에는 '정보문해 7주 모형(Seven Pillars Model for Information Literacy)'으로 개칭되었고 새롭게 디자인된 모형으로 발표되었다.

SCONUL의 정보문해 7주 모형은 정보 요구의 인지, 정보의 '갭(gap)' 해결방법 식별, 검색전략 구축, 검색 및 접근, 비교 및 평가, 조직과 적용 및 전달, 종합 및 생성의 일곱 단계로 나누어지며, 기본적인 도서관 이용능력(Basic Library Skills)과 정보기술 능력(IT Skills)을 배우는 정보문해의 기초수준인 초보 정보 이용자와 숙달된 정보문해 전문가간의 관계를 나타내려고 하였다(그림 3-7 참조).

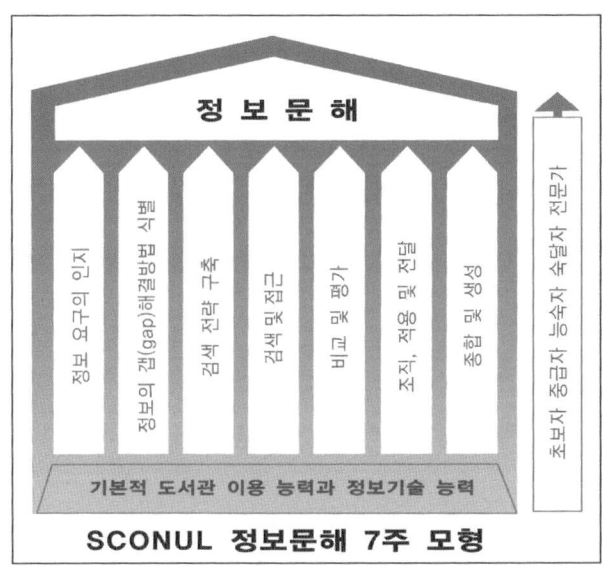

〈그림 3-7〉 영국 국립 및 대학도서관협회의 정보문해 7주 모형  (SCONUL 2004)

일곱 개의 기둥(pillars)을 말하는 7주는 7개 주요 능력인 'Seven Headline Skills'를 실천함으로써 전문적 지식까지 능력을 통하여 발전하는 반복 과정을 표현한 것으로, 화살표는 초보자로부터 중급자, 능숙자, 숙달자, 전문가로의 발전을 나타내고 있다. 대

학 초년생은 정보 요구의 인식에서부터 검색 및 접근까지의 능력을 주로 이용한 다음
에 그 다음 단계로 넘어가고, 박사학위 취득 후 과정 및 연구생은 일곱 가지 능력을
모두 적용할 수 있는 전문가수준에까지 이를 것을 권고하고 있다(SCONUL 1999).

## 5) 고등교육 정보문해 기준 및 모형의 비교

ACRL, CAUL, SCONUL, ANZIIL의 고등교육 정보문해 기준과 모형에 기본적으로
포함되어 있는 핵심 정보문해능력은 정보 요구의 인지 및 필요한 정보의 결정, 정보검
색 전략/접근, 정보평가/분석, 정보조직/종합/적용, 정보전달, 정보윤리의 여섯 가지로
요약된다(그림 3-8 참조)(표 3-4 참조).

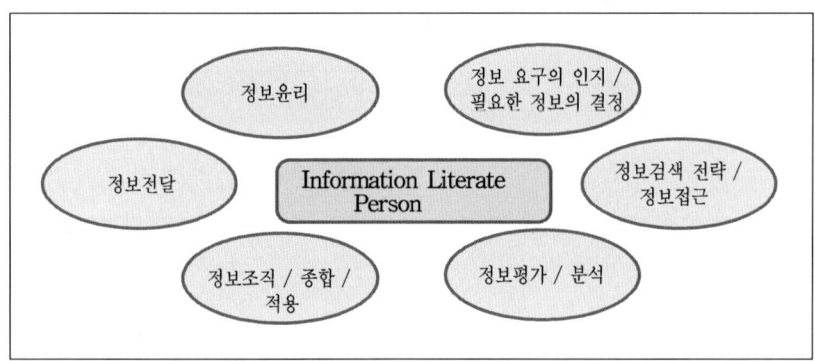

〈그림 3-8〉 4개 고등교육 정보문해 기준과 모형의 공통 핵심 정보문해능력

이들 여섯 가지의 핵심능력은 정보문해능력을 현재의 학습과 일상생활 및 직업에
필요한 기본적이고 필수적인 조건으로 설명하는 도일(Doyle 1992)의 정보의 정의와
Big6 모형과 유사하다.

ACRL의 기준이 블룸의 종합적인 교육목표 분류체계에 입각하여 만들어진 것과 같
이 다른 국가의 고등교육 국가 기준 및 모형 역시 종합적인 교육목표를 바탕으로 수
립되었다. 따라서 이 기준과 모형들은 특정 학문분야 및 주제별 정보문해 교육을 위해
서는 공통적인 핵심능력 이외에 특정 학문분야 및 주제에서 강조하는 능력의 숙달을

위해 특정능력들을 성과항목 및 측정항목에 좀 더 비중있게 포함시켜야 함을 함축하고 있다. 또한 특정 학문분야 학년별 교육과정에 따라 낮은 사고력으로부터 높은 사고력순으로, 성과항목들이 달성될 수 있도록 정보문해 교육이 이루어져야 하는 것임을 공통적으로 제시하고 있다.

〈표 3-4〉 4개 고등교육 정보문해 기준 및 모형의 공통 핵심 정보문해능력 분석

| 기준 · 모형 핵심정보문해능력 | SCONUL(1999) 영국 | ACRL(2000) 미국 | CAUL(2001) 호주 | ANZIIL(2004) 호주/뉴질랜드 |
|---|---|---|---|---|
| 1. 정보 요구의 인지 및 필요한 정보의 결정 | 1. 정보 요구의 인지 | 1. 필요한 정보의 특성과 범위 결정 | 1. 정보 요구의 인지 및 필요한 정보의 특성과 범위 결정 | 1. 정보 요구의 인지 및 필요한 정보의 특성과 범위 결정 |
| 2. 정보검색 전략/ 정보접근 | 2. 정보 '갭(gap)'이 처리될 수 있는 방법을 식별 3. 정보 검색을 위한 전략을 구축 4. 정보를 검색하고 접근 | 2. 필요한 정보에 효과적이고 효율적으로 접근 | 2. 정보에 효과적이고 효율적으로 접근 | 2. 필요한 정보에 효과적이고 효율적으로 접근 |
| 3. 정보평가/분석 | 5. 다른 정보원으로부터 구한 정보를 비교하고 평가 | 3. 정보와 정보원을 비판적으로 평가하고, 자신의 지식기반과 가치 시스템에 선택된 정보를 통합 | 3. 정보와 정보원을 비판적으로 평가하고, 자신의 지식기반과 가치시스템에 선택된 정보를 통합 | 3. 정보와 정보검색과정을 비판적으로 평가 |
| 4. 정보조직/종합/적용 | 6. 상황에 맞는 방법으로 정보를 조직하고 적용하고 전달 | 4. 개인 또는 집단의 일원으로서 특정 목적을 달성하기 위해 효과적으로 정보를 이용 | 4. 수집된 또는 생성된 정보를 분류하고, 축적하고, 다루고, 고친다. | 4. 수집 또는 생성된 정보를 관리 |
| 5. 정보전달 | 7. 새로운 지식을 생성하는데 기여하기 위해 기존 정보를 종합하고 구축 | (기준4의 수행지표 : 연구성과 또는 퍼포먼스를 다른 사람에게 효과적으로 전달) | 5. 개인 또는 집단의 일원으로서 기존 지식과 새로운 이해를 통합함으로써, 새로운 지식을 확장하고, 재구성하고, 또는 창조한다. | 5. 새로운 개념을 구축하거나 새로운 이해를 만들기 위해 기존 및 새로운 정보를 적용 |
| 6. 정보윤리 | (기준6중 저작권과 표절 문제 이해) | 5. 정보의 이용과 관련된 경제적, 법적, 사회적 문제를 이해하고, 정보를 윤리적으로 법적으로 접근하고 이용 | 6. 정보의 이용과 관련된 문화적, 경제적, 법적, 사회적 문제를 이해하고, 정보를 윤리적으로 법적으로 그리고 공손하게 접근하고 이용 7. 평생학습과 참여적인 시민의식(citizenship)이 정보문해를 필요로 한다는 것을 깨달음. | 6. 정보의 이용과 관련된 문화적, 윤리적, 경제적, 법적, 사회적 문제를 이해하고, 정보를 이용 |

## 4. 학교교육 정보문해 기준 및 모형

1980년대 말부터 정보문해 기준 및 모형에 대한 연구가 많이 이루어져 지금까지 국가, 주(State), 그리고 이론적, 상업적 수준의 많은 학교교육을 위한 정보문해 기준 및 모형이 제시되었다.

그중 현재 많이 사용하고 있는 대표적인 학교교육 정보문해 기준 및 모형으로는 국가수준의 정보문해 기준 및 모형인 미국사서교사협회의 학생 학습을 위한 정보문해 기준, 캐나다 온타리오 학교도서관협회의 기준 등과 미국 주 정보문해 기준인 콜로라도 주, 오레곤 주, 위스콘신 주, 워싱턴 주 등의 정보문해 기준이 있다. 또한 이론적 또는 상업적인 정보문해 모형으로는 Big6 모형, 9단계 정보능력모형, 연구과정 모형, 지식정보능력 경로 모형, 5-As, Pre-Search 등이 있다(표 3-5 참조).

〈표 3-5〉 학교 교육을 위한 주요 정보문해 기준 및 모형

| | 정보문해 기준 및 모형 | 발행년도 |
|---|---|---|
| 국가<br>정보문해<br>기준 및<br>모형 | 미국사서교사협회(AASL)와 미국교육공학회(AECT)의 학생 학습을 위한 정보문해 기준(Information Literacy Standards for Student Learning) | 초판 : 1988<br>개정판 : 1998 |
| | 캐나다 온타리오 학교도서관협회의 정보연구 Strands<br>(Strands in Information Studies: Grades 1-12) | 1998 |
| 주(State)<br>정보문해<br>기준 | 콜로라도 교육청의 정보문해 기준(Colorado Information literacy standards) | |
| | 워싱턴 도서관미디어협회의 정보력 기준<br>(Information Power Standards) | 1996 |
| | 캘리포니아 학교도서관협회의 정보문해 기준 | 초판 : 1994<br>개정판 : 1997 |
| | 알래스카 사서교사협회의 도서관/정보문해 기준<br>(Library/Information Literacy Standards) | 1999 |
| | 오레곤 교육미디어협회의 정보문해 가이드라인<br>(Information literacy guideline) | 2000 |
| 이론적,<br>상업적<br>정보문해<br>모형 | 어빙의 9단계 정보능력 모형(Nine Step Information Skills Model) | 1985 |
| | 스트리플링과 피츠의 연구과정 모형(Research Process Model) | 1988 |
| | 쿨타우의 정보검색과정 모형(Information Search Process Model) | 1989 |
| | 아이젠버그와 베르코비츠의 Big6 모형(Big6 Skills Model) | 1990 |
| | 파파스와 테페의 지식정보능력 경로 모형<br>(Pathways to Knowledge Information Skills Model) | 1995 |
| | 쥬크의 5-As | 1998 |
| | 란킨(Rankin)의 Pre-Search | 1999 |

## 1) AASL/AECT의 학생 학습을 위한 정보문해 기준

미국사서교사협회(AASL)와 AECT(미국교육공학회)는 1988년 정보문해를 위한 국가 기준을 공동으로 개발하였으며, 1998년 이를 개정하였다. 개정된 학생 학습을 위한 정보문해 기준은 1998년에 발행된 *Information Power: Building Partnerships for Learning*에 학교도서관과 도서관 미디어전문가를 위한 원칙과 함께 포함되어 발표되었다.

AASL/AECT의 학생 학습을 위한 정보문해 기준은 학생들이 잘 교육을 받기 위해 마스터해야 하는 정보에 관련된 컨텐츠와 과정을 기술하는 3개 범주(정보문해, 독립적 학습, 사회적 참여), 9개 기준, 29개 수행지표로 이루어져 있다. 즉 3개의 각 범주에는 3개씩의 기준이 있으며, 각 기준에는 성과항목에 해당하는 3개에서 5개씩의 수행지표가 있다. 또한 각 기준내의 수행지표들에는 초급, 중급, 고급의 능숙도(levels of proficiency)에 따른 항목들이 있다. 학교 도서관 미디어 프로그램에 의해서 제공되는 서비스에 가장 직접적으로 관련된 핵심 학습성과 항목들은 정보문해 범주내에 3개 기준과 13개 수행지표에서 찾아볼 수 있다. 다른 두개의 범주 즉 독립적 학습을 위한 3개 기준과 9개 수행지표 그리고 사회적 책임을 위한 3개 기준과 9개 수행지표는 학생 학습의 좀 더 일반적인 면을 기술할 뿐만 아니라 학교도서관 미디어 프로그램이 가장 중요한 역할을 하는 정보문해 범주에 근거한다. 이 두개의 범주의 기준과 수행지표들은 정보문해 능력을 갖춘 고등학교 졸업생의 개요를 제시한다. 즉 핵심과 고급 지식을 습득하기 위하여 그리고 학습 공동체에서 책임이 있고 생산적으로 공헌하는 독립적이고 평생학습을 할 수 있는 사람이 되기 위하여 정보를 이용할 수 있는 능력을 가진 학생을 나타낸다.

기준과 수행지표들은 일반적인 수준에서 쓰여진 것으로 학교 도서관 전문가들은 필요에 따라 진술들을 맞추어 사용하여야 한다(AASL and AECT 1998).

〈표 3-6〉 AASL/AECT의 학생 학습을 위한 정보문해 기준

| 범주<br>(categories) | 기준(standards) | 수행지표(Indicators) |
|---|---|---|
| 정보문해 | 기준 1.<br>정보문해능력을 갖춘 학생은 정보에 효율적이고 효과적으로 접근한다. | 1.1 정보 요구를 인지한다.<br>1.2 정확하고 종합적인 정보가 지적인 의사결정의 기본임을 인지한다.<br>1.3 정보 요구에 기초하여 질문을 체계적으로 나타낸다.<br>1.4 다양한 잠재적 정보원을 확인한다.<br>1.5 정보 검색을 위한 성공적인 전략을 개발하고 이용한다. |
| | 기준 2.<br>정보문해능력을 갖춘 학생은 정보를 비판적이고 능숙하게 평가한다. | 2.1 정확성, 적합성, 포괄성을 결정한다.<br>2.2 사실, 의견 그리고 견해를 구별한다.<br>2.3 부정확하고 오도하는 정보를 확인한다.<br>2.4 문제에 적합한 정보를 선택한다. |
| | 기준 3.<br>정보문해능력을 갖춘 학생은 정보를 정확하고 창조적으로 이용한다. | 3.1 실제적인 적용을 위해 정보를 조직한다.<br>3.2 새로운 정보를 자신의 지식에 통합한다.<br>3.3 비판적 사고와 문제 해결에 정보를 적용한다.<br>3.4 적합한 체제로 정보와 아이디어를 생산하고 전달한다. |
| 독립적<br>학습 | 기준 4.<br>독립적으로 학습할 수 있는 학생은 정보문해능력을 갖추고 개인적 관심과 관련된 정보를 추구한다. | 4.1 직업, 지역사회, 건강, 레크레이션 등 다양한 차원의 개인적 행복에 관련된 정보를 탐구한다.<br>4.2 개인적 관심에 관련된 정보 제품과 해결책을 디자인하고 개발하고 평가한다. |
| | 기준 5.<br>독립적으로 학습할 수 있는 학생은 정보문해능력을 갖추고 있으며, 문헌과 정보의 다른 창조적 표현물들을 이해하고 즐긴다. | 5.1 능숙하고 자발적인 독서가이다.<br>5.2 다양한 체제로 창조적으로 표현된 정보로부터 의미를 추출한다.<br>5.3 다양한 체제로 창작물을 개발한다. |
| | 기준 6.<br>독립적으로 학습할 수 있는 학생은 정보문해능력을 갖추고 있으며, 정보를 찾고 지식을 생성하는데 있어 우수하다. | 6.1 개인적 정보 검색과정과 제품의 질을 평가한다.<br>6.2 자신이 생성한 지식을 수정하고, 갱신하기 위한 전략을 고안한다. |
| 사회적<br>책임 | 기준 7.<br>학습 공동체와 사회에 적극적으로 공헌하는 학생은 정보문해능력을 갖추고 있으며, 민주사회에서 정보의 중요성을 인식한다. | 7.1 다양한 정보원, 문맥, 학문, 문화로부터 정보를 검색한다.<br>7.2 공정한 정보 접근 원칙을 존중한다. |
| | 기준 8.<br>학습 공동체와 사회에 적극적으로 공헌하는 학생은 정보문해능력을 갖추고 있으며, 정보와 정보기술의 이용에 있어 윤리적으로 행동한다. | 8.1 지적 자유의 원칙을 존중한다.<br>8.2 지적재산권을 존중한다.<br>8.3 정보기술을 책임지고 이용한다. |
| | 기준 9.<br>학습 공동체와 사회에 적극적으로 공헌하는 학생은 정보문해능력을 갖추고 있으며, 정보를 추구하고 생성하기 위하여 집단 활동에 효과적으로 참여한다. | 9.1 다른 사람과 지식과 정보를 공유한다.<br>9.2 다른 사람의 아이디어와 배경을 존중하고 그들의 기여를 인정한다.<br>9.3 정보문제를 확인하고 그 해결책을 찾기 위해 다른 사람과 협력한다.<br>9.4 정보 제품과 해결책을 디자인하고 개발하고 평가하기 위해 다른 사람과 협력한다. |

## 2) 콜로라도 교육청의 콜로라도 정보문해 기준

콜로라도 정보문해 기준은 AASL/AECT의 정보문해 기준을 기반으로 동일하게 3개 범주, 9개의 기준으로 구성되어 있으나, 콜로라도 주와 콜로라도 주의 교육적 요구에 맞추어 만들어졌다. 콜로라도 정보문해 기준의 9개 기준들은 학생들이 정보문해를 갖추기 위해 반드시 성취해야 하는 것으로 이루어져 있으며, 콜로라도의 다른 교육기준의 체계와 유사하게 9개의 기준들은 교육기준과 유사한 레이셔널(Rational)과 수행지표들을 가진 정보문해 개념을 제공한다.

그리고 각 정보문해 기준은 콜로라도 K-12 교육기준 즉 국민윤리, 댄스, 경제, 외국어, 지리, 역사, 수학 등과 같은 13개 과목을 가르치기 위한 일련의 교육과정 기준인 'Colorado Model Content Standards'의 구조와 결합되어 있다. 이것이 정보문해 교육이 교실내의 다른 주제의 과목과 협력하여 이루어질 수 있도록 한다(CDE 2004).

## 3) 워싱턴 OSPI의 정보력(Information Power) 기준과 벤치마크

워싱턴 주의 정보문해 기준인 정보력(Information Power) 기준과 벤치마크는 워싱턴 주의 학습기준인 'Essential Academic Learning Requirements(EALRS)'와 결합되어 있다. 'EALRS'는 워싱턴 주의 교육청인 공립교육청(Office of the Superintendent of Public Instruction, OSPI)에 의해 만들어진 워싱턴 주 학습 기준으로 워싱턴 주에 있는 학생들이 읽기, 쓰기, 커뮤니케이션, 수학, 사회, 과학, 예술 등과 같은 K-12 핵심 교과목에서 알아야 하고 할 수 있어야 하는 특정 지식과 능력을 기술하고 있다.

즉 워싱턴 주의 정보문해 기준은 'EALRS'과 결합되어 'EALRS'에서 요구하는 각 과목의 학업목표를 달성하기 위해 학생들이 갖추어야 할 정보문해 능력에 대한 9개의 기준과 29개의 수행지표 그리고 학년 4, 7, 10별로 벤치마크 1, 2, 3을 제공한다.

워싱턴 주의 정보문해 기준은 AASL/AECT의 학생 학습을 위한 정보문해 기준을 적용하여 만들어진 것으로 9개의 기준과 29개의 수행지표는 AASL/AECT의 기준과 동일하다. 벤치마크는 수행지표를 명확하게 하기 위해 제공하는 것으로, 수행지표를 교과목과 관련하여 학년별로 벤치마크 1, 2, 3으로 나누어 상세히 서술함으로써 교과목과의 연계를 쉽게 하고 발전적이고 누적적인 정보문해능력의 성격을 보다 쉽게 이해할 수 있도록 한다. Benchmark 1은 4학년, Benchmark 2는 7학년, Benchmark 3은 10학년을 대상으로 한다(표 3-7 참조).

〈표 3-7〉 워싱턴 주의 Information Power 기준 1과 EALRS

| 기준 1 : 정보문해능력을 갖춘 학생은 정보에 효율적이고 효과적으로 접근한다. | | |
|---|---|---|
| 성과지표 1.1 정보 요구를 인지한다. | | |
| EALRS 성과 지표 | - 과학 2.1 (4학년)<br>2. 학생은 과학기술의 기술과 프로세스를 알고 적용한다. 이 기준을 충족시키기 위해,<br>　2.1 학생은 과학 탐구를 하는 데 필요한 능력을 개발할 것이다.<br>- 쓰기 3.4 (4, 7, 10학년 공통)<br>3. 학생은 쓰기 프로세스의 단계를 이해하고 이용한다. | |
| Benchmark 1 | Benchmark 2 | Benchmark 3 |
| - 환경속의 사물, 기관, 사건에 관하여 질문을 한다(과학).<br>- 참고자료로 사전을 이용한다(쓰기). | - 적절한 참고도구를 이용한다(쓰기). | - 쓰기의 목적을 촉진하기 위해 새로운 참고 기술을 적용한다(쓰기). |
| 성과지표 1.2 정확하고 종합적인 정보가 지적인 의사결정의 기본임을 인지한다. | | |
| 성과지표 1.3 정보 요구에 기초하여 질문을 체계적으로 나타낸다. | | |
| EALRS 성과 지표 | - 커뮤니케이션 1.3 (4, 7, 10학년 공통)<br>1. 학생은 이해를 얻기 위해 듣기와 관찰 기술을 이용한다. 이 기준을 충족시키기 위해,<br>　1.3 학생은 질문하고 부연하여 말함으로써 이해를 확인할 것이다.<br>- 역사 2.1 (4학년)<br>2. 학생은 역사적 사건의 해석을 조사, 비교, 대조하기 위하여 사회과학조사방법을 적용한다. 이 기준을 충족시키기 위해,<br>　2.1 학생은 조사하고 다시 찾을 것이다.<br>- 수학 2.2 (4, 7, 10학년 공통)<br>2. 학생들은 문제를 정의하고 해결하기 위하여 수학을 이용한다. 이 기준을 충족시키기 위해,<br>　2.2 질문을 만들고 문제를 정의할 것이다.<br>- 과학 2.1 (7학년)<br>2. 학생은 과학기술 능력과 프로세스를 알고 적용한다. 이 기준을 충족시키기 위해,<br>　2.1 학생은 과학 탐구를 하는 데 필요한 능력을 개발할 것이다. | |
| Benchmark 1 | Benchmark 2 | Benchmark 3 |
| -컨텐츠와 의미를 명확하게 하기 위해 누가, 무엇을, 왜, 언제, 어디서, 어떻게를 포함하여 질문한다(커뮤니케이션).<br>-과거로부터의 문제를 확인하기 위해 질문을 한다(역사).<br>-익숙한 상황에서 대답이 될 수 있도록 질문을 확인한다(수학). | -다양한 컨텍스트와 상황에서 컨텐츠와 의미를 명확하게 하기 위해 질문을 한다(커뮤니케이션).<br>-가설을 세운다(커뮤니케이션).<br>-새로운 상황에서 대답이 될 수 있도록 질문을 확인한다(수학).<br>-과학적 조사를 통해 대답이 될 수 있도록 질문을 만든다(과학). | -다양한 정보원으로부터의 정보에 기초한 구두와 시각 컨텍스트를 해석하고 평가하기 위하여 질문을 한다(커뮤니케이션).<br>-복잡한 상황에서 대답이 될 수 있도록 질문을 확인한다(수학). |

| 성과지표 1.4 다양한 잠재적 정보원을 확인한다. | | |
|---|---|---|
| EALRS 성과 지표 | - 수학 4.1 (4학년)<br>4. 학생은 매일 수학적 언어속에 지식과 이해를 전달한다. 이 기준을 충족시키기 위해,<br>　4.1 학생은 정보를 수집할 것이다.<br><br>- 읽기 2.2 (4, 7, 10학년 공통)<br>2. 학생은 읽어야 할 것의 의미를 이해한다. 이 기준을 충족시키기 위해,<br>　2.2 학생은 해결책을 세울 것이다.<br><br>- 읽기 3.1 (4, 7, 10학년 공통)<br>3. 학생은 다양한 목적을 위해 여러 가지의 자료들을 읽는다. 이 기준을 충족시키기 위해,<br>　3.1 학생은 새로운 정보를 배우기 위해 읽을 것이다.<br><br>- 쓰기 3.1 (4, 7학년 공통)<br>3. 학생은 쓰기 프로세스의 단계를 이해하고 이용한다. 이 기준을 충족시키기 위해,<br>　3.1 학생은 예비 작문(prewrite)을 할 것이다.<br><br>- 커뮤니케이션 2.2　(7, 10학년 공통)<br>2. 학생은 아이디어를 명확하고 효과적으로 전달한다. 이 기준을 충족시키기 위해,<br>　2.2 학생은 컨텐츠와 아이디어를 개발할 것이다.<br><br>- 지리 2.2 (7학년)<br>2. 학생은 장소와 지역의 복잡한 물리적 인간적 특성을 이해한다. 이 기준을 충족시키기 위해,<br>　2.2 학생은 인간이 장소와 지역에서 만드는 패턴을 기술할 것이다.<br><br>- 역사 2.1 (7, 10학년 공통)<br>2. 학생은 역사적 사건의 해석을 조사, 비교, 대조하기 위하여 사회과학조사방법을 적용한다. 이 기준을 충족시키기 위해,<br>　2.1 학생은 조사하고 다시 찾을 것이다.<br><br>- 수학 2.3 (7학년)<br>2. 학생은 문제를 정의하고 해결하기 위하여 수학을 이용한다. 이 기준을 충족시키기 위해,<br>　2.3 학생은 컨텐츠와 아이디어를 개발할 것이다. | | |

| Benchmark 1 | Benchmark 2 | Benchmark 3 |
|---|---|---|
| -다양한 정보원으로부터 수학적 정보를 브라우즈하고 검색하기 위해 이용가능한 기술을 사용한다(수학).<br>-스토리의 유사성과 차이점을 찾는다(읽기).<br>-다양한 정보자료를 찾고 이용한다(읽기).<br>-학교, 도서관, 지역사회에서 정보자료를 이용한다(쓰기). | -다양한 정보원으로부터 관련된 자료를 선택한다(커뮤니케이션).<br>-문화적 특성, 인구적 특성 그리고 경제발전수준과 같은 장소와 지역에서 인간이 만드는 패턴을 확인하고 비교하기 위하여 관찰, 지도 그리고 다른 도구를 이용한다(지리).<br>-정보원을 찾고 그래프, 차트, 테이블, 지도, 다이어그램, 텍스트, 사진, 문헌 그리고 인터뷰를 포함하여 다양한 정보원으로부터 정보를 얻는다(역사).<br>-복수의 정보원으로부터 관련된 정보를 조직한다(수학).<br>-여러 텍스트 내에 그리고 여러 텍스트간을 비교하고 대조하고 연결시킨다(읽기).<br>-주제를 조사하기 위하여 자료를 이해하고 이용한다(참고자료, 백과사전, 매뉴얼, 신문과 아티클, 전문 발행물 등)(읽기).<br>-인터뷰, 멀티미디어 그리고 연속간행물과 같은 다양한 정보원으로부터 정보를 수집한다(쓰기). | -다양한 일차와 이차정보원에 접근하고 이용한다(커뮤니케이션).<br>-전자기술, 도서관 자원 그리고 지역사회의 인적자원을 이용하여 주제를 조사한다(역사).<br>-폭넓은 범위의 텍스트내 또는 텍스트간에 아이디어를 비판적으로 비교하고 대조하고 연결시킨다(읽기).<br>-문제, 주제 등을 조사하기 위하여 자료를 찾고 분석하고 해석한다(백과사전 그리고 다른 참고자료, 팜플렛, 도서 발췌록, 신문, 잡지기사 등)(읽기). |

| 성과지표 1.5 정보 검색을 위한 성공적인 전략을 개발하고 이용한다. | |
|---|---|
| EALRS<br>성과<br>지표 | -커뮤니케이션 2.2  (4, 10학년 공통)<br>2. 학생은 아이디어를 명확하고 효과적으로 전달한다. 이 기준을 충족시키기 위해,<br>　　2.2 학생은 컨텐츠와 아이디어를 개발한다.<br><br>-수학 4.1  (4, 7학년 공통)<br>4. 학생은 매일 수학적 언어속에 지식과 이해를 전달한다. 이 기준을 충족시키기 위해,<br>　　4.1 학생은 정보를 수집할 것이다.<br><br>-읽기 1.2  (4학년 공통)<br>1. 학생은 읽기를 위한 여러 가지 기술과 전략을 이해하고 이용한다. 이 기준을 충족시키기 위해,<br>　　1.2 학생은 읽기를 통해 어휘를 늘린다.<br><br>-읽기 1.5  (4, 7학년 공통)<br>1. 학생은 읽기를 위한 여러 가지 기술과 전략을 이해하고 이용한다. 이 기준을 충족시키기 위해,<br>　　1.5 학생은 비소설 텍스트와 컴퓨터 소프트웨어의 특징을 이용한다.<br><br>-역사 2.1  (7, 10학년 공통)<br>2. 학생은 역사적 사건의 해석을 조사, 비교, 대조하기 위하여 사회과학조사방법을 적용한다. 이 기준을 충족시키기 위해,<br>　　2.1 학생은 조사하고 다시 찾는다.<br><br>-예술 3.3  (7학년)<br>3. 학생은 아이디어와 느낌을 전달하기 위하여 예술형식들(시각 예술, 음악, 드라마 등)중 적어도 하나를 이용한다. 이 기준을 충족시키기 위해,<br>　　3.3 전달하기 위하여 예술형식의 결합을 이용한다.<br><br>-경제 1.5  (7학년)<br>1. 학생은 기본적인 경제개념을 이해한다. 그리고 개인, 그룹, 그리고 사회에 미친 경제 시스템의 효과를 분석한다. 이 기준을 충족시키기 위해,<br>　　1.5 학생은 국제 무역의 중요성을 조사한다.<br><br>-쓰기 3.1  (10학년)<br>3. 학생은 쓰기 프로세스의 단계를 이해하고 이용한다. 이 기준을 충족시키기 위해,<br>　　3.1 학생은 예비 작문(prewrite)을 할 것이다. |

| Benchmark 1 | Benchmark 2 | Benchmark 3 |
|---|---|---|
| -쉽게 입수할 수 있는 정보원으로부터 자료를 선택한다(커뮤니케이션).<br>-정보 수집의 계획을 따른다(수학).<br>-사전, 용어집 그리고 다른 정보원을 사용함으로써 읽기 어휘를 늘린다(읽기).<br>-특정 주제 또는 목적을 위한 정보를 찾고 분류한다(읽기). | -다양한 정보원으로부터 정보를 찾고 입수한다. 그리고 아이디어를 전달하기 위하여 의미있는 방식으로 정보를 조직하고 합성하여 예술품을 만든다(예술).<br>-세계 경제와 관련하여 워싱턴주 경제의 경제적 이점과 단점을 조사하고 설명한다(경제).<br>-정보원을 찾고 그래프, 차트, 표, 지도, 다이어그램, 텍스트, 사진, 문헌 그리고 인터뷰를 포함하여 다양한 정보원으로부터 정보를 입수한다(역사).<br>-정보수집을 위해 계획을 세운다(수학).<br>-인쇄된 텍스트의 조직적 특징을 이용한다(표제, 목차 색인, 용어, 서문, 부록, 캡션 등)(쓰기).<br>-전자정보의 조직적 특징을 이용한다(마이크로피쉬 표제, 넘버링, CD-ROM, 인터넷 등)(읽기). | -다양한 일차와 이차정보원에 접근하고 이용한다(커뮤니케이션).<br>-전자기술, 도서관 자원 그리고 지역사회의 인적자원을 이용하여 주제를 조사한다(역사).<br>-인터뷰, 멀티미디어, 도서 그리고 연속간행물 같은 다양한 정보원으로부터 정보를 분석하고 합성한다(쓰기). |

(WLMA 2007)

## 4) Big6 모형

Big6 모형은 워싱턴 대학의 아이젠버그(M. Eisenberg) 교수와 웨인센트럴(Wayne Central) 고등학교 도서관의 미디어 전문 사서인 베르코비츠(R. Berkowitz)가 미취학 아동에서부터 고학력자에 이르는 수천 명의 사람들과의 경험을 바탕으로 개발한 '정보문제 해결을 위한 처리과정 모형(An Information Problem-Solving Strategy)'으로, 정보와 정보기술 활용능력의 개발을 위한 기능적 접근 모형에 해당한다. 특히 Big6 모형은 교육과정상의 교육 내용에 정보기술 활용 능력 방법을 적용하여 사용할 수 있도록 한 교육 프로그램의 실제적 구현 모형이며 교사와 도서관 미디어 전문 사서가 협동하여 실제 학습 상황에서 학생들에게 정보와 정보기술 활용능력을 가르치는 방법론이기도 하다(Eisenberg & Berkowitz 1999)(고영만 2005).

Big6 모형의 기본적인 프레임워크는 과제 정의, 정보검색전략, 소재파악과 접근, 정보활용, 통합정리, 평가의 여섯 단계로 나누어져 있으며 각 단계에는 2개씩의 하위 단계가 있다. Big6 모형에서 각 단계는 한 단계에서 다음 단계로 순서에 따라 진행해야 하는 선차적 과정이 아니며, 학습자의 과제 진행 상황에 따라 순환적으로 될 수 있다.

〈표 3-8〉 Big6 모형의 기본적인 프레임워크

| 기본단계 | 하위단계 |
| --- | --- |
| 1단계. 과제 정의 | 1.1 정보 문제를 정의하고<br>1.2 요구된 정보를 확인한다. |
| 2단계. 정보검색전략 | 2.1 이용가능한 정보원의 범위를 파악하고<br>2.2 최적의 정보원을 선택한다. |
| 3단계. 소재파악과 접근 | 3.1 정보원의 소재를 알아내고<br>3.2 정보원에서 정보를 찾는다. |
| 4단계. 정보활용 | 4.1 정보원속의 정보를 읽고, 보고, 듣고, 느끼고<br>4.2 관련된 정보를 추출한다. |
| 5단계. 통합정리 | 5.1 다양한 정보원으로부터 정보를 조직하고<br>5.2 정보를 제시한다. |
| 6단계. 평가 | 6.1 결과의 유효성을 평가하고<br>6.2 과정의 효율성을 평가한다. |

(Eisenberg 2006)

이러한 Big6 모형은 누구나 사용할 수 있는 것이나, Big6는 사서교사와 교과교사가 협력하여 실제 학습상황에서 학생들에게 연령에 따라 정보문해 능력을 가르치는 방법론 또는 학습법을 Super 3, Grades 3-6, Grades 7-12의 3가지로 나누어 제시하고 있다(그림 3-9 참조).

〈그림 3-9〉 Big6 연령별 교수 및 학습법   (Eisenberg & Berkowitz 1987)

Super 3(Grade K-2)은 Big6의 기본적인 여섯 단계 모형이 유아와 저학년들에게는 복잡한 것으로 기본적인 여섯 단계 모형을 세 단계로 줄이고, 각 단계별 용어와 개념에 대한 설명을 유아와 저학년들이 이해하기 쉽게 만들었다(표 3-9 참조).

〈표 3-9〉 Big6 모형의 기본적인 프레임웍과 Super3의 비교

| Big6 | Super3 |
|---|---|
| 1. 과제정의 | 1. 계획(Plan) |
| 2. 정보검색전략 | |
| 3. 소재파악과 접근 | 2. 행동(Do) |
| 4. 정보활용 | |
| 5. 통합정리 | 3. 평가(Review) |
| 6. 평가 | |

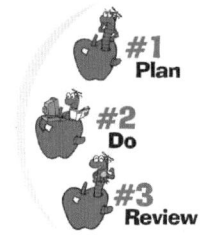

Big6의 Grades 3-6은 초등학생을 대상으로 하는 것으로 Big6 기본적인 프레임웍과 같이 6단계로 나누어져 있으며 각 단계에는 2개씩의 하위단계를 가지나 6개 기본단계에 대한 부연 설명이 있다. 중학생 및 고등학생용 모형인 Grades 7-12와 유사하나 각 하위 단계별 용어와 개념에 대한 설명과 실천사항이 초등학생에 적합하도록 기술되어 있다(Jansen 2005)(그림 3-10 참조).

〈그림 3-10〉 Big6 Grades 3-6의 교수 및 학습 단계     (Eisenberg & Berkowitz 1987)

Big6의 중·고등학생용 모형인 Grades 7-12는 초등학생용인 Grades 3-6과 같이 기본적인 6단계와 각 단계에 2개씩의 하위단계를 가지나 각 하위단계별 용어와 개념에 대한 설명과 실천사항이 중·고등학생에 적합하도록 기술되어 있으며, Grades 3-6에서의 6개 기본단계에 대한 부연 설명이 제외되어 있다(표 3-10 참조).

〈표 3-10〉 Big6 Grades 7-12의 교수 및 학습 단계

| 기본/하위단계 | 실천단계 |
|---|---|
| 1단계. 과제 정의 | |
| 1.1 정보 문제를 정의하고 | - 과제의 요구사항을 이해한다.<br>- 과제가 모호하거나 혼돈스러우면 질문한다.<br>- 과제를 문장으로 진술하고 맞는지 물어본다. |

| 기본/하위단계 | 실천단계 |
|---|---|
| 1.2 과제를 완성하기 위하여 (정보문제를 해결하기 위하여) 요구된 정보를 확인한다. | - 선생님이 과제를 하는데 필요한 정보가 무엇인지 알려준 것을 확인하거나<br>- 정보를 찾는데 필요한 질문 리스트를 작성한다. |
| 2단계. 정보검색전략 | |
| 2.1 이용가능한 정보원의 범위를 파악하고(브레인스톰) | - 위의 과제 정의단계에서 쓴 질문에 답을 하는데 필요할 모든 가능한 정보원 리스트를 만든다(도서관 도서, 백과사전, 웹 사이트 등). |
| 2.2 최적의 정보원을 결정하기 위하여 여러 가지 이용가능한 정보원을 평가한다(최상의 정보원 선택) | - 리스트에 있는 것 중 입수가능하고 자신이 이용하기 쉬운 것을 선택한다.<br>- 이용하는데 도움이 필요하면 교사, 사서, 부모에게 질문한다. |
| 3단계. 소재파악과 접근 | |
| 3.1 정보원의 소재를 알아내고 | - 선택한 정보원을 어디서 가질 것인가를 이해하며, 각 정보원아래에 그것의 위치를 쓴다.<br>- 웹사이트이면, 웹주소를 기입한다. 선생이나 사서가 링크를 했거나, 북마크한 것을 이용한다(시간을 절약할 수 있음).<br>- 정보원이 사람이면 어떻게 그에게 접촉(연락)할 것인가를 이해한다. |
| 3.2 정보원에서 정보를 찾는다. | - 지금 정보원을 가까이에 가지고 있다면, 필요한 정보를 어떻게 가질 것인가를 생각한다 (과제 정의에서 쓴 질문을 기억한다). 이것은 정보원에 따라 다르다.<br>- 모든 정보원에서 정보를 찾으려면 단어리스트를 맨 먼저 만든다. 이것을 키워드라 부른다. 그것들은 주제에 관련된 단어, 동의어와 같다. |
| 4단계. 정보활용 | |
| 4.1 정보원속의 정보를 읽고, 보고, 듣고, 느끼고 | - 정보원을 읽고 듣고 보는 것이 필요하다. 정보원을 이해할 수 없으면 어른에게 문의한다.<br>- 각 도서, 아티클 또는 웹사이트에 모든 자료를 읽고 듣고 볼 필요가 없을 수 있다. 그러면 필요한 특정 정보를 찾는다. 그 단락이 질문에 답을 가지는 지를 결정하기 위하여 각 단락내에 첫 번째 센텐스를 읽는다. |
| 4.2 관련된 정보를 추출한다. | - 기록하고 정보원에 대한 인용을 기록한다. |
| 5단계. 통합정리 | |
| 5.1 다양한 정보원으로부터 정보를 조직하고 | - 어떻게 기록을 구성하고 자신의 생각과 통찰력을 추가할 것인가를 결정한다.<br>　·초안을 작성한다.　　·아웃라인을 세운다.<br>　·스토리보드를 만든다.　·스케치를 그린다. |
| 5.2 정보를 제시한다. | - 선생님이 제시한 가이드라인을 따른다.<br>- 도서, 웹사이트 그리고 다른 정보원에서 발견한 정보와 함께 자신의 아이디어를 포함한다.<br>- 주제에 가장 적합한 형식을 결정한다.<br>　·파워포인트를 이용한 구두 프리젠테이션<br>　·페이퍼를 쓴다.　·비디오 또는 오디오 테이프를 만든다.<br>- 서지를 포함한다. |
| 6단계. 평가 | |
| 6.1 결과의 유효성을 평가하고 | - 결과물을 제출하기 전에 선생님의 요구사항과 비교한다.<br>　·요구된 모든 것이 포함되었나?<br>　·모든 정보원에 대한 인용을 주었나, 그리고 그것을 선생님이 요구한 방식대로 하였나?<br>　·이 결과물을 보는 누구에게나 자랑스러운가? |
| 6.2 정보문제 해결 절차의 효율성을 평가한다. | - 정보문제 해결 절차의 효율성을 생각한다.<br>　·이번에 무엇이 잘 되었는가?<br>　·다시 이용할 수 있는 무엇을 배웠는가?<br>　·다음 번에는 무엇을 다르게 할 것인가?<br>　·찾은 정보원 중 무엇이 유용하였는가?<br>　·이번에 이용하지 않았으나 필요했던 정보원은 무엇인가? |

(Jansen 2005)

Big6에서 초등학생들은 학교 과제를 계획하고 완성하기 위해 〈그림 3-11〉의 Step-by-Step 양식(Organizer)을 사용한다.

또한 중학생과 고등학생들도 성공적인 프로젝트를 개발하고 만들기 위해 유사한 형식의 Step-by-Step 양식(Organizer)을 사용한다(Big6 Associates 2005).

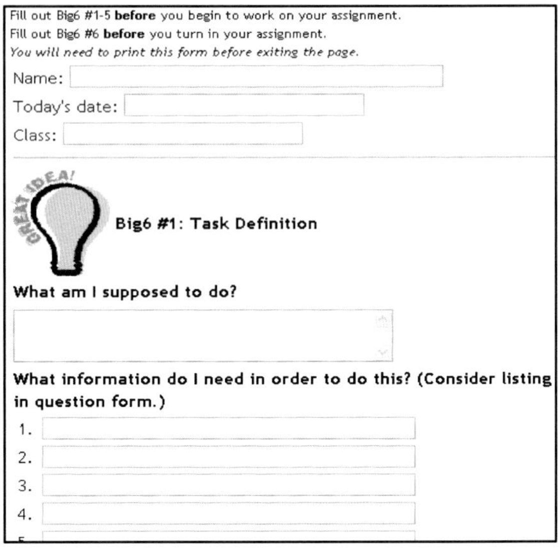
Fill out Big6 #1-5 **before** you begin to work on your assignment.
Fill out Big6 #6 **before** you turn in your assignment.
*You will need to print this form before exiting the page.*
Name:
Today's date:
Class:
GREAT IDEA!
**Big6 #1: Task Definition**
**What am I supposed to do?**
**What information do I need in order to do this? (Consider listing in question form.)**
1.
2.
3.
4.

〈그림 3-11〉 Big6 Assignment Organizer for Grade 3-6 (Jansen 1995)

Big6 모형은 기술(Technology)을 가지고 정보문제를 해결하도록 하는 것으로 Big6의 각 단계에서 학생들은 컴퓨터와 인터넷에 관련된 기술들을 제대로 이용 또는 활용할 수 있어야 한다. 〈표 3-11〉과 〈표 3-12〉는 Big6의 각 단계에서 필요로 하는 컴퓨터와 인터넷관련 기술을 나타낸다.

〈표 3-11〉 컴퓨터 Capabilities와 Big6

| 기술(Technology) | Big6 Skills |
|---|---|
| 워드 프로세싱, 그래픽, 전자출판 | 통합정리(쓰기)<br>정보활용(노트 필기) |
| 스펠링과 문법 체크 | 평가 |
| 정보 검색 및 검색 시스템 | 정보검색전략 |
| 스프레드시트, 데이터베이스 관리시스템 | 통합정리 |
| 하이퍼미디어 | 정보활용<br>통합정리 |
| 전자정보원(CD-ROM, 서버, 웹) | 정보검색전략<br>소재파악과 접근 |

(Big6 Associates 2006)

〈표 3-12〉 인터넷 Capabilities와 Big6

| 기술(Technology) | Big6 Skills |
|---|---|
| 전자메일<br>리스트서브(listserv)<br>차트<br>화상 회의(video conferencing)<br>즉석 교신(instant messaging) | 과제정의<br>정보검색전략<br>소재파악과 접근<br>정보활용<br>통합정리<br>평가 |
| 네트워크 네비게이션<br>(WWW Netscape, Internet Explorer, Portals) | 정보검색전략<br>소재파악과 접근 |
| FTP, 다운로드/업로드 | 정보활용 |
| 야후, 구글, 야후리건즈(Yahooligans), 라이코스,<br>알타비스타, 포탈 | 소재파악과 접근 |
| 웹 작성(Web authoring) | 통합정리 |
| 웹 사이트 | 정보활용 |

(Big6 Associates 2006)

## 5) 학교교육을 위한 정보문해 기준과 모형의 비교

AASL/AECT의 기준을 비롯한 학교교육을 위한 정보문해 기준이 가장 강조하는 점은 정보문해능력을 갖추어야만 독립적인 학습 즉 남에게 의존하지 않고 자기주도적인 학습을 할 수 있으며, 나아가 궁극적으로 평생학습이 가능하다는 것이다. 그리고 이러한 정보문해 교육은 교육과정과 별개로 이루어지는 것이 아니라 교육과정과 결합되어 컨텐츠에 맞게 이루어져야 한다는 것이다. 따라서 일반적 수준에서 기술된 AASL/AECT의 기준과 Big6 모형을 제외한 미국 각 주의 기준들은 AASL/AECT의 학생 학습을 위한 정보문해 기준 등을 적용하면서 각 주의 학습목표기준을 결합시켰다.

고등교육을 위한 정보문해 기준 및 모형과 비교해보면 학교교육을 위한 정보문해 기준 및 모형도 기본적으로 핵심 정보문해능력인 정보 요구의 인지 및 필요한 정보의 결정, 정보검색 전략/접근, 정보평가/분석, 정보조직/종합/적용, 정보전달, 정보윤리를 학생들이 갖출 수 있도록 한다는 점에서 고등교육을 위한 정보문해 기준 및 모형과 유사하다(표 3-13 참조).

그러나 학교교육을 위한 정보문해 기준 및 모형의 다른 주요 특징은 성과지표 (Indicator)를 교과목별로 제공하고 있으며 교육과정과 밀접하게 결합되어 있다는 것 이다. 그리고 학년 또는 학생의 능숙도에 따라 사용할 수 있도록 초급, 중급, 고급 등 으로 세분하여 제시하고 있다.

〈표 3-13〉 고등 교육과 학교 교육용 정보문해 기준 및 모형의 비교

| 기준 · 모형 / 핵심정보문해능력 | ACRL | AASL/AECT | Big6 |
|---|---|---|---|
| 1. 정보 요구의 인지 및 필요한 정보의 결정 | 1. 필요한 정보의 특성 과 범위 결정 | 1. 정보에 효율적이고 효과 적으로 접근 | 1. 과제 정의 2. 정보검색전략 |
| 2. 정보검색 전략/ 정보 접근 | 2. 필요한 정보에 효과적 이고 효율적으로 접근 | 1.5 정보검색을 위한 성공적 인 전략을 개발하고 이용 | 3. 소재파악 및 접근 |
| 3. 정보평가/분석 | 3. 정보와 정보원을 비판 적으로 평가하고, 자 신의 지식기반과 가치 시스템에 선택된 정보 를 통합 | 2. 정보를 비판적이고 능숙 하게 평가 | |
| 4. 정보조직/종합/적용 | 4. 개인 또는 집단의 일 원으로서 특정 목적을 달성하기 위해 효과적 으로 정보를 이용 | 3. 정보를 정확하고 창조적 으로 이용 4. 개인적 관심과 관련된 정 보를 추구 5. 문헌과 정보의 다른 창조적 표현물들을 이해하고 즐김 6. 정보를 찾고 지식을 생성 하는데 우수 | 4. 정보활용 5. 통합정리 |
| 5. 정보전달 | 4.3 연구성과 또는 퍼포 먼스를 다른 사람에 게 효과적으로 전달 | 3.4 적합한 체제로 정보와 아 이디어를 생산하고 전달 | 5.2 정보를 제시 |
| 6. 정보윤리 | 5. 정보의 이용과 관련된 경제적, 법적, 사회적 문제를 이해하고, 정 보를 윤리적으로 법적 으로 접근하고 이용 | 7. 민주사회에서의 정보의 중 요성 인식 8. 정보와 정보기술의 이용 에 있어 윤리적으로 행동 9. 정보를 추구하고 생성하 기 위하여 집단활동에 효 과적으로 참여 | |

## 연습문제

1. 다음 가로 안에 알맞은 말을 넣으시오.

1) 미국도서관협회(ALA) 정보문해위원회는 '정보문해능력을 갖춘 자 즉 정보문해자는 궁극적으로 어떻게 (      )할 것인지를 배운 사람들로, 어떤 업무환경이나 의사결정 상황에서도 항상 정보를 찾을 수 있기 때문에 (      )을 위한 준비가 되어 있다'고 정의한다. 이와 같은 정보문해자에 대한 정의에 따르면 정보문해는 (      )학습과 (      )을 하기 위한 전제조건이라고 할 수 있다.

2) ACRL, CAUL, SCONUL, ANZIIL의 국가 정보문해 기준과 모형에서 공통적으로 대학생들이 대학교육과정에서 갖추어야 한다고 하는 6가지 기본적인 핵심 정보문해능력은
   ① (                              ),
   ② (                              ),
   ③ (                              ),
   ④ (                              ),
   ⑤ (                              ),
   ⑥ (                              )이다.

2. 미국대학도서관협회(ACRL)의 고등교육정보문해능력기준에서 5개 정보문해능력 기준을 기술하시오.

## 3. 상단의 예시에 맞는 Big6 프레임웍과 요소를 하단에서 찾아 그 번호를 적으시오.

- ·선생님이 학기초에 내주신 과제가 맥그리거의 XY이론에 관한 것인지 질문을 하였다. (   )
- ·XY이론이 무엇인지를 알아보기 위해 먼저 백과사전과 도서를 찾아보기로 하였다. (   )
- ·먼저 백과사전의 색인권에서 엑스이론과 와이이론의 키워드로 검색을 하여 해당 권번호를 확인한 후 XY이론에 대한 내용을 찾았다. 도서에서는 권말색인을 이용하여 맥그리거의 XY이론에 대한 페이지를 찾았다. (   )
- ·백과사전의 내용과 도서에 기재된 내용을 읽고 관련된 정보를 추출하였으며, 정보원에 대한 인용을 기록하였다. (   )
- ·선생님이 내주신 형식대로 파워포인트를 이용한 구두 프리젠테이션 자료를 만들었다. (   )
- ·발표전에 선생님이 요구하신 내용이 포함되었는지 확인해 보았다. (   )

| 1. 과제정의 | 1.1 정보 문제를 정의하고<br>1.2 요구된 정보를 확인한다. | 4. 정보활용 | 4.1 정보원속의 정보를 읽고, 보고, 듣고, 느끼고<br>4.2 관련된 정보를 추출한다. |
|---|---|---|---|
| 2. 정보검색전략 | 2.1 이용가능한 정보원의 범위 파악<br>2.2 최적의 정보원을 선택한다. | 5. 통합정리 | 5.1 다양한 정보원으로부터 정보를 조직하고<br>5.2 정보를 제시한다. |
| 3. 소재파악과 접근 | 3.1 정보원의 소재를 알아내고<br>3.2 정보원에서 정보를 찾는다. | 6. 평가 | 6.1 결과의 유효성을 평가하고<br>6.2 과정의 효율성을 평가한다. |

## 4. 아래의 Big6 프레임웍과 관련이 있는 행동을 빈칸에 2개씩 기입하시오.

| 기본단계 | 하위단계 | 행동 |
|---|---|---|
| 1단계.<br>과제 정의 | 1.1 정보 문제를 정의하고<br>1.2 요구된 정보를 확인한다. | |
| 2단계.<br>정보검색전략 | 2.1 이용가능한 정보원의 범위를 파악하고<br>2.2 최적의 정보원을 선택한다. | |
| 3단계.<br>소재파악과 접근 | 3.1 정보원의 소재를 알아내고<br>3.2 정보원에서 정보를 찾는다. | |
| 4단계.<br>정보활용 | 4.1 정보원속의 정보를 읽고, 보고, 듣고, 느끼고<br>4.2 관련된 정보를 추출한다. | |
| 5단계.<br>통합정리 | 5.1 다양한 정보원으로부터 정보를 조직하고<br>5.2 정보를 제시한다. | |
| 6단계. 평가 | 6.1 결과의 유효성을 평가하고<br>6.2 과정의 효율성을 평가한다. | |

(고영만 2005)

# 참고문헌

고영만. 2005. 『정보문해론』. 서울: 한국도서관협회.

고영만. 2005. 『정보문해』. 서울: 성균관대학교 문헌정보학과.

고영만. 2001. 정보교육의 문화적 담론. 『한국문헌정보학회지』, 35(3): 79-92.

김순희. 2007. 2006. 『정보문해 온라인 강의록』. 서울: 성균관대학교.

김순희. 2005. 학문분야·주제별 정보소양 교육을 위한 국가 정보소양 기준과 프로그램의 비교분석에 관한 연구. 『정보관리』, 4집: 103-134.

김순희. 2005. 『디자인분야 정보문해 교육 모형 개발과 적용에 관한 연구』. 박사학위논문, 성균관대학교 대학원, 문헌정보학과.

윤평중. 1992. 『푸코와 하버마스를 넘어서』. 서울: 교보문고.

Alaska Association of School Librarians. 1999. "Library/Information Literacy Standards." [cited 2007.9.24]. 〈http://www.akla.org/akasl/lib/studentstandards.html〉.

American Association of School Librarians and Association for Educational Communications and Technology. 1998. "Information Literacy Standards for Student Learning: Standards and Indicators." [cited 2007.9.24]. 〈www.ala.org/aasl/ip_nine.cfm〉.

Association of College Research Libraries. 2003. "Information Literacy." [cited 2004.7.25]. 〈http://www.ala.org/ala/acrl/acrlissues/acrlinfolit/infolitoverview/introtoinfolit/intro infolit.htm〉.

Association of College Research Libraries. 2000. "Information Literacy Competency Standards for Higher Education." [cited 2004.5.15].
〈http://www.ala.org/ala/acrl/acrlstandards/informationliteracycompetency.htm〉.
〈http://www.ala.org/ala/acrl/acrlstandards/standards.pdf〉.
〈http://www.ala.org/ala/acrl/acrlstandards/standardsguidelines.htm〉.

American Library Association. 1989. "Presidential Committee on Information Literacy: Final Report." [cited 2004.5.15].
〈http://www.ala.org/ala/acrl/acrlpubs/whitepapers/presidential.htm〉.

Australian Library and Information Association. 2001. "Information Literacy Standards." *AARL(Australian Academic & Research Libraries)*, 32(1). [cited 2004.5.15]. 〈http://alia.org.au/publishing/aarl/32.1/infolit.html〉.

Australian and New Zealand Institute for Information Literacy. 2004. "Australian and New Zealand Information Literacy Framework: principles, standards and practice." 2nd ed. [cited 2007.8.23]. 〈http://www.library.uq.edu.au/training/info_literacy.html〉.

Bainton, Toby. 2001. "Information literacy and academic libraries: the SCONUL approach (UK/Ireland)." 67th IFLA Council and General Conference August 16-25, 2001. [cited 2004.6.21]. 〈http://www.ifla.org/IV/ifla67/papers/016-126e.pdf〉.

Bawden, David. 2001. "Information and digital literacies: a review of concepts." *Journal of Documentation*, 57(2): 218-259.

Behrens, B. S. 1994. "A conceptual analysis and historical overview of information literacy." *College and Research Libraries*, 55(4): 309-322.

The Big Blue. 2001. "The Big Blue: information skills for students." [cited 2004.6.23]. 〈http://www.library.mmu.ac.uk/bigblue/〉.

Big6 Associates. 2006. "Technology as a Tool: Applications in a Big6 Context." [cited 2007.3.26]. 〈http://www.big6.com/showarticle.php?id=144〉.

Big6 Associates. 2005. "Big6 Assignment Organizer for Grade 7-12." [cited 2006.9.24]. 〈http://www.big6.com/kidsshowcategory.php?cid=37&subcat=35〉.

Big6 Associates. 2005. "Big6 Assignment Organizer for Grade 3-6." [cited 2006.9.24]. 〈http://www.big6.com/kidsshowcategory.php?cid=35&subcat=32〉.

Bloom, B. S. 1956. *Taxonomy of educational objectives: the classification of educational golas*. London: Longman.

Breivik, P. 2000. "Information literacy and lifelong learning: the magical partnership." *Lifelong learning conference*. Rockhampton Central Queensland University. 〈http://www.library.cqu.edu.au/conference/2000/keynote_papers.htm〉.

Bruce, Christine. 1997. "Seven faces of information literacy in higher education." [cited 2004.6.21]. 〈http://sky.fit.qut.edu.au/~bruce/inflit/faces/faces1.htm〉.

Colorado Department of Education. 2004. "Colorado Standards for Information Literacy." [cited 2007.9.24]. 〈http://www.cde.state.co.us/litstandards/litstandards.htm〉.

Council of Australian University Librarians. 2001. "Information Literacy Standards." first
    edition. [cited 2004.5.12].
    〈http://www.library.qut.edu.au/ilfs/CAUL_InfoLit-Standards1.pdf〉.

Doyle, Christina. 1992. Outcome measures for information literacy within the national
    education goals of 1990: final report of the National Forum on Information
    Literacy. Summary of findings. Washington, DC: US Department of Education.
    (ERIC document no; ED 351033). [cited 2004.7.10] Summary at
    〈http://www.ed.gov/databases/ERIC_Digests/ed372756.html〉.

Eisenberg, Mike. 2006. "A Big6? Skills Overview." [cited 2006.9.24].
    〈http://www.big6.com/showcategory.php?cid=6〉.

Eisenberg, M. and R. E. Berkowitz. 1999. *Teaching Information and Technology Skills:
    The Big6 in Elementary Schools*. Coumbus: Linworth Publishing.

Eisenberg, M. and R. E. Berkowitz. 1987. "Introducing the Big6." [cited 2006.4.21].
    〈http://www.big6.com/kids/K-2.htm〉.

Jansen, Barbara A. 2005. "Grades K-2〉Know How." [cited 2007.3.26].
    〈http://www.big6.com/kidsshowcategory.php?cid=36&subcat=38〉.

Jansen, Barbara A. 2005. "Grades 3-6〉Know How." [cited 2007.3.26].
    〈http://www.big6.com/kidsshowcategory.php?cid=35&subcat=32〉.

Jansen, Barbara A. 2005. "Big6? Writing Process Organizer for Grades 7-12." [cited
    2007.3.26]. 〈http://www.big6.com/kidsshowarticle.php?id=311〉.

Jansen, Barbara A. 1995. "Big6 Assignment Organizer for Grade 3-6." [cited 2006.9.24].
    〈http://www.sasaustin.org/podium/default.aspx?t=30393〉.

Jansen, Barbara A. 1995. "Big6 Assignment Organizer for Grade 7-12." [cited 2006.9.24].
    〈http://www.sasaustin.org/podium/default.aspx?t=30466〉.

Jonassen, D., W. Hannum, and M. Tessmer. 1989. *Handbook of Task Analysis Procedures*.
    New York: Praeger.

Lenox, M. F. and M. L. Walker. 1993. "Information literacy in the educational process."
    *The Educational Forum*. 57(2), 312-324.

Lock, Selena. 2003. "Information Skills in Higher Education : A Sconul Position Paper."
    [cited 2004.4.26].

〈http://www.sconul.ac.uk/groups/information_literacy/papers/Seven_pillars.html〉.

Loertscher, D. V. and B. Woolls. 1997. "The Information Literacy Movement of the School Library Media Field: a Preliminary Summary of the Research." [cited 2007.9.24]. 〈http://slisweb.sjsu.edu/courses/250.loertscher/modelloer.html〉.

Peacock, Judith. 2002. "The QUT Information Literacy Framework & Syllabus: Walking the Talk." [cited 2004.5.12]. 〈http://www.library.qut.edu.au/infoliteracy/publications/staff.jsp〉.

Plotnick, Eric. 1999. "Information literacy: ERIC Digest(ERIC document no: ED427777)." [cited 2004.4.26]. 〈http://www.ericdigests.org/1999-4/information.htm〉.

The Society of College, National and University Libraries. 2004. "About SCONUL." [cited 2004.5.14]. 〈http://www.sconul.ac.uk/about_sconul/〉.

The Society of College, National and University Libraries. 1999. "Briefing Paper." [cited 2004.5.26]. 〈http://www.sconul.ac.uk/groups/information_literacy/papers/Seven_pillars2.pdf〉.

The Society of College, National and University Libraries. 2004. "The Seven Pillars of Information Literacy Model." [cited 2004.5.16]. 〈http://www.sconul.ac.uk/groups/information_literacy/sp/model.html〉.

Shapiro, Jeremy and S. K. Hughes. 1996. "Information Literacy as a New Liberal Art: Enlightenment Proposals for a New Curriculum." *Educom Review* 31(2): par.13. [cited 2004.6.25].〈http://www.educause.edu/pub/er/review/reviewarticles/31231.html〉.

Thomas, J. and P. Ensor. 1984. "The university faculty and library instruction." *RQ*, 23(4): 431-437.

Urena, Cristobal Pasadas. 2003. "The International Information Literacy Certificate: a Global Professional Challenge?." World Library and Information Congress: 69th IFLA Council and General Conference August 1-9, 2003. [cited 2004.7.25]. 〈http://www.ifla.org/IV/ifla69/papers/202e_trans-Pasadas_Urena.pdf〉.

Washington Library Media Association. 2007. "School Library Standards." [cited2007.3.26]. 〈http://www.wlma.org/standards〉.

Webber, Sheila. "Information Literacy: definitions and models." [cited 2004.7.25]. 〈http://dis.shef.ac.uk/literacy/definitions.htm〉.

# 제 4 장

## 고등교육 정보문해 프로그램

본 장에서는 고등교육기관에서 정보문해 교육을 하기 위해 앞서 3장에서 살펴본 해외의 네 개 고등교육 국가 정보문해 기준과 모형을 이용하거나 적용하여 개발한 여섯 개 정보문해 프로그램을 소개한다.

정보문해 프로그램은 크게 일반 정보문해 프로그램(General Information Literacy Program)과 학문분야 · 주제별 정보문해 프로그램(Discipline · Subject-Specific Information Literacy Program)으로 나눌 수 있다. 일반 정보문해 프로그램은 일반 정보문해 교육을 위한 것으로 평생학습과 삶의 질을 풍부하게 하는 것에 관련되며, 많은 학문에 적용될 수 있는 프로그램을 말한다. 학문분야 · 주제별 정보문해 프로그램은 특정 학문분야 대학생의 정보문해 교육을 위한 것으로 일반적으로 여러 학문에 걸쳐서 적용하는 연구와 정보 검색의 폭넓은 프로세스 기반원칙은 물론 특정 학문분야의 주제-특정 컨텐츠와 정보추구실무에 기반을 두고 있으며, 주제별 Tool, 자원과 검색방법을 고려하는 프로그램이다.

정보문해 프로그램을 개발하여 정보문해 교육을 실시하고 있는 대표적인 해외 대학인 퀸스랜드 공과대학교(QUT), 워터포드 기술대학(WIT), 캘리포니아주립대학교(CSU), 산호세주립대학교(SJSU), 네바다대학교(UNLV)와 국내 성균관대학교의 정보문해 프로그램을 살펴봄으로써 고등교육기관에서 정보문해 교육이 어떻게 이루어지는 가에 대한 이해를 가지도록 하는데 학습목표가 있다.


# 1. 해외 정보문해 프로그램


## 1) 퀸스랜드 공과대학교(QUT: 호주)


호주 퀸스랜드 공과대학교(Queensland University of Technology, 이하 QUT)는 학생들을 독립적인 평생학습이 가능한 교양이 있는 사회구성원으로, 그리고 그들이 선택한 학문분야내의 유능한 전문가로 육성하는 데 전념하여 왔다. 정보문해가 이러한 대학의 교육목표를 지원하는 것으로, QUT도서관은 2001년에 *Learning for Life: the Information Literacy Framework & Syllabus*를 발표하고, 대학 정보문해 정책과 실천을 가이드하는 프레임웍으로서 이 문헌을 채택하였다. QUT의 Information Literacy Framework & Syllabus(ILF&S)는 학생 학습성과, 교육과정 개발과 평가의 점에서 정보문해 이니셔티브를 개발하고 평가하기 위한 모형(Models)과 전략을 제공한다. 그리고 대학의 정보문해 교수, 학습제안 및 정보문해 프로그램의 기초로서 CAUL의 호주 정보문해 기준을 이용하였으나, 2005년부터 CAUL 기준의 2판인 호주 뉴질랜드 정보문해 프레임웍(ANZILF)내에 약술된 기준에 상응하는 교육 모형으로 전환하는 작업을 실시하여 2006년 전환을 완료하였다(QUT 2006).

QUT 도서관은 종합적인 정보문해 프로그램을 통해 교육과정을 지원하고 강화하려고 노력한다. 그리고 프로그램의 전략적이고 교육적인 목적은 내부와 외부 고객의 요구를 목표로 삼는 것으로 학생, 직원, 지역사회를 주요 고객 대상으로 하여, 수준별로, 목적별로 상세한 정보문해 프로그램을 제공한다(그림 4-1 참조).

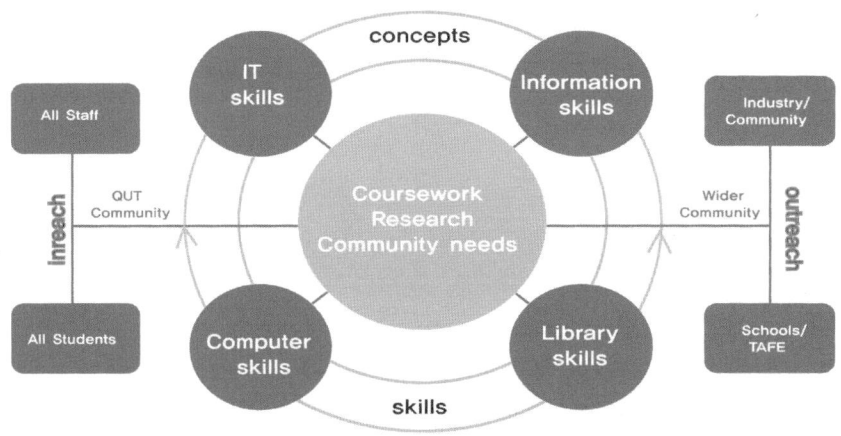

〈그림 4-1〉 QUT Information Literacy Model  (QUT 2001)

QUT 도서관의 대표적인 온라인 정보문해 프로그램으로는 'Pilot: Your Information Navigator'와 학점인정 프로그램 'IFN001'을 들 수 있다.

　　온라인 정보문해 강의인 'Pilot: Your Information Navigator'는 QUT의 여러 정보문
해 프로그램 중 대학생들이 정보를 찾고 이용하고 평가하는 데 필요한 지식과 능력을
개발하는 것을 돕기 위한 종합적이고 보충적인 학습도구로 1999년에 개발되었다. 처음
에는 CARL의 호주 정보문해 기준을 이용하여 9개의 모듈로 이루어졌으나 2006년
2월 호주 뉴질랜드 정보문해 프레임웍(ANZILF)을 이용하여 개정 발표되었다. 개정된
이 온라인 강의는 6개의 관련된 그러나 독립적인 모듈들로 구성되어 있으며(QUT
2006), 기준과 같이 낮은 사고력에서부터 높은 사고력을 기르기 위한 순서로 진행되고
있다(표 4-1 참조).

〈표 4-1〉 QUT의 'Pilot' 온라인 강의와 호주 뉴질랜드 정보문해 프레임웍(ANZILF)과의 관계

| 모  듈 | 교육 내용 | ANZILF 이용 |
|---|---|---|
| 1. 정보 요구 결정 | · 주제정의<br>· 주제의 개념 확인<br>· 아이디어 맵<br>· 과제의 유형, 정보의 양<br>· 정보원의 유형<br>· 발행물의 유형 | 기준1<br>[1.1]<br>[1.2.1] [1.2.2] [1.2.3]<br>[1.3]<br>[1.6]<br>[1.7] [1.7.8] |
| 2. 정보 확인 및 입수 | · 검색어 확인<br>· 검색 전략의 사례<br>· 검색 전략<br>· 적절한 도구 선택<br>· 최신성 유지 | 기준2<br>[2.1] [2.3.1]<br>[2.3.2] [2.3.2.1] [2.3.2.2] [2.3.2.3]<br>[2.3.4] [2.3.6] [2.3.7]<br>[2.4.2] [2.4.2.1] [2.4.3.2] |
| 3. 정보 평가 | · 정보검색결과 평가<br>· 정보검색 전략 수정<br>· 정보 자원 평가 | 기준3<br>[3.3.1] [3.3.2] [3.3.3]<br>[3.3.6] [3.3.7] |
| 4. 정보 관리 | · 정보 관리 목적<br>· 참조를 위한 정보 기록<br>· 주석 및 note-take<br>· 인용과 참고문헌 | 기준4<br>[4.3]<br>[4.4.1] |
| 5. 정보 종합 및 전달 | · 정보 종합<br>· 정보 전달 | 기준5<br>[5.1.4] |
| 6. 정보의 적절한 이용 | · 프라이버시/보안<br>· 검열/언론의 자유<br>· 네티켓<br>· 지적재산권, 표절 | 기준6<br>[6.5.1] |

　IFN001: 고급정보 검색능력(AIRS)은 QUT의 교수와 석사, 박사과정의 학생들이 그들의 고급 정보문해능력을 개발하는 것을 지원하는 4학점 인정 프로그램이다(그림 4-2 참조). 이 과정은 정보 확인, 검색, 관리 등을 소개하는 12개의 모듈로 구성되어 12주가 걸리지만(표 4-2 참조), 학생들은 원한다면 자신에 맞는 속도로 빨리 완성할 수 있다. 정식의 성적 평가는 정보자료 리스트의 작성에 의해 이루어진다(QUT 2006).

〈표 4-2〉 IFN001: 고급 정보검색능력(AIRS)

| 모듈 | 내 용 |
|---|---|
| M1 | Introduction and overview |
| M2 | The world of Information |
| M3 | Search Strategies |
| M4 | Library collections and catalogues |
| M5 | Searching databases |
| M6 | Cited reference searching |
| M7 | Internet searching |
| M8 | Evaluating Information |
| M9 | Keeping up to date |
| M10 | Managing your information |
| M11 | Where to from here? |
| M12 | AIRS online review |

〈그림 4-2〉 IFN001: 고급 정보검색능력(AIRS) 화면 (QUT 2006)

## 2) 워터포드 기술대학(WIT: 영국)

　워터포드 기술대학(Waterford Institute of Technology, 이하 WIT) 도서관의 온라인 정보문해 강의인 'OLAS'는 일반적으로 SCONUL 모형에 따라 만들어졌으나, 차이점은 SCONUL 모형의 '정보를 검색하고 접근하기'를 도서를 이용하여 정보를 검색하고 접근하기, 학술지를 이용하여 정보를 검색하고 접근하기, 인터넷을 이용하여 정보를 검색하고 접근하기의 세가지 모듈로 세분한 것이다(표 4-3 참조).

〈표 4-3〉 OLAS와 SCONUL 모형간의 관계

| 모듈 | 교육 내용 | SCONUL의 모형 이용 |
|---|---|---|
| 1. 정보 요구를 이해하고 주제를 정의 | · 정보 요구<br>· 주제정의 및 주제 재정의<br>· 특정 목적을 위한 정보<br>· 테스트 | 기준1.<br>정보 요구의 인지 |
| 2. 정보원의 유형과 연구에 적합한 정보원 선정 | · 정보의 생산 및 정보원의 유형<br>· 연구를 위해 정보원을 사용할 때 어떤 정보원을 이용해야 할지를 결정하는 것<br>· 테스트 | 기준2.<br>정보의 갭(gap) 해결방법 식별3) |
| 3. 정보를 찾고 검색하기 위하여 검색도구 사용 | · 검색 도구의 종류 및 도서관 목록<br>· 검색도구 선정<br>· 연구 계획 구축<br>· 테스트 | 기준3.<br>정보검색 전략 구축 |
| 4. 도서를 이용하여 정보를 검색하고 접근 | · 도서관 분류, 추천도서<br>· 검색 방법<br>· WITcat - 기본 & 고급<br>· 도서관 상호대차<br>· 테스트 | 기준4.<br>정보검색 및 접근 |
| 5. 학술지를 이용하여 정보를 검색하고 접근 | · 연속간행물/저널<br>· 저널이 유용한 이유<br>· WIT 도서관의 데이터베이스<br>· 데이터베이스 검색<br>· 테스트 | 기준4.<br>정보검색 및 접근 |
| 6. 인터넷을 이용하여 정보를 검색하고 접근 | · 인터넷/웹<br>· 웹정보와 웹 검색도구(검색 엔진, 웹 디렉토리, 게이트웨이)<br>· 테스트 | 기준4.<br>정보검색 및 접근 |
| 7. 정보를 비교하고 평가하며, 비판적으로 생각 | · 평가/정확성<br>· 권위/관점/편견/비판적 사고<br>· 테스트 | 기준5.<br>정보 비교 평가 |
| 8. 정보를 조직하고 인용. 정보를 윤리적으로 적합하게 이용 | · 참조<br>· 인쇄정보원과 전자정보원 참조<br>· 저작권/표절 & 윤리<br>· 테스트 | 기준6.<br>정보 조직 |
| 9. 최신성을 유지하고, 정보를 전달하고 새로운 정보에 공헌 | · 커뮤니케이션<br>· 최신정보주지<br>· 글쓰기, 아티클 출판<br>· 테스트 | 기준6, 7<br>정보전달 및 기존정보 종합 및 구축 |

---

3) 정보의 갭 해결방법 식별(distinguish ways of addressing Information Gap) : 정보의 갭이란 정보요구와 정보입수 사이의 차이 또는 격차를 말한다. 즉 문제를 해결하는 데 필요한 정보요구와 입수할 수 있는 정보사이의 차이를 말한다. 따라서 SCONUL의 정보문해 7주 모형 중에서는 이러한 정보의 갭을 해결하는 방법을 아는 능력이 필요하다는 것이다(SCONUL 1999).

따라서 OLAS[4]는 아홉개의 온라인 모듈로 이루어져 있으며, 각 모듈은 그 모듈에서 다룬 요점을 개략적으로 소개하는 도입 페이지와 셀프 테스트 퀴즈(Self test quiz)를 포함하고 있다. OLAS의 컨텐츠는 CAUL의 호주 정보문해 기준에 따라 QUT에 의해 만들어진 학습성과와 피터 가드윈(Peter Godwin 2002)의 '정보능력 벤치마크 (Information Skills Benchmarks)'[5]로부터 채택되고 개조된 한 세트의 학습성과에 기초를 두고 있다(WIT 2004).

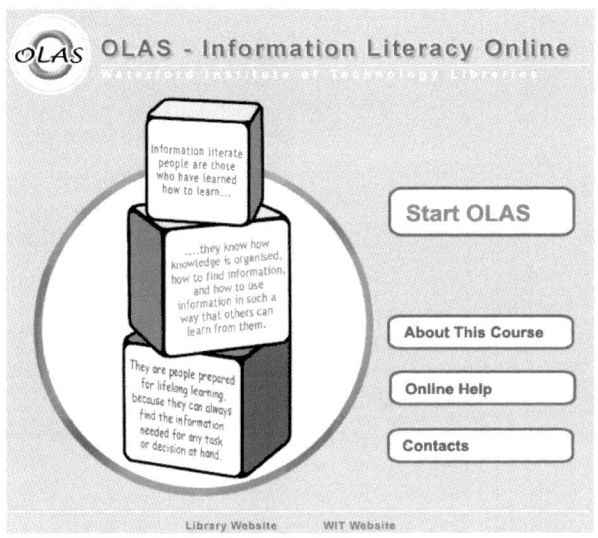

〈그림 4-3〉 OLAS - Information Literacy Online

---

4) OLAS : OLAS는 Online Information Literacy Tutorial로, OLAS의 완전한 명칭은 OLAS - Information Literacy Online이다. 'OLAS'는 지식(knowledge) 또는 실제적인 이해 (practical understanding)를 의미하는 아일랜드 언어의 단어 'eolas'의 발음과 유사한 소리가 나도록 만들어진 영어식 단어이다(Hurley 2005).

5) 피터 가드윈의 정보능력 벤치마크(Information Skills Benchmarks) : 피터 가드윈은 SCONUL 모형을 위한 학습 성과를 기준별(7개 정보능력)로 수준(level 0, 1, 2, 3, M)을 나누어 상세히 기술하였는데 이것을 '정보능력 벤치마크(Information Skills Benchmarks)'라고 한다. level 0 은 기초, level 1-3은 대학교 3학년, level M은 Masters를 대상으로 하며, 각 수준하에 기술된 벤치마크는 학생들이 그 정보문해 교육과정을 마쳤을 때 할 수 있어야 하는 능력을 말한다 (Godwin 2002).

## 3) 캘리포니아주립대학교(CSU: 미국)

캘리포니아주립대학교(California State University, 이하 CSU)는 ACRL의 기준이 개발되기 이전인 1995년부터 20여개의 CSU 캠퍼스에서 각각 교수, 사서 1명씩 뽑아 정보능력 실무그룹(Information Competency Work Group)을 결성하고, 자체적으로 정보능력 프로젝트(Information Competency Project)를 추진하여 왔으나, 1999년부터는 ACRL의 기준을 이용하여 정보문해 프로그램을 개발하고 교육을 실시하고 있다.

CSU 정보능력 프로젝트는 웹 강의(Web Tutorials), 학점인정수업(Credit-Bearing Classes), K-12 프로그램(K-12 Programs), 멀티미디어 모듈(Multimedia Modules), 평가(Assessment and Evaluation), 학문분야별 능력(Discipline Specific Competencies), CSU 캠퍼스별 프로젝트(CSU Individual Campus Projects)로 구성되어 있다(Cal Poly 2001).

웹 강의(Web Tutorials)는 CSU학생들이 확인된 열개의 핵심 정보문해능력을 통합된 프로세스속에서 배울 수 있도록 한 것으로, 정보문해에 관한 가이드와 실제적인 연습문제를 제공하는 열개의 모듈로 구성되어 있다(표 4-4 참조). 모듈들은 열개의 핵심능력인 연구주제의 정의, 연구질문을 위한 필요한 정보의 결정, 관련정보의 소재확인과 검색, 정보에의 접근을 위한 기술적인 도구의 이용, 정보 평가, 정보의 조직과 종합, 다양한 정보기술을 이용한 전달, 정보와 정보기술에 관련된 윤리적, 법률적, 사회-정치적 문제의 이해, 대중매체(Mass media)로부터 획득한 정보를 비판적으로 이용, 평가 및 처리, 결과물과 프로세스의 평가를 기반으로 만들어졌다.

그리고 자기 진도에 맞춰 학습할 수 있도록 한 이 모듈들은 정보문해, 컴퓨터문해, 미디어문해, 윤리, 비판적 사고, 그리고 커뮤니케이션 기술 등과 같은 주제를 다루고 있으며, 온라인 연습문제를 통해 학생이 배운 기술을 테스트할 수 있도록 되어 있다(Cal Poly 2001).

〈표 4-4〉 CSU의 웹 강의(Web Tutorials)

| 모 듈 | 교육내용 | ACRL기준이용 |
|---|---|---|
| 1. 연구주제(topic)의 정의 | · 연구주제의 기술, 개념확인<br>· 주제의 확대 또는 축소<br>· 연습문제 | 기준1 |
| 2. 연구질문, 문제 또는 이 슈를 위한 필요한 정보의 결정 | · 과제 유형, 정보의 양, 최신성, 출판유형,<br>  1차 정보원, 특정형태, 관점<br>· 연습문제 | 기준1 |
| 3. 관련정보의 소재 확인과 검색 | · 접근점(인쇄물 또는 전자 자료)의 소개<br>· 참고정보원, 색인 및 초록의 이용안내<br>· 연습문제 | 기준2 |
| 4. 정보에의 접근을 위한 기술적인 도구의 이용 | · 데이터베이스와 웹에 대한 개관<br>· 검색전략(불리안 연산, 절단검색, 통제어휘집<br>  등)의 교육<br>· 검색결과의 평가, 검색결과의 저장<br>· 연습문제 | 기준2 |
| 5. 정보 평가 | · 정보의 관련성, 적시성, 신뢰성, 범위, 정확성<br>  의 평가 | 기준3 |
| 6. 정보의 조직과 종합 | · 획득한 정보의 조직, 종합 | 기준4 |
| 7. 다양한 정보기술을 이용한 전달 | · 정보전달을 위한 이메일, 파워포인트, 웹 페<br>  이지 제작 방법 및 기준 | 기준4 |
| 8. 정보와 정보기술에 관련된 윤리적, 법률적, 사회-정치적 문제의 이해 | · 저작권, 프라이버시, 검열에 관한 사항 | 기준5 |
| 9. 대중매체(Mass media)로부터 획득한 정보를 비판적으로 이용, 평가 및 처리 | · 미디어 문해(Media Literacy)의 교육 | 기준<br>2, 3, 4, 5 |
| 10. 결과물(product)과 프로세스의 평가 | · 정보 내용(결과물)과 연구 프로세스를 평가<br>  하기 위한 지침 | |

CSU는 학문분야별 능력(Discipline Specific Competencies)을 통해 학문분야별 정보문해 교육에 관하여 소개하고 있다. 웹 강의에서 밝힌 열개의 핵심 능력 이외에 각 학문분야에 필요한 보다 전문화되고 복잡한 정보기술을 모든 학생들이 함께 마스터하도록 해야 하며, 특정학문분야의 정보 범주와 유형에 대한 이해를 포함하는 문헌에 대한

기본적인 이해, 그리고 정보의 효과적인 전자전달에 필요한 기본적인 컴퓨터 기술을 능숙하게 익히는 것이 필요하다는 것을 강조하고 있다.

또한 사서들은 학문분야별 정보문해 교육을 위해, 그들의 많은 경험과 배경지식을 바탕으로 특정 정보문해능력을 확인하며, 학과 교수와의 협의를 통해 새로운 서비스와 교육 프로그램을 개발하는데 주요한 역할을 수행해야 한다고 강조하고 있다.

CSU에서 밝힌 농학, 과학, 건축학, 비즈니스, 공학에 필요한 특정 정보문해능력은 〈표 4-5〉와 같다(Cal Poly 2001).

〈표 4-5〉 농학, 과학, 공학, 건축학, 비즈니스 분야에 필요한 특정 정보문해능력

| 농학(Agriculture) | 과학(Sciences) |
|---|---|
| · Agricultural Experiment Station Publications<br>· Agricultural Statistics: Domestic & Foreign<br>  (prices, production, trade, etc.)<br>· Aerial Photos<br>· Census Data<br>· Climatic Data<br>· County Agricultural Reports<br>· Environmental Impact Reports<br>· GIS (Geographic Information Systems)<br>· Map interpretation<br>· Plant Patents<br>· Presentation Tools (graphs, etc.)<br>· Regulatory Information<br>  (Local, State, Federal Laws and Regulations)<br>· Soil and Water Requirements for Crops | **Chemistry**<br>· Handbooks of Analysis<br>· Patents<br>· Presentation Tools (graphs, etc.)<br>· Regulatory Information<br>  Local, State, Federal Laws and Regulations<br>· Spectral data<br>· Standard data sets<br>**Biology**<br>· GIS (Geographic Information Systems)<br>· Identification of Plants and Animals<br>· Plant patents<br>· Presentation tools (graphs, etc.)<br>· Regulatory Information<br>  Local, State, Federal Laws and Regulations<br>**Statistics**<br>· Finding and assessing statistical sets |
| 건축학(Architecture) | |
| · Building Codes<br>· Building Products and Materials<br>· Census/Demographics<br>· Climatic Data<br>· Cost Estimating<br>· Environmental Impact Reports<br>· Formulas, Tables, Solutions<br>· Human Factors | · Map Interpretation<br>· GIS (Geographical Information Systems)<br>· Presentation Tools (graphs, etc.)<br>· Regulatory Information<br>  Local, State, Federal Laws and Regulations<br>  Certification/ADA Standards<br>  Visual Information/Standards |

| 비즈니스(Business) | 공학(Engineering) |
|---|---|
| · Business Plans/Entrepreneurship<br>· Census/Demographics<br>  Economic Census<br>  County business patterns<br>· Company Information<br>  Financial reports/Background &<br>  history Competition/Ratios<br>· Currency Data<br>· Current Awareness<br>· Economic Indicators<br>· GIS (Geographical Information Systems)<br>· Industry Classification<br>  SIC/NAICS/International Harmonics<br>· Industry Information Developments, trends<br>  Projections/Financial Ratios<br>· International Information<br>  Export/Import, Trade barriers,<br>  Country information<br>· Presentation tools (graphs, etc.)<br>· Regulatory Information<br>  Local, State, Federal Laws & Regulations<br>  Certification/ADA Standards<br>· SIC/NAICS/International Harmonics<br>  classifications | · Assessing Software<br>· Census/Demographics<br>· Critically Evaluate CAD Programs<br>· Climatic data<br>· Computer Code Archives<br>· Cost Estimating<br>· Ethics<br>· Formulas, Tables, Constants, Solutions<br>· Human Factors<br>· Environmental Impact Report<br>· Interpreting Drawings, Plans/Schematics<br>· Manuals/Handbooks<br>· Map Interpretation<br>· Materials Properties<br>· Technical Reports<br>· Current Awareness<br>· Patent Searching<br>· Presentation Tools (graphs, etc.)<br>· Regulatory Information<br>· Local, State, Federal Laws and Regulations<br>· OSHA, Cal OSHA<br>· Certification<br>· ADA Standards<br>· Specifications and Data Books<br>· Standards in Relation to New/Current Design |

## 4) 산호세주립대학교(SJSU: 미국)

CSU의 23개 캠퍼스중 하나인 산호세주립대학교(San Jose State University, 이하 SJSU)의 도서관은 정보시대에 예술분야 학생 또는 예술가, 디자이너, 예술분야 교육자, 역사가들에게 필요한 기본적인 능력들과 전공에 필요한 보다 전문화된 능력들을 개발하도록 하는 'Art 100W'를 ACRL 기준을 적용하여 개발하였다.

'Art 100W'는 정규적인 수업 이외에 예술분야의 정보 능력을 개발하는 것을 도울 예술분야 사서에 의한 특정 수업, 유인물 그리고 때때로 온라인 강의(Art 100W

Information Competence Tutorial) 또는 과제를 포함한다(SJSU 2004).

'Art 100W'를 패스하였을 때 성취해야 할 5개의 기본적인 정보 능력들은 아래와 같으며, 'Art 100W' 온라인 강의의 5개 모듈은 이러한 5개의 기본적인 정보능력들로 구성되어 있다(표 4-6 참조).

① 과제를 완성하기 위해 요구된 정보의 유형과 복잡성을 결정한다.
② 인쇄 정보원과 비주얼 정보원(visual sources)을 찾는다.
③ 정보원을 적절하게 평가한다.
④ 다양한 정보원으로부터 정보를 종합하고, 그 정보를 적절하게 인용한다.
⑤ 표절을 이해하고, 정보를 법적으로 윤리적으로 적합하게 사용한다.

모듈 1은 예술, 예술가에 대한 일반적인 개관, 비평, 예술작품 또는 예술관련 기술적인 정보, 이미지 등과 같이 예술분야의 연구주제와 관련된 특정 정보들을 유형과 연구주제의 깊이 정도에 따라 크게 8가지로 분류하고, 다시 정보유형을 세분하여 제시함으로써 필요한 정보의 유형과 복잡성을 결정하도록 한다.

모듈 2는 모듈 1에서 소개된 예술분야 주제관련 특정 인쇄 및 비주얼 정보원들을 찾는 방법을 도서관목록, 색인, 예술복제품 또는 이미지 찾기, 실제적이고 기술적인 정보찾기, 다른 도서관 이용하기 등으로 나누어 상세히 사례를 들어 안내하고 있다.

모듈 3은 그러한 주제관련 정보원이 정확한지 등을 실제 예를 들어 평가하고 있으며, 모듈 4는 그러한 정보원으로부터 찾은 정보를 종합하고 인용하는데 필요한 다양한 스타일(style)을 소개하고 있다.

모듈 5는 표절 등으로 인한 법적, 윤리적 문제를 일으키지 않도록, 공정한 이용, 퍼블릭 도메인, 차용, 오마주, 지적소유권, 상표, 특허, 저작권 등과 같은 예술관련 법 정보를 제공하고 있다.

〈표 4-6〉 SJSU의 'Art 100W' 온라인 강의

| 모 듈 | 교육내용 | ACRL<br>기준이용 |
|---|---|---|
| 1. 과제를 완성하기 위해 요<br>구된 정보의 유형과 복잡<br>성을 결정한다. | · 예술, 예술가들의 일반적인 개관, 백그라운드 소개<br>· 예술가, 시대, 매체에 대한 깊이 있고, 좀 더 전문적인 설명<br>· 전시 문헌 & 정보<br>· 예술가의 저술<br>· 특정 예술가 그리고 그의 작품에 대한 자료<br>· 예술가, 디자이너, 교육자 그리고 예술사가들을 위한 실제<br>　적인 정보<br>· 기술적인 정보, 이미지 | 기준1 |
| 2. 인쇄 정보원과 비주얼 정<br>보원을 찾는다. | · SJSU 도서관 목록 이용법<br>· 예술분야 정기적인 색인의 유형 및 이용법<br>　(인쇄 또는 온라인)<br>· 예술 복제품 또는 다른 이미지 찾기<br>· 실제적이고 기술적인 정보 찾기<br>· 다른 도서관 방문안내 | 기준2 |
| 3. 정보원을 적절하게<br>평가한다. | · 예술분야 인쇄 정보원(print sources) 평가기준<br>· 예술분야 인터넷 정보원(Internet sources) 평가기준 | 기준3 |
| 4. 다양한 정보원으로부터 정<br>보를 종합하고, 그 정보<br>를 적절하게 인용한다. | · 인용의 의미, 이유, 방법(Style 소개) | 기준4 |
| 5. 표절을 이해하고, 정보를<br>법적으로 윤리적으로 적<br>합하게 사용한다. | · 표절, 공정한 이용, 퍼블릭 도메인, 차용, 오마주, 지적소<br>유권, 상표 특허, 저작권 등과 같은 예술관련법 정보 | 기준5 |

## 5) 네바다 대학교(UNLV: 미국)

네바다 대학교(Nevada University, Las Vegas)의 건축학 도서관(ASL)에서는 ASL 사서인 브라운(Brown 2002)이 1995년부터 2000년까지 6년간 건축학, 조경, 실내디자인학과 학생을 대상으로 1학점짜리 정보문해 코스를 진행하여 왔으며, 2000년에는 이 코스의 17주 실라부스(syllabus)를 11개의 모듈로 된 온라인 강의로 전환시켰다. 그 후 기존의 모듈이 일부 수정되었으며, 모듈 12, 13, 14가 추가되어 2007년 현재는 14개의 모듈로 구성되어 있다(표 4-7 참조).

〈표 4-7〉 네바다대학교(UNLV)의 건축학, 온라인 강의

| 모 듈 | 네바다 대학교<br>(건축학) 교육내용 | ACRL<br>기준이용 | 모 듈 | 네바다 대학교<br>(건축학) 교육내용 | ACRL<br>기준이용 |
|---|---|---|---|---|---|
| 1. 건축학<br>도서관<br>이용 안내 | ·UNLV 건축학 도서관 이<br>용안내<br>·연습문제, 전화번호, 이메일<br>주소 제공 | | 7. 인터넷 검색 | ·건축학, 조경학, 그리고 실<br>내디자인 정보를 위한 인터<br>넷 검색 방법 및 주제별 인<br>터넷 정보제공<br>·연습문제, 전화번호, 이메<br>일 주소 제공 | 기준 1<br>기준 2 |
| 2. 청구번호<br>(Call<br>Numbers) | ·UNLV 도서관 자료의 청구<br>번호 설명 (예시: 건축학<br>주제분야)<br>·연습문제, 전화번호, 이메일<br>주소 제공 | 기준 2 | 8. 검색 기법 및<br>전략 | ·캘리포니아대학 버클리(1999)<br>의 5단계 인터넷 정보 검<br>색 전략 | 기준 2 |
| 3. 웹 네비게이션<br>- 건축학<br>도서관<br>웹페이지 | ·건축학 도서관의 웹 페이지<br>이용 5가지 방법 소개<br>·연습문제, 전화번호, 이메일<br>주소 제공 | 기준 2 | 9. 이미지<br>저작권과<br>인용 | ·이미지 저작권: 퍼블릭 도<br>메인, 공정한 이용<br>·이미지 인용 사례<br>·연습문제, 전화번호, 이메<br>일 주소 제공 | 기준 5 |
| 4. 도서,<br>잡지타이틀 | ·초보적인 정보검색 온라인<br>강의<br>·UNLV 도서관에서 도서, 잡<br>지 타이틀을 찾기 (검색법,<br>복사법, 청구번호 이해, 도서<br>관 맵 인용방법)<br>·UNLV 잡지 타이틀 찾기(온<br>라인 접근이 가능한 지속적<br>인 잡지 타이틀)<br>·건축학 도서관에서 잡지 타<br>이틀을 찾기<br>·UNLV 도서관 온라인 강의<br>·연습문제, 전화번호, 이메일<br>주소 제공 | 기준 2 | 10. 이미지 검색<br>및 이용 | ·인터넷, 도서관 온라인 목<br>록에서 빌딩 또는 건축가<br>에 관한 이미지 검색법<br>·이미지 검색가능한 주제명<br>표목 제시: 사이트 링크가<br>능하도록 함 | 기준 2 |
| | | | 11. 인용 | ·정보원 인용 방식 | 기준 5 |
| | | | 12. 정보평가 | ·권위(authority)<br>·최신성(currency)<br>·정확성(accuracy)<br>·내용(content) | 기준 3 |
| 5. 주제에 관한<br>연속간행물<br>아티클 | ·건축학에 관한 잡지의 종류,<br>색인 및 아티클 검색법을<br>구체적으로 제시하며, 링크<br>를 통해 주제에 관한 적절<br>한 아티클을 찾을 수 있도<br>록 함.<br>·자가 테스트 포함.<br>·연습문제, 전화번호, 이메일<br>주소 제공 | 기준 1<br>기준 2 | 13. 표절 | ·정보이용의 윤리: 표절과<br>저작권, 공정한 이용<br>·웹상의 저작권관련 자원 | 기준5 |
| 6. 전자 도서와<br>전자 저널 | ·목록을 이용한 전자 도서<br>검색 방법<br>·도서관 웹 페이지에서 전자<br>저널 찾는 방법<br>·연습문제, 전화번호, 이메일<br>주소 제공 | 기준 2 | 14. 학술연구 | ·건축학 학술연구를 위한 부<br>가적인 자료를 찾거나, 특<br>정 연구자료에 관한 정보를<br>찾을 수 있도록 학술연구자<br>료를 제공<br>·주제명 표목 접근 가능 | 기준 1<br>기준 2 |

(UNLV 2007)

이러한 온라인 교육 프로그램의 목적은 정보 검색, 평가 및 이용 윤리 능력을 가르치고 향상시키기 위한 것이며, 건축학관련 도서, 인터넷 자원, 저널, 협회를 포함하는 다양한 전자 및 인쇄 수단과 특정 기능에 관련된 모든 온라인 정보도구를 함께 모으려는 것으로, 각 모듈들은 학습기능 이외에 검색기능이 있는 검색 도구에 링크되어 있다. 그리고 이것들은 네바다대학교의 건축학과 학생들을 대상으로 하였기 때문에, 어떤 섹션들은 네바다대학교의 특정 절차와 데이터베이스를 다룬다. 또한 검색 기술과 평가 수준은 온라인 평가를 통해 확인할 수 있다(UNLV 2007).

## 6) 해외 고등교육 정보문해 프로그램의 비교분석

위에서 살펴본 퀸스랜드 공과대학교(QUT), 워터포드 기술대학(WIT), 캘리포니아 주립대학교(CSU)와 그 외 플로리다국제대학교(FIU), 메사추세추공과대학(MIT)의 대학생을 대상으로 한 일반 정보문해 프로그램인 온라인 강의를 분석한 결과, 온라인 강의들은 각 기관의 특성에 따라 개별적으로 개발되어 표현된 문구에는 차이가 있으나, 기본적으로 기준 혹은 모형에서 분석된 공통적인 핵심능력에 관한 학습을 근본적인 목적으로 하고 있다(표 4-8 참조). 또한 분석결과를 SCONUL의 7주 모형과 비교할 경우 네 번째 단계까지의 능력 즉 정보 요구의 인지에서부터 정보를 검색하고 접근하는 능력에 해당하는 정보문해 영역의 학습에 중점을 두고 있음을 알 수 있다. 특히 정보검색에 대한 교육에 상당히 많은 비중을 두고 있으며, 대부분 정보원과 검색에 대해 별도의 모듈을 통해 교육을 하고 있는 것으로 나타나고 있다. 그리고 정보문해 기준들은 프로그램 각 모듈에 하나씩만 이용 또는 적용된 것이 아니고, 여러 기준들이 혼합되어 모듈에 이용 또는 적용되었으며, 하나의 기준이 반복적으로 여러 모듈에서 학습될 수 있도록 구성되어 있다.

산호세주립대학교(SJSU)와 네바다대학교(UNLV)의 예술, 건축학분야 정보문해 프로그램의 경우에는 일반 정보문해 프로그램과 같이 정보문해 기준의 일반적인 핵심 정보문해능력을 기르는 것을 목표로 하지만, 예술, 건축학분야의 컨텐츠와 정보검색 프로세스에 기반을 두어, 주제별 특정 정보도구와 정보자원을 상세히 제시하고 교육시킴으로써 특정 정보문해능력을 추가적으로 갖추게 하여 즉시 학습과 실제 상황에 적용할 수 있도록 하는데 초점을 맞추고 있다(김순희 2006).

〈표 4-8〉 고등교육 정보문해 기준 및 모형의 공통 핵심 정보문해능력과
일반 정보문해 프로그램간의 관계

| 기준의 공통핵심 정보문해 능력 | 프로그램 모듈 (Program Module) | 기준의 공통핵심 정보문해 능력 | 프로그램 모듈 (Program Module) |
|---|---|---|---|
| 1. 정보요구의 인지/필요한 정보의 결정 | · 정보 요구 결정 (QUT)<br>· 정보 요구를 이해하고 주제를 정의 (WIT)<br>· 연구주제의 정의 (CSU)<br>· 특정한 정보 요구 확인 (MIT)<br>· 정보 요구를 인지하고 표현 (FIU)<br>· 연구질문, 문제 또는 이슈를 위한 필요한 정보의 결정 (CSU)<br>· 정보원의 유형과 연구에 적합한 정보원 선정 (WIT) | 4. 정보조직/종합/적용 | · 정보를 조직하고 인용. 정보를 윤리적으로 적합하게 이용 (WIT)<br>· 정보의 조직과 종합 (CSU)<br>· 정보관리 (QUT)<br>· 다양한 포맷으로 정보 조직 (MIT)<br>· 다양한 포맷으로 정보 처리 (MIT)<br>· 특정 목적을 성취하기 위하여 효과적으로 정보 이용 (FIU) |
| 2. 정보검색/접근 | · 관련정보의 소재확인과 검색 (CSU)<br>· 도서를 이용하여 정보를 검색하고 접근 (WIT)<br>· 학술지를 이용하여 정보를 검색하고 접근 (WIT)<br>· 인터넷을 이용하여 정보를 검색하고 접근 (WIT)<br>· 정보 확인, 소재파악, 검색 (FIU)<br>· 정보 확인 및 입수 (QUT)<br>· 다른 정보원으로부터 정보 수집 (MIT)<br>· 효과적인 검색 전략 개발 및 수행 (FIU)<br>· 정보 확인, 소재확인, 검색 (FIU)<br>· 정보를 찾고 검색하기 위하여 검색도구 사용 (WIT)<br>· 정보에의 접근을 위한 기술적인 도구의 이용 (CSU) | 5. 정보전달 | · 다양한 정보기술을 이용한 전달 (CSU)<br>· 정보 종합 및 전달 (QUT)<br>· 최신성을 유지하고, 정보를 전달하고 새로운 정보에 공헌 (WIT)<br>· 음성, 필기, 그래픽 또는 멀티미디어 방법들을 이용하여 다양한 독자(audiences)에게 명료하게 표현 (MIT)<br>· 커뮤니케이션 네트워크를 이용하여 정보를 교환 (MIT) |
| | | 6. 정보윤리 | · 정보와 정보기술에 관련된 윤리적, 법률적, 사회-정치적 문제의 이해 (CSU)<br>· 정보의 적절한 이용 (QUT) |
| | | 2, 3, 4, 5 | · 대중매체(Mass media)로부터 획득한 정보를 비판적으로 이용, 평가 및 처리 (CSU) |
| 3. 정보평가/분석 | · 정보를 비교하고 평가하며, 비판적으로 생각 (WIT)<br>· 정보평가 (CSU)<br>· 정보평가 (QUT)<br>· 정보의 컨텐츠를 정확하게 해석 및 이해 (MIT)<br>· 정보 분석, 평가 및 종합 (FIU) | 기 타 | · 결과물(product)과 프로세스의 평가 (CSU)<br>· 정보 검색 프로세스와 결과물의 평가 (FIU) |

## 2. 국내 정보문해 프로그램

### 1) 성균관대학교

성균관대학교는 2004년 사이버 강의시스템인 I-campus를 통해 대학생을 대상으로 한 정보문해 교육을 전공 선택과목으로 처음 실시하였으며, 2005년부터는 2학점의 1학년 우선 수강의 교양기초과목으로 변경하여 실시하고 있다. 또한 학기별로 1학기에는 인문사회과학캠퍼스 재학생을, 2학기에는 자연캠퍼스 재학생을 주 수강대상으로 하고 있는 것으로 학기별로 교육내용을 조금씩 달리하여 두 캠퍼스 수강생의 학문분야에 보다 적합하도록 진행하고 있다.

2006학년도 2학기에 실시된 정보문해 온라인 강의는 선행연구에서 개발한 교수-학습안(고영만 2004)과 ACRL, CAUL, SCONUL, ANZIIL 등의 고등교육 정보문해 기준·모형과 캘리포니아주립대학교(CSU), 퀸스랜드 공과대학교(QUT) 등 해외 주요 대학교의 온라인 정보문해 프로그램에 대한 비교 분석 결과(김순희 2005) 및 디자인 분야 정보문해 교육 모형에 대한 연구 결과(김순희 2005)를 참고하여 12개 모듈로 개발되었다. 정보문해 온라인 강의의 각 모듈들은 해외 고등교육 정보문해 기준과 모형에 공통적으로 포함되어 있는 핵심 정보문해능력 즉 정보 요구의 인지 및 필요한 정보의 결정능력, 정보검색 및 접근능력, 정보평가 및 분석능력, 정보 조직·종합·적용능력, 정보 전달 능력, 정보의 윤리적, 법적 접근 및 이용능력이 정보문해 교육 후 효과적으로 향상될 수 있도록 구성되어 있다(표 4-9 참조).

정보문해 교육내용은 정보문해 과목이 1학년 우선 수강의 교양기초과목인 점을 감안하여 관련된 이미지와 함께 보다 쉽게 이해할 수 있는 수준으로 되어 있으며, 이론적인 면과 실행적인 면이 동시에 갖추어 질 수 있도록 각 모듈별로 실습할 수 있는 내용이 포함되어 있다. 그리고 각 모듈은 흥미를 유발할 수 있도록 디자인되어 있으며, 일방적인 온라인 강의에서 오는 학습자의 이해도 파악 및 상호접촉성 부족 등의 단점을 줄이기 위하여 각 모듈에 대해서 쌍방향 과제를 부과하고 있다.

〈표 4-9〉 성균관대학교 정보문해 온라인 강의 (2006-2학기)

| 모 듈 | 교육내용 | 핵심 정보문해 요소 |
|---|---|---|
| M 1 | · Pre-test<br>· 정보란 무엇인가?: 정보의 정의, 정보와 정보원의 유형 | 정보 요구의 인지/<br>필요한 정보의 결정 |
| M 2 | 연구과정과 정보요구: 연구과정, 정보요구, 도서관서비스, 적합한 검색도구 | 정보 요구의 인지/<br>필요한 정보의 결정,<br>정보검색전략 |
| M 3 | 정보문제와 정보문해 교육: 정보문화, 정보교육, 정보의 자주성, 정보문해의 역사와 발전 | 정보문제해결방법론 |
| M 4 | 정보문해 기준, 모형 및 프로그램 | 정보문제해결방법론 |
| M 5 | The Big6: Big6 프레임웍, Big6 응용 및 실습 | 정보문제해결방법론 |
| M 6 | 관련정보의 소재파악과 접근: 도서, 연속간행물, 멀티미디어와 온라인 목록 | 정보검색전략/정보접근 |
| M 7 | 웹 정보 검색과 Invisible web: 웹 정보원 및 검색 도구 | 정보검색전략/정보접근 |
| M 8 | 전문 데이터베이스(1) - 전 학문분야 | 정보검색전략/정보접근 |
| M 9 | 전문 데이터베이스(2) - 학문분야별 / 주제별 | 정보검색전략/정보접근 |
| M 10 | 정보평가: 일반 정보원, 웹 정보원 | 정보평가 |
| M 11 | 정보조직 및 인용: 인용기술방식, 인용관리도구 | 정보조직/종합/적용<br>정보전달 |
| M 12 | · 정보의 법적·윤리적 적합한 이용: 표절, 지적재산권<br>· Post-test | 정보윤리 정보검색전략/<br>정보접근 |

정보문해 교육은 담당교수와 공동교수인 전문사서, 그리고 과제 관리를 지원하는 튜터에 의해 이루진다. 학습자는 각 모듈별로 학습 후 과제를 수행하게 되며, 과제를 해결하는 과정에는 담당교수와 튜터가 과제란 및 온라인 강의 Q/A 란을 통해 학습자의 질의에 대해 답변을 하고 틀린 문제에 대해서는 신속히 피드백을 제공하여 학습을 도와준다. 학습자는 피드백을 보고 답을 수정하여 과제를 다시 제출하게 된다. 또한 공동교수인 전문사서는 몇 개의 모듈 작성에 참여하며, 학습자가 도서관을 방문하여 과제를 해결하는 과정에서 발생하는 질의에 대한 답변 및 안내의 역할을 한다. 학습에 필요한 보충자료는 온라인 강의교재 내용에 링크시키거나 자료실에 게재하여 이용할 수 있도록 한다(그림 4-4 참조).

학습성과의 평가에 있어서는 모듈별 과제 및 시험에 대한 평가기준을 사전에 제시

하며 평가 후 평가결과를 개별적으로 과제란 및 성적란을 통해 통보하여 확인할 수
있도록 한다.

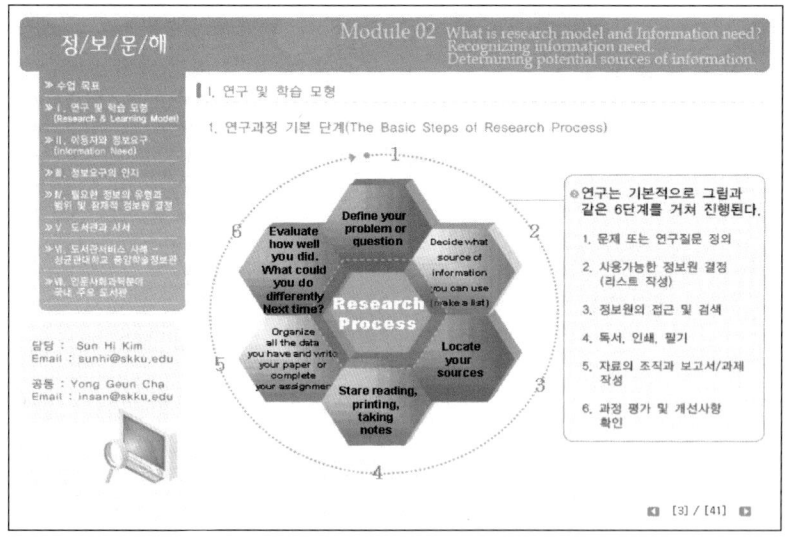

〈그림 4-4〉 성균관대학교 정보문해 온라인 강의 자료실 화면

〈그림 4-5〉 정보문해 온라인 강의 모듈 2 화면 (1)

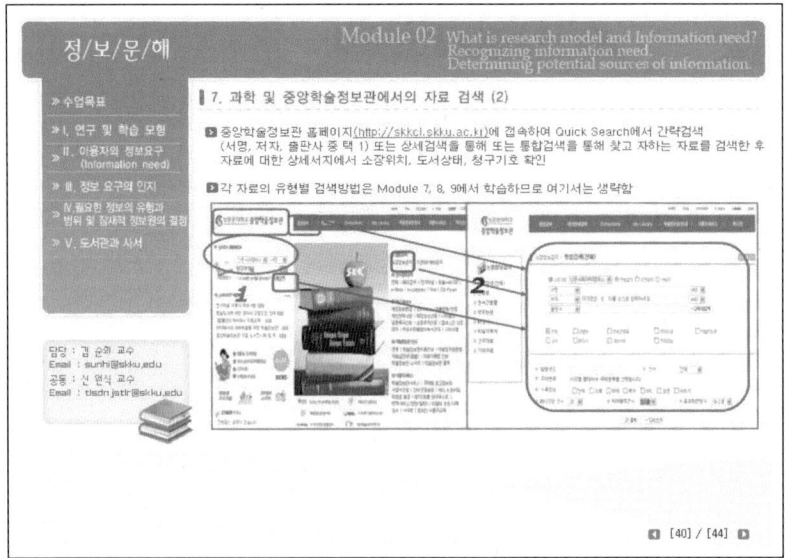

〈그림 4-6〉 정보문해 온라인 강의 모듈 2 화면 (2)

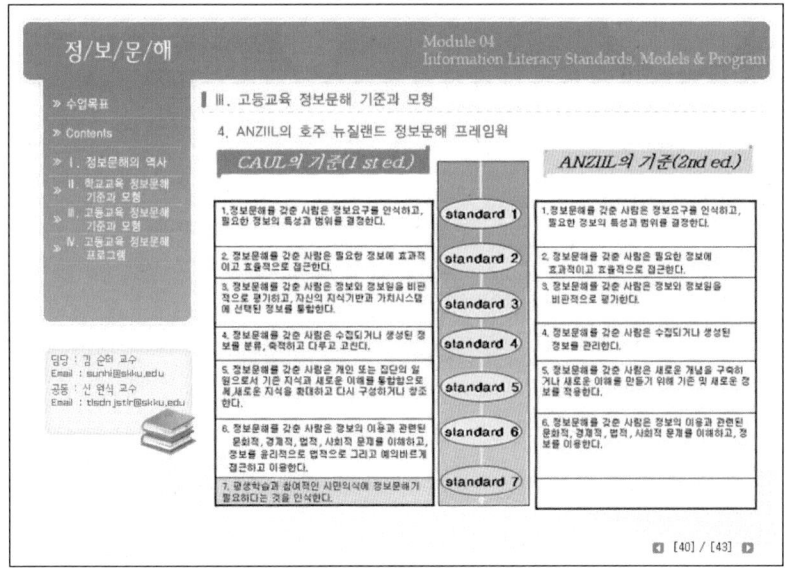

〈그림 4-7〉 정보문해 온라인 강의 모듈 4 화면

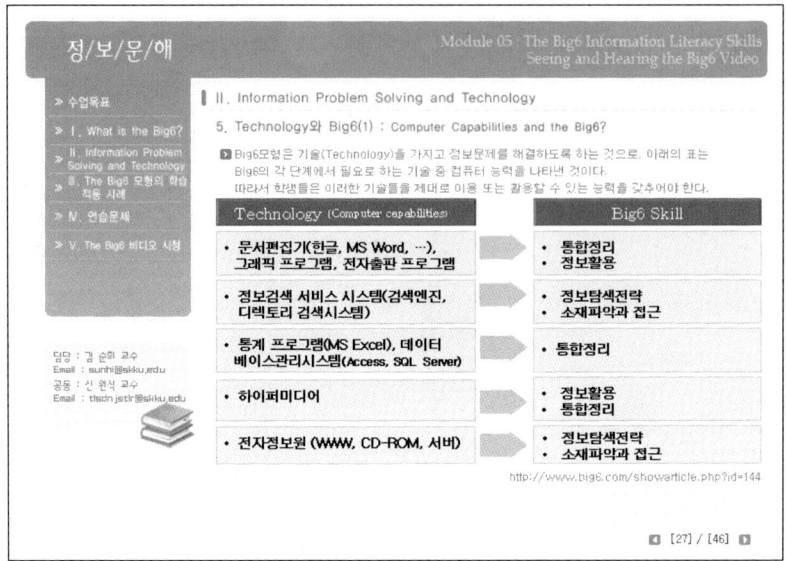

〈그림 4-8〉 정보문해 온라인 강의 모듈 5 화면

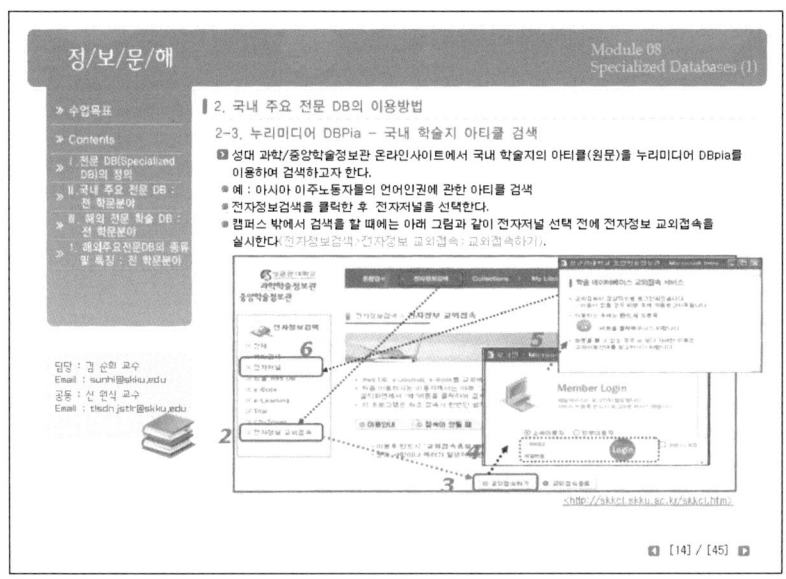

〈그림 4-9〉 정보문해 온라인 강의 모듈 8 화면

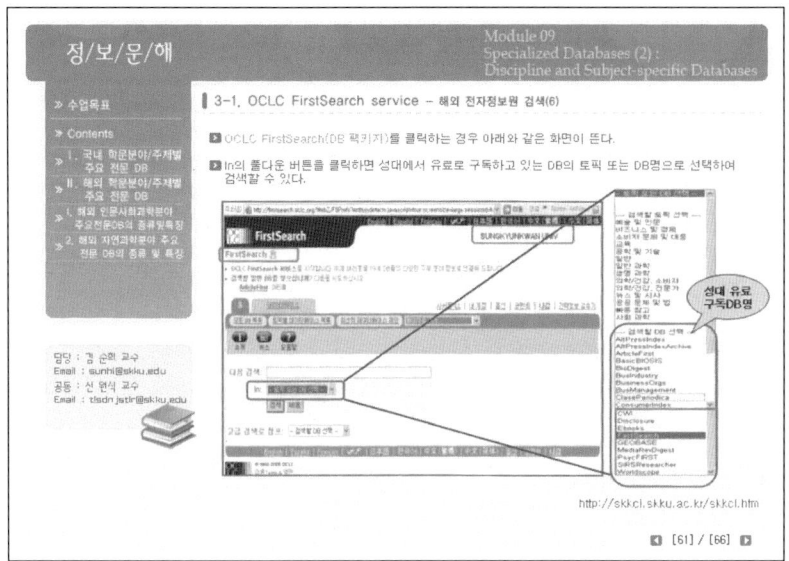

〈그림 4-10〉 정보문해 온라인 강의 모듈 9 화면

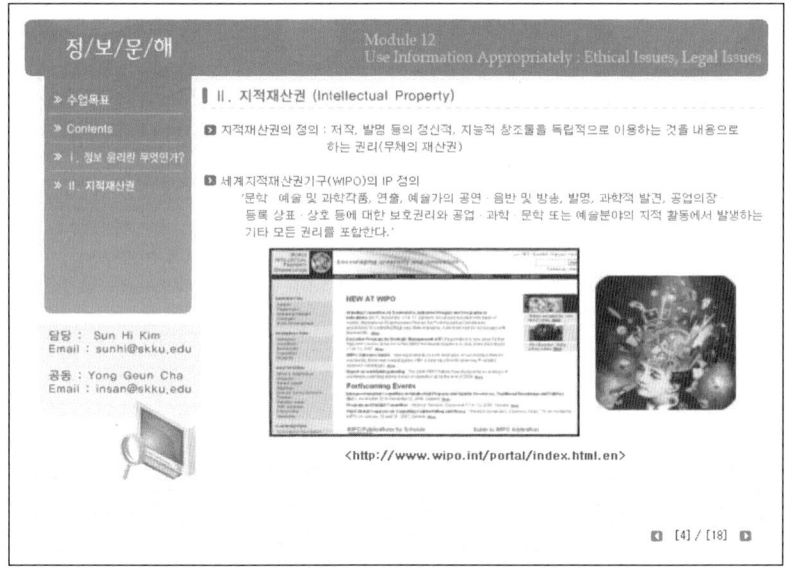

〈그림 4-11〉 정보문해 온라인 강의 모듈 12 화면

# 참고문헌

고영만. 2004. 대학생을 위한 정보문해 교수-학습 모형 개발 연구.『정보관리학회지』, 21(4) : 67-87.

김순희. 2007. 2006.『정보문해 온라인 강의록』. 서울: 성균관대학교.

김순희. 2006. 온라인 정보문해 과목의 교육 효과 및 만족도 평가에 관한 연구.『한국문헌 정보학회지』, 40(4) : 33-61.

김순희. 2005. 학문분야·주제별 정보소양 교육을 위한 국가 정보소양 기준과 프로그램의 비교분석에 관한 연구.『정보관리』, 4: 103-134.

김순희. 2005.『디자인분야 정보문해 교육 모형 개발과 적용에 관한 연구』. 박사학위논문. 성균관대학교 대학원. 문헌정보학과.

Godwin, P. 2002. "Information Skills Benchmarks." [cited 2006.9.20].
⟨http://www.lisa.sbu.ac.uk/essentials%20/services/benchmarks.html⟩.

Florida International University. 2002. "Information literacy at FLU." [cited 2007.3.26].
⟨http://www.fiu.edu/~library/ili/index.html⟩.

Hurley, Tina. 2005. "Fullname of OLAS." [cited 2005.5.24]. ⟨THURLEY@wit.ie⟩.

California Polytechnic State University. 1999. "Evaluating Information." [cited 2006.4.11].
⟨http://www.lib.calpoly.edu/infocomp/modules/05_evaluate/index.html⟩.

California Polytechnic State University. 2001. "CSU Information Competence Project."
[cited 2004.12.10]. ⟨http://www.lib.calpoly.edu/infocomp/index_calpoly.html⟩.

Queensland University of Technology. 2006. "Pilot : Your Information Navigator." [cited 2006.9.20]. ⟨http://pilot.library.qut.edu.au/⟩.

Queensland University of Technology. 2006. "IFN001 : Advanced Information Retrieval Skills(AIRS)." [cited 2006.9.20].
⟨http://programs.library.qut.edu.au/programs/programdescriptions.jsp?session=as⟩.

Queensland University of Technology. 2001. "Learning for Life : the Information Literacy Framework & Syllabus." [cited 2004.7.25].

〈http://www.library.qut.edu.au/ilfs/InfoLit_MAIN.pdf〉.

San Jose State University. 2004. "Art 100W Tutorial: Intro." [cited 2007.9.6].
〈http://www.sjsu.edu/~ecrowe/art/100wIntro.htm〉.

Society of College, National and University Libraries. 1999. "Briefing Paper." [cited 2007.3.26].
〈http://www.sconul.ac.uk/groups/information_literacy/papers/Seven_pillars2.pdf〉.

University of Nevada, Las Vegas Libraries. 2007. "Finding and Using Resources in Architecture, Landscape Architecture and Interior Design." [cited 2007.9.6].
〈http://library.nevada.edu/arch/instr/〉.

Waterford Institute of Technology. 2004. "About Information Literacy." [cited 2004.7.25].
〈http://www.wit.ie/library/learningsupport/aboutinfolit.asp〉.

Waterford Institute of Technology. "OLAS-Information Skills Online." [cited 2007.3.26].
〈http://library.wit.ie/TrainingSupport/OLAS-InformationSkillsOnline/〉.

# 제 5 장

정보 요구의 인지 및
필요한 정보의 결정

본 장에서는 첫째로 실행가능한 연구주제의 정의와 관련하여 비판적인 사고능력이 필요하다는 것을 주지시키며, 연구주제를 정의할 때 어떻게 연구주제를 진술하고 핵심 개념을 확인하며 연구주제를 재정의하고 검색전략을 디자인(불리안 연산, 절단 등)할 것인가에 대해 학습한다.

둘째로 과제 또는 연구의 유형, 필요한 정보의 양, 시간(정보의 최신성, 적시성) 등을 고려하여 과제 또는 연구에서 필요로 하는 정보의 유형과 범위를 결정하고 잠재적인 정보원을 선택하도록 한다.

이를 통해 정보 요구의 인지 즉 과제 또는 연구의 주제를 정의하고 그 연구주제에 관련된 연구를 하기 위해 연구자가 필요로 하는 정보를 인지하며, 과제와 연구에 필요한 정보의 유형과 범위를 결정하고, 유용한 잠재적 정보원의 결정에 대한 이해를 할 수 있도록 하는 것을 학습목표로 한다.


# 1. 연구과정


연구는 특정 질문 또는 문제에 대한 답을 구하기 위하여 정보를 수집, 평가, 해석하는 일련의 과정을 말하며, 크게 순수 연구(Pure Research)와 서지적 연구(Bibliographic Research)로 나눌 수 있다.

순수 연구는 대학, 정부기관 및 연구기관 등의 교수, 전문가 등에 의해 이루어지는 것으로 새로운 지식을 생산한다. 그리고 이 연구결과로 생산된 새로운 지식은 기존의 축적된 지식에 추가된다. 반면에 서지적 연구는 어떤 주제에 대한 자신의 결론에 도달하기 위하여 그 주제에 대해 다른 사람들이 쓴 저술들은 분석하는 것이다. 서지적 연구를 위해서는 도서, 저널, 신문, 그림, 웹 문서 등 다양한 정보원으로부터 정보를 수집해야 한다. 대부분의 대학생들의 연구는 이 서지적 연구에 속한다.

많은 학생들은 인터넷에서 많은 정보를 입수할 수 있기 때문에 연구 또는 과제를 위해 정보가 필요할 때 인터넷 검색을 통해서 그들이 필요로 하는 정보를 금방 찾을 수 있다고 생각한다. 그렇지만 실제로 연구 또는 학습을 위해 정보 검색을 해보게 되면 그들은 주제에 관한 정보를 전혀 찾지 못하거나 또는 주제에 관한 너무 많은 정보를 찾아 적절한 정보를 찾는다는 것이 쉽지 않고 시간이 많이 소요된다는 것을 깨닫게 된다. 일반적으로 연구과정(Research process)은 하루 저녁에 금방 이루어질 만큼 쉽고 빠른 시간 내에 이루어지는 것이 아니라 많은 노력과 시간을 요구한다. 따라서 효과적으로 연구를 진행하기 위해서는 연구과정에 대한 이해가 필요하다.

연구과정에 대한 모형은 많이 있다. 그 중 대표적인 모형으로 일반적인 연구과정과 도서관기반 연구과정을 들 수 있다.

일반적인 연구과정은 주제선정, 논문의 주제 개발, 배경정보 수집, 주제 범위의 확대 또는 축소, 자료의 소재파악 및 검색, 관련 자료의 결정, 논문 작성 및 인용 기입 등의 7단계로 나눌 수 있다(그림 5-1 참조).

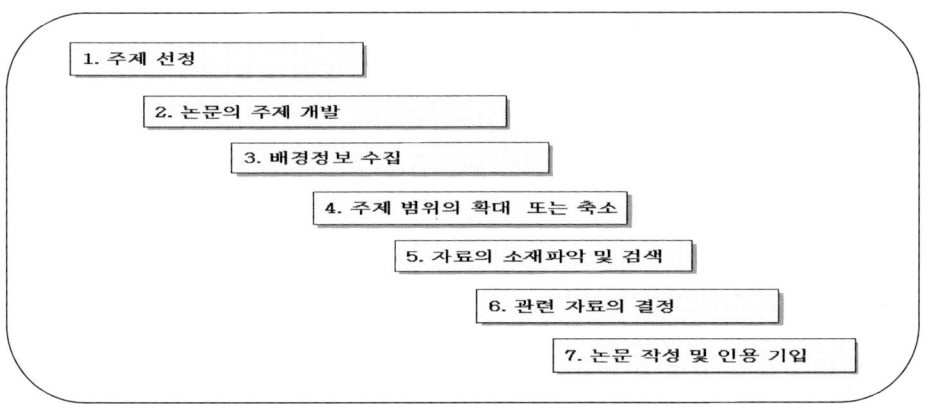

〈그림 5-1〉 일반적인 연구과정 단계

일반적인 연구과정보다 연구에 필요한 정보를 효과적으로 찾기 위한 도서관기반 연구과정은 주제의 확인 및 개발, 배경정보 찾기, 도서 및 시청각 정보원을 찾기 위해 목록 이용, 연속간행물 아티클을 찾기 위해 색인 이용, 전자(웹)정보원 찾기, 정보평가, 논문 작성 및 참고자료 인용 등의 7단계 또는 8단계로 나눌 수 있다(Howard 2005)(Cornell 2006)(그림 5-2 참조).

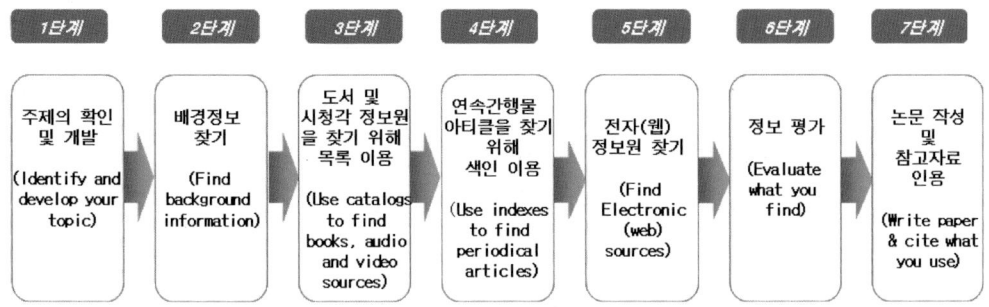

〈그림 5-2〉 도서관기반 연구과정의 기본적인 단계

위와 같은 두 연구과정 모형을 살펴보면 연구자가 두 연구과정 중 어떠한 연구과정을 선택하던지 성공적으로 연구 및 학습을 하기 위해서는 각 단계를 수행하는데 요구되는 정보와 정보기술 활용능력이 필요하다는 것을 알 수 있다. 그리고 연구과정들은 단계적 활동으로 보이지만 실제로는 순환적 과정으로, 연구자가 연구주제와 정보와 정보기술 활용능력을 어느 정도 가지고 있는지에 따라 재조정되거나 반복될 수 있다.

일련의 연구과정은 학술적인 학습, 연구에만 적용되는 것이 아니라 일반 사회에서의 직무관련 리포트, 프리젠테이션 또는 제안을 쓸 때도 적용된다. 따라서 연구과정에 대한 충분한 이해가 필요하며, 학습 및 학술적인 연구만을 위한 능력이 아니라 인간의 평생학습을 위한 능력인 정보와 정보기술 활용능력 즉 정보문해능력을 습득하는 것이 중요하다. 이를 통해 시간을 절약할 수 있고 보다 나은 연구결과를 얻을 수 있다. 정보문해 교육은 이러한 연구과정에서 직면하게 되는 정보와 정보를 찾기 위해 사용하는 검색도구를 활용할 수 있는 정보기술에 대한 능력을 갖출 수 있도록 하는 것이다. 예를 들면 정보 요구의 인지 및 관련 정보의 소재파악 및 접근을 하는데 필요한 정보활용능력 및 온라인 목록, 학술데이터베이스, 색인 등 여러 검색 도구에 대한 정보기술 활용능력 등을 연구과정 단계에 맞추어 낮은 수준의 단계로부터 점차 높은 수준의 단계로 갖추도록 하는 것이다(표 5-1 참조).

<표 5-1> 도서관기반 연구과정과 정보문해능력과의 관계

| 구 분 | 1단계 | 2단계 | 3단계 | 4단계 | 5단계 | 6단계 | 7단계 |
|---|---|---|---|---|---|---|---|
| 도서관기반 연구과정 | 주제의 확인 및 개발 | 배경정보 찾기 | 도서, 시청각 정보원을 찾기 위해 목록 이용 | 연속간행물 아티클을 찾기 위해 색인 이용 | 전자(웹) 정보원 찾기 | 정보 평가 | 논문 작성 및 참고 자료 인용 |
| 활용 도구 (Tools) | 브레인 스토밍, 그래픽 조직자 | 참고정보원, 도서관목록, 그래픽 조직자 | 도서관목록 | 전문 DB, 색인 | 검색엔진, 주제별 디렉토리, 웹 DB | 평가기준, 웹 평가사이트 | 인용 기술 가이드 (매뉴얼, 머시인), 프리젠테이션 도구 |
| 필요한 주요 정보문해 능력 | 정보 요구의 인지 | 정보 요구의 인지, 필요한 정보의 유형과 범위 결정 | 정보검색 전략 /정보접근 | 정보검색 전략 /정보접근 | 정보검색 전략 /정보접근 | 정보평가 /분석 | 정보조직 정보전달 정보윤리 |

## 2. 정보 요구의 인지

정보 요구(Information need)의 인지란 과제 또는 연구의 주제를 정의하고 그 연구 주제에 관련된 연구를 하기 위해 연구자가 필요로 하는 정보를 인지하는 것으로 모든 연구 및 학습의 초기 과정과 관계가 있다. 그러므로 정보 요구를 인지할 수 있는 능력을 습득하도록 하는 것이 정보문해 교육의 첫 단계라 할 수 있으며, 정보 요구를 인지하는 데는 비판적 사고능력이 필요하다.

비판적 사고(Critical Thinking)란 어떤 견해를 받아들일지 또는 어떤 행위를 할지를 결정하기 위해서, 주어진 언어적·비언어적 자료(진술 등 언어적 표현과 비언어적 행위)의 논리적 구조와 의미에 대한 파악을 토대로 개념, 증거, 준거, 방법, 맥락 등을 고려하여 최선의 판단을 내리고자 하는 사고를 말한다. 비판적 사고는 타인의 진술이나 기타 표현에 대하여 판단을 내릴 때뿐만 아니라 자신의 사고 과정에도 적용시키는 것으로 자기규제적인 평가라고 할 수 있다(김명숙 외 2002).

　　정보 요구를 인지하는 데 있어 비판적 사고능력을 북돋우기 위하여 일반적으로 브레인스토밍을 사용하며, 연구주제에 대한 생각 또는 브레인스토밍에서의 아이디어를 시각화하기 위하여 그래픽조직자를 사용한다.

　　브레인스토밍(brainstorming)은 비판적이고 창의적인 사고를 북돋우고 특정한 연구 또는 문제를 처리하기 위하여 복합적인 아이디어를 생각해내는 기법 또는 활동을 의미한다. 일종의 자유연상법이라고도 할 수 있으며 브레인스토밍을 위한 집단의 구성원 수는 10명 내외로 한다.

　　그래픽조직자(graphic organizers)는 인간의 생각이나 아이디어를 정리하기 위하여 사용하는 시각적 표현방법의 하나이다. 그래픽조직자는 개인 또는 집단으로 사용될 수 있으며, 브레인스토밍 이외에 비판적 사고능력을 요구하는 활동에 매우 유용하다. 그래픽조직자는 비주얼 맵(visual maps), 마인드 매핑(mind mapping), 비주얼 조직자(visual organizers) 등의 많은 다른 이름으로도 불리며, 종류로는 웨빙(webbing), 개념도(concept map), 매트릭스(matrix), 흐름도(flow chart) 등이 있다.

　　이용자의 정보 요구 인지단계는 문제의 불명료함, 지식이나 이해의 결여, 불확실한 감정을 인식하면서 발생하게 된 정보 요구가 상황이 변화함에 따라 그 내용도 변화하는 매우 상황의존적인 특성을 지닌다.

　　정보 요구 즉 연구주제를 정의할 때 고려해야 할 사항은 다음과 같다.

- 연구주제를 선정한 후 연구주제를 짧고 명확하게 하나의 질문으로 진술한다.
- 질문 내에 핵심 개념 또는 키워드를 확인한다.
- 주제에 대한 개관(槪觀)을 알기 위해 배경정보를 찾는다.
- 필요하면, 주제의 범위를 좁히거나 확대한다.
- 검색 전략을 디자인한다.

## 1) 연구주제의 진술

연구를 시작하는 좋은 방법은 연구주제를 선정한 후 연구주제를 짧고 명확하게 하나의 질문으로 진술하는 것이다. 이것은 연구자의 생각을 명확하게 하고 주제에 집중하는 것을 도울 것이다.

예를 들면 연구자의 주제가 이탈리아 디자이너 루이지 꼴라니(Luigi Colani)와 그의 디자인 세계이라면 다음과 같이 질문할 수 있다.

- 루이지 꼴라니(Luigi Colani)의 디자인 경향은 어떠한가?
- 루이지 꼴라니(Luigi Colani)의 디자인 작품은 무엇이 있는가?
- 루이지 꼴라니(Luigi Colani)의 디자인 작품에 대한 비평은 어떠한가?

## 2) 질문 내의 핵심 개념 또는 키워드 확인

연구주제를 하나의 질문으로 진술하였으면, 질문 속에 주요개념을 확인하는 것이 필요하다. 즉 질문 속에 중요한 용어를 고른다. 예를 들면 아래의 예문 중에 루이지 꼴라니, 디자인경향, 디자인 작품, 비평 등이 질문 속에 있는 중요한 용어이다.

- 루이지 꼴라니(Luigi Colani)의 디자인 경향은 어떠한가?
- 루이지 꼴라니(Luigi Colani)의 디자인 작품은 무엇이 있는가?
- 루이지 꼴라니(Luigi Colani)의 디자인 작품에 대한 비평은 어떠한가?

## 3) 주제에 대한 배경정보 수집

주제에 대해 간단히 이해하기 위해서는 기본적인 배경정보를 찾아 보아야 한다. 기본적인 배경정보를 찾기 위한 방법은 참고정보원, 주제에 관한 도서 또는 웹 정보원 등에서 질문 내의 핵심 개념 또는 키워드로 관련 배경정보를 찾는 것이다. 이러한 예비 검색은 주제에 대한 이해 및 주제에 관한 정보가 얼마나 많을지 또는 적을지를 결정하는 데 도움이 된다.

- 참고정보원(Reference sources) : 백과사전, 사전, 디렉토리 등
- 주제에 관한 도서(도서관 목록 이용)
- 웹 정보원(Web sources) : 주제에 관한 웹 사이트

위의 방법 중 가장 일반적으로 배경정보를 얻기 위해 많이 사용하는 방법은 참고정보원을 이용하는 것이다. 참고정보원(Reference sources)은 자료를 전체적으로 다 읽기보다는 특정사항의 정보를 참조하기 위한 것으로 특정주제, 사안 또는 문제에 대한 간략하고 사실적인 정보, 정의, 통계 데이터, 배경정보 그리고 다른 정보원에 대한 서지정보를 제공한다. 대부분의 주제에 관한 연구를 시작하는데 있어 맨 처음으로 사용하면 좋은 이차정보원으로 예를 들면 *Enciclopedia Oxford/Zanichelli della Letteratura Italiana*, 『브리태니커 백과사전』, *Dictionary of Law* 등을 들 수 있다(그림 5-3 참조). 인쇄형태의 참고정보원은 청구기호에 별치기호 'R'(References)로 표시되어 다른 일반 도서와 구분된다.

  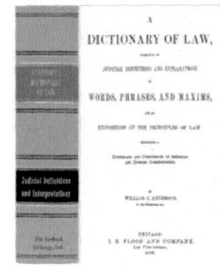

(Enciclopedia Oxford/Zanichelli della Letteratura Italiana)          (브리태니커 백과사전)          (Dictionary of Law)

**〈그림 5-3〉 참고정보원의 사례**

(Oxford University Press 2002)          (한국브리태니커주식회사 2007)          (Anderson, William C. 1997)

주제 백과사전, 사전 등과 같은 참고정보원에서 주제에 대한 간단히 배경정보를 얻기 위해서는 먼저 참고정보원의 권말에 있는 색인 또는 별책으로 되어 있는 색인에서 연구주제의 키워드를 찾는다. 그리고 색인에서 지시하는 페이지로 가서 참고정보원에 수록된 키워드관련 아티클을 읽고 배경정보를 입수한다(예 : 가구장석 무늬 118). 또한 아티클 하단에 수록된 참고문헌의 서지정보를 통해 좀 더 부차적인 배경정보를 입수할 수 있다(그림 5-4 참조).

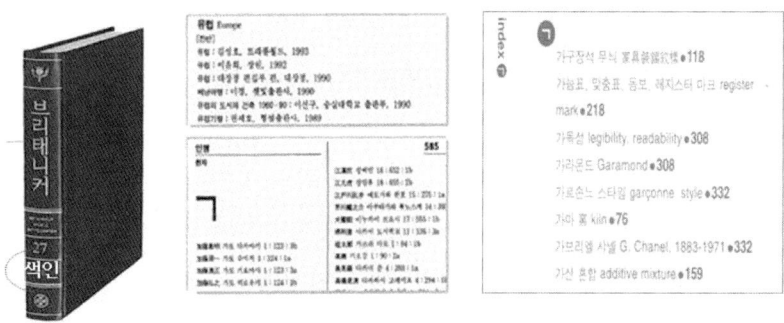

(브리태니커 백과사전의 별책 색인)          (디자인사전의 권말 색인)

〈그림 5-4〉 색인의 사례

참고정보원의 유형은 언어에 관한 것(사전, 용어색인 등), 사건(일)에 관한 것(백과사전, 전문사전, 연감, 인명사전, 명감류, 지명사전, 지도첩, 핸드북, 도감, 연표, 매뉴얼 등), 자료에 관한 것(서지, 목록, 색인, 초록)으로 나눌 수 있는 것으로 필요로 하는 적합한 것을 선정하여 이용한다.

각 학문분야별로 어떠한 참고정보원이 있는지 알기 위해서는 도서관 목록을 이용한다. 특히 특정 참고정보원의 서명을 모르고 있는 상태에서 도서관에 소장된 관련 주제분야의 참고정보원을 찾기 위해서는 도서관의 온라인 목록에서 별치기호를 포함한 청구기호를 이용하여 절단검색 방법을 실시한다.

절단검색(Truncation Search)은 부분 문자열을 가진 모든 문서를 가져오는 것이다. 절단검색 종류로는 좌측절단검색, 우측절단검색, 중간절단검색 등이 있다. 좌측절단검색은 전방일치 검색, 우측절단검색은 후방일치 검색이라고도 한다.

- 전방일치 검색 : 입력된 문자열로 시작되는 단어를 모두 검색

  (예 : inst* 또는 inst → inst로 시작되는 모든 단어를 검색)

- 후방일치 검색 : 입력된 문자열로 끝나는 단어를 모두 검색

  (예 : *inst → inst로 끝나는 모든 단어를 검색)

절단검색의 장점은 다양한 어미를 가진 단어의 검색이 가능하며, 주어진 문자열로 시작하는 모든 단어(유의어, 복합어)를 검색할 수 있다는 것이다. 특히 영어의 경우 주로 단수형과 복수형(예 : disability, disabilities / child, children)을 한꺼번에 검색할 수 있고 단어내의 하나의 철자를 대체하는데 사용할 수 있다. 따라서 절단기법을 사용하여 온라인 목록에서 한 주제분야의 참고정보원을 검색해 보면 한 주제분야의 참고정보원이 배열되어 있는 서가에서 브라우징하는 것과 같은 효과를 가진다.

성균관대학교 중앙(과학)학술정보관의 온라인 목록에서 청구기호를 이용한 절단검색을 통해 인쇄형태로 된 한 주제분야의 참고정보원을 검색하는 방법을 예를 들면 아래와 같다(그림 5-5 참조). 단 이 방법으로는 R이라는 별치기호를 가지지 않는 CD-ROM 또는 전자형태의 참고정보원이 검색되지 않는다.

〈그림 5-5〉 사회과학분야의 참고정보원 절단검색 입력 화면

중앙학술정보관(http://skkcl.skku.ac.kr/skkcl.htm)의 온라인 목록에서 인문사회과학
분야의 참고정보원 리스트를 찾기 위해서는 통합검색을 클릭한 후 검색항목을 청구기
호에 놓고 참고정보원의 별치기호인 R과 해당주제의 분류기호를 입력하며, 검색조건
은 전방일치로 한 후 엔터를 하면 해당 주제분야의 참고정보원이 검색된다. 전방일치
를 사용하는 경우에는 절단기호(*)를 사용하지 않아도 된다. 주제별 DDC 분류기호는
제2장 본문 안에 있는 것을 참고하면 된다.

즉 사회과학분야의 참고정보원은 검색항목을 청구기호에 놓고 검색어 입력란에 R 3
을, 철학분야는 R 1을 입력하면 된다(R은 참고정보원의 별치기호, 3은 사회과학, 1은
철학을 나타내는 DDC 분류체계 주류번호 300 또는 100 중 백의 자리의 수이다)(그림
5-5 참조). 이렇게 검색하면 사회과학분야 또는 철학분야의 모든 참고정보원을 찾을
수 있으며, 다른 학문분야의 참고정보원도 동일한 방법으로 검색을 하면 된다.

사회과학분야의 참고정보원 검색 결과 총 4,074건의 사회과학분야 인쇄형태의 참고
정보원이 검색되었다(그림 5-6 참조). 검색결과 수는 검색하고자 하는 도서관에 소장
된 별치기호 R이 붙은 참고정보원의 종류와 수, 검색일자 등에 따라 달라진다.

〈그림 5-6〉 사회과학분야의 참고정보원 절단검색 결과 화면

만약 좀 더 세부 학문분야의 참고정보원을 찾는다면 분류기호를 강(십의 자리) 또는 목(일의 자리)의 자리까지 입력하면 된다. 예를 들어 교육학의 참고정보원은 R 37, 법학 R 34, 공학 R 62, 의학 R 61, 수학 R 51을 입력하면 된다(그림 5-7 참조).

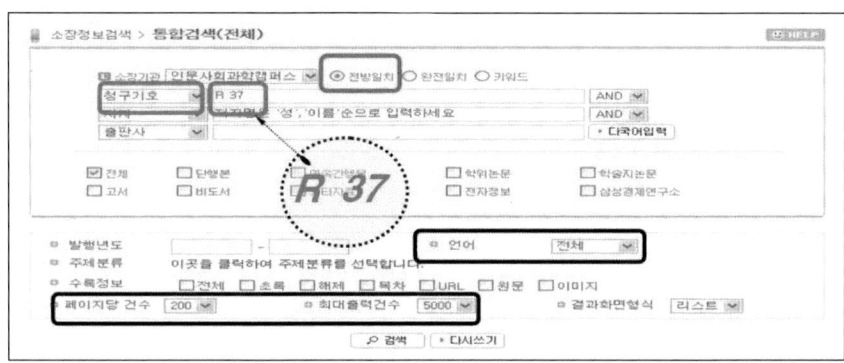

〈그림 5-7〉 교육학분야의 참고정보원 절단검색 입력 화면

검색결과 총 410건의 교육학분야 참고정보원이 검색되었다. 검색결과 수는 해당 도서관의 참고정보원의 종류와 수 및 검색일자에 따라 달라진다.

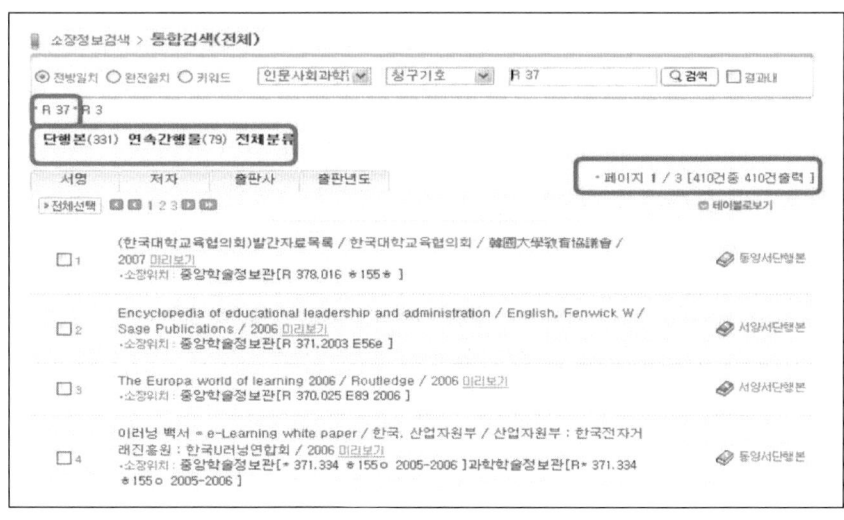

〈그림 5-8〉 교육학분야의 참고정보원 절단검색 결과 화면

과학학술정보관에서의 참고정보원 검색방법도 위와 동일하다. 예를 들면 공학분야의 한국어로 된 참고정보원을 검색하려면 전방일치에 놓고 청구기호 검색항목에서 R 62(R : 참고도서, 62 : 공학 DDC 분류기호 620 중 백과 십의 자리 수)를 입력하며 언어를 한국어로 선택한다(그림 5-9 참조).

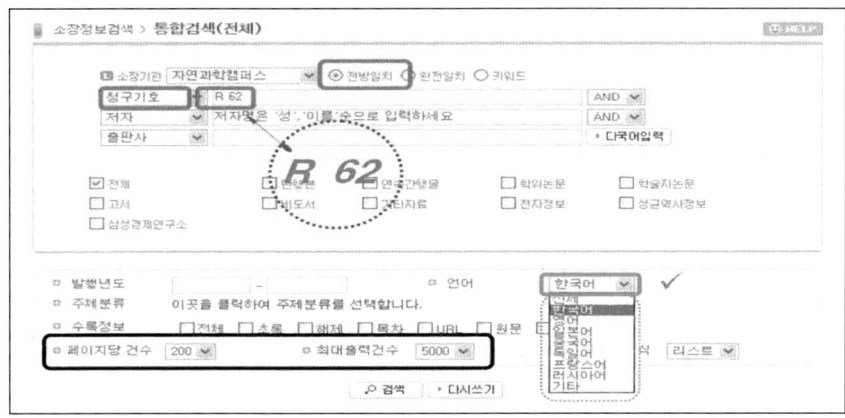

〈그림 5-9〉 공학분야의 참고정보원 절단검색 입력 화면

검색결과 과학학술정보관에 소장된 총 736건의 공학분야 참고정보원이 검색되었다. 검색결과 수는 해당 도서관의 참고정보원의 종류와 수 및 검색일자에 따라 달라진다.

〈그림 5-10〉 공학분야의 참고정보원 절단검색 결과 화면

## 4) 주제의 범위의 축소 또는 확대

참고정보원을 통해 배경정보를 입수하고 또는 도서관 목록을 이용하여 주제속의 핵심 개념 또는 키워드를 검색해본 후 너무 많은 정보 또는 정보원이 검색되거나 또는 너무 적은 정보 또는 정보원이 검색되면 연구자는 연구주제를 좁히거나 또는 확대한다.

구체적으로 말하면, 도서관에 소장된 정보 또는 정보원이 너무 많이 검색되는 경우에는 연구주제를 시대, 사람의 집단, 지리, 특정 인물, 특정 작품, 특정 사건, 관점 등으로 좁힌다. 반대로 도서관에 소장된 관련 학술정보원이 너무 적은 경우에는 연구주제를 확대하거나 동의어, 유의어, 또는 관련되는 용어를 리스트에 추가한다.

예를 들면 '루이지 꼴라니(Luigi Colani)의 디자인 작품은 무엇이 있는가?'라고 묻는 대신에 '루이지 꼴라니(Luigi Colani)의 카메라 디자인 작품은 무엇이 있는가?'라고 묻는다. 또는 '루이지 꼴라니(Luigi Colani)의 디자인 작품에 대한 비평은 어떠한가?' 대신에 '루이지 꼴라니(Luigi Colani)의 카메라 디자인 작품에 대한 비평은 어떠한가?'라고 묻는다.

즉 루이지 꼴라니의 여러 디자인 작품 중 카메라 디자인 작품으로 주제의 범위를 좁힐 수 있다(그림 5-11 참조).

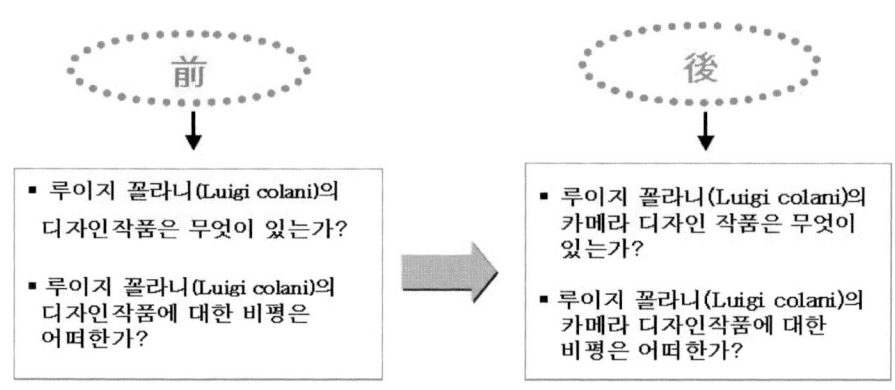

〈그림 5-11〉 주제범위의 축소 전·후 사례

　두번째 예를 들면 고래와 같은 해양 포유류의 종류에 대한 연구를 하고자 하는 경우 이 연구 주제의 핵심 키워드와 구는 해양 포유류(Ocean mammal)와 고래(whales)이다. 그런데 검색결과 도서관에 소장된 관련 학술정보원이 너무 적은 경우에는 아래와 같이 연구주제의 범위를 확대하거나 동의어, 유의어 또는 관련되는 용어를 리스트에 추가한다. 동의어는 같은 의미를 지닌 다른 단어 또는 구절을 말한다. 주제의 범위를 좁히기 위해서는 좀 더 구체적인 단어 또는 구를 사용한다.

---

- **정보에 안내해 주는 좀 더 큰 카테고리**

　해양 포유류(Ocean mammal) → 해양생물(ocean life, marine life), 동물(animals),
　　　　　　　　　　　　　　　　포유류 (mammals)

- **관련된 용어의 동의어**

　해양(ocean) → 바다(sea) → 해양(marine)

　포유류(mammals) → 온혈동물(warm-blooded animals)

　해양 포유류(ocean mammal) → 해양 포유류(marine mammal)

　고래(whales) → 고래류(cetaceans)

　돌고래(dolphins) → 돌고래(porpoises)

- **좀 더 구체적인 단어 또는 구**

　고래(whales)→ 흰긴수염 고래(blue whale), 혹등 고래(humpback whale),
　　　　　　　　솔피 일명 범고래(killer whale)

　돌고래(dolphins) → 병코 돌고래(bottlenose dolphin)　　　　　(Samuels 2004)

---

## 5) 검색 전략의 디자인

　정의된 개념내에 모든 확인된 키워드들을 가지고 검색을 하게 되는데 효과적인 검색이 될 수 있도록 불리안 연산자(Boolean operators), 절단(Truncation), 네스팅(Nesting) 등과 같은 몇 가지 도구들(Tools)을 이용하여 검색 전략을 세운다.

## (1) 불리안 연산자

불리안 연산자(또는 부울 연산자)는 19세기 영국의 수학자이며, 불대수(Boolean Algebra)를 창안한 부울(George Boole, 1815-1864)이 만든 AND, OR, NOT(또는 AND NOT) 등의 논리 연산기호로 웹 또는 DB검색을 위해 키워드를 조합하는데 있어 키워드들간의 논리 관계를 따지기 위해 사용된다. 온라인시스템에서는 편의상 연산자 대신에 부호를 사용하기도 한다. 일반적으로 AND를 '&'로, OR을 '|'로, NOT을 '!'로 대신 많이 사용하나 부호는 시스템에 따라 다를 수 있다.

불대수를 이용하여 검색하는 것을 불리안 검색이라 하며, 불리안 연산자를 사용하면 검색을 보다 정확하게 할 수 있다. 따라서 불리안 연산자를 사용하기 전에 연산자들이 어떻게 작용하는지를 이해하는 것이 필요하다.

AND 연산자는 검색하고자 하는 특정단어를 모두 포함하는 정보 또는 정보원을 검색하도록 하는 것으로 검색결과를 개념적으로 좁히고자 할 때 사용한다.

예를 들면 패션디자인과 미니멀리즘을 모두 포함하는 정보 또는 정보원을 검색하고자 할 때는 '패션디자인 AND 미니멀리즘'과 같이 AND 연산자를 사용하여 조합한다. 검색결과는 『미니멀리즘을 이용한 패션디자인 연구』와 같이 패션디자인과 미니멀리즘이란 키워드를 모두 가지고 있는 정보원이 검색이 되며 아래의 오른쪽 그림 중 중앙의 파란색 부분이 검색결과에 해당된다(그림 5-12 참조).

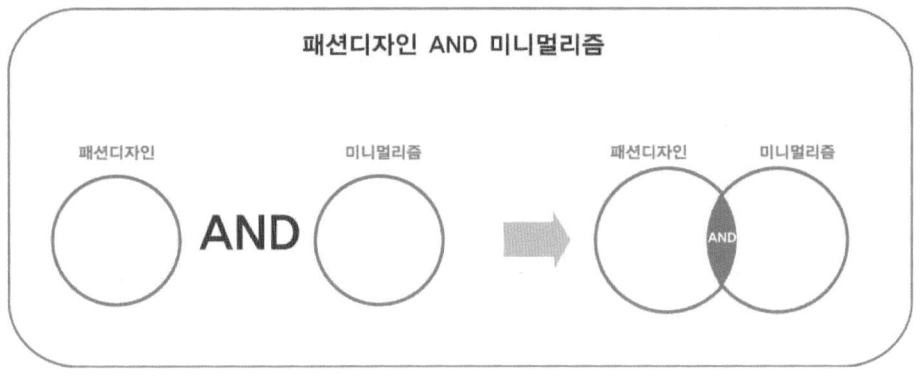

〈그림 5-12〉 패션디자인 AND 미니멀리즘 검색 결과

OR 연산자는 검색하고자 하는 특정 단어 중 한 가지만 있어도 검색하도록 하는 것으로 검색결과를 개념적으로 넓히고자 할 때 사용한다. 이 기법은 미니멀리즘 또는 Minimalism, 패션디자인 또는 의상디자인과 같이 동의어 또는 유의어를 가진 정보 또는 정보원을 검색하고자 할 때 유용하다.

예를 들면 패션디자인 또는 미니멀리즘을 포함하는 정보 또는 정보원을 검색하고자 할 때는 '패션디자인 OR 미니멀리즘'과 같이 OR 연산자를 사용하여 조합한다. 검색결과는 『미니멀리즘을 이용한 패션디자인 연구』, 『현대 패션에 나타난 미니멀리즘 요소에 관한 연구』, 『1980년대 패션디자인에 관한 연구』와 같은 정보원이 검색이 되며 아래의 오른쪽 그림 전체의 파란색 부분이 검색결과를 나타낸다(그림 5-13 참조).

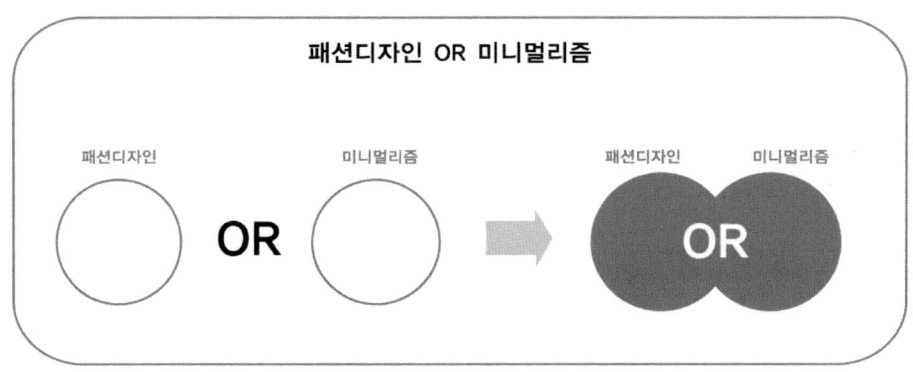

〈그림 5-13〉 패션디자인 OR 미니멀리즘 검색 결과

동의어 또는 유의어와 관련된 다른 예를 들면 패션디자인 또는 미니멀리즘 또는 의상디자인을 포함하는 정보 또는 정보원을 검색하고자 할 때는 '패션디자인 OR 미니멀리즘 OR 의상디자인'과 같이 OR 연산자를 사용하여 조합한다.

검색결과는 『미니멀리즘을 이용한 패션디자인 연구』, 『현대 패션에 나타난 미니멀리즘 요소에 관한 연구』, 『21세기 의상디자인에 관한 연구』, 『한국 의상디자인에 표현된 미니멀리즘에 관한 연구』와 같은 세가지 키워드 중 어느 하나라도 포함하고 있는 모든 정보원이 검색된다. 다음의 오른쪽 그림 전체의 파란색 부분이 검색결과에 해당된다(그림 5-14 참조).

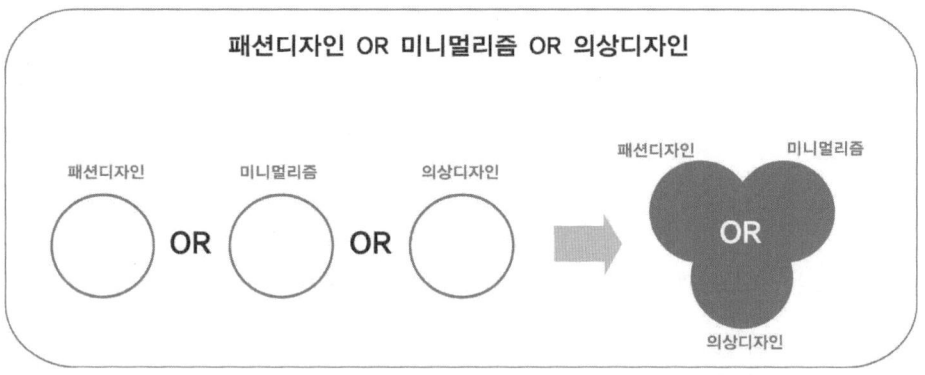

〈그림 5-14〉 패션디자인 OR 미니멀리즘 OR 의상디자인 검색 결과

NOT(또는 AND NOT) 연산자는 연산자 앞쪽의 검색어는 포함하되, 뒤쪽의 검색어
는 들어있지 않은 정보 또는 정보원을 검색하도록 하는 것으로 검색결과를 개념적으
로 좁히고자 할 때 사용한다. 이 기법은 다양한 의미를 가진 키워드로 인해 잘못된 검
색결과가 예상될 때 또는 주제의 특정 부분을 제외하고자 할 때 사용하면 유용하다.
예를 들면 패션디자인은 포함하나 미니멀리즘을 제외한 정보 또는 정보원을 검색하고
자 할 때는 '패션디자인 NOT 미니멀리즘'과 같이 NOT 연산자를 사용하여 조합한다
(그림 5-15 참조).

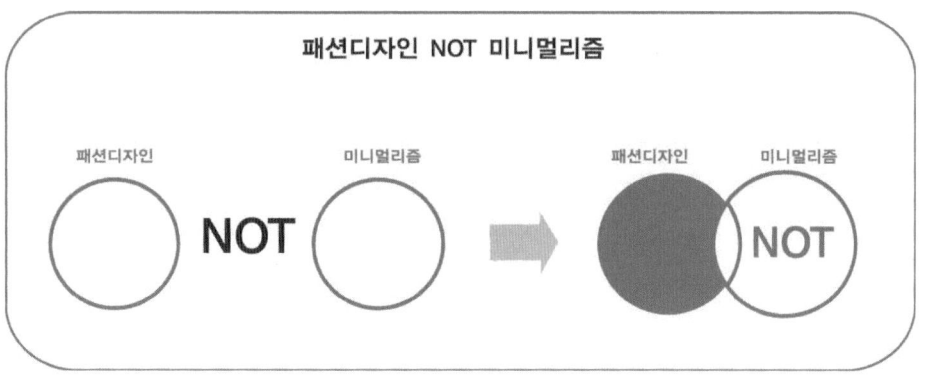

〈그림 5-15〉 패션디자인 NOT 미니멀리즘 검색 결과

  검색결과는 『현대 패션디자인 연구』, 『한국 패션디자인에 표현된 포스트모더니즘에 관한 연구』와 같이 패션디자인은 포함하나 미니멀리즘이 제외된 정보원이 검색된다. 위의 오른쪽 그림 중 왼쪽 원은 키워드 '패션디자인'에 매치되는 정보 또는 정보원을 나타내며 오른쪽의 원은 키워드 '미니멀리즘'에 매치되는 정보 또는 정보원을 나타낸다. 파란색 부분은 '패션디자인'에 매치되는 정보 또는 정보원에서 '미니멀리즘'에 매치되는 정보 또는 정보원과 겹치는 부분을 제외한 검색결과를 나타낸다.

<표 5-2> 부울(Boole)의 주요 불리안 연산자(Boolean operators)

| 연산자 | 간단한 표현 (부호) | 설 명 | 예 |
|---|---|---|---|
| AND | & | - 검색하고자 하는 특정 키워드를 모두 포함함<br>- 검색결과를 개념상 좁히고자 할 때 사용 | 패션디자인 AND 미니멀리즘 (패션디자인과 미니멀리즘이 모두 들어간 정보 또는 정보원을 찾음) |
| OR | \| | - 검색하고자 하는 특정 키워드 중 한가지만 있어도 찾음.<br>- 검색결과를 개념상 넓히고자 할 때 사용 | 패션디자인 OR 미니멀리즘 (패션디자인이나 미니멀리즘 둘 중 하나라도 포함된 정보 또는 정보원은 모두 찾음) |
| NOT 또는 AND NOT | ! | - 연산자 앞쪽의 검색어는 포함하되, 뒤쪽의 검색어는 들어있지 않은 정보 또는 정보원만 찾음<br>- 검색결과를 개념상 좁히고자 할 때 사용 | 패션디자인 NOT 미니멀리즘 또는 패션디자인 AND NOT 미니멀리즘 (패션디자인은 들어가나 미니멀리즘은 포함되지 않은 경우를 검색함) |

## (2) 네스팅

  네스팅(Nesting)은 불리안 연산자를 이용하여 조합하고 검색하는 데 있어 괄호안에 용어가 먼저 검색되도록 하는 검색 논리이다. 이 기법은 여러 키워드를 불리안 연산자를 이용하여 복합적으로 조합할 때, 여러 동의어 또는 유의어가 있는데 어떤 것은 포함시키고 어떤 것은 제외시키고자 할 때 사용하면 유용하다.

  예를 들면 패션디자인 또는 의상디자인 둘 중 하나는 포함하나 미니멀리즘은 반드시 포함하고 있는 정보 또는 정보원을 검색하고자 할 때는 '(패션디자인 OR 의상디자인) AND 미니멀리즘'과 같이 불리안 연산자와 함께 가로를 사용하여 조합한다. 검색

결과는『현대 의상디자인에 나타난 미니멀리즘 요소에 관한 연구』,『한국 패션디자인에 표현된 미니멀리니즘에 관한 연구』와 같이 패션디자인 또는 의상디자인 둘 중 하나는 포함하나 미니멀리즘은 반드시 포함된 정보원이 검색된다. 아래의 왼쪽 그림 중 보라색 부분이 검색결과를 나타낸다(그림 5-16 참조).

반면에 의상디자인과 미니멀리즘은 반드시 포함하면서 키워드 '패션디자인'을 포함하고 있는 정보 또는 정보원을 검색하고자 할 때는 위의 검색식 중 검색 순서를 바꾸어 AND 연산자 부분이 먼저 검색되도록 '패션디자인 OR (의상디자인 AND 미니멀리즘)'과 같이 불리안 연산자와 함께 가로를 사용하여 조합한다. 검색결과는 아래의 오른쪽 그림 중 보라색 부분이며, 위의 검색결과보다 좀 더 넓은 부분을 나타낸다(그림 5-16 참조).

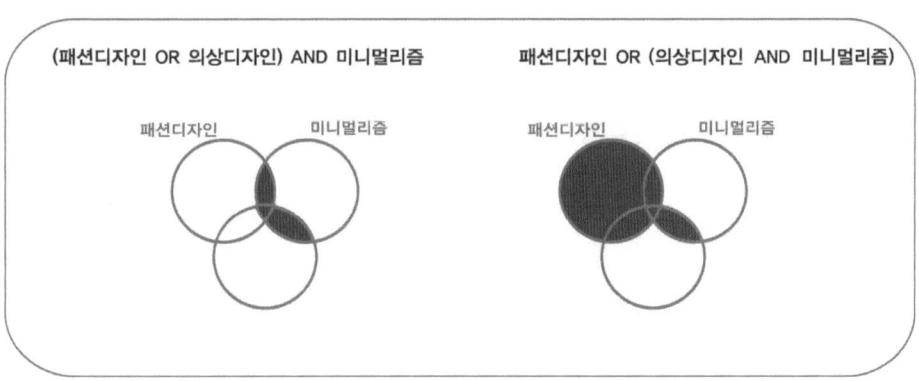

〈그림 5-16〉 패션디자인 OR 의상디자인 AND 미니멀리즘의 네스팅 검색 결과

## (3) 절단

절단(Truncation)은 검색어로 사용하는 용어의 일부분을 생략하고 나머지 부분만을 검색어로 쓰는 방법이다. 절단방법으로는 좌측절단, 우측절단, 중간절단 등이 있으며, 절단기호로 '*'와 '?'를 사용한다. 예를 들면 'environ*'과 같이 우측을 절단한 것을 우측절단, '*men'과 같이 좌측을 절단한 것을 좌측절단이라고 한다. 이러한 방법으로 부분적인 검색어와 일치하는 문헌을 모두 검색하는 것을 절단검색이라 하며, 절단검색

종류로는 좌측절단검색, 우측절단검색, 중간절단검색 등이 있다. 온라인 목록시스템에 따라 우측절단을 전방일치, 좌측절단을 후방일치이라고 한다.

절단검색의 장점은 다양한 어미를 가진 단어의 검색이 가능하며, 주어진 문자열로 시작하는 모든 단어(유사어, 복합어)를 검색할 수 있다는 것이다. 특히 영어의 경우 주로 단수형과 복수형(disability, disabilities / child, children / woman, women)을 한 꺼번에 검색할 수 있고 단어내의 하나의 철자를 대체하는데 사용할 수 있다.

자료의 청구기호를 절단하여 검색하는 방법은 참고정보원을 찾는 방법에서 소개하였다. 서명을 절단기법을 이용하여 검색하는 방법은 아래와 같다. 이 방법은 서명 전체를 기억하지 못할 때 매우 유용하다.

온라인 목록에서 검색항목을 서명에 놓으며 검색어 입력란 위에 있는 전방일치를 선택한다. 그리고 서명 검색어 입력란에『유비쿼터스 네트워크 산업의 2020 비전과 전략』이란 서명 중 기억하고 있는 '유비쿼터스 네트워크' 또는 '유비쿼터스'와 같이 서명 중 앞쪽 부분 일부를 검색어 입력란에 입력한다(그림 5-17 참조).

검색결과는『유비쿼터스 네트워크 산업의 2020 비전과 전략』이란 도서 이외에 유비쿼터스 네트워크에 관한 다른 3권의 도서도 검색이 된 것으로 관련 자료를 함께 살펴볼 수 있다(그림 5-18 참조).

〈그림 5-17〉 서명 전방일치(우측절단) 검색 입력 화면

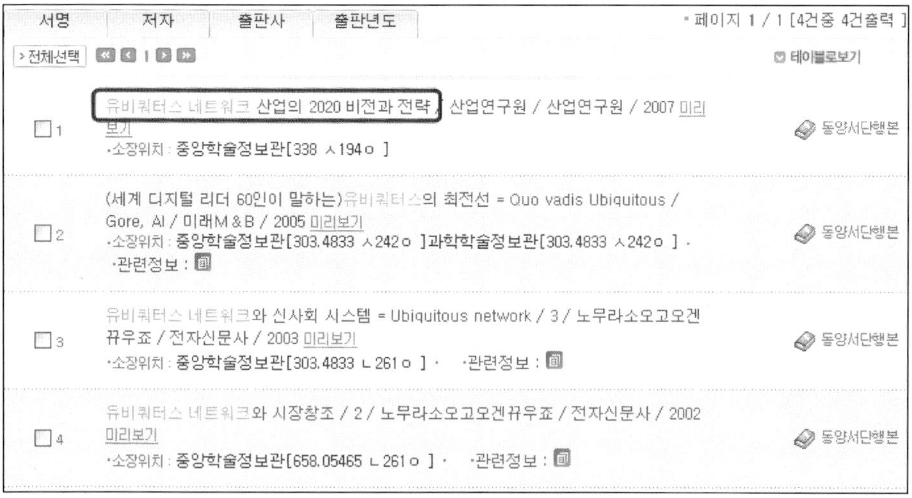

〈그림 5-18〉 서명 전방일치(우측절단) 검색 결과

서명 중 키워드의 일부 철자만을 기억하고 있거나 단수, 복수 등을 동시에 검색하기 위해서는 절단기호(*)를 사용하여 검색한다. 예를 들면 서명 중에 design, designs, designer, designed, designing 등의 키워드를 가지고 있는 자료를 한꺼번에 검색하고자 할 때는 온라인 목록에서 검색항목을 서명에 놓으며 검색어 입력란 위에 있는 키워드를 선택한다. 그리고 서명 검색어 입력란에 'design*'이라고 입력한다(그림 5-19 참조).

〈그림 5-19〉 서명 키워드 우측절단 검색 입력 화면

검색결과는 소장자료 중 서명에 design, designs, designer, designed, designing 등의 키워드를 가지고 있는 6,205건의 자료가 검색되었다(그림 5-20 참조).

〈그림 5-20〉 서명 키워드 우측절단 검색 결과

## (4) 구절검색

구절검색(Phrase Searching)은 여러 단어로 이루어진 구절을 입력한 순서대로 찾을 수 있도록 한다. 구절검색에서는 검색하려는 구절을 인용부호(" ")안에 넣어야 한다. 예를 들면 "borth rate", "Leonardo da vinci" 등을 들 수 있다. 대부분의 데이터베이스에서는 구절검색이 가능하다(그림 5-21 참조).

〈그림 5-21〉 구절검색 사례

## 3. 필요한 정보의 유형과 범위 및 잠재적 정보원의 유형 결정

정보 요구의 인지 즉 연구주제를 정의하고 그 연구주제에 대한 연구를 하기 위해 연구자가 필요로 하는 정보를 인지한 후 실제로 정보를 검색하기 전에 필요한 정보의 유형과 범위를 결정하며, 이러한 정보를 찾기 위해 잠재적 정보원을 결정해야 한다. 그런데 과제 또는 연구에 필요할 정보의 유형과 범위 및 잠재적 정보원은 주어진 특정 연구 프로젝트 또는 과제에 달려 있기 때문에 정보의 유형과 범위 및 잠재적 정보원을 결정할 때 과제 또는 연구의 필수 요구사항을 살펴보아야 한다.

특정 프로젝트 또는 과제의 필수 요구사항에 따라 정보의 유형과 잠재적인 정보원의 유형을 결정하는 과정을 도식화하면 아래와 같다(그림 5-22 참조).

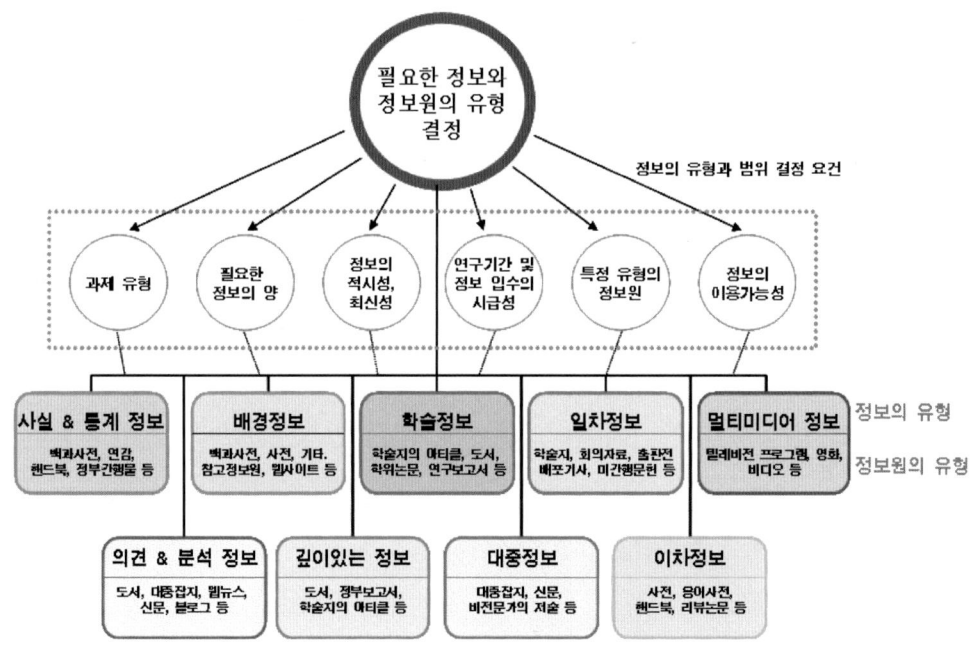

〈그림 5-22〉 정보의 유형과 범위 및 잠재적 정보원의 유형 결정 과정

## 1) 과제의 필수 요구사항

특정 과제 또는 연구의 필수 요구사항은 과제유형, 필요한 정보의 양, 정보의 최신성, 적시성, 특정 유형의 정보원, 연구기간 및 정보입수의 시급성, 정보의 소재처 및 이용가능성 등의 면에서 살펴보아야 한다. 과제의 필수 요구사항이 명확하지 않은 경우에는 담당교수 또는 과제를 부여한 기관의 담당자에게 문의를 하여야 한다.

- 과제유형
- 필요한 정보의 양
- 정보의 최신성, 적시성
- 연구기간 및 정보입수의 시급성
- 특정 유형의 정보원
- 정보의 이용가능성

### (1) 과제 또는 연구의 유형

과제 또는 연구는 5분 내지 10분간의 수업 중 짧은 구두 발표에서부터 비평, 요약, 웹 페이지, 학술적 아티클, 학기 중간 또는 학기 말의 리포트, 프로젝트, 석사학위논문, 박사학위논문에 이르기까지 다양할 수 있다(Cal Ploy 1999).

### (2) 정보의 양

과제의 유형에 따라 필요한 정보의 양은 달라진다. 짧은 시간의 구두발표와 같은 과제는 간략한 요약 또는 개관을 참고함으로써 완성될 수 있으나 학위논문, 학술적 아티클과 같은 과제 또는 연구는 좀 더 상세하고 포괄적인 정보를 필요로 할 수 있다(Cal Ploy 1999). 또는 과제나 연구에 지정된 분량이 있는 경우에는 지정된 분량에 따라 필요한 정보의 양이 달라질 것이다.

### (3) 정보의 최신성, 적시성

과제 또는 연구의 주제에 따라 어떤 과제는 가장 최근 정보를 이용하는 것이 요구
되나 어떤 다른 과제는 역사적 정보 또는 일정 기간의 정보를 필요로 한다.

### (4) 특정 유형의 정보원

여러 유형의 정보원 중 과제나 연구를 위해 어떠한 특정 유형의 정보원이 필요한
지를 살펴보아야 한다. 어떤 과제나 연구는 단행본, 학위논문 등과 같은 일차정보원을
필요로 할 수 있고 또는 서지, 색인 등과 같은 이차정보원이 필요할 수 있다. 포스터,
명화와 같은 이미지자료, 영화, 비디오와 같은 멀티미디어 또는 웹 페이지, 웹 DB 등
의 전자정보원과 같은 정보원이 요구될 수 있다. 대부분의 연구 또는 과제는 여러 유
형의 정보원을 복합적으로 필요로 한다. 주요 정보원의 유형에 대해 간략히 살펴보면
〈표 5-3〉과 같다.

### (5) 연구기간 및 정보입수의 시급성

과제 또는 연구의 기간은 1일내에서부터 2~3일, 1주일, 몇 주, 몇 개월 또는 몇 년
에 이르기까지 다양할 수 있다. 따라서 과제 또는 연구의 기간이 짧은 것은 즉시 또는
빨리 정보를 입수하는 것이 필요하며, 과제 또는 연구의 기간이 긴 것은 정보를 입수
하는 데 있어 어느 정도 시간적 여유를 가질 것이다. 따라서 연구기간 및 정보입수의
시급성에 따라 적절한 정보의 유형과 정보원을 결정하게 될 것이다.

### (6) 정보의 입수가능성

정보의 입수방법은 다양하다. 즉 도서관 내에 있는 도서, 비디오 그리고 다른 자료를
이용해야만 입수가 가능할 수도 있고, 아니면 웹상에서 필요한 모든 것을 입수할 수도
있다. 또는 도서관 데이터베이스를 이용해야만 필요한 아티클을 찾을 수 있으며, 데이
터베이스는 도서관 또는 캠퍼스내에서만 이용이 가능하거나 유료일 수도 있다. 또는 다
른 도서관에 가야만 하며 상호대차를 요청해야 하는 것이 있을 수 있다.

<표 5-3> 정보원의 유형

| 유 형 | 내 역 | 사 례 |
|---|---|---|
| 단행본 | 특정 주제에 대해 보다 체계적이고 포괄적이며, 깊이 있는 정보, 역사적인 정보를 제공하는 가장 기본적이며 전통적인 정보원 | 부의 미래, 문헌정보학의 이해, 엔터테인먼트 경제학 |
| 학위논문 | 특정주제에 대하여 석사 또는 박사학위를 받기 위해 수행한 연구결과를 수록한 정보원. 다른 정보원과 달리 상업적으로 출판되지 않는 것으로 학위수여기관과 납본기관인 국립중앙도서관 그리고 전자학위논문의 수집과 유통에 주력하는 기관을 이용하여야 한다. | 디자인분야 정보문해 교육 모형 개발과 적용에 관한 연구 |
| 학술지 | 전문가에 의해 작성된 연구목적을 위한 보다 높은 학술적인 컨텐츠와 가치를 가지는 아티클을 수록한 저널. 특정 분야의 독창적인 연구의 보고, 특정주제의 심층 분석, 역사, 이론, 비평적 분석 등을 수록한다. | 광고학연구, Journal of Direct Marketing, 한국문헌정보학회지 |
| 대중잡지 | 일반대중을 대상으로 일반적인 관심사에 대해 일반적인 언어와 체재로 쓴 아티클을 수록하고 있다. 아티클은 서지와 저자에 대한 정보를 포함하지 않는다. | 여성조선, Time, 행복이 가득한 집 |
| 연속간행물 아티클 | 학술지, 대중잡지, 전문잡지, 신문 등에 수록된 아티클. 도서보다 연속간행물에 수록된 아티클은 최신의 정보를 제공하나 수록된 연속간행물의 종류에 따라 조금씩 성격이 다르다. 학술지에 수록된 아티클은 학술정보를 제공하며, 다른 유형의 아티클보다 좀 더 복잡하고 좀 더 좁게 초점을 맞춘다. 신문에 실린 아티클은 최근 사건이나 관심사에 대한 정보를 제공하나 저자의 전문성에 따라 신뢰성이 떨어지는 문제점이 있다. | 저작권침해의 구제에 관한 연구, 한국인 인체치수의 성별/연령대별 특성에 관한 연구 |
| 백과사전 | 지식 전 분야의 개요서로 배경정보를 제공하는 탁월한 정보원. 사실적이며 편향되지 않은 정보를 제공한다. 일반백과사전과 주제백과사전이 있다. | 브리태니커 백과사전, Enciclopedia Oxford |
| 사전 | 어휘에 대한 정의와 해석을 내리는데 기본적으로 목적을 둔 정보원. 일반언어사전, 특수사전, 주제사전이 있다. | 국어사전, 컴퓨터용어사전, 디자인사전 |
| 디렉토리 | 협회, 기관, 인물 또는 회사의 리스트로서 보통의 알파벳순 또는 분류순으로 배열하여 개인 또는 기관의 주소, 제품 등 기본적인 정보를 제공하고 있는 문헌 | Jane's Space Directory, 2003 디자인 디렉토리 |
| 서지 | 원문이 수록된 개개의 문헌에 대한 식별 및 접근이 가능하도록 문헌의 서지사항을 체계적으로 기술하고 배열한 리스트로 이차정보원이다. | 온라인 목록, OCLC WorldCat |
| 전자정보원 | 전자정보를 수록하고 있는 정보원. 주로 웹을 통해 유통되므로 전자정보원을 웹정보원이라고 부르기도 한다. 전자정보원은 크게 웹페이지와 웹 DB로 구분된다. 웹 사이트는 최근 사건에 대한 정보, 통계와 같은 정보에 대한 좋은 정보원이다. | 기업의 웹 사이트, 누리미디어 KRpia, KIS-LINE, ERIC |
| 청각자료, 시각자료 | 음악 테이프, 음반 등의 음성·음향자료와 이미지 자료, 슬라이드 지도 등 시각이미지자료 | 클립아트 |
| 멀티미디어 | 비디오, 영화와 같이 음성, 문자, 그림, 동영상 등이 혼합된 정보원. | 슈렉 4, 아마데우스 |

## 2) 필요한 정보의 유형

특정 프로젝트 또는 과제에 필요한 정보의 유형이 사실 & 통계 정보, 의견 & 분석 정보, 배경정보, 깊이 있는 정보, 학술정보, 대중정보, 일차정보, 이차정보, 시각정보, 청각정보, 멀티미디어 정보 등과 같은 다양한 정보의 유형 중 무엇인가를 결정한다(표 5-4 참조). 정보의 유형에 대한 보다 상세한 내용은 제1장 정보와 정보원을 참고한다.

### 〈표 5-4〉 정보의 유형

| 유 형 | 내 역 |
|---|---|
| 사실 & 통계 정보 | 사실정보(Factual Information)는 사실에 근거한 것으로 입증될 수 있고 구체적인 정보.<br>통계 정보(Statistical Information)는 숫자 데이터 또는 숫자 데이터의 조직. |
| 의견 & 분석 정보 | 진실인 것처럼 보이는 것에 근거한 개인적인 견해와 판단을 말한다. |
| 배경정보 | 특정 주제, 이슈, 이론, 아이디어 또는 사건에 대한 폭넓은 개관(overview)을 준다. |
| 깊이 있는 정보 | 특정 주제, 문제 등에 대한 상세한 정보를 말한다. |
| 학술정보 | 전문분야의 연구자들에 의해 표현된 정보로서 일반적으로 같은 분야의 전문가, 동료연구자를 독자층으로 겨냥한다. |
| 대중정보 | 전문가보다는 비전문가인 일반 대중을 대상으로 한 것으로 일반적으로 저널리스트, 직원 또는 프리랜서 작가에 의해 표현된 비공식적이고 읽기 쉬운 정보이다. |
| 일차정보 | 원저작자에 의해 표현된 정보로, 번역되거나 해석되지 않은 원래 형태의 정보를 말한다. |
| 이차정보 | 기본적으로 일차정보를 효과적으로 검색할 수 있도록 체계적으로 정리 배열한 서지정보, 색인정보와 일차정보에 포함된 정보를 압축 정리하거나 해설, 분석 또는 해석한 정보를 말한다. |
| 시각정보, 청각정보, 멀티미디어 정보 | 이미지자료, 음성, 음향자료 그리고 문자, 그림, 동영상 등이 혼합된 멀티미디어 정보를 말한다. |

그리고 이상의 정보 유형 이외에 다른 정보 유형도 있으며, 정보가 하나의 유형에만 속하는 것이 아니라 여러 유형에 속하기도 한다.

## 3) 필요한 정보의 유형에 따른 정보원의 유형 결정

앞서 살펴본 필요한 정보의 유형에 따라 잠재적인 정보원의 유형을 결정한다.

### (1) 사실 & 통계 정보와 정보원

백과사전, 연감, 핸드북, 사전, 지도자료 등과 같은 참고정보원, 정부간행물은 사실 & 통계 정보를 찾기 위한 좋은 정보원이다(예 : 『경제연감』, 『무역통계연감』, 『디자인 센서스』, 『브리태니카 백과사전』). 사실 & 통계 정보는 인쇄매체 정보원뿐만 아니라 웹상에서 정부 및 관련 기관사이트를 통해서도 찾을 수 있다. 그러나 도서, 대중잡지의 아티클 그리고 일반 웹 페이지 등은 사실 & 통계 정보를 찾기 위한 효과적인 정보원 이 아니다.

### (2) 의견 & 분석 정보와 정보원

도서, 대중잡지 아티클, 신문기사, 웹 뉴스, 일반 웹 페이지, 블로그(blogs) 등의 정 보원에서 의견 & 분석 정보를 입수할 수 있으며, 특히 리뷰 아티클, 신문의 의견란 아티클은 의견정보를 위한 좋은 정보원이다. 웹 페이지는 특히 다른 상업적인 미디어 속에 잘 나타나지 않는 대안적인 견해(alternative viewpoints)를 찾는데 유용하다 (OSUL 2007)(예: *Business Week*, 네이버 뉴스, YBM 뉴스).

### (3) 배경정보와 정보원

백과사전, 사전, 핸드북, 기타 다른 참고정보원과 웹 사이트는 특정 주제 또는 연구를 시작하는데 있어 필요한 주제, 인물, 장소, 사건 등에 관한 개관 즉 배경정보를 제공한 다(예: 『브리태니카 백과사전』, Britannica Online, *The New Encyclopaedia Britannica*, Grove Art Online, 『디자인사전』).

### (4) 깊이 있는 정보와 정보원

학술지와 전문잡지의 아티클, 단행본, 정부보고서 및 기타 일차정보원은 주제관련 깊이 있는 정보를 제공한다. 전자 도서와 아티클 그리고 많은 유용한 정부보고서와 기술보고서들은 웹상에서 입수할 수 있다(예:『대한경영학회지』,『디자인학연구』, *Design Issues* 등 학술지 및 전문잡지의 아티클, 산업기술기반관련 연구보고서 등).

### (5) 학술정보와 정보원

학술지의 아티클, 도서, 학위논문, 연구보고서 등은 학술정보를 제공한다(예:『한국문학연구』,『법학연구』,『아동교육론』, *Peabody Journal of Education* 등).

### (6) 대중정보와 정보원

『여성동아』,『행복이 가득한 집』, *Time*, *Newsweek* 등과 같은 일반 대중잡지,『동아일보』,『중앙일보』 등의 신문, 비전문가에 의한 저술 등에서 대중정보를 찾아 볼 수 있다.

### (7) 일차정보와 정보원

학술잡지, 회의자료, 기술보고서, 출판전 배포기사, 학위논문, 특허정보, 표준과 규격자료, 미간행문헌, 데이터, 도서, 개인문서, 단행본, 정기간행물, 기록자료, 사건의 보고 내용, 관찰이나 인터뷰데이터, 실험데이터 등과 같은 일차정보원에서 일차정보를 찾을 수 있다. 일차정보원은 원저적 정보를 포함하고 있으며, 가장 기본적인 정보원이다.

### (8) 이차정보와 정보원

사전, 용어색인, 백과사전, 전문사전, 연감, 인명사전, 명감류, 지명사전, 사진첩, 핸드북, 도감, 연표, 초록, 리뷰논문, 색인, 서지, 목록 등의 이차정보원에서 일차정보(원)를 효과적으로 검색하기 위한 이차정보를 찾을 수 있다.

## (9) 시각, 청각, 멀티미디어 정보와 정보원

시각, 청각, 멀티미디어 정보원은 시각이미지자료, 음성·음향자료, 멀티미디어자료를 의미하는 것으로, 텔레비전 프로그램, 영화, 비디오, 음악녹음자료 및 사진, 그림, 포스터 등의 정보원이 이에 포함된다. 이러한 정보원들은 연구 프로젝트속에 중요한 개념들을 설명하는데 사용될 수 있다(예: Stories of Objects : An Exhibition of Contemporary Design, 신디자인혁명(VHS Tape), 3D클립아트 등).

〈표 5-5〉 정보의 유형에 따른 정보원의 유형

| 정보의 유형 | 정보원 | 정보원의 사례 |
|---|---|---|
| 사실 & 통계 정보 | 백과사전, 연감, 핸드북, 사전, 지도자료 등과 같은 참고정보원, 정부간행물 | 경제연감, 무역통계연감, 디자인센서스, 브리태니카 백과사전, 정부 및 관련기관 웹 사이트 |
| 의견 & 분석 정보 | 도서, 대중잡지 아티클, 신문기사, 웹 뉴스, 일반 웹 페이지, 블로그 | Business Week, YBM뉴스 |
| 배경정보 | 백과사전, 사전, 기타 다른 참고정보원과 웹 사이트 | 브리태니카백과사전, Britannica Online, Grove Art Online, 디자인사전 |
| 깊이 있는 정보 | 학술지와 전문잡지의 아티클, 단행본, 정부보고서 등 | 대한경영학회지, 디자인학연구, Design Issues 등 학술지 및 전문잡지의 아티클, 산업기술기반관련 연구보고서, Google : Uncle Sam, Search Ebooks.com |
| 학술정보 | 학술지의 아티클, 도서, 학위논문, 연구보고서 | 한국문학연구, 법학연구, 아동교육론, Peabody Journal of Education, Journal of the History of Ideas, Telecommunications, Development |
| 대중정보 | 대중잡지, 신문, 비전문가의 저술 | 행복이 가득한 집, Newsweek, Time |
| 일차정보 | 학술지, 회의자료, 기술보고서, 출판전 배포기사, 학위논문, 특허정보, 표준과 규격자료, 미간행문헌, 데이터, 도서, 개인문서, 단행본 등 | 한국문헌정보학회지, 내 안에 숨은 끼를 찾아서, 문화원형 디지털콘텐츠화 사업의 경제적 가치 분석 |
| 이차정보 | 사전, 용어색인, 백과사전, 전문사전, 연감, 연표, 초록, 리뷰논문, 색인, 서지, 목록 등 | 경제사전, 국어사전, 동아대백과사전, 만화산업통계연감, 한국무역연감 |
| 시각정보, 청각정보 멀티미디어 정보 | 텔레비전 프로그램, 영화, 음악녹음자료 및 사진, 그림, 포스터, 슬라이드 | 신디자인혁명(VHS Tape), 3D클립아트 |

## 연습문제

## I. 정보 요구의 인지 및 필요한 정보의 결정에 대한 이해

1. 정보 요구의 인지 단계를 순서대로 나열하시오. (    ,    ,    ,    ,    ,    )
   1) 개념을 확인한다.
   2) 검색 전략을 디자인한다.
   3) 연구주제를 짧고 명확하게 하나의 질문으로 진술한다.
   4) 필요하면, 주제의 범위를 좁히거나 확대한다.
   5) 주제에 대한 개관을 알기 위해 배경정보를 찾는다.
   6) 정보의 유형과 잠재적 정보원을 결정한다.

2. 다음 질문 중 어느 부분이 과제의 주제와 제한어인가? 아래의 (   )에 번호를 골라
   기입하시오.
   주제 : (        ),   제한어 : (          )

   ┌────────────────────────────────────────────────────────────────┐
   │ 빅토리아여왕시대(Victoria period)의 영국 문화와 사회의 성격에 대해 설명을 하시오. │
   └────────────────────────────────────────────────────────────────┘

   1) 빅토리아여왕시대(Victoria period)    2) 영국 문화와 사회    3) 설명하시오
   4) 문화와 사회                        5) 영국

3. 다음 중 어떤 것이 가장 적은 검색 결과를 가져오는가? (    )
   1) Movies NOT Video AND Christmas
   2) Movies OR Video AND Christmas

3) Movies OR Video OR Christmas

4) Movies OR DVD OR Video AND Christmas

5) Movies AND Christmas

4. 다음 불리안 연산자 및 절단검색에 대한 설명 중 틀린 것은? (     )

1) 특정 검색어를 포함하지 않는 자료를 검색하려고 할 때 사용해야 하는 불리안 연산자는 NOT이다.

2) 찾고자 하는 모든 검색어를 포함하는 자료를 찾고자 할 때 사용해야 하는 것은 절단검색이다.

3) 나열된 검색어 가운데 하나라도 포함된 자료를 찾고자 할 때 사용해야 하는 불리안 연산자는 OR이다.

4) 절단검색(Truncation Search)은 다양한 어미를 가진 단어를 검색할 수 있게 한다.

5) 찾고자 하는 모든 검색어를 포함하는 자료를 찾고자 할 때 사용해야 하는 불리안 연산자는 AND이다.

6) 주어진 문자열로 시작하는 모든 단어(유사어, 복합어)를 검색해주는 것은 절단검색이다.

7) 절단검색의 방법으로는 좌측절단, 우측절단, 중간절단의 방법이 있다.

5. 도서관에 소장되어 있는 사회과학분야의 참고정보원 중 행정학분야의 인쇄형태의 참고정보원을 온라인 목록에서 절단기능을 이용하여 한꺼번에 모두 찾고자 한다. 검색항목을 어디에 놓아야 하며 검색어 입력란에 어떤 검색어를 입력하고, 검색조건을 어떻게 하여 검색을 해야 하는가?

참고사항에서 골라 아래의 (     )안에 기입하시오.

1) 검색항목 : (          )          2) 참고정보원의 별치기호 : (          )

3) 검색조건 : (          )          4) 검색어 : (          )

〈참고사항〉

1) 검색항목 : 서명  저자  출판사  분류기호  청구기호  주제명  목차  총서명
　　　　　　　등록번호  ISBN
2) 별치기호 : TD  TM  P  DVD  CT  MF  R  E  CD
3) DDC 분류기호 : 사회과학 300　　　　　사회학 310　　　　정치학 320
　　　　　　　　경제학 330　　　　　　법학 340　　　　　행정학 350
　　　　　　　　사회문제 및 복지 360　　교육학 370
　　　　　　　　사업, 방송통신, 운송 380  관습, 예절, 풍속  390
4) 검색조건 : 전방일치  완전일치  키워드  후방일치

## Ⅱ. 보고서의 주제 및 전공분야에 대한 이해

1. 임의로 보고서의 주제를 선정하여 기입하거나 다른 수강과목의 보고서 주제를 기입
   한 후 그 보고서의 연구주제가 속하는 전공분야를 기입하시오.
   (예: 보고서의 주제 - 교육방법,  보고서의 전공분야 - 교육학)

   1) 보고서의 주제 :

   2) 보고서의 전공분야 :

2. 문제 1의 보고서의 전공분야를 소개할 수 있는 참고정보원을 조사하여 기입하시오.

3. 참고정보원에서 전공분야에 대해 읽고, 전공분야의 성격, 세부전공 및 해당 전공분야 연구자들이 일반적으로 필요로 하는 정보의 유형을 적으시오.

1) 전공분야의 성격 :

2) 전공분야의 세부전공 :

3) 이 전공분야에서 연구자들이 일반적으로 요구하는 정보의 유형 :

4) 이 전공분야에서는 최신의 정보가 선호되는가?  아니면 오래된 정보가 더 높은 가치를 지니는가?


## Ⅲ. 보고서 작성에 필요한 정보의 유형과 범위 및 잠재적 정보원 결정

1. 보고서 작성에 요구되는 사항을 적으시오.

| 구  분 | 내  역 |
|---|---|
| 보고서의 유형 | |
| 보고서(과제) 분량 | |
| 필요한 정보원의 유형 | |
| 보고서 작성에 필요한 기간 | |

* 보고서 분량은 A4 몇 장 등으로 기재한다.
* 보고서의 유형은 과제의 유형 즉 학기 중 리포트, 학위논문, 짧은 구두, 프리젠테이션 등을 기록한다.

2. 보고서 작성에 어떤 유형의 정보가 필요한가?

3. 보고서 작성에 최신의 정보만이 필요한가? 오래된 역사적 정보가 필요한가?

4. 보고서 작성에 필요한 정보를 도서관내에서 입수하기를 원하는가? 아니면 웹상에서 모두 입수하기를 원하는가? 필요하다면 유료의 DB를 이용하거나 다른 도서관의 자료를 이용하기 위하여 방문 또는 상호대차를 요구할 것인가?

5. 보고서 작성에 필요하다고 예상되는 정보요구를 충족시키는 정보원의 유형과 각 정보원에 수록된 정보의 유형을 기입하시오.

| 정보원의 유형 | 수록된 정보의 유형 |
|---|---|
|  |  |
|  |  |
|  |  |
|  |  |

(예를 들면, 정보원의 유형 : 백과사전, 멀티미디어 등, 정보원에 수록된 정보의 유형: 배경정보 또는 사실정보 등으로 기재한다.)

## 참고문헌

고영만. 2005. 『정보문해』. 서울: 성균관대학교 문헌정보학과.

김순희. 2007. 2006. 『정보문해 온라인 강의록』. 서울: 성균관대학교.

김명숙, 박정, 김영정, 민찬홍. 2002. 『사고력 검사 개발 연구』. 서울: 한국교육과정 평가원.

한국도서관협회. 1994. 『도서관정보관리편람』. 서울: 한국도서관협회.

한국브리태니커주식회사. 2007. 『브리태니커 백과사전』. [cited 2007.6.9].
⟨http://www.britannica.co.kr/product/eb2007.asp⟩.

Anderson, William C. 1997. A Dictionary of Law. Cincinnati, Ohio: Anderson.[cited 2007.6.9].
⟨http://www.ilabdatabase.com/member/detail.php3?custnr=&membernr=1661&ordernr=18493⟩.

California Polytechnic State University. 1999. "CSU Information Competence." [cited 2004.5.10]. ⟨http://www.lib.calpoly.edu/infocomp/modules/index.html⟩.

Cornell University. 2006. "The Seven Steps of the Research Process." [cited 2007.6.9].
⟨http://www.library.cornell.edu/olinuris/ref/research/skill1.htm⟩.

Howard University. 2005. "Basic Steps in the Research Process." [cited 2007.6.9].
⟨http://www.howard.edu/library/Assist/Guides/strategies/process.htm⟩.

Ohio State University Libraries. 2007. "Searching 101." [cited 2007.6.18].
⟨http://gateway.lib.ohio-state.edu/tutor/les4/⟩.

Oxford University Press. 2002. The Enciclopedia Oxford/Zanichelli della Letteratura Italiana. New York: Oxford University Press. [cited 2007.6.9].
⟨www.rdg.ac.uk/italian/companion/home.htm⟩.

Queensland University of Technology. 2006. "Determine your information needs." [cited 2006.9.25]. ⟨http://pilot.library.qut.edu.au/module1/⟩.

Queensland University of Technology. 2006. "Phrase searching." [cited 2007.6.25].
⟨http://pilot.library.qut.edu.au/module2/2__3/__5/⟩.

Samuels, Holly. 2004. "Listing Key Works." [cited 2007.6.9].

⟨http://www.crlsresearchguide.org/02__Listing__Key__Words.asp⟩.
⟨http://www.crlsresearchguide.org/01__Selecting__A__Research__Topic.asp⟩.

# 제 6 장

## 관련정보의 소재 파악 및 접근
### : 도서, 연속간행물, 멀티미디어

연구자 또는 과제를 수행하는 사람이 연구주제와 관련하여 찾을 수 있는 정보가 수록된 정보원은 크게 도서관내에 물리적인 형태로 소장되어 있는 단행본, 참고자료, 비디오 등의 인쇄 및 멀티미디어 정보원과 웹을 통해 이용할 수 있는 웹 페이지, 웹 DB 등의 전자정보원으로 크게 둘로 나눌 수 있다.

6장, 7장에서는 연구주제에 관련된 정보가 수록된 다양한 정보원을 찾기 위하여 적절한 검색도구를 결정하고 어떻게 검색도구를 이용하여 필요한 정보원의 소재를 파악하고 접근하는 지에 대해 학습한다. 특히 6장에서는 도서, 연속간행물 및 멀티미디어 등의 물리적인 형태로 도서관에 소장되어 있는 정보원을 찾기 위해 소속된 대학과 외부 기관의 도서관 온라인 목록을 이용하는 방법에 대해 집중적으로 살펴본다.

이를 통해 소속된 대학도서관과 외부 기관의 온라인 목록을 이용하여 도서, 연속간행물 및 멀티미디어 등을 검색하는 방법과 청구기호, 소장위치 등에 대한 이해를 통해 소속된 대학도서관에서 자료를 찾는 방법을 습득하도록 하며, 외부 기관의 자료에 대해서는 상호대차 등을 통하여 입수하는 방법을 터득하도록 하는 것을 목표로 한다.

# 1. 적절한 검색도구 결정

연구에 필요한 다양한 정보원들을 찾기 위해서는 적절한 검색도구를 사용하여야 한다. 과거에는 정보와 정보원을 찾는 것이 대부분 도서관안에서 가능하였으며 주로 도서관 목록을 사용하였다. 그러나 정보기술의 발달로 인터넷의 사용이 가능하게 됨에 따라 도서관에 소장되어 있는 자료만이 아니라 인터넷을 통하여 전자적으로 도서관 외부에 있는 데이터나 문서도 이용자들이 원격으로 자유롭게 접근하여 이용할 수 있도록 됨으로써 많은 정보와 정보원을 발견할 수 있게 되었다. 따라서 도서관 목록 이외에 적절한 검색도구를 결정할 수 있어야 하며, 보다 다양한 검색도구를 사용할 수 있는 능력을 갖추는 것이 필요하다.

도서관 소장자료는 물론 웹상의 정보원을 찾기 위해 인터넷으로 접근할 수 있는 주요 검색도구로는 도서관 온라인 목록, 연속간행물 색인 또는 DB, 인터넷(웹) 검색도구를 들 수 있다.

도서관 온라인 목록(Online Catalogue)은 특정 도서관이 소장하고 있는 도서, 연속간행물, 멀티미디어 등을 찾는데 사용된다. 일반적으로 도서관 소장자료에 대한 검색이 일반에게 허용된 온라인 목록으로 'OPAC(Online Public Access Catalog)'이라고도 부른다. 예를 들면 각 대학도서관의 온라인 목록, 한국교육학술정보원 전국대학소장자료 목록, 국립중앙도서관 소장자료 목록, WorldCat 등이 도서관 온라인 목록에 해당된다.

연속간행물 색인 또는 데이터베이스(저널 색인 또는 데이터베이스라고도 함)는 연속간행물들을 색인한 것으로 학술지, 잡지 등 연속간행물에 수록된 인쇄 또는 전자형태의 아티클을 찾는데 사용된다. 연속간행물 색인은 인쇄 또는 전자형태 또는 두가지 모두의 형태로 되어 있으나 현재는 주로 전자형태의 색인 또는 DB를 사용한다. 따라서 찾고자 하는 주제에 적합한 색인의 종류와 형태를 선택하여야 한다. 예를 들면 도서관·정보학에 관한 아티클을 찾기 위해서는 전자형태의 LISA net, 전 학문분야의 경우는 OCLC Article First, 예술 및 인문분야는 Arts & Humanities Search 등을 사용하여야 한다.

인터넷(웹) 검색도구인 검색엔진, 주제별 디렉토리, 주제별 가이드 및 전문 DB는 웹 페이지와 웹 DB 등의 다른 웹 정보원을 검색하는데 사용된다. 특히 웹 DB에 수록된 정보는 일반 검색엔진으로 검색이 되지 않으므로 전문 DB를 이용하여야 한다. 웹 검색도구의 예를 들면 네이버, 야후, 구글, Librarians' Index to the Internet, 누리미디어 KRpia 등이 있다.

정보원의 유형별로 검색도구에 대한 국내외 사례는 〈표 6-1〉과 같다.

이러한 도서관 온라인 목록, 연속간행물 색인 및 인터넷 검색도구 등은 대부분 각 대학의 도서관 홈페이지와 직접 인터넷을 통해 접근이 가능하다. 6장과 다음의 7장에서는 대학도서관 홈페이지를 통해 이용할 수 있는 주요 검색도구를 중심으로 각 검색도구의 이용방법에 대해서 상세히 다루게 된다.

〈표 6-1〉 정보원의 유형별 검색도구

| 정보원의 유형 | 검색도구 | 대표적인 사례 |
|---|---|---|
| 단행본 | 도서관 온라인 목록 | 성균관대학교 등 각 대학의 도서관 온라인 목록, 한국교육학술정보원 전국대학소장자료목록, 국립중앙도서관 소장자료 목록, WorldCat |
| 연속간행물 | 도서관 온라인 목록 | 성균관대학교 등 각 대학의 도서관 온라인 목록, 한국교육학술정보원 전국대학소장자료목록, WorldCat |
| 학위논문 | 도서관 온라인 목록<br>웹 DB | 성균관대학교 등 각 대학의 도서관 온라인 목록, 한국교육학술정보원 전국대학소장자료목록, 국회도서관, DDOD, PQDT |
| 참고정보원 | 도서관 온라인 목록<br>웹 DB | 성균관대학교 등 각 대학의 도서관 온라인 목록, 한국교육학술정보원 전국대학소장자료목록, 국립중앙도서관 소장자료 목록, WorldCat |
| 연속간행물<br>아티클 | 연속간행물 색인 또는 DB | 누리미디어 DBpia, 한국교육학술정보원 학술지 기사 색인, LISA net, OCLC Article First, Arts & Humanities Search |
| 시각/청각자료,<br>멀티미디어 | 도서관 온라인 목록, 웹 DB | 성균관대학교 등 각 대학의 도서관 온라인 목록, WorldCat, 누리미디어 KRpia, designdb의 이미지 DB |
| 전자(웹)정보원 | 검색엔진, 주제별 디렉토리, 주제별 가이드 및 전문 DB | 네이버, 야후, 구글, Librarians' Index to the Internet |

## 2. 도서관 온라인 목록을 이용한 도서, 연속간행물, 멀티미디어 검색방법

연구주제에 필요한 도서, 연속간행물 및 멀티미디어를 찾기 위한 방법은 여러 가지가 있다. 첫번째 방법은 연구자 또는 과제를 수행하는 사람이 소속된 대학의 도서관 온라인 목록을 이용하는 것이다. 두번째 방법은 소속된 대학도서관에 필요한 자료가 소장되어 있지 않은 경우 외부 기관의 도서관 목록을 이용하는 것이다. 우리나라의 경우 대표적으로 한국교육학술정보원 전국대학소장자료목록, 국립중앙도서관 소장자료목록, WorldCat, 국가전자도서관 종합목록 등을 이용한다.

> - 소속된 대학의 도서관 온라인 목록
> - 한국교육학술정보원 전국대학소장자료목록
> - WorldCat
> - 국립중앙도서관 소장자료 목록 〈http://www.nl.go.kr〉
> - 국가종합목록 : 국가전자도서관 〈www.dlibrary.go.kr〉

도서관 온라인 목록은 물리적으로 특정 도서관내에 소장되어 있거나 전자적으로 도서관에 소장되어 있는 자료를 기술하는 레코드를 가진 특정 데이터베이스이다. 온라인 목록은 과거의 카드목록에 기록되었던 정보원에 대한 서명, 저자 등의 서지정보 이외에 어떤 특정 도서의 소장위치 및 대출 가능여부, 연속간행물의 최근 입수호, 소장호수 및 제본호 등의 소장사항 정보를 제공한다. 또한 정보원이 전자저널 또는 웹 DB 등의 전자(웹)정보원인 경우, 도서관 온라인 목록은 링크를 제공하기도 한다(예 : 누리미디어 DBpia의 과학동아, 조선일보 아카이브).

대학도서관의 온라인 목록의 경우는 일반적으로 캠퍼스내에 있는 도서관 이외에 타지역에 있는 해당 대학의 분관도서관 등에 소장된 단행본, 연속간행물, 참고도서, 학위논문 및 멀티미디어에 관한 정보도 함께 제공한다.

따라서 도서관 목록에서 검색을 전방일치, 완전일치, 키워드 중 어느 것으로 할 것인지를 결정한 후 일반적인 검색항목인 서명, 저자, 출판사 등과 같은 주어진 검색항목 중 하나 이상을 선택하여 검색어를 입력하고 부울의 불리안 연산자를 사용하여 조합한 후 관련 도서 등을 검색할 수 있어야 한다(그림 6-1 참조).

검색결과가 너무 많거나 너무 적은 경우에는 검색항목의 재조정 또는 검색조건을 제한하여 검색을 재실시하거나, 결과내 검색을 실시하여야 한다. 그리고 연구주제에 관련된 최적의 정보원 또는 어떤 특정 도서나 연속간행물의 서지정보는 물론 소장위치, 대출여부, 최신 입수호 등의 소장사항을 파악할 수 있어야 한다.

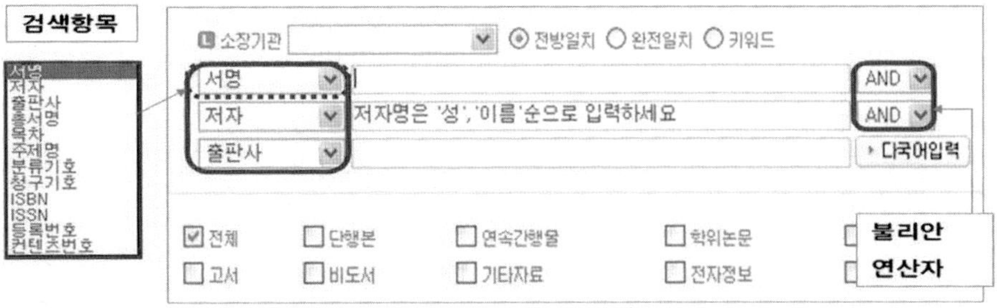

〈그림 6-1〉 온라인 목록의 검색항목 및 불리안 연산자

# 1) 검색항목

온라인 목록의 주요 검색항목으로는 서명, 저자, 출판사, 주제명, 분류기호, 청구기호, ISBN, ISSN, 등록번호 등이 있다.

서명 검색은 필요한 정보원(도서, 연속간행물, 비디오 등)의 서명 전부 또는 최소한 일부를 알고 있을 때 실시한다. 특정 학술지 또는 전문잡지 등 연속간행물을 구독하고 있는지를 알고자 할 때는 서명에 저널명 등 연속간행물명을 입력하여 사용한다(예 : 월간디자인 등). 한문으로 된 서명은 한글로 입력하며, 서양서의 경우 서명의 맨 처음에 오는 The, A, An과 같은 관사는 생략하고 입력한다.

예) Designing the world's best exhibits (도서명)

디자인과 키치 (도서명)

월간디자인 (연속간행물명)

The dictionary of interior design 또는 dictionary of interior design

저자 검색은 특정 저자명을 전부 알고 있거나 최소한 일부를 알고 있을 때 실시하며, 저자명은 성, 이름 순으로 입력한다. 예를 들면 국내 저자명은 '피천득', 서양인명은 'Pegler, Martin M.'과 같이 입력한다. 저자는 개인 또는 단체일 수 있다. 저자 검색을 통해 도서관에 소장된 특정 저자의 저술을 한꺼번에 검색할 수 있다.

예) 피천득
Pegler, Martin M.
한국도서관협회

출판사 검색은 특정 출판사명을 전부 알고 있거나 최소한 일부를 알고 있을 때 실시하며, 도서관에 소장된 특정 출판사의 저술을 한꺼번에 검색할 수 있다.

주제명 검색은 특정 주제나 개념을 나타내는 표준화된 단어나 어구인 주제명 표목을 사용하여 실시한다. 이러한 주제명 표목은 특정 주제에 관한 저술을 한꺼번에 검색이 가능하게 하는 것으로 도서관들은 목록에서 저술의 주제를 나타내는 주제명 표목을 사용한다. 그러나 국내 대학도서관에서는 대부분 외국서에 한해 미국의회도서관 주제명 표목표(Library of Congress Subject Heading, LCSH)를 사용하여 주제명을 부여한다. 따라서 국내서의 경우는 주제명 표목표에 의한 주제명 검색은 불가능하나 인명으로 된 주제명은 검색이 가능하다.

예) 이상화
Shakespeare, William.
Design, Industrial.
Automobiles--Design and construction--Pictorial works.
Airplanes--Design and construction--Pictorial works.

저자 검색(또는 저자명 검색)과 인명으로 된 주제명 검색의 차이는 저자 검색이 저자명을 입력하여 저자가 쓴 저술을 찾기 위한 것이라면, 인명으로 된 주제명 검색은 저자명을 입력하여 저자에 대해 쓴 저술을 찾기 위한 것이라는 것이다.

예) 저자 검색 : 이상화 → 나의 침실로, 상화시집 등
주제명 검색 : 이상화 → 이상화 시의 연구, 이상화의 서정시와 그 아름다움 등

분류기호 검색은 자료의 주제와 그 표현형식을 나타내는 숫자 또는 숫자와 문자로
되어 있는 기호 즉 소속된 대학도서관에서 사용하고 있는 DDC 또는 KDC 등의 분류
체계에 기술된 숫자로 검색을 하는 것이다. 찾고자 하는 주제분야의 분류기호를 전부
또는 최소한 첫 번째 백의 자리의 숫자는 알고 있을 때 실시할 수 있다. 도서관에 소
장된 분류기호에 해당하는 모든 저술을 한꺼번에 검색할 수 있다.

예) 340  법학(DDC)
    811  한국문학(DDC)
    621  기계공학(DDC)

청구기호 검색은 서가상에 자료의 위치를 표시하여 주는 기호인 청구기호로 검색을
하는 것이다. 청구기호는 분류기호(Class number)와 도서기호(Book number)로 구성
된다. 도서기호는 일반적으로 저자기호와 저작(또는 서명)기호, 판차기호, 연차기호,
권기호, 복본기호, 그 밖에 도서관 규정을 나타내는 기호 등의 부차적인 기호들로 구
성된다(표 6-2 참조).

<표 6-2> 청구기호에 대한 사례

| 청구기호 | 명 칭 | 내 역 |
|---|---|---|
| TM | 별치기호 | 자료의 형태나 용도에 따라 별도로 보관할 필요가 있는 도서들을 표시하기 위한 기호로 여기서 TM은 석사학위논문을 나타낸다. |
| 745.4 | 분류기호 | 745.4는 자료에서 다루고 있는 내용에 대해 DDC(듀이십진분류표)에 의해 부여되는 기호로 주제인 Design을 나타낸다. |
| ㅂ267ㅇ | 저자기호+저작기호 | ㅂ267은 저자명 '박은정'의 첫 자음이며 ㅇ은 학위논문명 『유아용 입체 북의 표현에 관한 연구』의 첫 자음이다. |
| c.2 | 복본기호 | 해당자료가 복본 두 번째 자료를 의미 |

청구기호 검색은 찾고자 하는 정보원의 청구기호를 전부 또는 최소한 일부는 알고
있을 때 실시할 수 있다. 청구기호 검색을 통해 특정 주제분야의 서가상에 있는 모든

저술을 한꺼번에 검색해 볼 수 있는 것으로 특정 주제분야의 서가 앞에서 관련 저술
들을 쭉 브라우징하는 것과 같은 효과를 가진다.

예) T 370      교육학분야 학위논문 전체(전방일치 또는 우측절단 선택)

620        공학분야 자료(전방일치 또는 우측절단 선택)

342.5102 ㄱ916ㅎ 2007      헌법관련 특정 저술

국제표준도서번호(ISBN) 검색은 전 세계에서 발행되는 도서에 부여되는 국제적으
로 표준화된 고유번호인 ISBN으로 검색하는 것으로 특정 저술의 10자리 또는 13자리
의 ISBN을 알고 있을 때 실시할 수 있다. 번호사이에 있는 하이픈은 일반적으로 생략
하고 입력하나 목록에 따라 하이픈을 넣고 입력을 하여도 된다.

· 예) 2007년 이전 ISBN : 89-7383-052-X → 897383052X

· 예) 2007년 이후 ISBN : 978-89-7383-052-7 → 9788973830527

국제표준연속간행물번호(ISSN) 검색은 전 세계에서 발행되는 연속간행물에 부여되
는 국제적으로 표준화된 고유번호인 ISSN으로 검색하는 것으로 특정 연속간행물의 8
자리의 ISBN을 전부를 알고 있을 때 실시할 수 있다. 번호사이에 있는 하이픈은 일반
적으로 넣고 입력하나 목록에 따라 하이픈을 생략하고 입력을 하여도 된다. ISBN과
ISSN 모두를 합쳐 국제표준자료번호라 한다.

· 예) 월간디자인의 ISSN : 1227-1160 → 1227-1160 또는 12271160

· 예) 경제학연구 ISSN : 1226-377X → 1226-377X 또는 1226377X

등록번호 검색은 도서관에서 입수되는 자료들에 대해 입수순으로 부여하는 일련번호로 검색하는 것이다. 도서관에 따라 동양서, 서양서 등 자료에 따라 일련번호앞에 별도의 구분자를 포함하기도 한다(예 : EM0757824, WM0203014, WW0123958 등). 일반적으로 바코드 상단에 표기된다.

각 검색항목에 검색어를 입력하는 데 있어서 일어, 그리스어 및 특수기호 등으로 이루어진 검색어의 경우는 다국어 입력 부분을 클릭하여 입력한다(그림 6-2 참조).

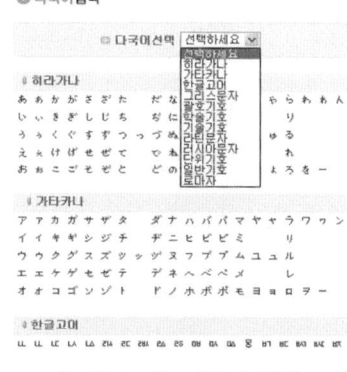

〈그림 6-2〉 다국어 입력

〈표 6-3〉 온라인 목록의 주요 검색항목

| 구 분 | 내 역 | 사 례 |
|---|---|---|
| 서명 | 서명 전부 또는 최소한 일부를 알고 있을 때 실시한다. | Designing the world's best exhibits |
| 저자 | 저자명의 전부 또는 최소한 일부를 알고 있을 때 실시하며, 특정 저자의 저술을 한꺼번에 검색할 수 있다. | Pegler, Martin M. |
| 출판사 | 출판사명 전부 또는 최소한 일부를 알고 있을 때 실시한다. | Visual Reference Publications |
| 주제명 | 특정 주제나 개념을 나타내는 표준화된 단어나 어구인 주제명 표목을 사용하여 실시한다. 이러한 주제명 표목은 특정 주제에 관한 저술을 한꺼번에 검색이 가능하게 한다. | Exhibitions-Design. |
| 분류기호 | 자료의 주제와 그 표현형식을 나타내는 숫자 또는 숫자와 문자로 된 분류기호로 검색하는 것이다. | 700.74 |
| 청구기호 | 서가상에 자료의 위치를 표시하여 주는 기호인 청구기호로 검색을 하는 것이다. | 700.74 P376d |
| ISBN | 도서에 부여되는 국제적으로 표준화된 고유번호인 10자리 또는 13자리의 ISBN으로 검색하는 것이다. | 1584710381 9788973830527 |
| ISSN | 연속간행물에 부여되는 국제적으로 표준화된 고유번호인 ISSN으로 검색하는 것이다. | 0835-3808 |
| 등록번호 | 도서관에서 입수되는 자료들에 대해 입수순으로 부여하는 일련번호로 검색하는 것이다. | WM0203014 |

## 2) 제한검색

일반적인 검색항목 이외에 보다 제한적인 검색을 하기 위해서는 정보원(또는 자료) 의 유형, 발행년도, 주제분류, 언어유형, 원문여부, 최대출력건수 등과 같은 검색조건에 대해 추가적으로 선택하여야 한다.

〈표 6-4〉 제한검색의 종류

| 구 분 | 내 역 |
|---|---|
| 정보원(또는 자료)의 유형 | 단행본, 연속간행물, 학위논문, 고서, 비도서 등 |
| 주제분류 | 제시된 분류체계(DDC 또는 KDC 등)에서 선택 |
| 언어유형 | 한국어, 영어, 일본어, 중국어, 독일어, 프랑스어, 러시아어, 기타 |
| 원문여부 | 초록, 해제, 목차, URL, 원문, 이미지 등 |
| 최대출력건수 | 300, 500, 1000, 3000, 5000 등 |

목록 검색결과는 일반적으로 자료에 대한 서지정보만을 제공하고 알고자 하는 정보의 컨텐츠는 없는 것으로 상세정보에 나타나는 소장위치, 도서상태, 청구기호 등을 참조하여 서가에 있는 정보원을 찾거나 대출 여부 또는 상호대차를 결정하여야 한다(그림 6-3 참조). 또는 전자(웹)정보원인 경우에는 제공된 링크를 클릭함으로써 정보원에 접근하여야 한다.

그런데 도서관의 온라인 목록은 연속간행물에 수록된 최신의 또는 권위있는 정보원인 아티클 각각에 대한 정보는 제공하지 않는다. 따라서 연구에 필요한 아티클을 찾기 위해서는 연속간행물 색인 또는 DB를 사용하여야 한다.

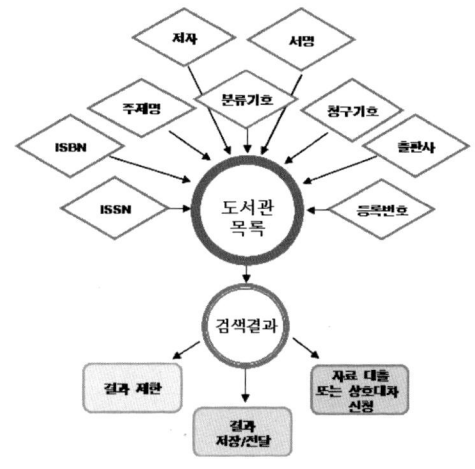

〈그림 6-3〉 도서관 온라인 목록을 이용한 검색/입수과정 (OSUL 2005)

## 3. 대학도서관 온라인 목록: 성균관대학교 중앙학술정보관 온라인 목록

각 대학도서관은 도서관에 소장되어 있는 도서, 멀티미디어 등의 자료를 대학 구성원들이 온라인 목록을 통해 검색이 가능하도록 서비스하고 있다. 여러 대학도서관 중 국내 대학도서관에서 많이 사용하고 있는 Solars 도서관리프로그램을 사용하고 있는 성균관대학교의 학술정보관 온라인 목록을 이용하여 도서, 연속간행물 및 멀티미디어를 검색하는 방법에 대해 살펴보도록 한다.

성균관대학교의 학술정보관 온라인 목록은 인문사회과학캠퍼스에 있는 중앙학술정보관, 법학도서관, 존경각과 자연과학캠퍼스에 있는 과학학술정보관에 소장된 단행본, 연속간행물, 학위논문, 비도서, 전자정보원 등의 소장자료에 대한 정보를 통합검색할 수 있는 웹기반 목록이다.

학술정보관 온라인 목록은 중앙학술정보관 또는 과학학술정보관 홈페이지에서 Quick Search(①)와 통합검색이 가능하다(그림 6-4 참조).

〈그림 6-4〉 성균관대학교 중앙학술정보관 홈페이지  (성균관대학교 2007)

Quick Search는 서명, 저자, 출판사의 세가지 검색항목 중 선택된 하나에 의한 간략 검색을 말하며, 전방일치를 기본으로 한다. 홈페이지에 있는 상세검색(②), 통합검색 (③), 소장정보검색(④)은 모두 소장 정보원에 대한 통합 상세검색을 말하며 검색방법 이 동일하다. 통합 상세검색을 하려면 셋 중 아무거나 하나를 선택하면 된다.

중앙학술정보관 온라인목록의 통합검색은 전방일치, 완전일치, 키워드 검색 중 전방 일치 검색을 기본으로 하고 있다. 검색항목은 서명, 저자, 출판사, 총서명, 목차, 주제 명, 분류기호, 청구기호, ISBN, ISSN, 등록번호, 컨텐츠번호 등과 같은 12개 항목으로 되어 있으며, 이중에서 검색항목을 최소 1개에서 최대 3개까지 이용하도록 하고 있다. 검색항목을 조합하는 데는 AND, OR, NOT과 같은 부울(boole)의 불리안(boolean) 연 산자를 사용하여야 한다.

그리고 일반적인 검색항목 이외에 보다 제한적인 검색을 하기 위해서는 목록의 검 색항목 아래에 있는 자료의 유형, 발행년도, 언어유형, 주제분류, 수록정보, 페이지당 건수, 최대 출력건수, 결과화면형식 등과 같은 제한적인 검색항목 중에서 필요한 항목 을 추가적으로 선택하도록 하고 있다(그림 6-5 참조). 또한 자료유형별로 검색이 가능 하도록 화면의 왼쪽에 별도의 아이콘을 제시하고 있다.

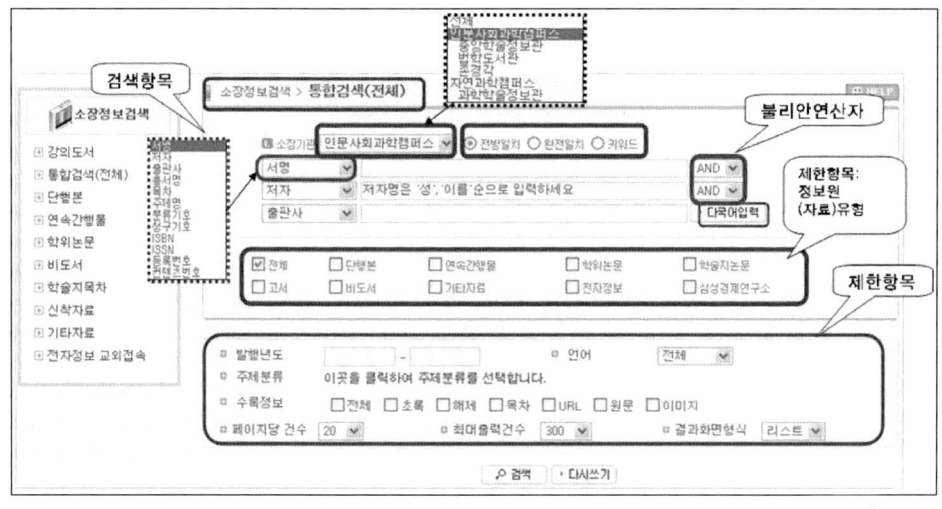

〈그림 6-5〉 성균관대학교 중앙학술정보관 온라인 목록의 통합검색 화면

## 1) 도서관 온라인 목록을 이용한 도서 찾기

도서는 온라인 목록의 통합검색에서 검색이 이루어져야 한다. 단행본은 통합검색이외에 소장정보검색 화면 왼쪽에 있는 단행본 아이콘을 클릭함으로써 검색이 가능하다. 그러나 연속간행물은 단행본에서 검색이 되지 않는 것으로 검색하고자 하는 도서 특히 참고정보원이 단행본인지 연속간행물인지 정보원의 유형을 정확하게 알지 못하는 경우에는 통합검색을 실시한다.

검색자가 찾고자 하는 도서에 관하여 무엇을 알고 있느냐에 따라 서명, 저자, 주제명, 키워드, 청구기호, 출판사, ISBN, ISSN, 등록번호 등과 같은 12개 검색항목 중 최소 1개에서 최대 3개까지를 선택하여 많은 방식으로 검색할 수 있다.

1) 성균관대학교 학술정보관에 소장된 도서 『경제를 읽는 기술』에 대한 서명 검색의 사례를 들어 보면 다음과 같다.

① 검색시 검색어를 전방일치, 완전일치 또는 키워드로 검색할 것인지를 선택한다. 검색어 입력란위에 선택 체크박스가 있다. 여기서는 전방일치를 선택한다. 서명 중 키워드만을 알고 있으면 키워드를 선택한다.

② 검색항목에서 서명을 선택한 후 '경제를 읽는'이라고 입력한다. 또는 '경제를 읽는 기술'이라고 입력한다.

③ 원하는 자료유형을 클릭한다. 여기서는 자료유형을 전체에 클릭한다. 특정 유형의 자료를 원하면 다른 유형을 클릭한다.

④ 검색결과가 많을 것으로 예상되거나 특정한 것을 원하는 경우에는 자료 유형, 발행년도, 언어, 주제분류, 수록정보, 페이지당 건수, 최대 출력 건수 등 제한항목 중 필요한 사항을 선택한다. 여기서는 검색결과가 많지 않은 것으로 예상됨으로 제한하지 않는다.

⑤ 검색을 클릭한다.

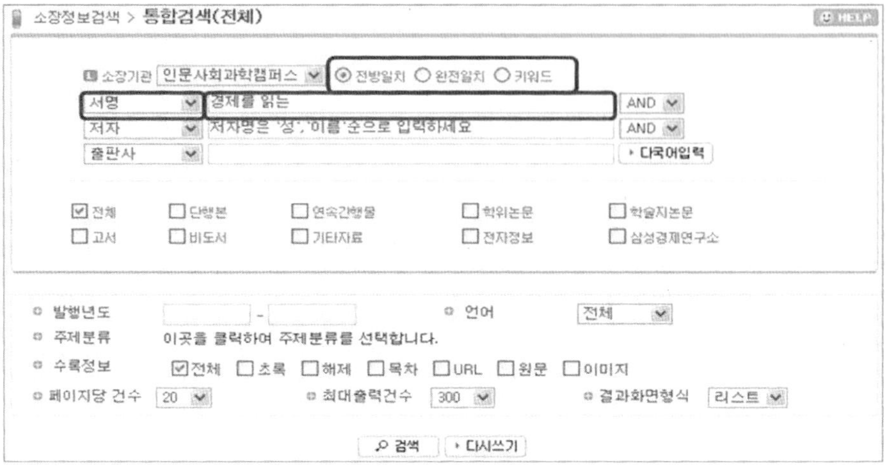

〈그림 6-6〉 성균관대학교 중앙학술정보관 온라인 목록의 입력 화면

⑥ 검색결과 총 2건이 검색되었으며 그 중 찾고자 하는『경제를 읽는 기술』이 있다.

⑦ 검색된 여러 자료 중 찾고자 하는 자료의 상세정보를 보기 위해서는 서명을 클릭한다. 또는 번호 앞에 있는 체크박스에 체크를 하고 상세정보를 클릭한다(그림 6-7 참조).

〈그림 6-7〉 온라인 목록의 검색결과 화면

⑧ 상세정보 화면 하단에 소장사항이 나타나 있다. 『경제를 읽는 기술』은 중앙학술
정보관의 경우 5층 사회과학자료실에 3권이 소장되어 있으며 현재 대출이 가능한 상
태이다. 검색결과는 상세정보 상단에 있는 '나의 폴더저장' 아이콘을 클릭하여 저장할
수 있다(그림 6-8 참조). 그리고 『경제를 읽는 기술』을 찾기 위해서는 소장위치인 5층
사회과학자료실로 가야 한다. 대부분의 도서관에서는 소장위치를 잘 찾아 갈 수 있도
록 도서관 층별 안내를 표 또는 그림으로 제시하고 있는 것으로 이를 참고한다.

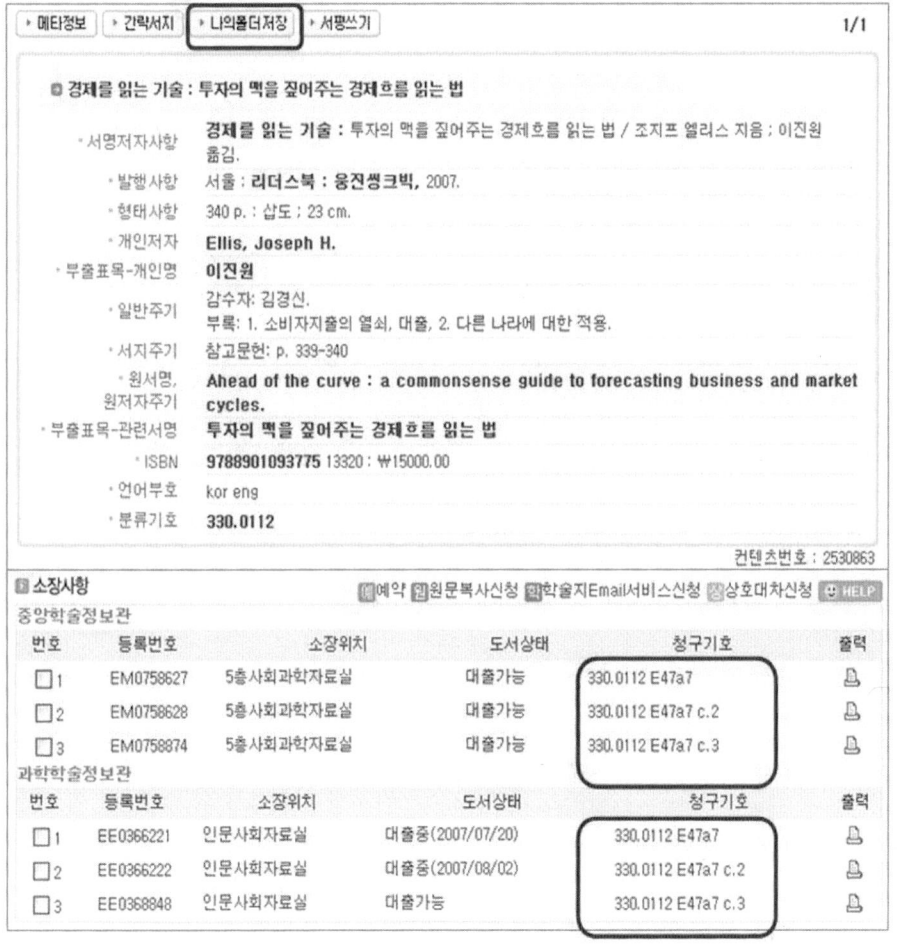

〈그림 6-8〉 온라인 목록의 검색결과의 상세정보 화면

 5층 사회과학자료실 서가에서 『경제를 읽는 기술』을 찾기 위해서는 소장사항에 기록된 청구기호를 이용하여야 한다. 청구기호는 서가에서의 배열의 기준을 제공하는 것으로, 도서관에서는 도서의 배열시에는 청구기호의 순서대로 서가의 상단에서 하단으로, 왼쪽에서 오른쪽으로 배열한다. 각 도서는 별치기호별로 분류번호순으로 배열되며 분류번호가 동일할 경우 저자기호, 권연차기호, 복본기호의 순으로 배열된다. 따라서 청구번호의 별치기호, 분류기호, 저자기호, 저작기호, 권연차기호, 복본기호의 순으로 도서를 찾아야 하며 여기서는 분류기호 330.0112 → E47 → a7 (두번째 복본의 경우는 → c.2)순으로 서가에서 찾는다.

 또한 과학학술정보관에도 3권이 소장되어 있으며 현재 2권은 대출중이고 한권은 대출이 가능하다. 대출 또는 열람을 위해서는 과학학술정보관 2층 인문사회자료실에서 청구기호를 이용하여 330.0112 → E47 → a7 → c.3의 순으로 서가에서 찾는다.

 ⑨ 자료 입수 후 열람 또는 대출 여부를 결정한다.

〈표 6-5〉 청구기호 읽는 법

| 경제를 읽는 기술<br>/Joseph H. Ellis. | 청구기호 | 세부명칭 | 의  미 |
|---|---|---|---|
| | | 별치기호 | 없음 |
| **경제를 읽는 기술** | 330.0112 | 분류기호 | 330은 경제학(economics)을 의미한다. 중앙학술정보관의 경우 5층 사회과학자료실로 가야 한다. |
| | E47a7 | 저자기호<br>+<br>저작기호 | - Ellis, Joseph H.(성, 이름)의 저자기호와 원서명 『Ahead of the curve: a commonsense guide to forecasting busines and market cycles』의 맨 앞에서 따온 알파벳 a와 역자(이진원)의 성 '이'를 나타내는 7로 구성된다.<br>- 330.0112 분류기호대에서 저자기호, 저작기호의 순서로 찾아야 한다. |
| | | 권차기호 | 없음 |
| | c.2 | 복본기호 | 동일한 도서가 3권 있으며, c.2는 동일한 책 중 두번째, c.3은 동일한 책 중 3번째임을 나타낸다. |
| | c.3 | | |

 2) 성균관대학교 학술정보관에 소장된 도서에 대한 인명으로 된 주제명 검색의 사례를 들어 보면 다음과 같다.

디자이너 'Luigi Colani'의 작품, 전기 등에 대해 검색하고자 한다. 한 디자이너에 관한 이와 같은 책들은 한 디자이너의 비판적 사고, 서지, 그리고 전시품/수집품의 리스트를 제공한다. 따라서 한 디자이너에 관한 비평 또는 전기에 관한 책들은 주제명 표목에서 디자이너명을 사용한다(예 : 'Colani', 'Colani, Luigi'). 다른 디자이너, 예술가, 저술가들에 관한 작품, 비평, 전기 등도 같은 방법으로 검색할 수 있다.

그러나 성균관대학교 학술정보관을 비롯한 국내 대학도서관에서는 인명을 제외한 다른 주제명 표목은 외국서에 한하여 제공하고 있는 것으로 국내서의 경우는 인명이 아닌 다른 주제명으로 검색을 할 수 없고 서명 등 다른 검색항목에 대한 키워드 검색을 하여야 한다. 그리고 최근 일부 대학도서관 및 전문도서관에서는 도서의 목차까지 입력하고 검색이 가능하도록 하고 있는 것으로 보다 많은 관련자료를 검색하는 것이 용이하다. 따라서 소속된 도서관 온라인 목록에서 원하는 검색결과가 없는 경우 이러한 도서관들의 온라인 목록을 통해 관련자료를 확인한 후 다시 그러한 자료들이 소속 도서관에 소장되어 있는지 서명으로 목록을 재검색하여 자료를 입수하는 것도 좋은 방법이다.

주제명 표목을 사용한 검색은 다음과 같이 실시한다.

① 검색시 검색어를 전방일치, 완전일치 또는 키워드로 검색할 것인지를 선택한다. 여기서는 전방일치를 선택한다.

② 검색항목란에서 주제명을 선택한 후 Colani, Luigi를 입력한다.

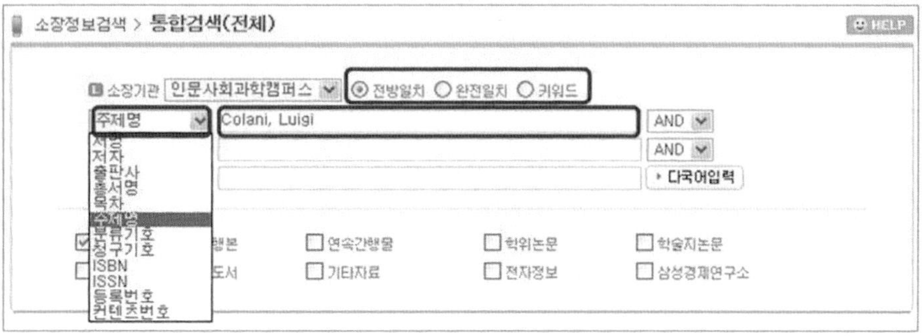

〈그림 6-9〉 단행본 주제명 검색 입력 화면

③ 자료유형을 전체로 클릭한 후 엔터를 하거나 검색을 클릭한다.

④ 검색결과 1건이 검색되었다.

⑤ 자료의 상세정보를 보기 위해서는 서명을 클릭하거나 번호 앞에 있는 체크 박스에 체크를 하고 상세정보를 클릭한다(그림 6-10 참조).

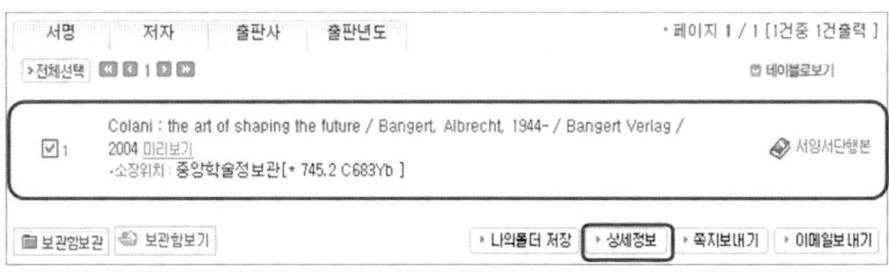

〈그림 6-10〉 단행본 주제명 검색결과 화면

⑥ 상세정보 화면 하단에 소장사항이 나타나 있다. *Colani : the art of shaping the future*는 중앙학술정보관에 1권이 소장되어 있으며 현재 대출이 가능한 상태이다. 2층 서양서 서고에 소장되어 있는 것으로 청구기호를 이용하여 서가에서 자료를 찾는다 (그림 6-11 참조). 청구번호의 별치기호, 분류기호, 저자기호, 저작기호, 권연차기호, 복본기호순으로 찾는 것으로 여기서는 분류기호 745.2 → C683 → Yb 순으로 서가에서 찾는다.

〈그림 6-11〉 단행본 주제명 검색결과 상세정보 및 소장사항 화면

⑦ 자료 입수 후 열람 및 대출 여부를 결정한다.

## 2) 도서관 온라인목록을 이용한 연속간행물 찾기

국내외에서 많은 연속간행물이 발행되고 있다. 이러한 많은 연속간행물 중에서 필요한 연속간행물을 찾는 것은 도서관 온라인 목록의 통합검색 또는 연속간행물에서 저널명에 의해 실시될 수 있다. 도서관 온라인 목록은 구독기간, 최근 입수호의 일자 이외에 소장된 권호에 대한 권호정보를 제공한다. 또한 기 간행된 이전의 권호 즉 기간호(back issue)들은 마이크로필름화되거나 제본되는데, 제본정보에서는 제본된 기간호에 대한 등록번호, 소장위치, 청구기호, 권호 등을 알려준다. 서가에서 청구기호로 자료를 찾을 때에는 청구기호의 별치기호, 분류기호, 저자기호, 저작기호, 권호기호, 복본기호순으로 찾는다.

연속간행물은 인쇄 또는 전자 또는 두가지 형식 모두로 도서관에 소장되어 있다. 여기서는 도서관 온라인 목록을 이용하여 인쇄 연속간행물과 인쇄 및 전자형식으로 되어 있는 연속간행물을 찾는 두가지 방법에 대해 사례를 들어 살펴보고자 한다.

### (1) 도서관 온라인 목록을 이용한 인쇄된 국내 연속간행물 찾기

국내 연속간행물 『광고정보』를 찾는 방법을 예로 들면 다음과 같다.

① 검색시 검색어를 전방일치와 완전일치 중 어느 것으로 검색할 것인지를 선택한다. 연속간행물명을 알고 있는 정도에 따라 선택한다. 여기서는 전방일치를 선택하기로 한다.

② 통합검색(전체)의 검색항목 중 서명을 선택한 후 '광고정보'를 입력하고 아래의 자료의 유형 중 연속간행물을 선택한다(그림 6-12 참조).

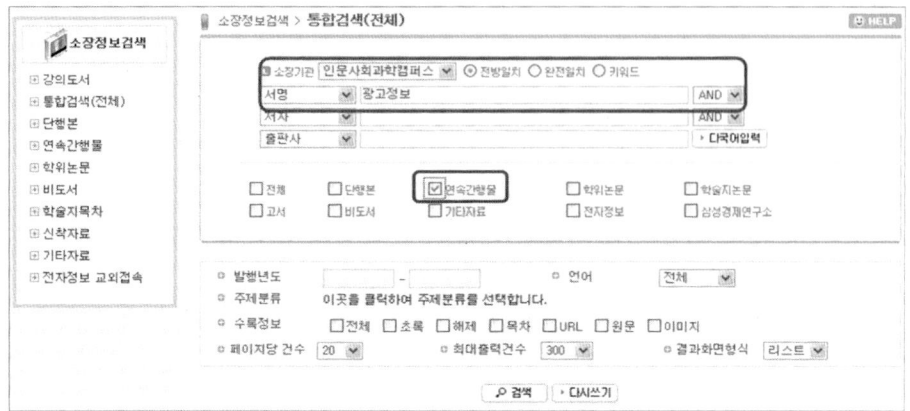

〈그림 6-12〉 소장정보 통합검색(전체)에서의 연속간행물 검색 입력화면

다른 또 하나의 방법은 목록의 입력화면 왼쪽에 있는 연속간행물을 선택하여 저널 명 항목에서 '광고정보'를 입력하는 것이다. 이 경우는 별도로 아래의 자료의 유형 중 에서 연속간행물을 선택할 필요가 없다(그림 6-13 참조).

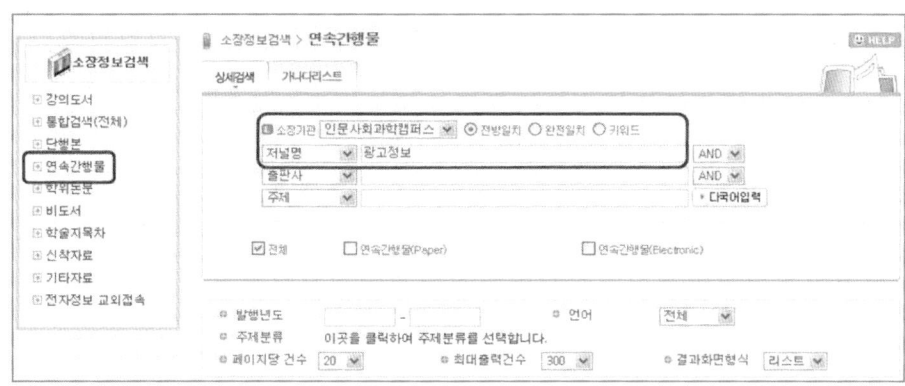

〈그림 6-13〉 연속간행물 검색 입력 화면

③ 검색결과 1건이 검색되었다.

④ 자료의 상세정보를 보기 위해서는 서명을 클릭하거나 번호 앞에 있는 체크 박스 에 체크를 하고 상세정보를 클릭한다(그림 6-14 참조).

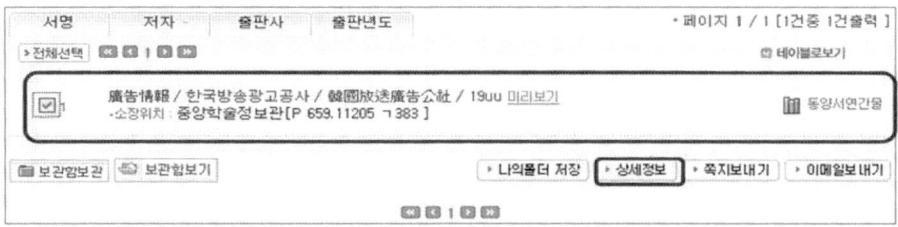

〈그림 6-14〉 국내 인쇄 연속간행물 검색결과 화면

⑤ 상세정보 화면에서 『광고정보』의 최근 입수된 호 또는 입수된 호에 대한 사항을 알고자 하면 권호정보의 '보기'를 클릭한다. 아래 그림의 ①번 내역과 같이 입수된 호에 대한 정보를 보여준다(그림 6-15 참조).

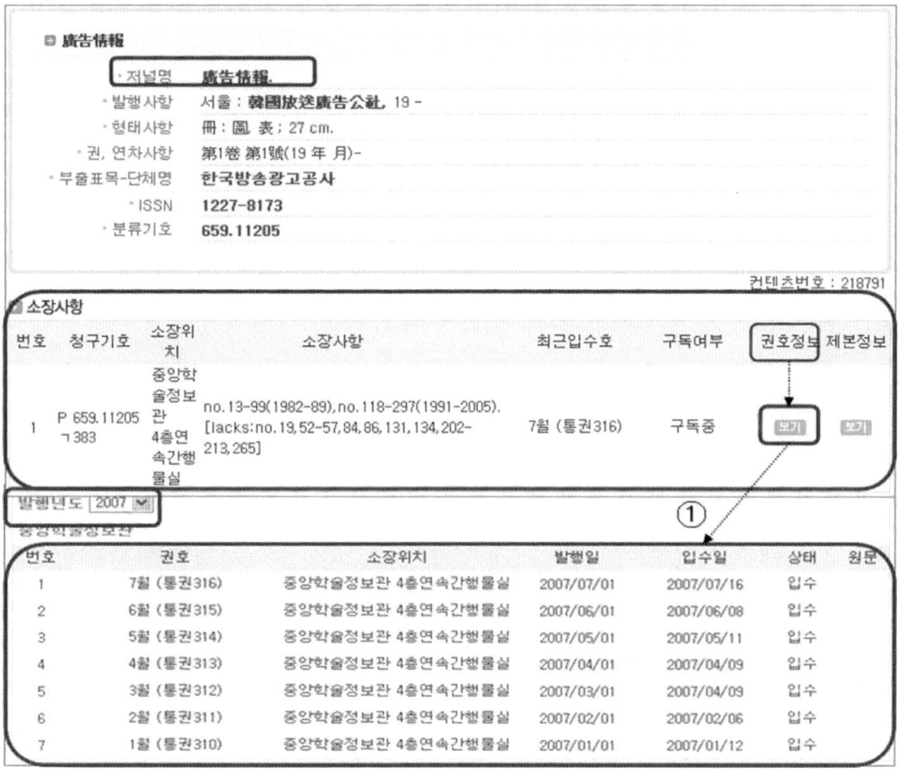

〈그림 6-15〉 국내 인쇄 연속간행물 검색결과 상세정보 및 소장사항 화면 – 권호정보

또한 상세정보 화면에서 『광고정보』의 제본된 기간호에 대한 사항을 알고자 하면 제본정보의 '보기'를 클릭한다. ②번 내역과 같이 『광고정보』가 언제까지 그리고 어떻게 제본되어 도서관에 소장되어 있는가를 나타낸다(그림 6-16 참조).

소장사항

| 번호 | 청구기호 | 소장위치 | 소장사항 | 최근입수호 | 구독여부 | 권호정보 | 제본정보 |
|---|---|---|---|---|---|---|---|
| 1 | P 659.11205 ㄱ383 | 중앙학술정보관 4층연속간행물실 | no.13-99(1982-89),no.118-297(1991-2005).[lacks:no.19,52-57,84,86,131,134,202-213,265] | 7월 (통권316) | 구독중 | 보기 | 보기 |

②

중앙학술정보관

| 번호 | 소장위치 | 등록번호 | 청구기호 | 권호 |
|---|---|---|---|---|
| 1 | 4층연속간행물실 | EM0761701 | P 659.11205 ㄱ383 no.294-297 (2005) | no.294-297(2005) |
| 2 | 4층연속간행물실 | EM0761700 | P 659.11205 ㄱ383 no.290-293 (2005) | no.290-293(2005) |
| 3 | 4층연속간행물실 | EM0761699 | P 659.11205 ㄱ383 no.286-289 (2005) | no.286-289(2005) |
| 4 | 4층연속간행물실 | EM0724687 | P 659.11205 ㄱ383 no.282-285 (2004) | no.282-285(2004) |
| 5 | 4층연속간행물실 | EM0724178 | P 659.11205 ㄱ383 no.274-277 (2004) | no.274-277(2004) |
| 6 | 4층연속간행물실 | EM0724148 | P 659.11205 ㄱ383 no.278-281 (2004) | no.278-281(2004) |
| 7 | 4층연속간행물실 | EM0671040 | P 659.11205 ㄱ383 no.270-273 (2003) | no.270-273(2003) |
| 8 | 4층연속간행물실 | EM0671039 | P 659.11205 ㄱ383 no.266-269 (2003) | no.266-269(2003) |
| 9 | 4층연속간행물실 | EM0671038 | P 659.11205 ㄱ383 no.262-264 (2003) | no.262-264(2003) |

**〈그림 6-16〉 국내 인쇄 연속간행물 검색결과 소장사항 화면 - 제본정보**

⑥ 도서관 목록은 일반적으로 인쇄 연속간행물에 대해서 서지정보와 소장사항만을 제공하므로 인쇄 연속간행물에 수록된 아티클의 컨텐츠 정보를 입수를 위해서는 도서관 연속간행물실에 가야 한다. 따라서 여기서 인쇄 연속간행물인 『광고정보』에 수록된 아티클을 보기 위해서는 소장사항에 기술된 것과 같이 소장위치인 4층 연속간행물실에 가야 한다.

또한 연속간행물은 같은 연속간행물명을 가진 것이라도 최근 몇 년 안에 발행된 것으로 제본되지 않은 연속간행물이 꽂히는 연속간행물 서가와 제본된 연속간행물이 꽂히는 서가는 일반적으로 디자인뿐만 아니라 놓여 있는 위치도 서로 다르다(그림 6-17, 6-18 참조). 따라서 필요한 연속간행물이 제본된 것인지 아닌지를 소장사항에서 확인한 후 청구기호로 연속간행물 서가에서 찾아야 한다.

〈그림 6-17〉 연속간행물 서가

〈그림 6-18〉 일반 도서 및 제본된 연속간행물 서가

⑦ 인쇄 연속간행물은 도서관 밖으로 대출이 되지 않는 것으로 연속간행물실에서 열람을 하거나 복사 또는 스캔 등을 한다.

## (2) 도서관 온라인 목록을 이용한 인쇄 및 전자형식으로 된 연속간행물 찾기

국내 연속간행물 『과학동아』를 찾는 방법을 예로 들면 다음과 같다.

① 검색시 검색어를 전방일치와 완전일치 중 어느 것으로 검색할 것인지를 선택한다. 연속간행물명을 알고 있는 정도에 따라 선택한다. 연속간행물명인 『과학동아』와 ISSN 1228-3401을 알고 있다고 전제하고 전방일치를 선택한다. 연속간행물명만 알고 있는 경우에는 정확율을 높이기 위해 완전일치를 선택하는 것이 좋다.

② 통합검색(전체)의 검색항목 중 서명을 선택한 후 '과학동아'를 입력하고 다시 검색항목 중 ISSN을 선택하고 1228-3401을 입력하며 두 검색어 간의 불리안 연산자는 AND로 한다. 그리고 아래의 자료의 유형 중 연속간행물을 선택한다(그림 6-19 참조).

목록의 입력화면 왼쪽에 있는 연속간행물을 선택하여 검색어를 입력하는 경우에는 별도로 아래의 자료의 유형 중에서 연속간행물을 선택할 필요가 없다.

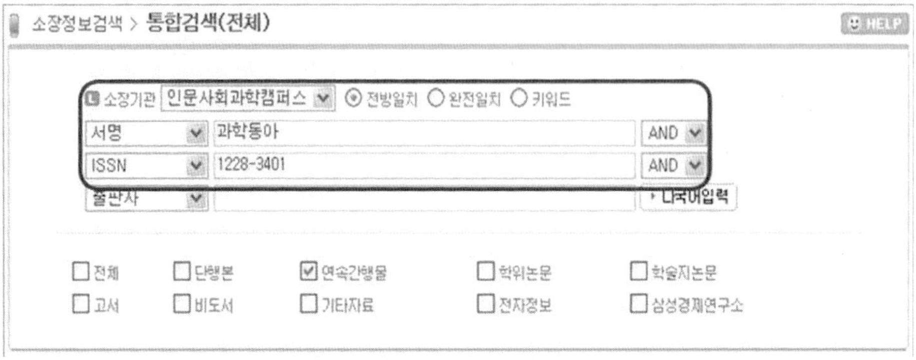

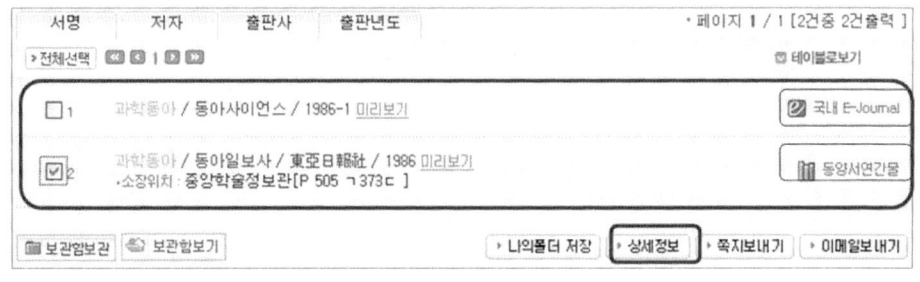

〈그림 6-19〉 통합검색(전체)에서의 연속간행물 검색 입력 화면

③ 검색결과 2건이 검색되었다.

『과학동아』는 인쇄 및 전자 형식으로 된 연속간행물이며, 이 두 가지를 모두 도서관에서 소장하고 있다는 것을 알 수 있다.

2건 중 먼저 인쇄 연속간행물의 상세정보를 보기 위해서 2번의 서명을 클릭하거나 번호 앞에 있는 체크박스에 체크를 하고 상세정보를 클릭한다(그림 6-20 참조).

〈그림 6-20〉 국내 연속간행물 검색결과 화면

④ 상세정보 화면에서 『과학동아』의 최근 입수된 호 또는 입수된 호에 대한 사항을 알고자 하면 권호정보의 '보기'를 클릭한다. 〈그림 6-21〉의 ①번 내역과 같이 입수된 호에 대한 정보를 보여준다.

또한 상세정보 화면에서 『과학동아』의 제본된 기간호에 대한 사항을 알고자 하면 제본정보의 '보기'를 클릭한다. ②번 내역에 의하면 『과학동아』는 1995년 8월호까지 제본되었으며, 1995년 5월호부터 1995년 8월호까지를 한권으로 제본하여 1층 제3서고에 보관하고 있다(그림 6-21 참조).

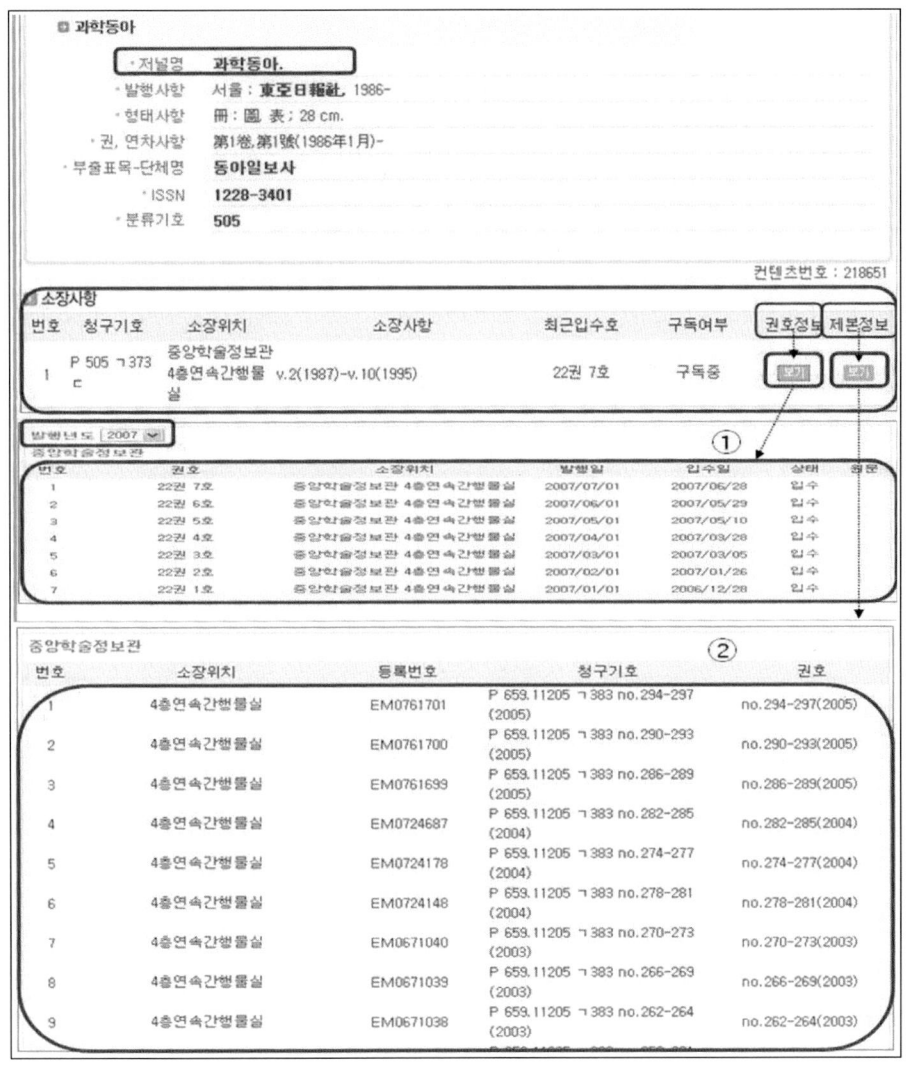

〈그림 6-21〉 국내 연속간행물 검색결과 상세정보 및 소장사항 화면 – 권호정보, 상세정보

⑤ 도서관 목록은 일반적으로 인쇄 연속간행물에 대해서 서지정보와 소장사항만을 제공하므로 인쇄 연속간행물에 수록된 아티클의 컨텐츠 정보를 입수하기 위해서는 도서관 연속간행물실에 가야 한다.

그런데 최근 몇 년내 간행된 권/호는 4층 연속간행물실에 소장되어 있는데 반해 발행된 지 오래되고 제본된 권/호는 1층 제3서고에 소장되어 있는 것으로 같은 『과학동아』라도 필요로 하는 권호에 따라 찾아가야 하는 소장위치가 다르다.

반면 검색결과 1번은 전자저널(e-Journal)이다. 검색결과에서 전자저널에 어떻게 접근하는지에 대해 살펴보도록 한다.

⑥ 검색결과 중 1번의 저널명(과학동아)을 클릭한다(그림 6-22 참조).

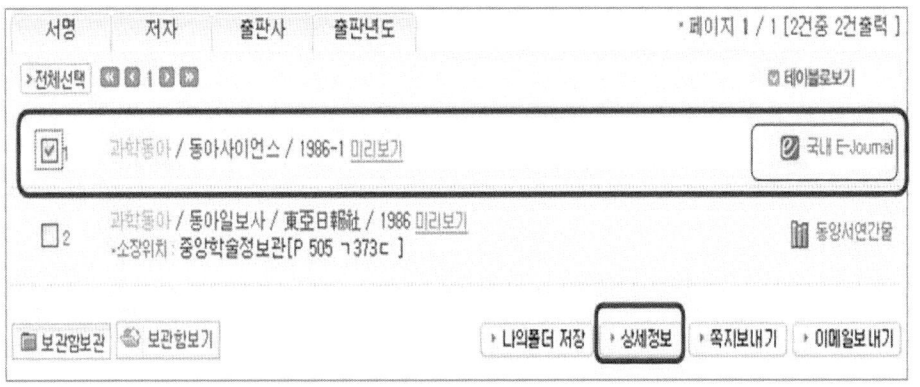

〈그림 6-22〉 국내 연속간행물 검색결과 화면

⑦ 1번을 클릭하면 상세정보가 나타난다. 상세정보에 의하면 『과학동아』 전자저널은 검색시점 현재 1986년부터 2007년 1월호까지 원문을 제공하고 있다. 『과학동아』 전자저널에 수록된 아티클 원문을 보기 위해서는 바로가기에 있는 URL을 클릭한다(그림 6-23 참조).

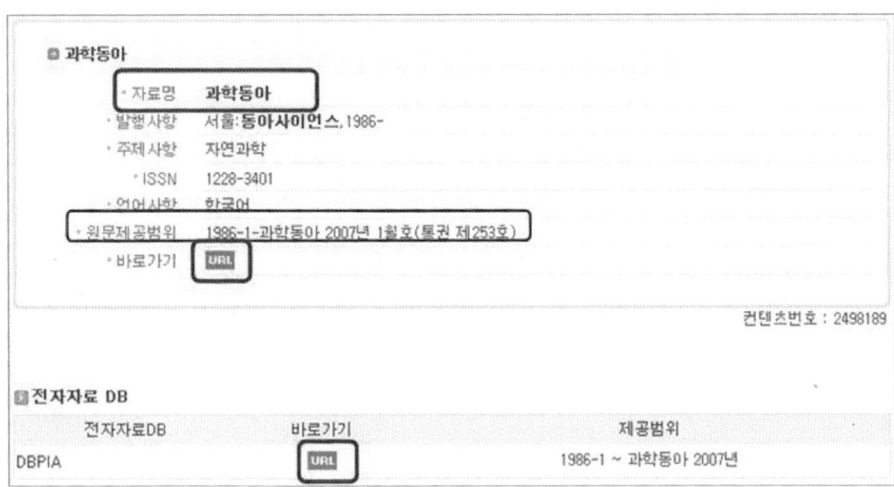

〈그림 6-23〉 국내 연속간행물 검색결과 상세정보 화면

⑧ URL을 클릭하면 데이터베이스인 누리미디어 DBpia에 수록된 『과학동아』 전자저널로 연결되며, 호수별로 기사를 검색할 수 있도록 되어 있다(그림 6-24 참조). 그러나 관련 주제별로 아티클을 찾기 위해서는 누리미디어 DBpia에서 검색어로 다시 검색을 하여야 한다. 검색을 하면 관련 주제에 대한 아티클 원문이 수록된 PDF 파일을 입수할 수 있다. 누리미디어 DBpia에서 연구주제관련 아티클을 찾는 방법은 다음 장에서 학습함으로 여기서는 생략한다.

도서관 온라인 목록은 앞서 살펴본 바와 같이 각 인쇄 및 전자 연속간행물에 대해 서지정보와 소장위치 또는 URL 링크는 제공하지만, 각 연속간행물속에 포함된 개별적인 아티클에 대한 정보는 기술하지 않고 있다. 따라서 특정 연구주제에 관한 아티클을 종합적으로 찾기 위해서는 연속간행물 색인 또는 데이터베이스를 이용해야 한다.

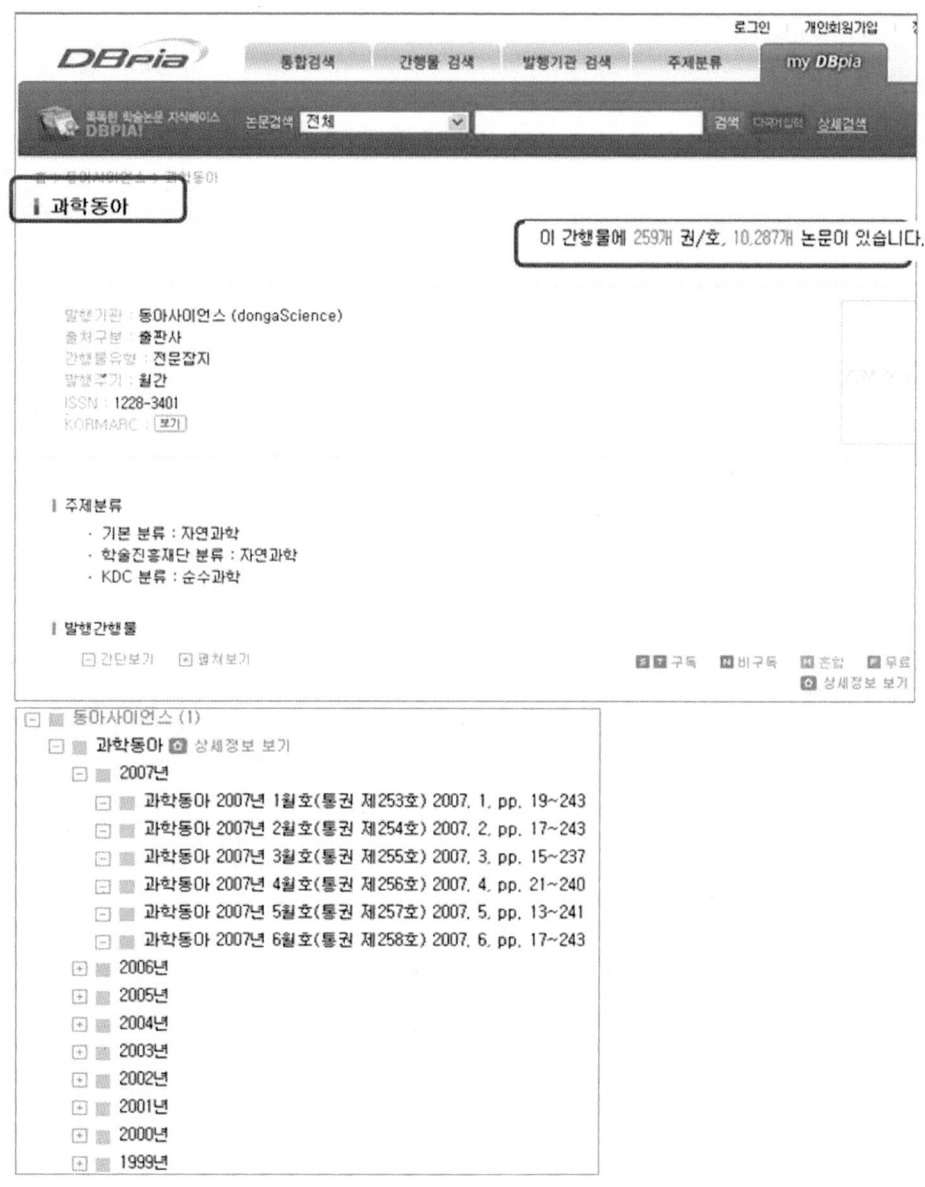

〈그림 6-24〉 국내 연속간행물 검색결과 화면

## 3) 대출 예약, 캠퍼스간 상호대차 및 타대학도서관간의 상호대차 신청

대출 예약은 중앙학술정보관 또는 과학학술정보관내에 대출하고자 하는 도서가 모두 대출되었을 때 소장사항의 소장위치 옆에 '예'라는 아이콘이 생기는데 그때 '예'라는 아이콘을 클릭하여 할 수 있다. 아래에 예시된『다빈치 코드』의 경우처럼 중앙학술정보관에 2권이 소장되어 있는데 2권이 모두 대출되어 대출가능한 것이 없을 때 인문사회과학 캠퍼스에 소속된 학생이 예약을 할 수 있는 것이다. 그런데 과학학술정보관에 소장된 2권의『다빈치 코드』는 대출이 가능한 것으로 중앙학술정보관이 있는 인문사회과학 캠퍼스에 소속된 학생은 과학학술정보관의 소장위치 옆에 '상'이라는 아이콘을 클릭하여 캠퍼스간 상호대차를 신청할 수도 있다. 반면에 자연과학 캠퍼스에 소속된 학생은 과학학술정보관에서『다빈치 코드』2권이 모두 대출가능한 상태이므로 대출을 하면 된다(그림 6-25 참조).

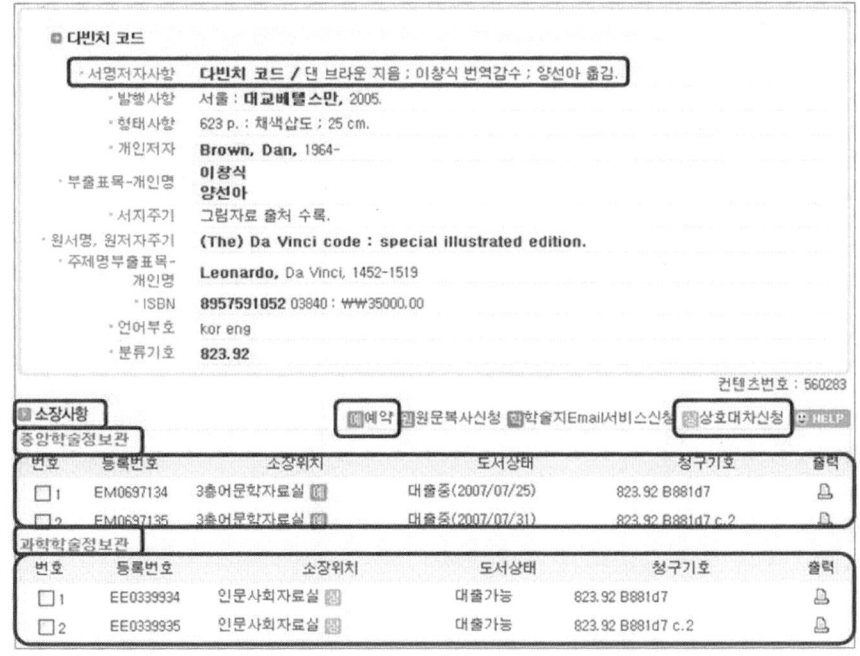

〈그림 6-25〉 도서의 대출예약 및 상호대차신청 가능한 소장사항 화면

상호대차는 도서관 목록을 검색한 후 원하는 도서가 해당 도서관에 없는 경우에 타 도서관에서 빌려다 주는 제도이다. 즉 상호대차 신청은 성균관대학교에 소속된 중앙학술정보관, 과학학술정보, 법학도서관 등의 5개 도서관에 원하는 단행본이 없는 경우에 협정을 맺은 타 대학도서관에 의뢰하여 대출해 줄 것을 신청하는 것이다. 상호대차 신청은 My Library의 상호대차신청(5개대 상호대차신청)에서 신청하기를 클릭한 후 원하는 자료에 대한 신청내역을 기록하고 '확인' 아이콘을 클릭하면 된다(그림 6-26 참조).

〈그림 6-26〉 단행본의 상호대차 신청 화면

## 4. 한국교육학술정보원 전국대학소장자료목록

한국교육학술정보원(KERIS)은 2007년 현재 국내 550여개의 대학도서관에 소장된 단행본, 학술지, 비도서자료(CD-ROM, 비디오 등)와 국내 일부 대학에서 수여된 석박사학위논문 및 내국인 해외 취득 박사학위논문 등에 대한 종합목록 DB를 구축하고 구축된 자료에 대한 서지사항 및 소장기관에 대한 정보를 제공하고 있다(한국교육학술정보원 2007). 특히 국내 대학의 석박사학위논문 및 내국인 해외 취득 박사학위논문에 대해서는 소장대학과의 협약을 통해 원문 또는 문헌복사서비스도 제공하고 있다. 그리고 국내 일부 학회 및 대학부설연구소에서 발행된 학술지와 해외 일부 학술지에 수록된 논문에 대한 기사색인 및 일본 일부 대학도서관의 소장자료도 통합검색이 가능하도록 하고 있으며 원문 또는 문헌복사서비스를 제공하고 있다(그림 6-27 참조).

따라서 연구주제에 관련된 보다 많은 정보원을 찾아보거나 소속 도서관에 소장되지 않은 특정 단행본, 학술지 또는 학위논문 등이 어느 대학도서관이나 기관에 소장되어 있는지를 확인하여 필요한 정보원을 입수하는 데에 매우 유용한 목록이다.

〈그림 6-27〉 한국교육학술정보원 전국대학소장자료목록

한국교육학술정보원의 전국대학소장자료목록을 이용하여 필요한 정보원을 찾고 문헌복사 등의 서비스를 받기 위해서는 기본적으로 대학에 소속된 연구자 또는 학생의 경우 먼저 대부분의 각 대학도서관의 홈페이지에 있는 한국교육학술정보원 링크 아이콘을 클릭하여 한국교육학술정보원의 학술연구정보서비스에 접속을 하거나 또는 직접 학술연구정보서비스(http://www.riss4u.net/index.jsp)에 접속한 후 회원가입을 하여야 한다. 자세한 회원가입 방법은 학술연구정보서비스 홈페이지의 오른쪽 상단에 있는 고객만족센터를 클릭하여 고객상담 자동답변 서비스에 있는 'RISS회원가입은 어떻게 하나요'에 대한 대답을 참고한다.

여기서는 전국대학소장자료목록을 이용하여 단행본과 국내 학위논문을 찾는 방법에 대해 살펴보도록 한다.

## 1) 단행본 찾기

한국교육학술정보원 전국대학소장자료목록에서 단행본 검색은 어떠한 방법으로 실시하는지에 대해 『제4회 대한민국 상공미술 전람회 도록』을 찾는 사례를 들어 설명하고자 한다.

① 로그인후 〈그림 6-28〉과 같이 개별검색(②) 중 단행본을 선택한다. 통합검색(①)을 선택하여도 되나 특정 단행본 또는 비도서자료(CD-ROM, 비디오)를 찾고자 할 때는 개별검색 중 단행본을 선택한다.

〈그림 6-28〉 한국교육학술정보원 전국대학소장자료목록 통합 및 개별검색 화면

② 검색항목을 전체에 놓고 검색입력란에서 검색어인 '제4회 대한민국 상공미술 전람회 도록'을 입력하고 엔터 또는 검색 아이콘을 클릭한다. 전체 검색은 기본적으로 추출된 모든 키워드에 대한 검색이며 키워드간에는 AND 연산자가 작용한다. 즉『제4회 대한민국 상공미술 전람회 도록』은 '제4회 AND 대한민국 AND 상공미술 AND 전람회 AND 도록' 으로 검색되는 것이다.

보다 정확하게 검색하기 위해서는 고급검색을 한다(그림 6-29 참조).

〈그림 6-29〉 단행본 개별검색 입력화면

③ 검색결과 7건이 검색되었으며 검색결과 중 6번이 찾고자 하는 자료이다(그림 6-30 참조).

〈그림 6-30〉 단행본 개별검색 검색결과 화면

④ 검색결과 6번의 상세정보를 보기 위하여 서명 부분을 클릭한다. 문헌복사서비스를 신청하기 위해서는 자료신청을 클릭한다(그림 6-31 참조). 문헌복사는 학위논문, 학술지논문, 단행본에 대한 부분 복사가 가능하다.

〈그림 6-31〉 단행본 개별검색 결과 상세정보 화면

## 2) 국내 학위논문 찾기

한국교육학술정보원 전국대학소장자료목록을 이용하여 국내 학위논문은 어떠한 방법으로 찾는지에 대해 아래와 같은 검색조건에 대한 사례를 들어 설명하고자 한다.

· 검색 조건: ① 논문명에 미니멀리즘과 패션이란 키워드를 모두 포함한 학위논문
 　　　　　　 ② 1996-2001년 사이에 학위를 수여받은 국내학위논문
· 검색 결과: ① 총 검색건수?　　（　　 건）
 　　　　　　 ② 원문을 다운로드 받을 수 있는 학위논문 건수?　　（　　 건）
 　　　　　　 ③ 검색결과 중 원문을 다운로드 받을 수 있는 논문을 하나 선택하여 답을 하시오.
 　　　　　　　　 ㉠ 학위논문명 :
 　　　　　　　　 ㉡ 저자 :　　　　　　　　 ㉢ 학위수여대학명 :
 　　　　　　　　 ㉣ 참고문헌은 논문의 몇 페이지에 수록되어 있는가?

① 로그인후. 전국대학소장자료목록의 개별검색 중 학위논문을 선택한다.

〈그림 6-32〉 학위논문 개별검색 선택 화면

② 학위논문 검색에서 고급검색을 실시한다. 먼저 키워드 검색을 선택한다. 그리고 검색항목을 논문명에 놓고 미니멀리즘과 패션을 아래의 〈그림 6-33〉의 ① 또는 ②와 같이 입력한다. 두 번째 방법을 사용하는 경우에는 키워드간의 불리안 연산자를 AND 로 놓는다. 그리고 학위수여년도를 검색조건에 있는 것과 같이 1996-2002를 입력하며, 검색대상유형을 국내 석사학위논문과 국내 박사학위논문으로 제한한다.

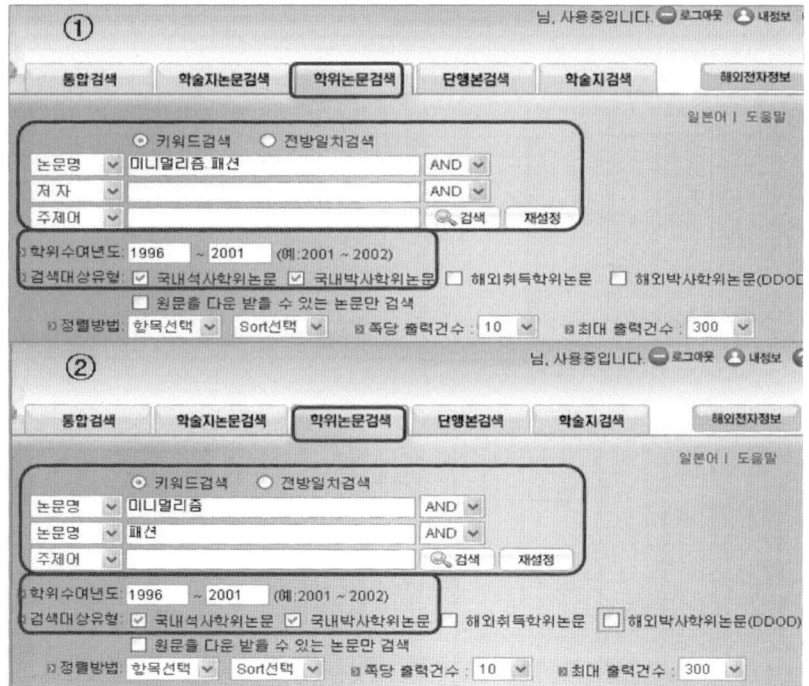

〈그림 6-33〉 학위논문 고급검색 입력 화면

③ 검색결과 5건이 검색되었다. 그 중 3건은 서지사항과 소장기관에 대한 정보를 제공하며, 2건은 원문까지 제공하는 것을 알 수 있다(그림 6-34 참조).

간략정보에서 학위논문명, 저자, 학위수여대학명을 확인할 수 있다. 그리고 검색 결과 중 1번, 3번, 4번의 논문명을 클릭하면 상세정보가 나타나며, 소장기관에 대한 정보가 있다. 원문을 입수하기 위해서는 소장기관을 직접 방문하거나 검색결과 화면 중에 있는 자료신청 아이콘을 클릭하여 문헌복사서비스를 신청한다(그림 6-35 참조).

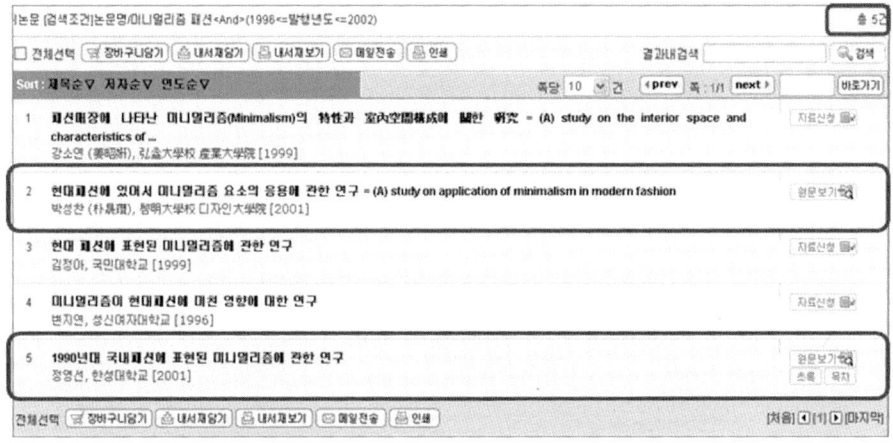

〈그림 6-34〉 학위논문 고급검색 결과 화면

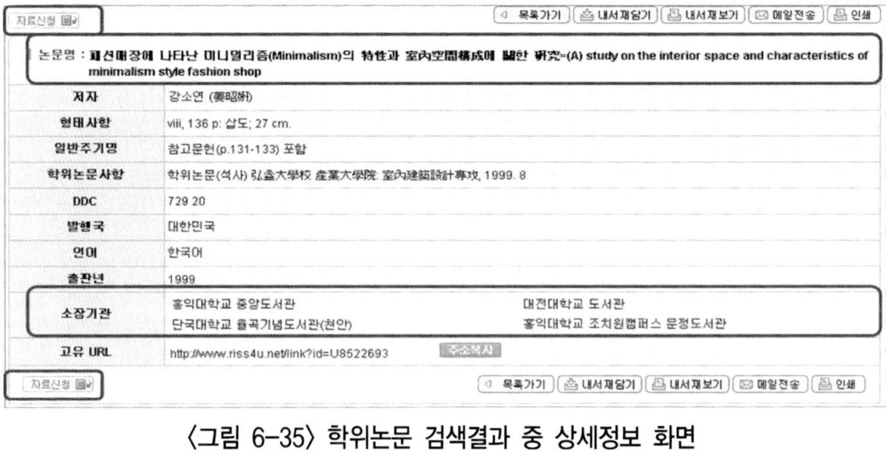

〈그림 6-35〉 학위논문 검색결과 중 상세정보 화면

④ 검색결과 중 2건은 원문을 제공한다. 원문을 보기 위해서는 화면 오른쪽에 있는 원문보기를 클릭한다. 그 중 하나인 『1990년대 국내 패션에 표현된 미니멀리즘에 관한 연구』의 목차에 의하면 참고문헌은 논문의 63페이지부터 수록되어 있다. 직접 PDF파일의 페이지를 넘겨 보면 참고문헌이 63~65페이지까지 수록되어 있음을 알 수 있다. 논문에 인쇄된 페이지 번호와 PDF파일의 페이지 번호는 같지 않다. PDF파일을 통해 논문을 볼 때 논문 중 해당 내용이 몇 페이지에 수록되어 있는지는 논문에 인쇄되어 있는 페이지번호가 기준이다. 원문이 보이지 않으면 원문보기 상단에 있는 원문뷰어를 설치한다(그림 6-36 참조).

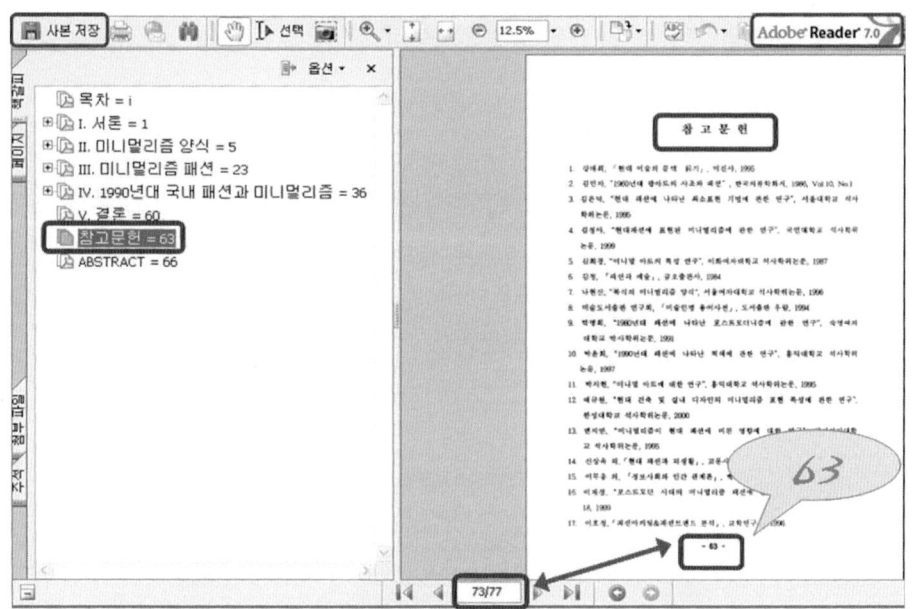

〈그림 6-36〉 학위논문 검색결과 중 원문 화면

⑤ 원문이 뜨면 관련논문을 PDF파일로 다운로드하거나 복사할 수 있다. 다운로드 하기 위해서는 화면의 왼쪽 상단에 있는 사본 저장을 클릭한다.

## 5. 인쇄정보원(print sources)에서의 정보접근

연구과제를 해결하기 위해 온라인 목록 검색 등을 통해 찾은 단행본, 참고도서, 저널 등의 인쇄정보원에 있어서의 정보의 접근방법에 대해 살펴본다. 인쇄정보원은 일반적으로 목차와 색인을 제공하는 것으로 이를 이용하여 정보에 접근한다.

### (1) 단행본, 저널

단행본, 저널에서 정보는 일반적으로 단행본 또는 저널의 목차(Table of Contents)나 뒤에 있는 권말색인의 저자, 키워드 등으로부터 접근된다(그림 6-37 참조).

### (2) 참고도서

백과사전은 백과사전 권말에 있는 색인 또는 전집 중 별도의 색인집을 통해 백과사전내의 정보를 찾아볼 수 있다. 아래의 예를 들어 설명하면 백과사전 내에서 필요한 주제어의 정보를 찾기 위해서는 색인에서 주제어를 선정하고 해당되는 권번호, 페이지, 위치를 확인하여 정보에 접근하게 된다(예 : space suit → 21:224:1a)(그림 6-38 참조).

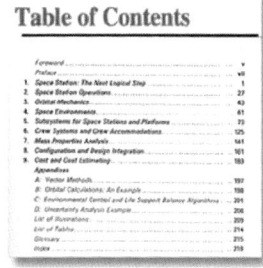 

〈그림 6-37〉 단행본의 목차 및 권말 색인 (Cal Poly 1999)    〈그림 6-38〉 백과사전의 색인

또한 백과사전에 수록된 기사의 참고문헌은 직접 정보를 제공하는 것이 아니고 정보를 얻을 수 있도록 관련된 다른 문헌에 대한 서지정보를 제공하므로 이를 통해 관련된 문헌을 찾을 수 있다.

사전은 사전의 목차와 권말에 있는 색인을 통해 키워드 등으로 사전내의 정보를 찾을 수 있다. 그리고 사전의 본문내에서 사용하고 있는 See, See also, 보라, → 등을 통해 찾으려는 용어의 정보 이외에 관련된 용어에 대한 정보에 접근할 수 있다. 예를 들면 『경제용어사전』에서 '종가세'라는 용어의 정의 이외에 See also (→)를 통해 이와 관련된 '종량세'라는 용어의 정의를 찾을 수 있다(그림 6-39 참조).

〈그림 6-39〉 경제용어사전의 See also(→) 사례

색인 및 초록(Indexes & Abstracts)은 주제에 관한 연속간행물 아티클을 찾는데 사용된다. 둘 다 원문 아티클을 포함하지 않고, 원문 아티클을 찾는데 필요한 정보인 인용(저자, 서명, 매거진명 또는 저널명, 권호, 일자 또는 페이지 등)을 제공한다.

색인과 초록속의 아티클 인용은 다양한 방식으로 접근될 수 있다. 즉 저자, 서명, 키워드, 주제는 가장 흔한 접근점이며, 이를 통해 정보에 접근이 가능하다.

〈그림 6-40〉 인쇄된 초록 사례
(Cal Poly 1999)

현재 인쇄된 색인과 초록보다는 전자 색인과 초록을 대부분 사용하고 있다.

## 연습문제

## Ⅰ. 도서 검색

1. 대학도서관에 소장된 모든 도서를 검색할 수 있도록 홈페이지 상에 링크시켜 놓은 것은? (    )

   1) 저널 색인 또는 DB　 2) 도서관 목록　 3) 구글(Google)　 4) 검색엔진

2. 서명 검색의 특징이 아닌 것은 무엇인가? (    )

   1) 도서의 주제명 표목속에 키워드를 찾는다.

   2) 입력한 정확한 서명을 가진 도서를 찾는다.

   3) 서명의 앞쪽 일부분으로 된 검색어와 앞부분이 일치하는 서명을 가진 도서를 찾는다.

   4) 도서의 서명 속의 키워드로도 검색이 가능하다.

3. 검색 방법 중 도서 또는 아티클에 대한 레코드 안에 필드 구분 없이 포함된 용어로 검색하는 방법은? (    )

   1) 서명 검색　 2) 키워드 검색　 3) 저자 검색　 4) 주제명 검색

4. 도서관 목록을 통해 검색할 수 없는 정보원은 어느 것인가? (    )

   1) 단행본　 2) 학술지　 3) 비디오　 4) 연속간행물 아티클

5. 어느 청구기호가 서가에서 가장 앞의 순서에 오는가? (    )

   1) 325.309 L788f　 2) 325.32 K66a　 3) 325.32 D273c7　 4) 325.3 P857d

6. 다음 중 어느 것이 서지정보를 확인하기 위한 적합한 정보원이 아닌가? (　　)

　1) Books in Print　2) 온라인서점　3) 온라인 목록　4) 전문잡지

7. 전 세계적으로 가장 많이 사용되고 있는 분류법은? (　　)

　1) KDC　2) NDC　3) DDC　4) UDC

8. 다음 목록을 이용한 검색방법에 대한 설명 중 틀린 것은?' (　　)

　1) 주제명 검색은 오직 외국서만 가능하다.

　2) 스티븐 스필버그의 영화 DVD를 찾고자 할 때 검색항목을 저자로 하여야 한다.

　3) James L. Mohler가 쓴 저술을 찾기 위해서는 Mohler, James L.라고 저자 검색
　　항목란에 기입하여야 한다.

　4) 청구기호로 검색한 결과와 분류기호로 검색한 결과는 다르다.

9. 대학도서관의 온라인 목록 검색을 통해 도서 『시크릿 하우스』의 서지사항 및 소장
　사항에 관련된 다음의 표 안의 문제에 대해 답하시오.

| 문 제 | 답 |
|---|---|
| 저 자 | |
| 발행처 | |
| 소장위치 | |
| 소장권수 | 권 |
| 대출가능 여부 | ① 대출가능 : (　　)권 중 (　　)권, ② 대출 불가능(모두 대출중) |
| 청구기호 | |

## II. 연속간행물 검색

1. 색인(Index)이란 무엇인가? (   )
   1) 도서관에 소장된 도서를 찾기 위한 도구
   2) 저널 또는 잡지에 수록된 아티클을 찾기 위한 도구
   3) 아티클에 대한 짧은 요약

2. *Journal of Intercultural Communication Research*를 목록을 이용하여 찾고자 할 때 통합검색에서 검색항목을 어느 것으로 하여야 하는가? (   )
   1) 저자   2) 주제명   3) 서명   4) 총서명

3. 대학도서관에서 연속간행물 『마케팅』을 구독하고 있는지를 알려고 한다. 다음 중 가장 정확하고 빠르게 검색할 수 있는 방법은 무엇인가? (   )
   1) 대학도서관의 목록에서 서명으로 통합검색을 하되 전방일치(또는 우측절단)를 선택한다.
   2) 대학도서관의 목록에서 서명으로 통합검색을 하되 키워드를 선택한다.
   3) 대학도서관의 목록에서 서명으로 통합검색을 하되 완전일치를 선택하며 제한항목 중 자료유형을 연속간행물로 한다.
   4) 대학도서관의 목록에서 주제명으로 통합검색을 하되 키워드를 선택하며 자료유형을 전체로 한다.

4. 대학도서관에 입수된 연속간행물 『마이크로소프트웨어』의 가장 최근호는 몇 년 몇 월호이며, 몇 년 몇 월호까지 제본되어 있는가? 또한 각각의 자료를 보기 위해서는 어디로 가야 하는지 소장위치를 기입하시오.

| 구 분 | 년 월호 | 소장위치 | 비 고 |
|---|---|---|---|
| 최근 입수호 | | | |
| 최종 제본호 | | | |

5. 대학도서관의 연속간행물에 대한 별치기호는 무엇인가?  (      )

6. 대학도서관의 온라인 목록에서 『과학동아』를 검색하여 소장되어 있는 것을 확인한 다음 소장자료 중 가장 최근에 발행된 자료의 원문을 보기 위해서는 어떻게 하여야 하는가?

| 인쇄정보원의 경우 | 소장자료 중 가장 최근호 | 권      호 (통권      호) |
| | 원문을 보기 위한 방법 | |
| 전자정보원의 경우 | 소장자료 중 가장 최근호 | 권      호 (통권      호) |
| | 원문을 보기 위한 방법 | |

7. 한국교육학술정보원(KERIS)의 전국대학소장자료목록에서 2006년에 학위를 받은 유비쿼터스 통합의료정보시스템에 관한 국내 학위논문을 검색하고자 한다. 검색 후 그 결과를 기입하시오.

 1) 총 검색건수?  (      건)
 2) 검색결과 중 원문을 다운로드 받을 수 있는 논문을 하나 선택하여 답을 하시오.
  ① 학위논문명 :
  ② 저자 :
  ③ 학위수여대학명 :
  ④ 참고문헌은 논문의 몇 페이지에 수록되어 있는가? (         page)

 3) 검색결과 중 원문을 다운로드 받을 수 없는 논문의 경우 원문을 입수하기 위해서는 이용자는 어떠한 조치를 취해야 하는가?

## 참고문헌

고영만. 2005. 『정보문해』. 서울: 성균관대학교 문헌정보학과.

김순희. 2007. 2006. 『정보문해 온라인 강의록』. 서울: 성균관대학교.

노진영, 이춘택. 2002. 『학술 정보 검색』. 공주: 공주대학교출판부.

누리미디어. 2006. DBpia. [cited 2007.4.18]. 〈http://www.dbpia.co.kr/〉.

성균관대학교. 2007. "성균관대학교 중앙학술정보관." [cited 2007.4.18].
        〈http://skkcl.skku.ac.kr/skkcl.htm〉.

한국교육학술정보원. 2007. "한국교육학술정보원 학술연구정보서비스." [cited 2007.4.18].
        〈http://www.riss4u.net/index.jsp〉.

California Polytechnic State University. 1999. "Information Competence: Locate and
        Retrieve Relevant Information." [cited 2006.5.10].
        〈http://www.lib.calpoly.edu/infocomp/modules/03__locate/index.html〉.

Ohio State University Libraries. 2005. "Searching the Library Cataglog." [cited 2007.6.18].
        〈http://gateway.lib.ohio-state.edu/tutor/oscar/〉.

# 제 7 장

웹 정보 검색

본 장에서는 인터넷과 웹의 차이, 웹 정보원과 웹 정보 검색도구의 종류 및 특징에 대해 개관하고, 웹 정보 검색도구들의 검색전략과 이용방법에 대해 살펴본다. 이를 통해 다양하고 많은 정보가 존재하며, 매우 빠르게 성장하는 인터넷에서 연구에 필요한 웹 정보를 신속하고 정확하게 찾을 수 있도록 올바른 웹 검색도구들을 선정하고 효율적으로 이용할 수 있는 능력, 기본적인 검색전략을 이해하고 검색전략을 형성하여 관련 웹 정보의 소재를 파악하고 접근할 수 있는 능력을 기르도록 하는데 목표가 있다.

# 1. 인터넷과 웹

## 1) 인터넷의 정의와 서비스의 종류

2대 이상의 컴퓨터를 케이블 등으로 연결하여 정보나 자원들을 주고받을 수 있도록 해 놓은 시스템을 네트워크 또는 통신망(Network)이라 한다(그림 7-1 참조). 인터넷은 이러한 네트워크의 네트워크이다. 즉 전세계의 수많은 소규모 네트워크들(LAN 등)이 연결된 세계 최대 규모의 컴퓨터 네트워크(또는 통신망)로, TCP/IP 프로토콜을 이용하여 정보를 전송한다.

인터넷은 1969년 미국 국방부에서 추진하여 구축된 알파넷(Advanced Research Projects Agency Network, ARPANET)에서 시작되었으며, 인터넷(Internet)이라는 용어는 INTERnational NETwork의 약자로, 네트워크와 네트워크를 연동해 놓은 네트워크의 집합을 의미하는 인터네트워크(internetwork)의 약어인 internet와 구별하기 위해 Internet 또는 INTERNET와 같이 고유명사로 표기한다.

인터넷에서 이용할 수 있는 서비스는 전자우편(e-mail), 원격 접속(telnet), 파일 전송(FTP), 유즈넷 뉴스(Usenet News), 고퍼(Gopher), 인터넷 대화와 토론(IRC), 전자 게시판(BBS), 월드 와이드 웹(World Wide Web, WWW), 온라인 게임 등 다양하며, 동화상이나 음성 데이터를 실시간으로 방송하는 서비스나 비디오 회의 등 새로운 서비스가 차례로 개발되어 이용 가능하게 되었다. 이와 같은 다양한 서비스와 풍부한 정보자원 때문에 인터넷을 정보의 바다라고 한다(그림 7-2 참조).

이러한 인터넷 서비스 중 현재 가장 많이 사용되고 있는 것은 월드 와이드 웹으로, 하이퍼텍스트(Hypertext) 기능을 중심으로 다양한 멀티미디어 정보를 즐길 수 있는 서비스이다. 이와 같이 월드 와이드 웹 즉 웹은 인터넷의 동의어가 아니며, 인터넷의 일부분으로 인터넷과 동일하지 않다. 그러나 윈도우의 그래픽 사용자 인터페이스(GUI)를 최대한 살려 사진과 그래픽, 음성과 동영상 등을 하이퍼텍스트라는 편리한 방법으로 검색할 수 있도록 하는 월드와이드웹이 곧 인터넷의 전부인 것처럼 생각될 정도가 되었으며, 가장 중요시 되고 있다.

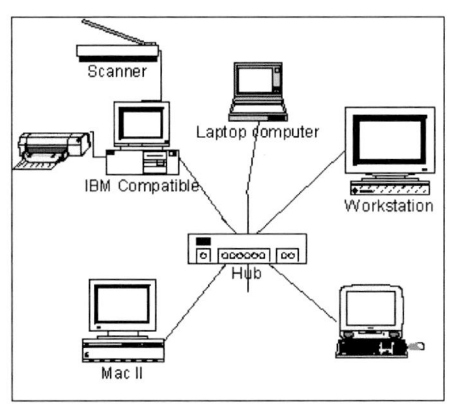

〈그림 7-1〉 네트워크 사례　(NCS 2007)

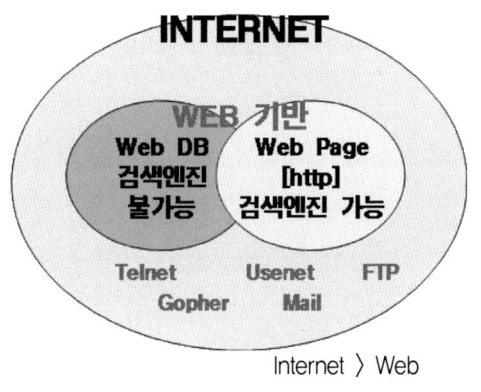

〈그림 7-2〉 인터넷과 웹과의 관계　(LG상남도서관)

## 2) 웹(Web)의 정의

월드 와이드 웹(World Wide Web)은 일반적으로 약자로 웹(Web)이라고 불려지며, WWW 또는 W3이라고도 한다. 웹은 1989년 스위스 제네바에 있는 유럽 원자핵 공동연구소(CERN)의 팀 버너스-리(Tim Bernars-Lee)가 제안한 것으로, 인터넷을 이용하기 쉽게 만들어 인터넷을 크게 활성화시켰다.

웹(Web)은 세계 규모의 거미집 또는 거미집 모양의 망이라는 뜻으로, 하이퍼텍스트 (Hypertext)라는 기능에 의해 인터넷상에 분산되어 존재하는 온갖 종류의 정보들을 서로 '마치 거미가 거미집을 지은 것처럼' 연결해 주고 있으며, 통일된 방법으로 찾아볼 수 있게 하는 광역 정보 서비스 및 소프트웨어이다. 웹은 클라이언트와 웹 서버가 정보를 주고받기 위해 하이퍼텍스트 전송 규약(HyperText Transfer Protocol, HTTP)라는 프로토콜을 사용한다. 또한 웹은 웹 서버에 있는 하이퍼텍스트를 볼 수 있게 하는 응용 소프트웨어인 브라우저를 활용한다. 현재 가장 많이 사용하는 브라우저(browsers)로는 마이크로소프트사에서 개발한 인터넷 익스플로러(Internet Explorer)가 있으며, 그 외 넷스케이프사에서 개발한 넷스케이프 네비게이터(Netscape Navigator)와 모자이크(Mosaic), 링스(Lynx), 오페라(Opera), 애플의 사파리(Safari) 등이 있다(그림 7-3 참조).

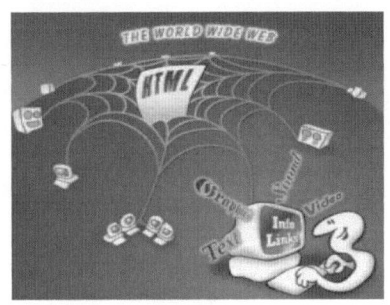

〈그림 7-3〉 웹(Web)  (UOVS 2005)

## 2. 웹 정보원과 Invisible Web

### 1) 웹 정보원의 종류

웹은 많은 전자정보를 가진 인터넷상의 세계적인 규모의 큰 도서관과 같다. 인터넷의 일부분인 웹기반 공간은 웹 페이지와 웹 데이터베이스 부분으로 구분된다.

### (1) 웹 페이지

웹 페이지(Web page) 즉 HTTP에 의해 정보가 전달되는 공간은 홈페이지(home-page)와 그 하부에 물려져 있는 페이지들을 말한다. 그리고 여러 웹 페이지들이 모여 웹 사이트(Web site)를 이루게 된다(그림 7-4 참조). 인터넷상의 큰 도서관이라고 할 수 있는 웹에서 웹 사이트들은 도서관에 있는 도서와 같다.

홈페이지는 웹 사이트에 접속했을 때 가장 처음에 보이는 페이지로 하나의 웹 사이트의 출발점이며, 도서의 표지 또는 목차 페이지와 같다. 홈페이지로부터 사이트의 다른 페이지로 이동할 수 있다. 웹에서 하나의 웹 페이지는 웹상의 한 화면 전체를 말한다. 웹 페이지는 도서와 같이 텍스트와 이미지를 포함하나 그 외에 애니메이션, 동영상, 사운드 등도 포함한다(OSUL 2005). 각 웹 페이지는 URL(Uniform Resource Locator)이라고 불리는 유일한 주소를 가진다(그림 7-5 참조).

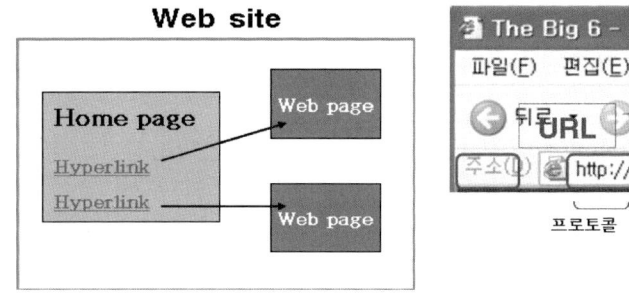

〈그림 7-4〉 웹 사이트의 구성 (OSUL 2005)     〈그림 7-5〉 URL의 사례

웹에서는 정보가 웹 서버(web server)라고 하는 컴퓨터 내에서 하이퍼텍스트(Hypertext)라는 형식으로 작성되어 홈페이지라는 단위로 관리되며, 링크(link)라고 하는 포인터(pointer)에 의해 인터넷상에 분산되어 있는 세계 각지의 하이퍼텍스트와 연결된다. 현재 열려 있는 하이퍼텍스트 문서에 잘 모르는 단어가 등장하거나 그에 관련된 정보가 더 필요하면 링크에 의해 다른 하이퍼텍스트 웹 페이지 또는 문서를 차례로 불러서 읽을 수 있다.

하이퍼텍스트(Hypertext)란 1965년 테드 넬슨(Theodore Nelson)이 'hyper(건너 편의, 초월, 과도한)'와 'text'를 합성하여 만든 컴퓨터 및 인터넷 관련 용어로, 문서내에 있는 텍스트 문자열이 다른 텍스트나 파일과 링크돼 있는 문서 시스템을 말하며 하이퍼시스템이라고도 부른다. 일반 문서나 텍스트는 사용자의 필요나 사고의 흐름과는 무관하게 계속 일정한 정보를 순차적으로 얻을 수 있지만, 하이퍼텍스트는 사용자가 연상하는 순서에 따라 원하는 정보를 얻을 수 있는 비선형적 방식의 시스템이다. 하이퍼 링크(Hyperlink)는 문서가 차례차례 연결되어 있는 모양을 말한다. 하이퍼텍스트 문서 (Hypertext Document)는 어떤 자료를 가지고 있고, 또 다른 문서로의 링크를 가지고 있는 문서를 가리킨다(그림 7-6 참조).

〈그림 7-6〉 도서와 하이퍼텍스트 문서의 차이

하이퍼텍스트의 작성에는 하이퍼텍스트 생성 언어(Hypertext Markup Language, HTML)를 사용한다. 그리고 서로 하이퍼링크로 연결된 웹 페이지 또는 웹 문서에 접근하기 위하여 인터넷 익스플로러(Internet Explorer) 등과 같은 브라우저를 활용한다.

### (2) 웹 데이터베이스

웹 데이터베이스(Web Databases) 즉 웹 DB(Web DB)는 일반적으로 자체가 검색 기능을 가진 전문 데이터베이스(Searchable Specialized Databases)를 일컫는 것으로, 기존의 인터넷 공간과 관계없이 검색을 쉽고 빠르게 할 수 있도록 새로운 자료를 정리, 색인하여 구축한 정리된 데이터의 집합체이다.

① 데이터베이스의 구조

데이터베이스는 필드(fields)라고 불리는 정보의 각 요소들로 구성된 레코드(record)가 데이터 저장의 기본단위인 구조를 가진다. 즉 데이터베이스는 정보원을 서술하거나(bibliography), 원문(full-text)을 담고 있는 레코드의 집합이다. 데이터베이스는 파일이 모인 것이고, 파일은 레코드의 집합이고, 레코드는 필드(저자 필드, 서명 필드, 발행처 필드, 발행일자 필드 …)에 의해 구성된다(그림 7-7 참조).

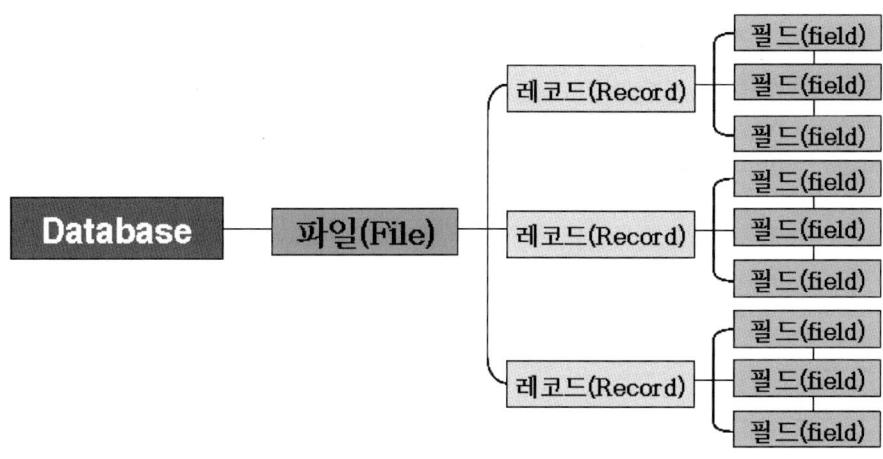

〈그림 7-7〉 데이터베이스의 구조

- 필드(field)는 레코드를 구성하고 있는 항목(item)으로 파일(file)을 구성하는 단위 중 최소의 논리적 단위이다
- 레코드(Record)는 자동 데이터의 처리에 있어서 관련 데이터의 집합이다. 도서관의 소장자료에 대한 목록 하나하나에 해당한다. 그래서 도서관 목록은 특정 도서관에 소장된 정보원들의 서지 레코드만을 담고 있는 서지 데이터베이스의 한 종류인 것이다.
- 파일(file)은 기억장치내에 저장되어 있는 연관된 레코드의 집합이며, 관련자료의 집합이다. 일반적으로 하나의 파일에 있는 레코드들은 같은 구조를 갖는다.

② 데이터베이스의 특성과 종류

데이터베이스의 특성은 레코드, 정보의 적용범위, 비용, 통제어휘의 사용에서 찾아볼 수 있다(OSUL 2005).

첫째, 데이터베이스는 특정 분야에 대한 레코드를 가지며, 레코드에 수록된 필드들은 검색이 가능하다. 예를 들면 LISA net은 도서관 정보학에 대한 레코드를 가지며, 레코드에는 아티클명, 저자명, 출처 등의 아티클에 대한 색인사항과 초록이 기록된다. 따라서 이 데이터베이스에는 도서관 정보학에 대한 정보를 찾을 수 있으며 아티클명, 저자명 등의 필드로 검색이 가능하다.

둘째, 데이터베이스는 특정 유형의 정보를 다룬다. 예를 들면 LISA net은 서지정보만을 다룬다. 따라서 이 데이터베이스에는 서지정보만을 얻을 수 있으며, 원문은 얻을 수 없다.

셋째, 데이터베이스는 주제명을 통제어휘로 사용한다. 따라서 데이터베이스에서 주제명으로 검색을 하려면 통제어휘를 사용하여야 정확한 검색결과를 얻을 수 있다.

넷째, 데이터베이스의 특성은 비용을 지불해야 한다는 것이다. 웹상의 많은 데이터베이스가 전체 또는 일부 정보를 무료로 이용하게 하기도 하지만, 대부분의 주요 학술 웹 데이터베이스는 비용을 지불하여야 하며, 구독료를 지불하고 회원이 되어야만 데이터베이스를 이용할 수 있다.

무료 데이터베이스의 예를 들면 Esp@cenet, IPDL, USPTO 등의 해외 특허정보 DB, ERIC, PubMed 등 국가 공공기관의 DB를 들 수 있으며, 유료 데이터베이스로는 OCLC FirstSearch DB, EBSCOhost DB, ProQuest DB, KISLINE, LAW®B, CDMD, NAXOS music library 등 대부분의 대학도서관 웹 사이트에서 제공하고 있는 학술 웹 데이터베이스를 들 수 있다. 따라서 대학도서관에서는 주요 학술 웹 데이터베이스들에 대해 단체로 구독료를 지불하여 소속원들이 개인적으로 비용을 지불하지 않고 이용할 수 있도록 하고 있다. 소속된 대학도서관 온라인 사이트를 통해 주요 학술 웹 데이터베이스들을 이용하는 방법을 배우는 것이 학습을 위해 필수적인 이유도 이러한 데이터베이스의 특성 때문이라고도 할 수 있다.

데이터베이스의 종류는 포함하고 있는 정보의 종류에 따라 서지 데이터베이스, 원문 데이터베이스, 수치 데이터베이스, 디렉토리 데이터베이스, 멀티미디어 데이터베이스, 혼합 데이터베이스로 구분된다(OSUL 2005)(그림 7-8 참조).

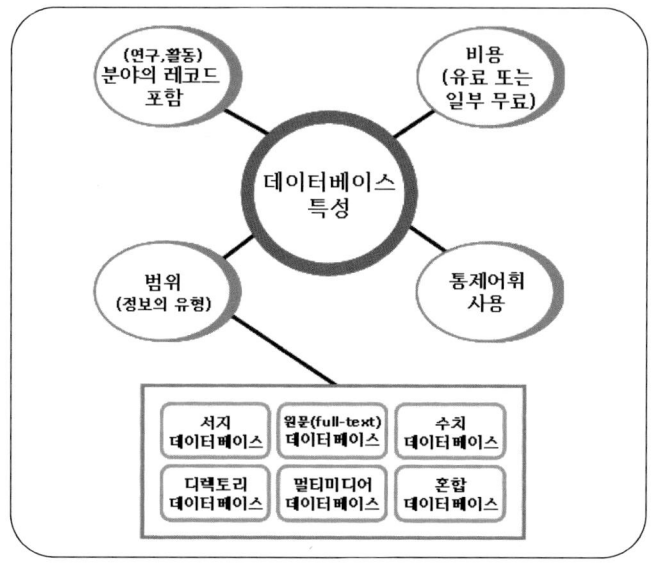

〈그림 7-8〉 웹 DB의 특성과 종류  (OSUL 2005)

## 2) Invisible Web

웹 정보 검색과 관련하여 'Invisible Web'과 이의 반대어로 'Visible Web'라는 용어가 사용되고 있다.

### (1) 'Invisible Web' 의 정의

Yahoo, Alta Vista 등과 같은 일반적인 검색엔진들에 의해 접근되어 색인이 된 웹 사이트들을 'Visible Web'이라고 하며, '공개적으로 색인이 된 Web' 또는 'Surface Web'이라고도 한다.

Invisible Web은 'Visible Web'과는 반대로 일반적인 검색엔진들이 색인을 할 수 없거나 혹은 색인을 하지 않는 웹 정보원을 말하며, 'Deep Web' 또는 'Hidden Web'이라고도 한다. Invisible Web의 'invisible'한 부분은 해당 웹 사이트 자체가 아니라 이들 웹 사이트들에 연결되어 있는 데이터베이스 또는 웹 페이지에 있는 일반적인 검색엔진으로 찾을 수 없는 컨텐츠이다. 예를 들면 파란의 웹 사이트(http://www.paran.com/)내에 있는 전화번호 DB속의 특정인의 전화번호는 일반 검색엔진으로 검색할 수 없다. 따라서 특정인의 전화번호를 포함하고 있는 전화번호 DB는 'Invisible Web'에 속한다.

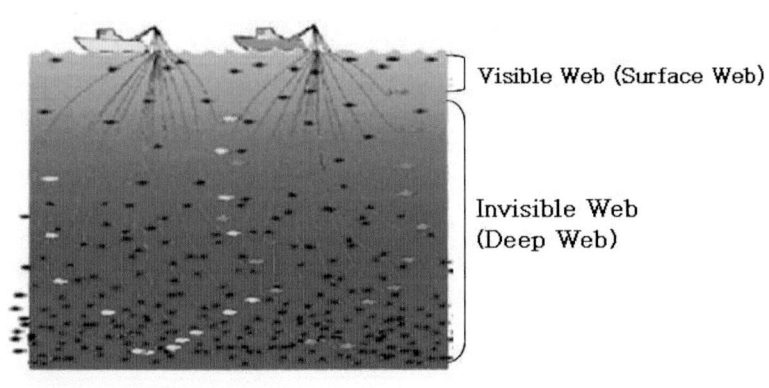

Visible Web (Surface Web)

Invisible Web
(Deep Web)

〈그림 7-9〉 Surface Web과 Deep Web (Bergman 2001)

## (2) Invisible Web의 종류 및 생성 이유

Invisible Web의 종류는 크게 검색가능한 전문 데이터베이스와 배제된 페이지들을 들 수 있으며(UC 2007), 그 생성 이유는 크게 기술적인 장애와 일반적인 검색엔진의 배제원칙에 의한다.

① 검색가능한 전문 데이터베이스

Yahoo, Alta Vista 등과 같은 일반적인 검색엔진은 이미 서버에 탑재된 HTML로 작성된 고정된 웹 페이지만을 색인할 수 있다. 그런데 웹을 통해서 이용할 수 있는 많은 정보들은 고정된 HTML 문서로 되어 있지 않고 오히려 전문 데이터베이스 속에 축적되어 있다. 전문 데이터베이스에 의한 만들어진 웹 페이지는 동적인 웹 페이지 (Dynamic Web Page)로 웹 페이지의 컨텐츠는 동적으로 생성된 데이터이다. 즉 전문 데이터베이스속의 컨텐츠들은 이용자의 검색 요구에 의해 임시의 HTML 웹 페이지로 보여졌다가 없어지도록 프로그램되어 있어 고정된 URL을 가지지 않는 것으로 일반적인 검색엔진과 스파이더에 의해서 색인되지 않으며 검색이 불가능한 것이다. 전문 데이터베이스속의 정보에 접근할 수 있는 방법은 전문 데이터베이스 자체를 검색하는 것이다(그림 7-10 참조).

그리고 전문 데이터베이스는 로그인을 통해서만 접근이 가능하도록 접근을 제한하는 경우가 대부분이다. 비밀번호로 접근이 제한하는 경우 데이터베이스에 있는 컨텐츠를 대상으로 검색엔진은 색인을 할 수 없는 것으로 일반적인 검색엔진으로 전문 데이터베이스 정보가 검색되지 않는다(그림 7-11 참조).

〈그림 7-10〉 전문 DB의 동적인 웹 페이지의 사례

〈그림 7-11〉 전문 DB의 로그인

대부분의 대학도서관 웹 사이트에서 안내하고 있는 주요 학술 웹 데이터베이스들이 검색가능한 전문 데이터베이스에 속한다. 전문 데이터베이스는 다루고 있는 주제에 따라 여러 학문분야를 포괄적으로 다루고 있는 일반 전문 데이터베이스와 특정 주제분야를 다루는 주제 전문 데이터베이스로 나누어진다. 여러 학문분야의 전공자들에게 공통적으로 유용한 주요 전문 데이터베이스는 아래의 표와 같다(표 7-1 참조).

**〈표 7-1〉 주요 검색가능한 전문 데이터베이스**

| DB명 | 내 역 |
|---|---|
| 누리미디어 DBpia | ·전 학문분야<br>·국내 310여 학회의 학회지, 학술간행물 747여종의 목차와 원문 제공<br>·제공처 : 누리미디어  ·범위 : 창간호 ~ |
| 브리태니커 온라인<br>(한글판) | ·전 학문분야.<br>·브리태니커 세계 대백과사전, 브리태니커 세계연감 제공 |
| 조선일보 아카이브 | ·전 학문분야<br>·조선일보기사검색, 모든 지면 PDF 제공 |
| EBSCOhost<br>Academic Search<br>Premier | ·인문사회, 자연과학, 공학 등 전 주제분야의 주요 저널의 색인 및 원문 제공<br>·목차, 초록 : 8,178여종 (1965년 ~ )<br>·원문제공 : 4,680여종 (1970년 ~ )  ·제공처 : EBSCO Publishing |
| ProQuest<br>Academic Research<br>Library<br>(ARL) | ·전 학문분야에 걸쳐 사용자에 의해 가장 많이 요청되어지는 우수 저널을 수록하고 있는 집체적인 데이터베이스<br>·제공사: ProQuest Information and Learning(ProQuest)<br>·수록년도 : 색인/초록 수록저널 : 4,168종+(1971년 ~ 현재),<br>원문 수록저널 : 3,171종+(1986년 ~ 현재)(2004.8월기준) |
| DDOD<br>(Digital Dissertations<br>on Demand) | ·전 학문분야. 1999 ~<br>·북미 및 유럽의 주제분야별 상위권 대학교의 박사학위논문 원문 제공<br>(DDOD 구독 대학의 소속원으로 KERIS 가입 후 초록 및 원문 무료 이용) |
| PQDT<br>(ProQuest Digital<br>Dissertations and<br>Thesis) | ·북미지역, 유럽 등 전세계 주요 1,440여개 대학에서 수여된 석/박사학위논문의 약 180여만건의 서지, 초록 및 원문정보를 제공(원문유료 다운로드 가능, 단 1997년 이후의 논문에 대하여 원문 중 첫 24페이지까지는 무료 제공) |
| Emerald | ·교육, 법률, 문헌정보학, 의학, 철학, 심리학, 종교, 사회과학, 기술과학 등<br>·Emerald 출판사의 132종 전자저널 제공<br>·수록년도 : 1994 ~ |
| LEXIS / NEXIS<br>Academic | ·법률저널, 뉴스 및 기타 저널에 수록된 뉴스, 비즈니스, 법률, 의학 정보 제공<br>· 90%이상을 원문(Full-Text)제공 |
| ScienceDirect | ·자연과학, 공학 자료를 중심으로 예술, 인문, 사회과학, 농학 등 전반적인 주제분야에 걸쳐 Elsevier 등 협력 출판사의 1,772종 전자저널 제공<br>·제공형태 : 색인, 초록, 원문  ·제공처 : Elsevier  ·범위 : 1995~ |
| WilsonSelect<br>Plus(OCLC) | ·경영, 경제, 사회과학, 자연과학분야 저널 원문 제공<br>·제공형태 : 색인, 초록, 원문  ·원문범위 : 1994년 ~ |

② 배제된 웹 페이지들

일반적인 검색엔진들은 HTML로 작성된 웹 페이지들을 검색하도록 최적화된 것으로 PDF, MacroMedia Flash 파일, Office 파일, 스트리밍 미디어 파일, 이미지, Powerpoint 등을 색인대상에서 제외하고 있다. 따라서 일반적인 검색엔진으로 이러한 웹 페이지들을 검색할 수 없다. 그러나 예외적으로 Google은 Adobe Acrobat PDF, images(.gif, .jpg), Macromedia Flash, Ms Word, PowerPoint, Spreadsheets(Excel and Lotus)의 색인 및 검색이 가능하며, Yahoo도 image 검색이 가능하다. 그리고 개인적인 웹 페이지에서 로그인으로 접근을 제한하는 경우도 검색되지 않는다.

## (3) Invisible Web의 중요성

웹 기술의 발달에 따라 더욱 많은 정보원들이 Invisible Web인 검색할 수 있는 데이터베이스를 통해 제공되고 있다. 이러한 검색할 수 있는 데이터베이스들은 저명하고 권위가 있는 교육기관과 정부기관들에 의해 유지 및 관리가 되기 때문에 일반적으로 품질이 우수하며 굉장히 많은 정보를 포함하고 있다. Invisible Web의 정보는 Visible Web상의 정보보다 훨씬 더 규모가 크며, 이러한 Invisible Web의 규모는 매년 Visible Web보다 큰 증가 추세로 빠르게 성장하고 있다(P. Lyman and H.R. Varian) (Bergman 2001 재인용)(그림 7-12 참조).

2006년 Invisible Web 연구에 의하면 웹상의 약 9,000억 페이지가 Invisible Web이며, 약 80억 페이지가 Visible Web에 해당된다(Zillman 2006).

그리고 Invisible Web은 주제분야가 포괄적이며, 특정 주제분야의 깊이있는 학술정보를 가진다. Bright Planet의 통계에 의

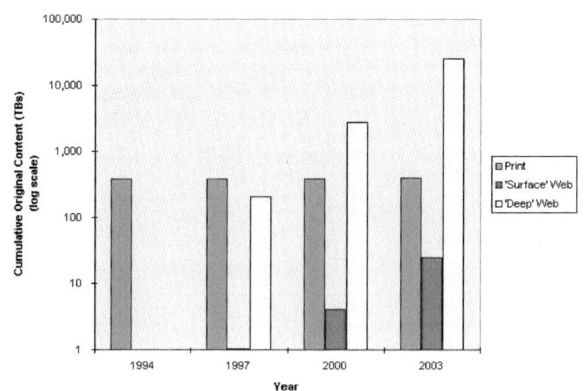

〈그림 7-12〉 Invisible(Deep) Web의 성장추세

(Bergman 2001 재인용)

하면 특정분야에 집중된 주제별 데이터베이스들이 Invisible Web의 54%로 가장 많은 것으로 나타났다(Bright Planet 2000)(Bergman 2001 재인용)(그림 7-13 참조).

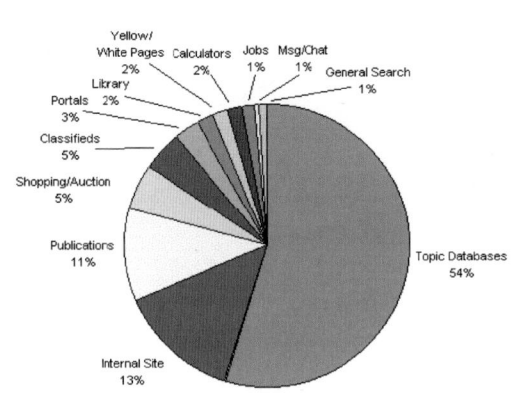

| 구 분 | 비율(%) |
|---|---|
| 주제별 데이터베이스 | 54% |
| 인터넷 사이트 | 13% |
| 출판물 | 11% |
| 쇼핑 & 경매 | 5% |
| Classifieds | 5% |
| 포 탈 | 3% |
| 도서관 | 2% |
| 전화 디렉토리 | 2% |
| Calculators | 2% |
| 직 업 | 1% |
| 메시지 또는 Chat | 1% |
| 일반적 검색 | 1% |

〈그림 7-13〉 컨텐츠별 Invisible Web의 분포  (Bright Planet 2000)(Bergman 2001 재인용)

또한 Invisible Web속의 정보원은 최신성을 갖기 때문에 일반 검색엔진들에 의해 검색되는 Visible Web에 비해 비교적 최신의 컨텐츠를 가진다.

## 3. 웹 검색도구

웹에는 약 9,080억 이상의 전자 문서가 존재한다(Zillman 2006). 이렇게 많고 다양한 정보가 존재하고 빨리 성장하는 웹에서 필요한 웹 정보를 빨리 찾기 위해서는 웹 정보 검색도구를 이용할 수 있어야 한다. 연구주제에 적합한 검색도구를 선정한 후 검색전략을 구체화하여 키워드를 이용한 검색엔진을 사용하거나, 선정된 주제별 디렉토리를 이용하거나, 또는 전문 검색도구를 이용하여 검색을 수행한다(그림 7-14 참조).

키워드 검색은 키워드를 입력하여 검색엔진이 수집한 자료를 검색하는 것을 말하며,

디렉토리 검색은 다양한 웹상의 문서를 특정 기준에 따라 범주화하여 정리하여 놓고, 범주화한 분류체계에 따라 원하는 정보를 찾아가도록 하는 검색을 말한다.

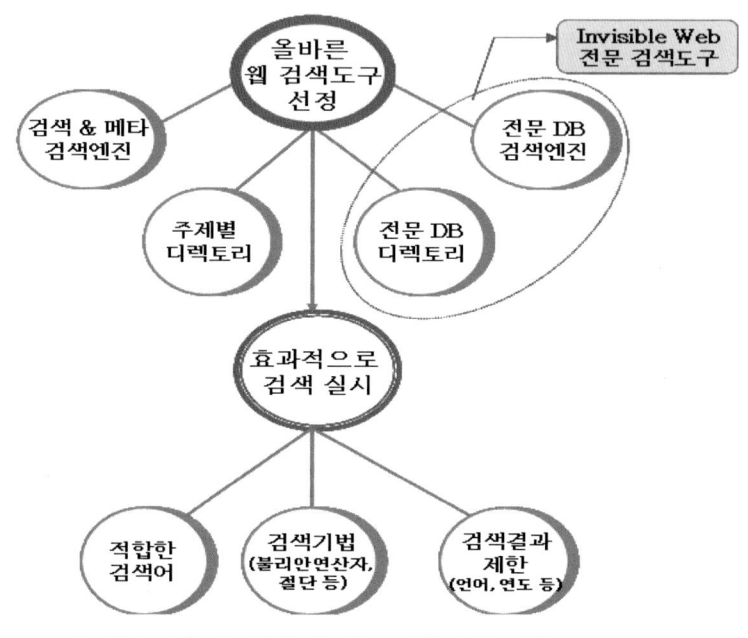

〈그림 7-14〉 효과적인 웹 정보 검색 수행 과정 (OSUL 2005)

## 1) 웹 정보 검색도구의 종류

관련된 정보를 찾을 수 있도록 도와주는 웹 정보 검색도구로는 검색엔진(Search Engines), 메타 검색엔진(Meta-Search Engines), 주제별 디렉토리(Subject Directory) 및 Invisible Web 전문 검색도구인 전문 데이터베이스 디렉토리와 전문 데이터베이스 검색엔진이 있다. 어떤 유형의 검색도구를 사용할 것인가를 결정하기 위해서는 이용 목적, 검색 범위 등을 고려하여야 한다.

〈표 7-2〉 웹 정보 검색도구의 종류

| Visible Web 정보 검색도구 | | | Invisible Web 정보 전문 검색도구 | |
|---|---|---|---|---|
| 검색엔진<br>(Search engines) | 메타 검색엔진<br>(Meta-search<br>engines) | 주제별 디렉토리<br>(Subject<br>directories) | 전문 DB 디렉토리<br>(Specialized DB<br>Subject directories) | 전문 DB 검색엔진<br>(Specialized DB<br>search engines) |
| Google,<br>AltaVista,<br>Yahoo,<br>AllTheWeb,<br>Teoma, Lycos | Dogpile,<br>Metacrawler,<br>Inference Find,<br>Ask Jeeves | Yahoo! Directory,<br>Google Directory,<br>About.com 등 | CompletePlanet,<br>Invisible-Web<br>Directory,<br>Direct Search | ERIC, FindLaw,<br>InternetArtResources,<br>Sage Education |

## (1) 검색엔진(Search Engines)

검색엔진은 로봇(robots), 스파이더(spiders), 또는 크롤러(crawlers)라고 불리는 전문 정보수집 프로그램을 이용하여 웹 페이지의 정보를 미리 수집하여 색인(index)화 하고 색인화된 정보를 데이터베이스로 구축해 놓음으로써 이용자가 다양한 정보검색 연산자와 검색식을 사용하여 활용할 수 있도록 하는 전형적인 키워드형 검색도구이다. 따라서 검색엔진에서는 키워드 검색이 가능하며, 키워드 검색시 웹을 직접 검색하는 것이 아니라 미리 구축해 놓은 웹 사이트의 DB를 검색하여 해당 웹 문서의 서지사항 과 URL을 제공하는 것이다. 검색엔진은 웹상의 많은 정보를 찾지만 웹에는 검색엔진 이 색인하지 못하거나 하지 않는 정보가 있는 것으로 모든 것을 찾지는 못한다.

① 검색엔진의 구성요소

검색엔진이 내부적으로 어떻게 구성되었는지는 시스템마다 다르지만 일반적으로는 검색엔진은 로봇, 색인기, 질의기의 세부분으로 되어 있다.

㉠ 로봇(Robot)

로봇은 웹 서버를 돌아다니면서 각 홈페이지에 있는 정보를 수집하는 프로그램이다. 로봇은 수집한 하나의 웹 문서로부터 URL을 추출하여 다른 URL로 연결시키는 기능 을 가지고 웹 사이트를 돌아다니면서 웹문서를 자동으로 수집하며, 이론상으로는 어느

한 문서에서 시작된 모든 링크를 따라가면서 인터넷 상의 모든 문서를 가지고 올 수 있다. 또 문서의 변경 여부와 삭제 여부를 조사하면서 인터넷 상의 문서를 전부 수집할 때까지 무한히 작업을 계속한다.

ⓛ 색인기(Indexer)

로봇이 모아온 문서를 분석해서 검색 키워드를 추출하고 찾기 쉬운 형태로 원문 문서에 대한 색인 목록을 만드는 프로그램이다. 형태소 분석에서 추출된 명사 리스트와 메타 정보를 어떠한 파일 구조로 저장하느냐에 따라 색인 파일 작성속도, 색인 파일 크기, 검색 속도가 좌우되므로, 검색엔진에서 가장 핵심적인 부분이라 할 수 있다. 그러나 구조는 잘 공개되지 않는다. 색인 파일 구조는 일반적으로 도치파일 기법을 많이 이용하며 문서간의 랭킹별, 시간별 정보는 양방향으로 링크되는 리스트로 구성되지만, 변형된 다양한 색인 파일 구조도 존재한다.

ⓒ 질의기(Searcher)

사용자가 질의어를 입력했을 때 색인기가 작성한 색인 파일로부터 원하는 정보를 찾도록 해주는 프로그램이다.

② 검색엔진의 종류

검색엔진으로는 Google, Alta Vista, Yahoo, AllTheWeb, Teoma, Lycos 등이 있다.

- Google ⟨http://www.google.co.kr⟩, ⟨http://www.google.com⟩
  ⟨http://scholar.google.com/⟩
- Alta Vista ⟨http://www.altavista.com⟩
- Yahoo ⟨http://www.yahoo.co.kr⟩
- Hotbot ⟨http://www.hotbot.com⟩
- AllTheWeb ⟨http://www.alltheweb.com⟩
- Teoma ⟨http://www.teoma.com⟩
- Lycos ⟨http://lycos.com⟩

검색엔진 중 현재 Google이 가장 우수하고 크기가 큰 것으로 평가되고 있다. 가장 인기가 있는 검색엔진인 Google은 웹문서, 이미지, 뉴스, 그룹스, 디렉토리 등의 서비스를 하고 있으며, 약 42억 페이지를 색인하는 야후의 데이터베이스보다 더 큰 데이터베이스를 가지고 있는 것으로 2007년 8월 현재 80억 페이지 이상을 검색할 수 있다(UNL 2007). Google은 키워드 검색엔진이며, 기본적으로 키워드간에는 AND 연산자가 성립한다.

그리고 Google은 다른 검색엔진과는 달리 웹 페이지를 색인할 때 페이지를 저장하는 것으로 서버가 다운이 되어도 저장한 페이지(cached page)에서 웹 페이지 내용을 볼 수 있다. 또한 Google은 PDF파일, 마이크로소프트 엑셀, 파워포인트, 워드, 이미지 등 HTML문서가 아닌 것도 검색이 가능하다. 이미지 검색은 Yahoo도 가능하지만 Google은 한국 및 전 세계 웹상의 2억5천만개의 이미지 검색이 가능한 것으로 일반적인 목적용의 이미지를 웹상에서 가장 포괄적으로 검색할 수 있고 주제별 디렉토리도 포함하고 있는 것으로 주제별 디렉토리 검색도 가능하다.

검색 사례를 들면 '20세기 노벨상 평화상 수상자'에 대한 기본검색 결과는 아래와 같다(그림 7-15 참조). 검색 범위를 전체 웹으로 하고 키워드 검색어들을 AND연산자(20세기 노벨상 평화상 수상자 = 20세기 AND 노벨상 AND 평화상 AND 수상자)로 검색한 결과이다.

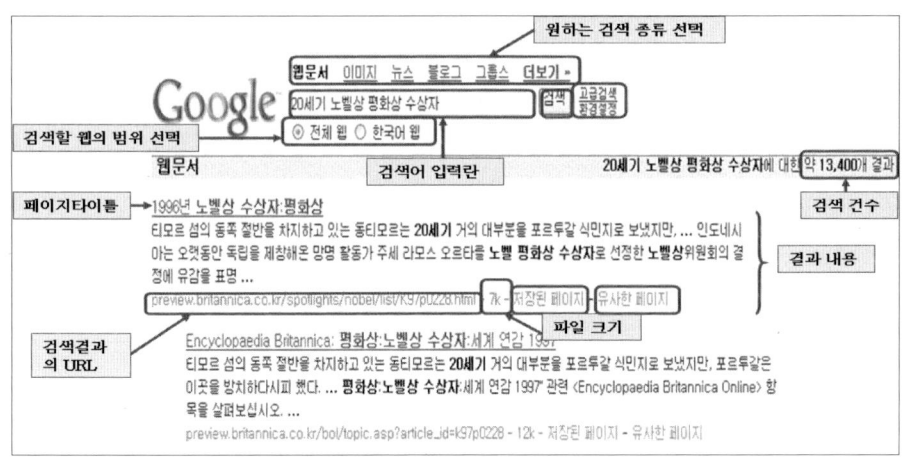

〈그림 7-15〉 Google 기본검색 결과 화면

마티스(Matisse)의 작품 '왕의 슬픔(the sorrows of the king)' 이미지에 대한 고급 검색은 아래와 같이 한다. 검색종류를 이미지로 선택하고 고급검색에서 외국작가이 므로 작가명을 영어로 Matisse로 하여 다음 단어 모두 포함에 기입하며 작품명 sorrows of the king은 다음 문구 정확하게 포함에 기입하여 보다 정확하고 많은 검색 결과를 얻도록 한다(그림 7-16 참조). 고급검색에서의 위와 같은 조건은 기본검색에서 Matisse "sorrows of the king" 로 검색한 결과와 같다(그림 7-17 참조). 즉 고급검색 의 검색어 설정에서는 아래와 같은 연산자 관계가 포함되어 있다.

- 다음 단어 모두 포함       → AND
- 다음 문구 정확하게 포함    → " " (구절검색)
- 다음 단어 적어도 하나 포함 → OR
- 다음 단어 제외          → NOT

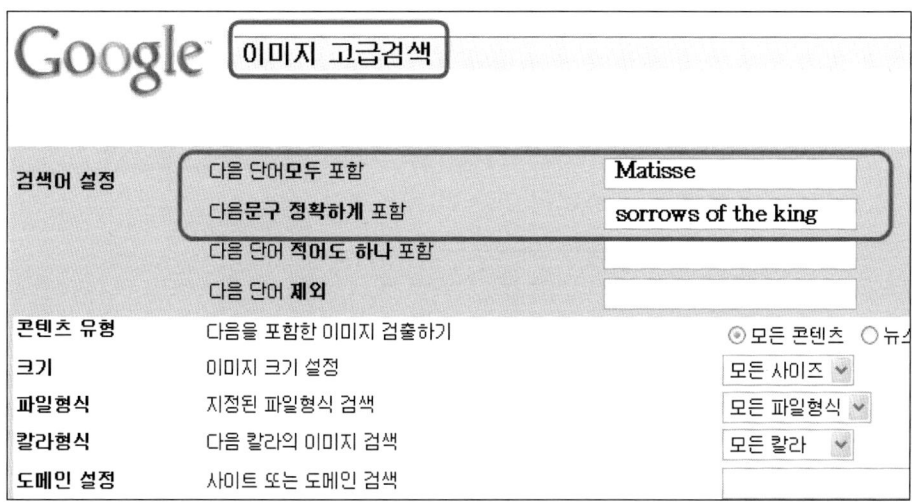

〈그림 7-16〉 Google 이미지 고급검색 입력 화면

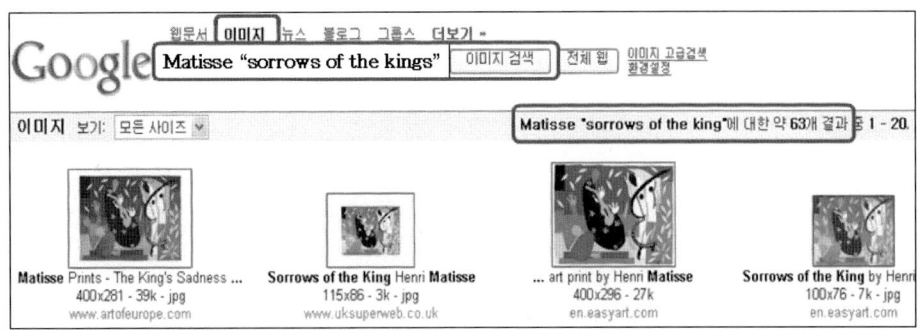

〈그림 7-17〉 Google 이미지 고급검색 결과 화면

## (2) 메타 검색엔진(Meta-Search Engines)

정해진 몇 개의 검색엔진을 동시에 검색하여 각각의 검색결과를 종합하여 보여주는 검색엔진이다. 메타 검색엔진은 자체의 웹 페이지 DB를 가지고 있지 않고, 각 검색엔진의 DB에 검색어를 보내어 몇 분내에 검색결과를 얻는다. 여기서 메타(Meta)는 '보다 포괄적인'을 의미한다. 메타 검색엔진은 다른 검색 도구로 찾고자 하는 것을 찾을 수 없을 때 검색을 빠르고 쉽게 하는 방법이다.

메타 검색엔진으로는 Dogpile, Metacrawler, Inference Find, Dogpile, Ask Jeeves가 있으며, 이중에서 Dogpile이 가장 우수한 것으로 평가되고 있다.

- Dogpile 〈http://www.dogpile.com〉
- Metacrawler 〈http://www.metacrawler.com〉
- Inference Find 〈http://www.infind.com〉
- Ask Jeeves 〈http://www.askjeeves.com〉

Dogpile의 경우 Google, Yahoo! Search, Live Search, Ask.com, About, MIVA, LookSmart 등의 우수한 웹 정보 검색엔진에서 검색된 결과를 보여준다. Dogpile의 검색과정은 매우 효율적이고 좀 더 적절한 결과를 얻을 수 있다. 그리고 고급검색에서 검색결과는 관련성(relevance)에 따라서 또는 검색엔진별로 배열될 수 있다(그림 7-18

참조). 그러나 검색 처리시간이 하나의 검색엔진인 경우에 비해 조금 오래 걸릴 수 있
는 단점이 있다.

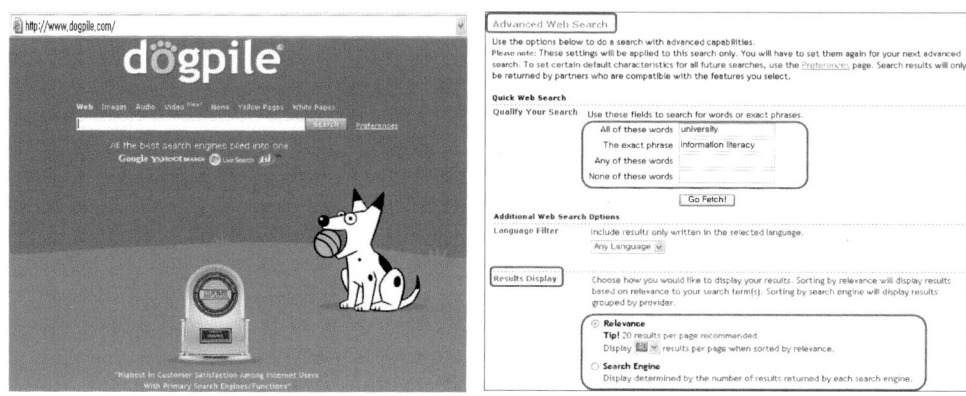

〈그림 7-18〉 Dogpile 홈페이지 및 고급검색 입력 화면

### (3) 주제별 디렉토리

주제별 디렉토리(Subject Directories)는 사서 또는 주제분야에 지식이 있는 전문가
에 의해 웹 사이트가 주제별로 분류되고 조직된 검색도구이다. 주제별 디렉토리는 검
색엔진보다 좀 더 선택적이고, 구조적인 주제별 카테고리 체계로 조직되어 있어 각 주
제별 디렉토리의 내용을 직접 훑어 볼 수 있다. 즉 넓은 주제로부터 좀 더 세부적인
하위 주제를 거쳐 특정 사이트로 이동하는 탑 다운(top down) 메뉴 구조를 가진다.
각 사이트에 대한 간단한 설명과 함께 결과가 제공되는 경우도 있다.

- 구조적인 주제별 카테고리 사례

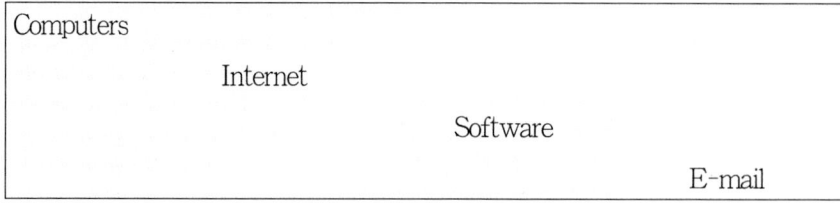

따라서 정보검색에 주제 분류를 이용하거나 또는 보다 보편적이고 광범위한 용어를 이용하여 검색할 때 효과적이다. 웹 페이지의 원문(Full-Text)을 대상으로 검색하지 않고, 단지 주제별 카테고리와 각 사이트의 설명을 대상으로 검색을 수행한다.

주제별 디렉토리는 검색엔진보다는 그 컨텐츠가 신뢰성이 있고 사이트의 질이 대개 좋다. 그러나 상대적으로 주제별 디렉토리가 커지면 커질수록 그 질적인 측면과 선택성이 떨어지게 된다.

추천되고 있는 주제별 디렉토리로는 Yahoo! Directory, Google Directory, Looksmart.com, About.com과 같은 상업적 디렉토리와 Librarians' Internet Index, Infomine, The Internet Public Library, BUBL 등과 같이 도서관에서 제공하고 있는 디렉토리가 있다. Yahoo! Directory, Google Directory 등과 같은 상업적 디렉토리들은 또한 검색엔진을 가진다.

---

- Yahoo! Directory 〈dir.yahoo.com〉
- Google Directory 〈directory.google.com〉
- Looksmart.com 〈search.looksmart.com〉
- About.com 〈www.about.com〉
- Librarians' Internet Index 〈http://lii.org/〉
- Infomine 〈http://infomine.ucr.edu/〉
- The Internet Public Library 〈http://www.ipl.org/〉
- BUBL 〈http://bubl.ac.uk/link/〉
- The WWW Virtual Library 〈http://www.vlib.org/〉
- Statistical Resources on the Web 〈http://www.lib.umich.edu/govdocs/stats.html〉
- Academic Info 〈www.academicinfo.us〉

---

Yahoo! Directory는 디렉토리 방식의 검색사이트로 가장 유명하다. 인터넷의 정보들을 Arts & Humanities, Business & Economy, Entertainment 등 14개의 대분류로 분류하였으며, 다시 각 분야별 소분류를 적용하여 이용자가 원하는 정보를 찾도록 제공하고 있다.

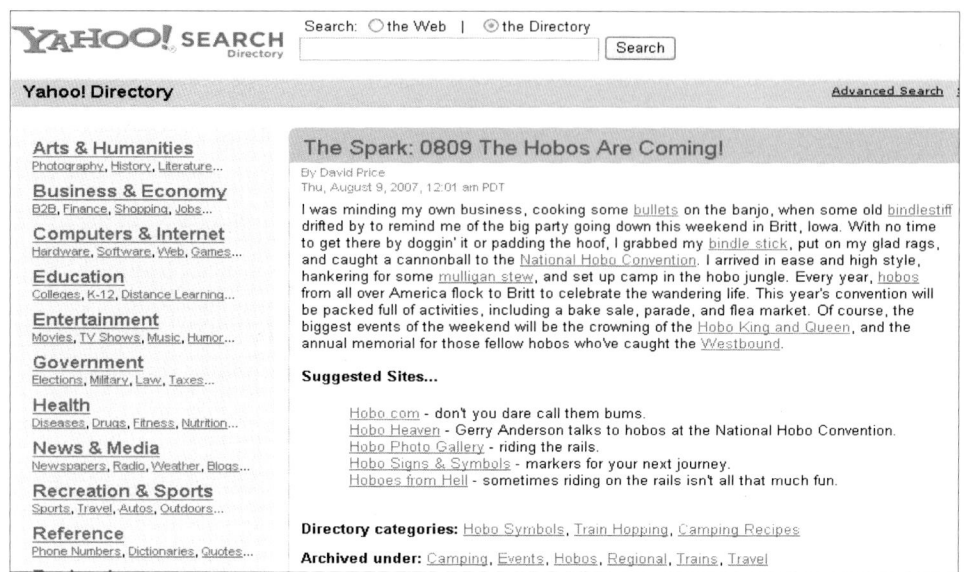

〈그림 7-19〉Yahoo! Directory 홈페이지

　　Librarians' Internet Index는 일반 검색엔진들에 대한 불안과 불만 즉 일반 검색엔진을 이용하여 찾아낸 웹 사이트와 그에 담긴 정보가 과연 얼마나 믿을 만한지를 알 수가 없다는 문제점을 해소하자는 목적에서 등장한 웹 사이트이다. Librarians' Internet Index는 적어도 두 명 이상의 도서관 사서들이 '믿을 만하다'라고 인정한 웹 사이트들만을 그 주제와 내용에 따라 정리하여 소개한다. 그리고 각각의 웹 사이트 항목에는 그것을 서핑하고 조사한 사서의 의견을 첨부해 이용자들의 편의성을 높였다. Librarians' Internet Index는 검색엔진도 갖추고 있는 것으로 키워드 검색 등이 가능하다(그림 7-20 참조).

　　위와 같은 주제별 디렉토리에서 좀 더 상세한 주제 또는 학문분야에 대한 디렉토리를 찾기 위해서는 디렉토리와 같이 보이는 사이트를 찾아서는 사이트에 대한 설명을 읽는다. 그런데 Librarians' Internet Index, Infomine, 또는 Academic Info에서는 때때로 디렉토리(Directories)가 'Virtural Libraries' 또는 'Gateway Pages'라는 용어로 사용되고 있다. 그리고 About.com에서는 '101' 또는 'guides'라고 표기되어 있다. Yahoo!

Directory와 Google directory에서는 'web directories'라는 용어로 사용되고 있는 것으로 주제 키워드에 'web directories'를 붙여서 찾는다(예 : civil web directories, weddings web directories)(UC 2007).

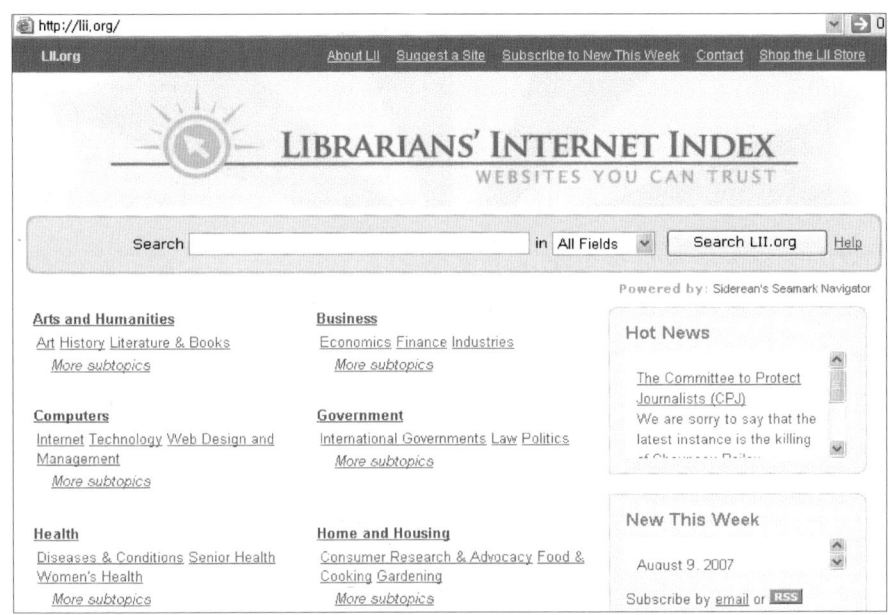

〈그림 7-20〉 Librarians' Internet Index 홈페이지

## (4) Invisible Web을 위한 전문 데이터베이스 디렉토리 및 전문 검색엔진

Invisible Web은 Yahoo, Google 또는 MSN과 같은 일반적인 검색엔진으로는 찾을 수 없는 정보를 포함한다. 이러한 Invisible Web의 정보에 접근하는 최선의 방법은 전문 데이터베이스를 검색하는 것이다. 그런데 웹에는 수천개의 DB가 있으며, 그 속에 수백만개의 웹문서 또는 정보가 있다(CCBC 2007).

따라서 검색가능한 전문 DB속에 있는 웹문서 또는 정보를 검색하기 위해서는 먼저 전문 검색도구를 이용하여 검색할 적절한 전문 DB를 선정하고 나서 선정한 전문 DB를 검색하여야 한다.

특정 정보요구에 필요한 전문 데이터베이스가 있는 지를 알아볼 수 있게 또는 안내해주는 전문 검색도구 또는 전문 데이터베이스로의 게이트웨이로는 전문 데이터베이스 디렉토리 및 전문 검색엔진이 있다.

① 전문 데이터베이스 디렉토리(무료 DB를 찾을 때)

전문 데이터베이스 디렉토리는 일반 웹 페이지에서는 찾을 수 없는 따라서 검색엔진, 주제별 디렉토리로는 찾을 수 없는 정보를 가진 세계 도처의 웹 데이터베이스를 주제별로 안내해주며, 해당 웹 데이터베이스의 검색창까지 끌어와서 손쉽게 검색할 수 있도록 해주는 기능도 갖추고 있는 디렉토리이다.

전문 데이터베이스 디렉토리는 주제별 디렉토리와 마찬가지로 검색 가능하며, 훑어볼 수도 있는 주제별 카테고리의 형태로 이루어져 있다. 컨텐츠를 평가하고 각 웹 DB 사이트의 검색방법까지 간략하게 소개하는 전문가에 의해서 디렉토리가 편집된다.

웹 DB를 안내해주는 대표적인 전문 데이터베이스 주제별 디렉토리로는 Invisible-Web Directory, CompletePlanet, SMEALSearch, Direct Search, Beaucoup!, Infomine, Digital Librarian 등이 있다.

· CompletePlanet〈http://www.completeplanet.com/〉
· Invisible-Web Directory 〈http://www.invisible-web.net/〉
· SMEALSearch: Academic Business Literature Digital Library
　　　　　　　　〈http://smealsearch2.psu.edu/index.html/〉
· Gary Price's Direct Search 〈http://www.freepint.com/gary/direct.htm〉
· Beaucoup! 〈http://www.beaucoup.com/〉
· Infomine: Scholarly Internet Resource 〈http://infomine.ucr.edu〉
· Digital Librarian 〈www.digital-librarian.com〉

Invisible-Web 디렉토리인 CompletePlanet는 브라이트플래닛이라는 회사가 만든 웹 게이트웨이로 7만개 이상의 검색가능한 데이터베이스와 전문 검색엔진을 소개하고 있다. 이를 잘 활용하면 구글이나 알타비스타로는 찾아낼 수 없는 매우 적절한 웹문서를 가진 Invisible Web인 검색가능한 데이터베이스를 찾을 수 있다(그림 7-21 참조). The Invisible Web Directory는 검색가능한 데이터베이스의 디렉토리로 디렉토리를 통해 주제를 살펴봄으로써 검색가능한 데이터베이스를 이용할 수 있으나 데이터베이스 자체 검색을 할 수는 없다(그림 7-22 참조).

〈그림 7-21〉 CompletePlanet 홈페이지

〈그림 7-22〉 invisible-web.net 홈페이지

전문 데이터베이스 이외에 Invisible Web 페이지를 포함하고 있는 일반적인 무료 데이터베이스는 일반적인 주제별 디렉토리를 통해서도 찾을 수 있다. 학술적인 연구에 유용한 일반적인 주제별 디렉토리는 Librarians' Internet Index와 Yahoo! Directory를 들 수 있다.

㉠ Librarians' Internet Index : 단어 'database'와 함께 주제를 찾는다(예 : 레스토랑에 관한 정보를 가진 정보원을 찾을 때 'restaurant database'로 검색한다).

㉡ Yahoo! Directory : 단어 'database'와 함께 검색어 입력란에 광의의 주제를 기입한다(예: 'plant database'로 검색을 해서, 유독 식물에 관한 정보원을 찾기 위해 결과를 열람한다).

② 도서관 웹 사이트의 학술 웹 DB Guide(유료 DB를 찾을 때)

대학도서관, 한국교육학술정보원 RISS4U.net 등 도서관 웹 사이트의 학술 웹 DB Guide는 각 기관에서 구독하고 있는 유료 데이터베이스의 서명순 또는 주제별로 정리되어 있으며, 전문 DB에 접근할 수 있도록 링크되어 있다.

학술 웹 DB Guide는 위의 전문 데이터베이스 디렉토리에 속하나 특정 도서관에서 유료로 구독하는 학술 Web DB만을 대상으로 하여 접근방법 및 규모 등이 차이가 나는 것으로 별도로 분류하였다.

③ 전문 데이터베이스의 전문 검색엔진(무료, 유료 DB)

위에 기술된 전문 데이터베이스 디렉토리 또는 가이드들은 검색가능한 전문 DB들에 접근할 수 있도록 한다. 그리고 검색가능한 전문 DB의 전문 검색엔진들은 Invisible Web인 전문 DB속의 웹 문서 또는 정보에 접근할 수 있다. 그런데 전문 검색엔진들은 일반적인 검색엔진과 같은 기능을 갖는 것처럼 보이지만 그것들은 각각 매우 다르게 기능한다. 따라서 검색가능한 전문 데이터베이스 속에 있는 웹 문서 또는 정보를 검색하기 위해서는 검색가능한 전문 데이터베이스를 직접적으로 찾고 검색할 수 있는 능력을 갖추어야 한다. 그리고 효과적으로 데이터베이스를 이용하기 위해서는 데이터베이스의 범위, 기록 구조, 통제어휘를 이해해야 한다.

전문 검색엔진을 가지고 있는 전문 데이터베이스에 대한 몇 가지 사례를 들어 보면 아래와 같다.

---

- ERIC 〈http://www.eric.ed.gov/〉 교육
- FindLaw 〈http://www.findlaw.com/〉 법률
- InternetArtResources 〈http://artresources.com/search/〉 예술
- Oxford English Dictionary 〈http://dictionary.oed.com/entrance.dtl〉 전 학문분야
- Sage Education 〈http://www.riss4u.net/foreign/sage.jsp〉 교육
- PQDT 〈http://www.riss4u.net/foreign/pqdt.jsp〉 해외석박사논문

---

Oxford English Dictionary(OED)는 사전, 영어영문학, 문학, 정치, 경제학, 문화적, 사회적 변천사 등을 수록한 영어의 종합 DB로 전문 검색엔진을 가지고 있다(그림 7-23 참조).

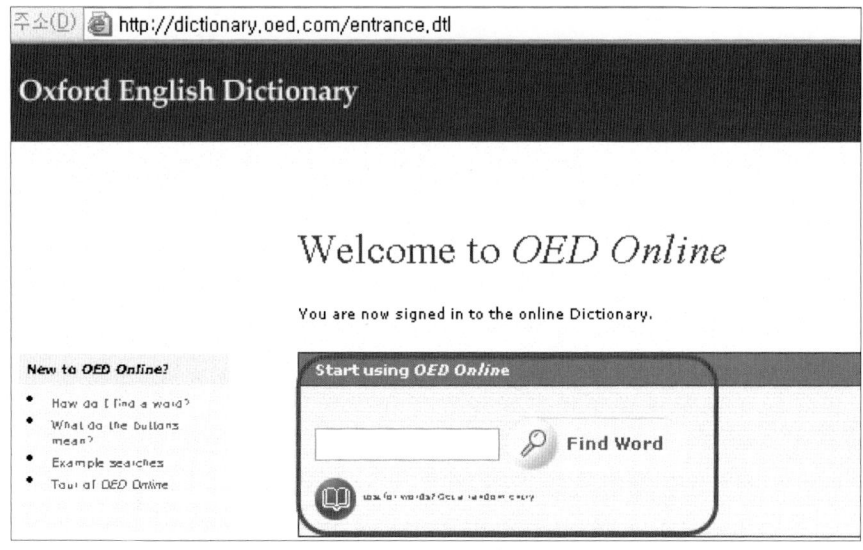

〈그림 7-23〉 Oxford English Dictionary(OED)의 전문 검색엔진

## 2) 웹 정보 검색도구의 선정

### (1) 정보검색 시스템의 효율성

정보검색 시스템의 검색효율척도로 재현율(recall ratio)과 정확율(precision ratio)이 가장 널리 사용되고 있다. 재현율은 시스템(혹은 DB)이 소장하고 있는 이용자 질의에 적합한 문헌 중에서 실제 검색된 적합문헌의 비율을 말한다. 정확율은 검색된 문헌 가운데 적합한 문헌의 비율을 말한다(고영만 2005). 즉 재현율은 적합문헌이 얼마나 많이 검색되었는가를, 정확율은 검색된 문헌들이 얼마나 적합한가를 나타내는 것이다(그림 7-24 참조).

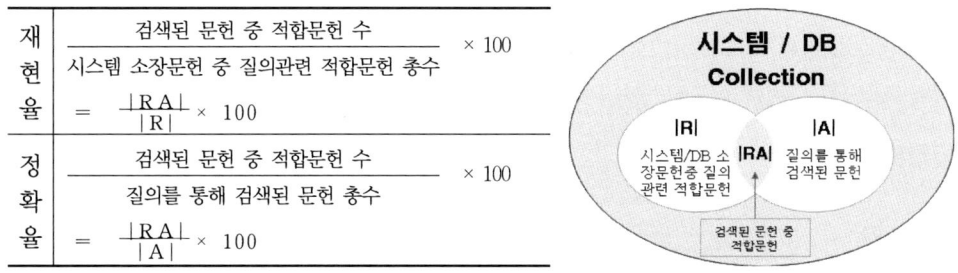

재현율
$$\frac{\text{검색된 문헌 중 적합문헌 수}}{\text{시스템 소장문헌 중 질의관련 적합문헌 총수}} \times 100$$
$$= \frac{|RA|}{|R|} \times 100$$

정확율
$$\frac{\text{검색된 문헌 중 적합문헌 수}}{\text{질의를 통해 검색된 문헌 총수}} \times 100$$
$$= \frac{|RA|}{|A|} \times 100$$

〈그림 7-24〉 재현율과 정확율의 관계

일반적으로 재현율과 정확율은 반비례 관계에 있으며, 두가지가 함께 한쌍으로 사용되어 시스템의 검색효율을 나타내게 된다(정영미 1988). 따라서 시스템(혹은 DB) 선정시 재현율과 정확율을 고려하여야 한다. 그리고 정보 검색시 재현율과 정확율의 수준은 이용자의 요구 또는 문제 해결에 필요한 수준에 따라 조절하는 것이 바람직하다. 높은 재현율을 얻기 위해 질문에 대한 검색범위를 확대하면 부적합문헌이 많이 포함되어 정확율이 떨어지고, 반대로 정확율을 높이기 위해 검색범위를 좁히면 적합문헌수가 적어지므로 재현율이 떨어지는 상반관계에 놓이게 된다(고영만 2005). 재현율과 정확율의 수준은 검색어와 불리안연산자 등의 검색조건 등에 의해 조절이 가능한 것으로 검색시 적합한 검색전략을 수립하는 것이 필요하다.

## (2) NoodleTools과 Internet Tutorials

필요에 따라 어떠한 전문 검색 디렉토리 또는 검색엔진을 선정할 것인지에 대해서는 사전에 충분히 학습하여야 하며, 아래에 소개되는 NoodleTools과 Internet Tutorials의 웹 페이지는 이러한 학습에 도움을 준다.

> · NoodleTools : Great chart that connects the information need to the search strategy
> 〈http://www.noodletools.com/debbie/literacies/information/5locate/adviceengine.html〉
> · Internet Tutorials : How to Choose a Search Engine or Directory
> 〈http://www.internettutorials.net/choose.html〉

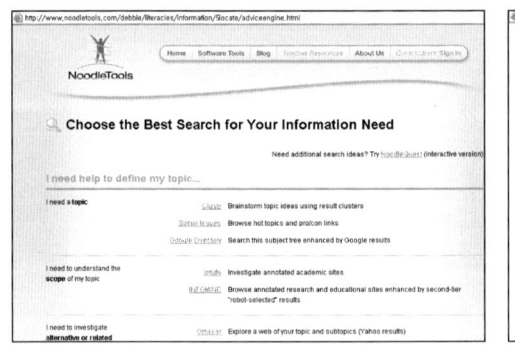

〈그림 7-25〉 NoodleTools와 Internet Tutorials의 웹 페이지

# 4. 전문 데이터베이스를 이용한 연속간행물 아티클 검색

## 1) 연속간행물 아티클 찾기

연속간행물 아티클(Periodical Articles)은 동일한 표제를 가지고 정기적 또는 부정기

적으로 1년에 1회 이상 계속 간행되는 연속간행물 즉 학술지, 전문잡지, 대중잡지, 신문 등에 발표되는 저작물을 말한다. 도서관 온라인 목록은 각 인쇄 및 전자 연속간행물에 대해 서지정보와 소장위치 또는 URL 링크는 제공하지만, 각 연속간행물속에 포함된 개별적인 아티클에 대한 정보는 기술하지 않고 있다. 따라서 연속간행물 아티클을 검색하기 위해서는 인쇄 또는 전자형식의 연속간행물 색인 또는 데이터베이스를 이용해야 하는 데 현재 전자형식의 데이터베이스를 많이 이용하며, 일반적으로 이용료는 유료이다. 그럼으로 대학에 소속된 학생, 교수 등 연구자들이 개인적으로 비용을 부담하지 않고 연속간행물 색인 또는 DB를 이용하여 연속간행물 아티클을 검색하기 위해서는 제일 먼저 각 대학도서관에서 사전에 구독계약을 맺어 홈페이지를 통해 서비스하고 있는 전자저널 또는 학술 Web DB에 접속하여야 한다. 연속간행물 색인 또는 DB를 대학도서관에서는 학술 Web DB와 전자저널로 분류하여 통칭적으로 표기하며, 대학도서관에 따라서는 Database, e-Journal 등으로 표기하기도 한다(그림 7-26 참조).

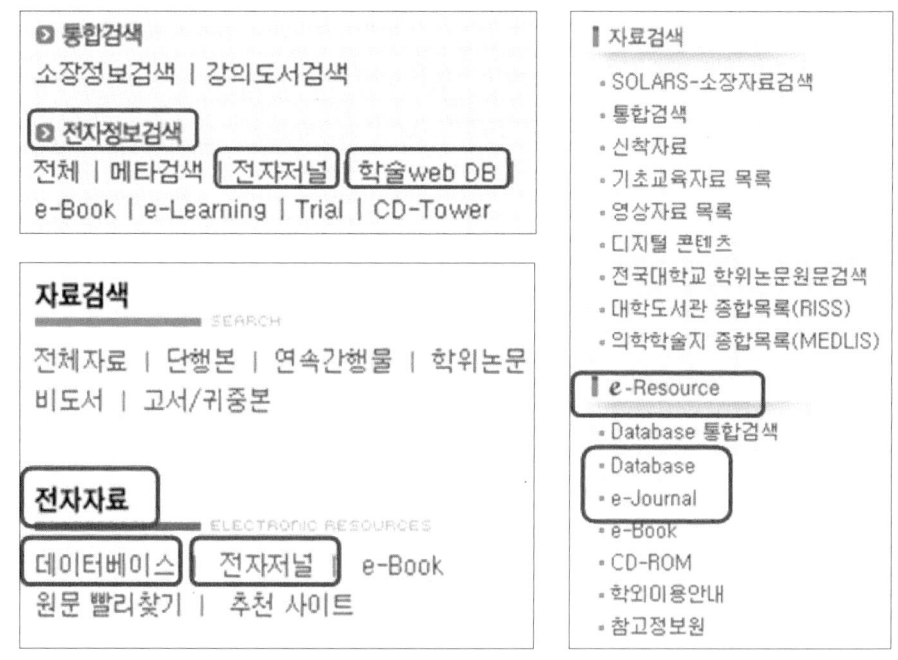

〈그림 7-26〉 주요 대학도서관 홈페이지의 웹 데이터베이스 및 전자저널 서비스 화면

대학 캠퍼스내에서는 접속에 있어 별다른 절차를 요구하지 않으나 캠퍼스 밖에서 전자저널 또는 학술 Web DB를 이용하기 위해서는 전자정보 교외접속을 해야 하며 이용자의 아이디(ID)와 비밀번호(PASSWORD)를 필요로 한다.

그리고 과학기술학회마을의 학술정보검색서비스(http://society.kisti.re.kr/)에서 과학기술분야 국내 학술지 아티클 원문을 무료로 찾을 수 있다. 또한 한국교육학술정보원 학술연구정보서비스(http://www.riss4u.net/index.jsp)에서 제공하고 있는 학술지논문검색, 해외전자정보 및 CINII(일본자료검색)을 이용하여 소속된 대학도서관에서 찾을 수 없는 연속간행물 아티클을 찾을 수 있다. 학술지 논문검색과 CINII(일본자료검색)는 대학소속원이면 누구나 이용이 가능하나 해외전자정보는 한국교육학술정보원에 개인회원으로 가입을 하여야 하며 접속시에 이용자의 아이디와 비밀번호를 필요로 한다(그림 7-27 참조).

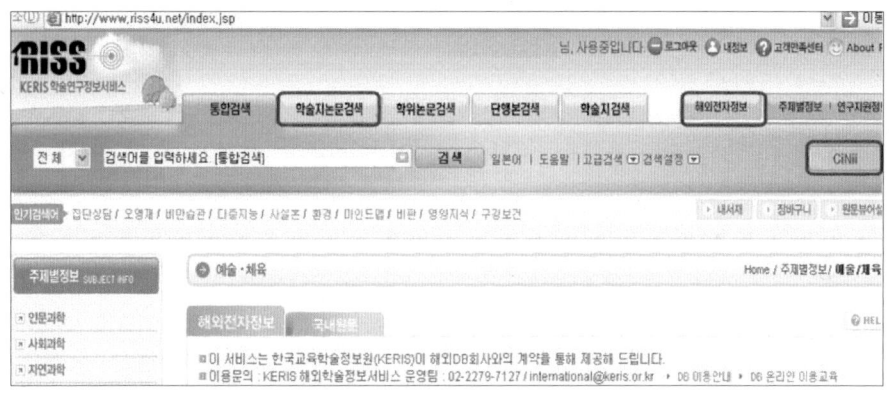

〈그림 7-27〉 한국교육학술정보원 한국연구정보 서비스 웹 사이트의 색인 및 DB 서비스 화면

대학도서관, 한국교육학술정보원 등에서 제공하는 연속간행물 색인 또는 DB를 이용하여 연속간행물 아티클 원문을 찾는 방법은 크게 두 가지로 들 수 있다.

첫째는 연속간행물 색인 또는 DB로부터 원문 링크를 통해 PDF 또는 HTML 형식의 아티클 원문을 즉시 찾는 것이고

둘째는 연속간행물 색인 또는 DB가 원문 아티클을 제공하지 못하는 경우 입수한

정보를 가지고 다시 도서관 목록을 검색한 후 인쇄 연속간행물 아티클을 도서관에서 찾는 것이다. 구체적으로 다음과 같은 단계를 거쳐 아티클 원문을 찾는다.

① 인쇄형태의 연속간행물을 어디서 찾을 수 있는지 알기 위해서 연속간행물 색인 또는 DB로부터 아티클명, 저자 및 아티클이 수록된 연속간행물명, 발행일자, 권호번호, 페이지 번호 등의 인용(citation) 정보를 입수한다.

② 연속간행물 색인 또는 DB로부터 입수한 정보 중 연속간행물명으로 도서관 목록을 검색한 후 소장사항 중 권호정보 또는 제본정보에서 발행일자, 권호번호를 통해 찾고자 하는 권호가 있는지를 파악한다. 소장되어 있으면 소장사항에서 연속간행물의 소장위치와 청구기호에 대한 정보를 입수한다. 도서와 같이 연속간행물도 청구기호순으로 서가에 배열되어 있다. 따라서 도서관에 연속간행물이 소장된 장소에 간 후 서가에서 청구기호로 해당하는 연속간행물 권호를 찾는다. 해당하는 연속간행물 권호를 찾은 후 목차에서 아티클명 및 페이지 번호를 확인한 후 필요한 아티클을 찾는다.

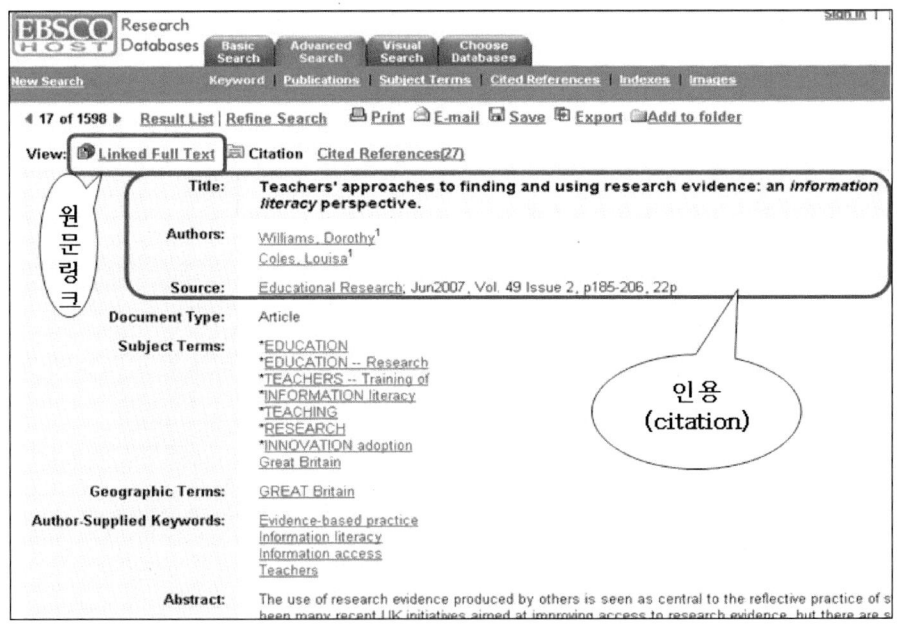

〈그림 7-28〉 연속간행물 아티클 색인 사례 –
EBSCOhost Academic Search Premier(원문 제공)

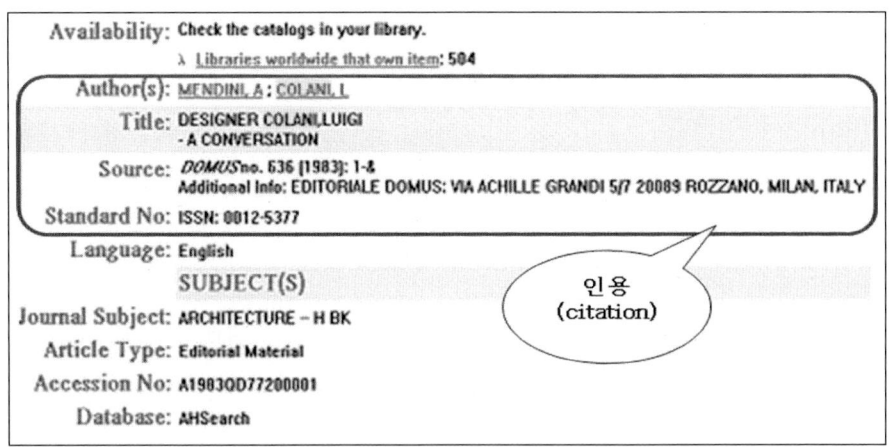

<그림 7-29> 연속간행물 아티클 색인 사례(방법 2) –
Arts & Humanities Search(원문 제공안함)

두번째 방법을 통해 도서관에서 아티클를 찾는 데는 다음과 같은 정보가 기본적으로 필요하다.

- 연속간행물명(periodical title)
- 발행일자(publication date)
- 권호 번호(volume / issue number)
- 아티클명(Title of the periodical article) 및 저자(Author)
- 페이지 번호(page numbers)
- 연속간행물의 소장위치(location)
- 연속간행물의 청구기호(call number of the periodical)

## 2) 누리미디어 DBpia

누리미디어 DBpia는 누리미디어에서 가공한 310여개 학술기관의 국내 우수 학회지, 학술간행물 747여종의 목차와 원문을 제공한다. 국내 학술지와 학술간행물에 발표된 아티클을 입수하는데 이용할 수 있는 유용한 DB이다.

누리미디어 DBpia는 소속된 대학도서관 웹 사이트에서 접속하거나 누리미디어 DBpia(http://www.dbpia.co.kr)에서 기관회원으로 소속된 대학도서관에서 사용하는 아이디와 비밀번호로 직접 접속하여 이용할 수 있다. 소속된 대학 또는 기관이 기관회원이 아닌 경우에는 개인회원으로 가입하여야 하며 이러한 경우는 비용을 지불하여야 한다.

대학도서관 중 누리미디어 DBpia를 서비스하고 있는 성균관대학교 중앙학술정보관의 경우를 들어 대학도서관 웹 사이트에서 누리미디어 DBpia를 이용하여 국내 학술지의 아티클(예 : 아시아 이주노동자들의 언어인권에 관한 아티클)을 찾는 방법에 대해 살펴보고자 한다.

대학도서관 홈페이지에서 전자정보검색(전체)을 클릭한 후 전자저널을 선택한다. 대학 캠퍼스 밖에서 검색을 할 때에는 아래 그림과 같이 전자저널 선택 전에 전자정보 교외접속을 실시한다(1. 전자정보검색〉2. 전자정보 교외접속〉3. 교외접속하기〉4. 소속 이용자의 아이디와 비밀번호 입력〉5. 학술데이터베이스 교외접속 서비스 창 뜸〉6. 전자저널)(그림 7-30 참조).

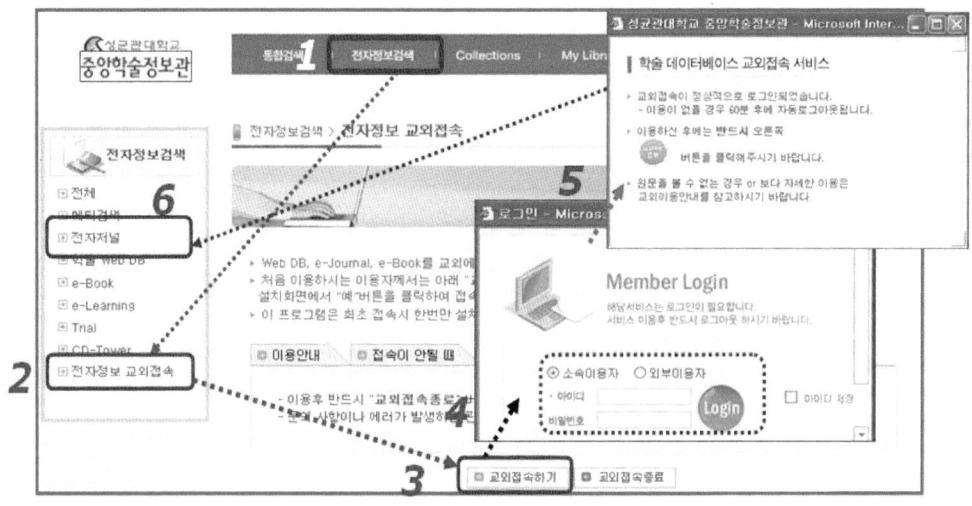

〈그림 7-30〉 전자정보 교외접속

전자저널 DB리스트 중에서 누리미디어 DBpia를 선택하여 클릭한다(그림 7-31 참조).

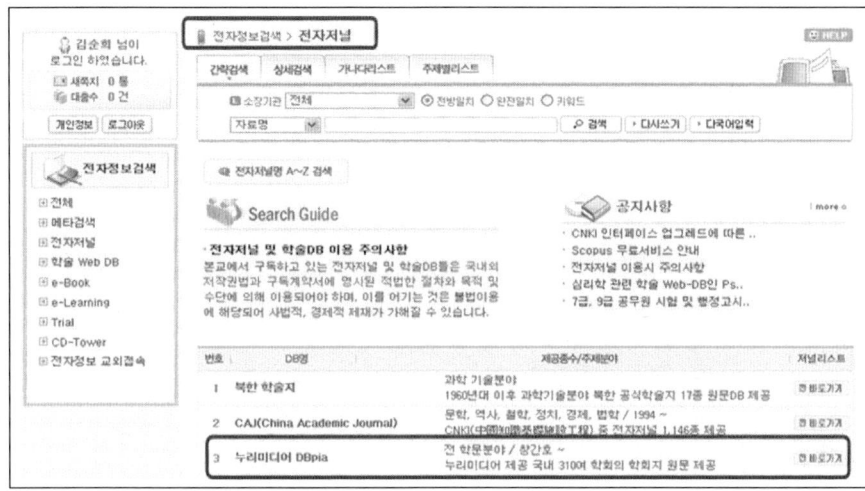

〈그림 7-31〉 전자정보검색 전자저널리스트 중 누리미디어 DBpia 선택 화면

검색어 입력란에 '아시아 이주노동자들의 언어인권'이라 입력하고 엔터 또는 검색버튼을 클릭한다(그림 7-32 참조).

〈그림 7-32〉 DBpia 통합검색 검색어 입력 화면

검색하려고 하는 아티클이 수록된 학술지명 및 권호사항을 아는 경우에는 간행물 검색에서 학술지명으로 검색할 수도 있다(예를 들면 『아세아연구』 통권 122호에서 관련 아티클을 찾을 수 있다)(그림 7-33 참조). 또는 여러 개의 특정 검색항목과 불리안 연산자를 사용하거나 검색결과를 제한하기 위해서는 상세검색을 할 수 있다(그림 7-34 참조).

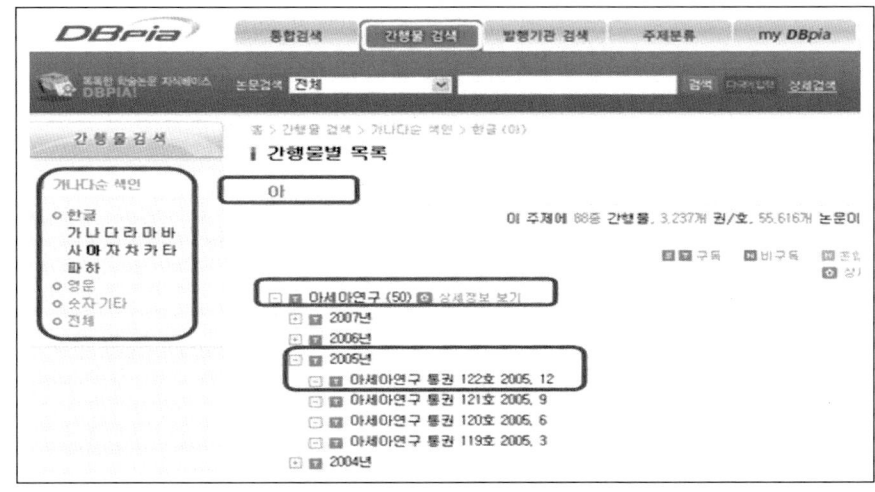

〈그림 7-33〉 DBpia 간행물별 검색 화면

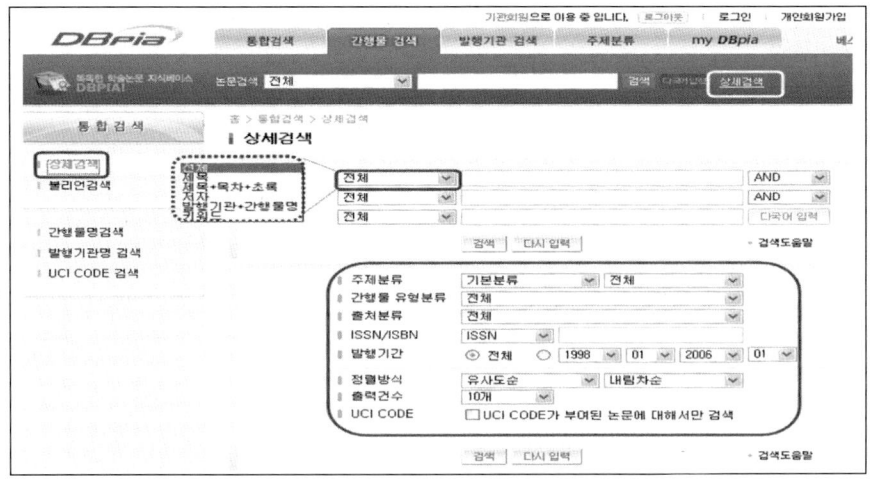

〈그림 7-34〉 DBpia 통합검색 중 상세검색 입력 화면

검색결과 고려대학교 아세아문제연구소에서 간행한 『아세아연구』에 수록된 「아시아 이주노동자들의 언어인권에 대한 언어생태론적 고찰」 아티클이 검색되었다.

검색결과 하단에 있는 원문보기 PDF 또는 원문저장 PDF를 클릭하여 원문을 출력하면 관련 아티클의 원문을 PDF형식으로 입수할 수 있다(그림 7-35, 7-36 참조).

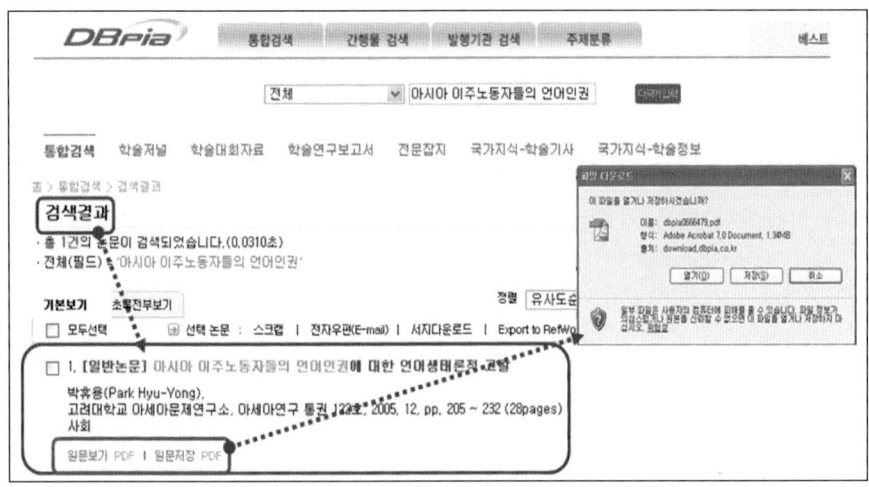

〈그림 7-35〉 DBpia 통합검색 결과 화면

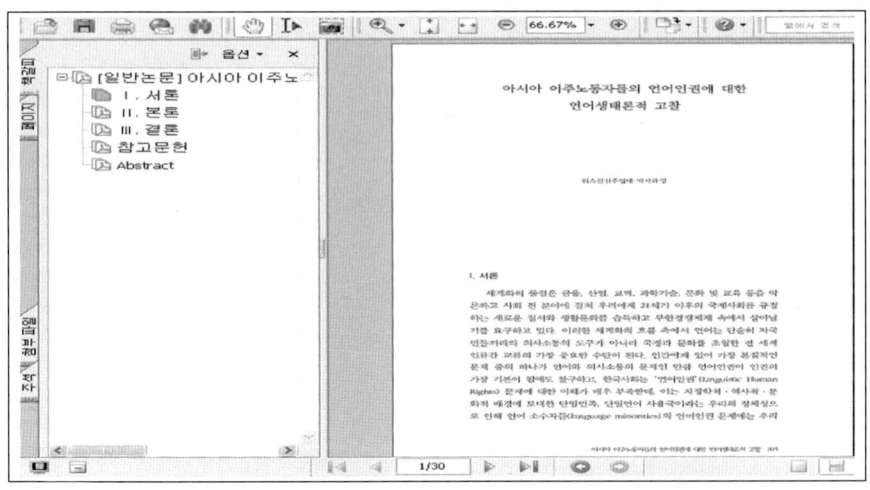

〈그림 7-36〉 DBpia 통합검색 결과 PDF파일 원문 화면

# 연습문제

1. 다음 중 데이터베이스가 아닌 것은 어느 것인가? (    )

   1) 도서관 온라인 목록  2) LISA net  3) World Wide Web  4) 누리미디어 DBpia

2. 도서관 색인 또는 데이터베이스에서, 레코드는 저자, 서명 또는 주제명 표목과 같은
   검색이 가능한 필드를 가지는가?

   예 (    )        아니오 (    )

3. 다음 용어 설명 중 틀린 것은? (    )

   1) 메타 검색엔진은 정해진 몇 개의 검색Tool을 동시에 검색하여 각각의 검색결과
      를 종합적으로 보여주는 검색엔진이다.
   2) 인터넷상에서 일반적인 이용을 위한 이미지 사진을 찾기 위해 많이 이용하는 대
      표적인 검색엔진은 야후이다.
   3) 구글은 PDF, 이미지 검색이 가능하다.
   4) 주제별 디렉토리는 전문가에 의해 구조적인 주제별 카테고리 체계로 조직되어진
      것이다.
   5) 데이터베이스는 정보원을 서술하거나 담고 있는 레코드의 집합이다.

4. 다음 용어 설명 중 틀린 것은? (    )

   1) 인터넷은 전 세계를 망라하는 거대한 컴퓨터 통신망의 집합체
   2) 도메인 이름은 컴퓨터가 실제 통신에 사용하는 주소 대신에 사람이 알아보기 쉽
      게 만든 주소

  3) 트렁케이션은 용어절단기법으로 전방일치, 후방일치, 키워드 등이 있다.

  4) IP address는 숫자와 점(dot)으로 표현된 컴퓨터의 주소

  5) 웹이란 인터넷상의 다양한 정보를 하이퍼텍스트라는 기능에 의해 통일된 방법으로 찾아 볼 수 있게 하는 광역 정보서비스 및 소프트웨어

5. 다음의 웹 사이트 주소 중 호스트 또는 도메인 이름은 어느 부분인가? (　　)

> http://www.skku.ac.kr/library/internet.html

  1) http://　　　　　　　　　2) http://www.skku.ac.kr

  3) /library　　　　　　　　4) www.skku.ac.kr

6. 대학도서관 웹 사이트를 통해 전문 데이터베이스를 이용할 때의 설명으로 틀린 것은? (　　)

  1) 대학도서관의 전자정보 웹 페이지로 간다.

  2) 교외에서 이용할 때는 전자정보 교외접속을 한다.

  3) CSA에서 제공하는 LISA net, SAGE Education 등의 데이터베이스에서는 QuickBib를 이용하여 검색결과를 원하는 인용스타일로 참고문헌을 작성할 수도 있다.

  4) LISA net과 같은 서지데이터베이스는 서지정보, 원문정보를 제공한다.

  5) 원문은 일반적으로 PDF 또는 HTML형식으로 제공한다.

7. 이미지 검색 결과 중 파일의 크기가 가장 큰 것은? (　　)

  1) 500 × 430 픽셀, 43k　　　　2) 400 × 430 픽셀, 41k

  3) 400 × 480 픽셀, 49k　　　　4) 650 × 520 픽셀, 47k

8. 인터넷상에서 일반적인 이용을 위한 그림 이미지를 가장 포괄적으로 가지고 있는
   Google을 이용하여 프랑스 태생의 작가 앙리 마티스(Henri Matisse 1869-1954)의
   '파란 누드(Blue nude)' 이미지를 찾고자 한다. 검색 후 그 결과에 대해 답하시오.
   1) 총 이미지 검색결과? (     개)  (검색한 일자:     월   일   시   분)
   2) 검색결과 중 첫 번째 마티스의 '파란 누드' 이미지는 몇 픽셀이며, 파일 크기는
      얼마인가? (     ×     픽셀,     k)

9. Google에서 Penny Moore가 2002년에 세계의 Information Literacy Education에 관
   해 쓴 PDF파일로 된 자료를 검색하고 검색결과에 대하여 답하시오.
   1) 자료명 : _____
   2) 저자의 직업 : _____
   3) 자료의 분량 : _____페이지

10. Yahoo! Directory에서 Biology관련 저널(Journals)과 매거진(Magazines)으로는 어
    떠한 것이 있는지 조사하고 답하시오.

    1) Biology관련 저널의 카테고리 수 (     개), 매거진 수 (     개)
    2) Biology관련 매거진의 Title(매거진명)은 무엇인가? 매거진명을 모두 기술하시오.

| 매거진명 | 매거진명 | 매거진명 | 매거진명 |
|---|---|---|---|
|  |  |  |  |
|  |  |  |  |
|  |  |  |  |

11. Invisible Web에 대하여 기술하시오(정의, 발생 이유, 종류, 검색 방법 등).

12. 대학도서관 웹 사이트에서 누리미디어 DBpia를 이용하여 '저작권 침해의 구제'에
   관한 국내 학술지 아티클을 검색하고 그 결과에 대하여 답하시오.

   1) 아티클명(논문명) :

   2) 저자명 :

   3) 연속간행물명 :

   4) 간행물 유형 :

   5) 발행정보 : 제        輯(        년        월)

   6) 수록페이지 :    (        )pages

   7) 원문 파일명 및 파일크기 : dbpia_____, _____KB

## 참고문헌

고영만. 2005. 『정보문해』. 서울: 성균관대학교 문헌정보학과.

김순희. 2007. 2006. 『정보문해 온라인 강의록』. 서울: 성균관대학교.

누리미디어. 2006. DBpia. [cited 2007.4.18]. 〈http://www.dbpia.co.kr/〉.

박휴용. 2005. "아시아 이주노동자들의 언어인권에 대한 언어생태론적 고찰." DBpia [online]. [cited 2007.4.18].
〈http://download.dbpia.co.kr/cView.asp?arid=666479&lid=4991601020101&uid=〉.

안현수. 2002. "인터넷 정보자원의 보고(寶庫)로서 Invisible Web." [cited 2007.6.20].
〈http://www.sds.samsung.co.kr/UserFiles/BBS/report/dc200201__1.pdf〉.

LG상남도서관. 〈http://www.lg.or.kr/index.jsp〉.

정영미. 1988. 『정보검색론』. 4판. 서울: 정음사.

Bergman, Michael K. 2001. "The Deep Web: Surfacing Hidden Value." *The Journal of Electronic Publishing*. August, 2001 Volume 7, Issue 1. [cited 2007.6.20].
〈http://www.press.umich.edu/jep/07-01/bergman.html〉.

Crucial Marketing. 2007. "Invisible Web." [cited 2007.6.20].
〈http://www.marketingterms.com/dictionary/invisible__web/〉.

Google. 2007. [cited 2007.6.20]. 〈http://www.google.co.kr/〉.

istockphoto. "Network." [cited 2007.6.20].

Network and Communications Services. 2007. "Networking Your Computers." [cited 2007.7.30]. 〈http://www.mcgill.ca/ncs/products/soho/networking/〉.

Ohline College. 2004. "Accessing Databases for Information Retrieval." [cited 2007.6.20].
〈http://www2.ohlone.edu/org/library/tutorial/database.html〉.

Suffolk University. 2007. "Recommended Academic Subject Web Directories."
[cited 2007.7.20]. 〈http://www.suffolk.edu/sawlib/acad-dir.htm〉.

Ohio State University Libraries. 2005. "Getting Started on the Web." [cited 2007.5.20].
〈http://gateway.lib.ohio-state.edu/tutor/les2/pg1.html〉.

University of California. 2007. "Invisible or Deep Web: What it is, Why it exists, How to find it, and Its inherent ambiguity." [cited 2007.7.20].
〈http://www.lib.berkeley.edu/TeachingLib/Guides/Internet/InvisibleWeb.html〉.

The Community College of Baltimore County. 2007. "Search the Web." [cited 2007.8.1].
〈http://www.ccbcmd.edu/libraries/dundalk/internetwebsearch.html〉.

University of Nebraska-Lincoln. 2007. "Search Engines." [cited 2007.7.30].
〈http://www.unl.edu/libr/inet/search.shtml〉.

University of the Free State. 2005. "World Wide Web(WWW)." [cited 2007.8.4].
〈http://www.uovs.ac.za/support/library/ilk/internet/www.htm〉.

The State University of New York. 2007. "Internet Tutorials." [cited 2007.8.9].
〈http://www.internettutorials.net/〉.

Noodletools. 2007. "Choose the Best Search for Your Information Need." [cited 2007.8.9].
〈http://www.noodletools.com/debbie/literacies/information/5locate/adviceengine.html〉.

Zillman, Marcus P. 2006. "Features - Deep Web Research Research 2006." [cited 2007.8.14].
〈http://www.llrx.com/features/deepweb2006.htm〉.

# 제 8 장

정보 평가

　본 장에서는 정보를 평가하기 위한 일반적인 기준과 웹상의 정보를 평가하기 위한 웹 정보 평가기준에 대하여 학습한다. 평가기준에 대한 이해를 돕기 위하여 이러한 기준들이 어떻게 적용되는지에 대한 구체적인 사례를 제시하였다.

　이를 통해 정보 검색결과가 관련된 정보를 충분히 찾았는지 비판적으로 평가할 수 있고, 각 정보 및 정보원이 연구주제에 적절한지를 평가할 수 있는 능력을 갖추도록 하는 것을 목표로 한다.

# 1. 정보의 일반적인 평가기준

　모든 정보가 똑같이 가치가 있고 정확한 것은 아니다. 따라서 정보검색을 통해 다양한 포맷으로 된 많은 정보원으로부터 정보를 찾았을 때, 그 정보가 정확하고, 연구주제 또는 요구에 유용하고 관련된 것이라는 것을 평가하는 것이 필요하다. 사실 많은 인쇄자료들은 저자의 동료들에 의해서 내용이 검토되고, 전문 편집자에 의해서 문법 및 문체가 검토되기 때문에 비교적 안전한 정보원이다.

　그러나 자비로 출판되는 일부 가치가 없는 출판물, 일부 편집자와 검토자의 부정확한 평가, 복잡한 주제에 대한 학자들의 양면적 평가 때문에 정보요구에의 정확성과 적절성에 있어서는 특히 신중하게 이들 정보원들을 평가해야 한다. 그리고 대학생들이 교육과정과 관련된 정보를 주로 인터넷 웹 서핑을 통해 수집하고 있는 현 상황에서, 웹 정보에 대한 평가의 필요성은 누구나 품질 또는 정확성에 대한 감시없이 정보를 발생시킬 수 있는 웹 정보의 특성 때문에 더욱 중요하다. 여러 유형의 정보원에 수록된 정보를 평가하기 위한 일반적인 기준은 적절성(Relevance), 적시성(Timeliness), 권위(Authority), 적용범위(Coverage), 정확성(Accuracy)의 5가지이다(그림 8-1 참조).

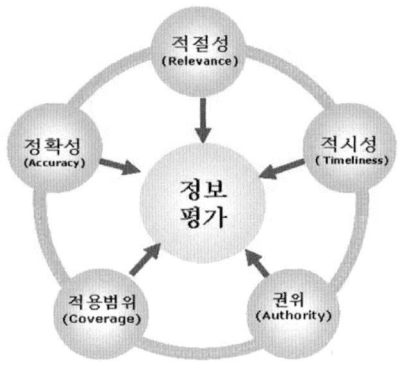

〈그림 8-1〉 정보의 일반적인 평가기준

## 1) 적절성(Relevance)

수집된 모든 정보가 특정 주제 또는 정보 요구에 적절한 것은 아니므로 정보의 적절성은 아래와 같은 4가지 면에서 정보를 수록하고 있는 정보원을 평가해야 한다.

### (1) 과제 해결에 유용한 정보원의 포맷 또는 매체는 무엇인가?

정보는 많은 여러 가지 포맷 형식 또는 매체로 이용할 수 있는데 연구 과제 등에 특정 포맷 또는 매체(인쇄정보원, 비디오, 웹 정보원 등)가 필요한지, 아니면 필요 없는지를 확인하여야 한다(Cal Poly 1999)(그림 8-2 참조).

### (2) 정보원이 일차정보원 또는 이차정보원인가?

과제 해결에 원자료(raw data), 편지, 원고, 원저작 등의 일차정보원이 필요할 수 있고 또는 서지, 사전, 연감, 비평서 등과 같은 이차정보원이 필요할 수 있다. 따라서 정보원이 어떠한 정보를 제공하는 것인지를 확인하여야 한다(그림 8-2 참조).

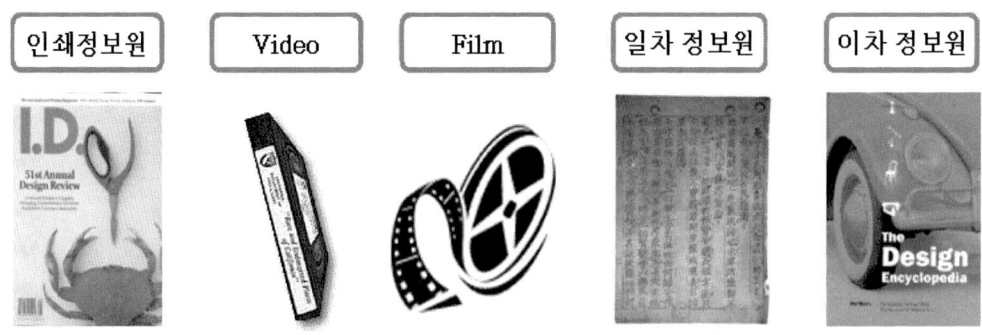

〈그림 8-2〉 여러 가지 포맷 형식의 정보원 및 일차/이차 정보원의 사례

### (3) 정보원이 배경정보 또는 깊이 있는 정보를 제공하는가?

정보원이 연구과제에 적절하게 주제에 대한 개요 또는 간략한 배경정보를 제공하는 백과사전, 다이제스트, 사전, 편람 등의 정보원인지, 깊이 있고 상세한 정보를 제공하는 도서, 학술지 등의 정보원인지를 확인한다.

### (4) 정보원에 사용된 언어가 정보 요구에 적합하며, 누구를 대상으로 한 것인가?

검색된 정보원에 수록된 정보가 연구과제를 수행하는 사람이 이해할 수 있거나 또는 요구하는 언어 즉 국어, 영어, 독일어 등 어느 것으로 되어 있는 것인가를 확인한다. 그리고 어린이를 위한 정보원은 쉽고 단순한 용어를 사용하며, 대부분의 대중적인 정보원은 일반 대중을 대상으로 일반적인 용어를 사용하며, 학술적 또는 전문 정보원은 전문가 또는 특정 이해관계자를 대상으로 전문용어를 사용한다. 또는 어떤 정보원은 너무 많은 은어를 포함하기도 한다. 따라서 용어를 통해 정보원이 어느 대상을 목표로 하여 쓰여진 것인지를 확인한다.

## 2) 적시성(Timeliness)

적시성(Timeliness)은 정보가 연구에 필요한 최신의 것인지 아니면 좀 더 오래된 정보인지를 판단하는 것이다. 지속적이고 빠르게 발전하는 학문분야 또는 주제분야들은 예를 들면 정보통신, 비즈니스와 같은 분야들은 다른 분야들 보다 좀 더 최신 정보를 요구한다. 한편 인문학과 같은 분야의 주제들은 좀 더 오래된 정보가 적절하고 유효하다. 따라서 적시성은 아래와 같은 면에서 평가되어야 한다.

### (1) 정보가 언제 만들어지고, 발행되었으며, 언제 갱신되었는가?

대부분의 정보원에는 발행일자가 기록되는데 표제지(Title page) 또는 그 이면에서 확인할 수 있다. 웹 페이지에서는 일반적으로 최종 갱신일자가 기록되며 웹 페이지의 꼬리말 부분 또는 각 페이지에서 확인할 수 있다. 정보원이 만들어진 일자, 발행일자 또는 편집일자를 제공하지 않으면 연구과제에 최신성이 요구되는 경우 이 정보를 이용하는 것은 적절하지 않을 수 있다. 그리고 정보원이 일간, 월간 또는 연간으로 갱신되는지를 갱신일자 또는 참고문헌의 발행일자를 통해 확인한다(그림 8-3 참조).

〈그림 8-3〉 정보의 적시성에 대한 사례  (Cal Poly 1999) (QUT 2005)

### (2) 정보가 연구주제에 여전히 유효한가?

어떤 정보는 만들어진 지 오래되었지만 어떤 주제분야에서는 여전히 유효하다. 예를 들면 동양철학분야에서는 주역, 논어 등에 수록된 정보들이 아직도 유효하다. 그러나 때때로 어떤 정보는 유효하지 않다. 예를 들면 오래된 지도는 지리적 변화를 반영하지 않아서 또는 오래된 법전은 개정된 법률을 수록하지 않아서 연구주제가 최신 지리정보 또는 법률정보를 요구하는 것일 경우 수록된 정보가 유효하지 않다.

## 3) 권위(Authority)

정보의 권위(Authority)를 알아보기 위해서는 저자/제작자가 누구이며 어떠한 자격과 발행물을 가지고 있으며 발행처, 출처가 신뢰할만한 것인지를 확인할 수 있어야 한다.

### (1) 정보의 저자/제작자가 누구인가?

대부분의 정보원에는 저술에 대해 책임이 있는 저자 또는 제작자가 누구인지 나타나 있다. 저자는 단독 저자, 공저자, 협회 또는 기관일 수 있다. 정보원에 저자/제작자에 대한 것이 나타나 있지 않다면 정보의 권위 즉 믿을 만한 정보라고 결정할 수 없다.

## (2) 정보의 저자/제작자의 자격은 무엇인가?

도서에는 대부분 맨 뒤쪽 부분에 저자의 전기가 기록되어 있으며, 학술지 아티클에는 때때로 저자의 간략한 서지가 아티클에 포함된다. 여기서 저자의 주제에 관한 교육적 배경, 과거의 저술, 직업 또는 경력을 확인하며, 또한 같은 저자에 의해 쓰인 도서 또는 아티클을 찾아봄으로써 적절한 자격을 가지고 있는지 평가한다. 저자에 대해 좀더 알기 위해서 국내 및 여러 나라에서 발행된 다양한 인명사전, Who's Who 등을 이용할 수 있다.

## (3) 정보는 믿을만한 발행처, 출처에서 나왔는가?

발행처가 어디인지 아티클이 실린 출처의 종류가 무엇인지를 확인하여야 한다. 발행처의 명성이 반드시 정보의 질을 보장하는 것은 아니지만 도서의 경우 평판이 좋은 발행처가 평가의 핵심요인으로 대학출판사가 발행처인 경우 신뢰할 만하다. 아티클의 평가는 아티클이 실린 발행물의 유형에 따라 달라지는 것으로 출처가 학술지, 전문잡지, 대중잡지인지를 확인한다. Ulrich's Periodicals Directory(http://www.ulrichsweb.com/ulrichsweb)는 가장 포괄적인 연속간행물 디렉토리로, 아티클을 발행하는 잡지(전문, 학술, 대중)의 유형, 발행처 그리고 컨텐츠의 간략한 기술, 많은 연속간행물들에 대한 짧은 평론을 제공한다. 여기에서 언급되고 있는 잡지인지 그리고 평론의 내용을 참조하여 평가한다(그림 8-4 참조).

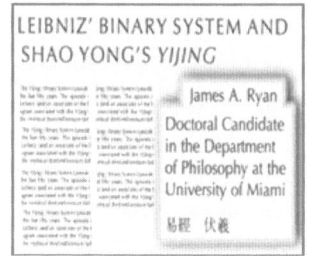 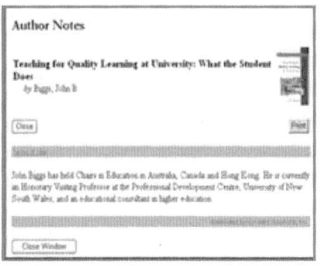 

〈그림 8-4〉 권위와 신뢰성에 대한 사례   (Cal Poly 1999) (QUT 2005) (ProQuest 2007)

## 4) 적용범위(Coverage)

정보는 정보원이 연구주제를 시간, 지리, 전문성, 관점 등의 면에서 어느 정도로 광범위하게 다루고 있는가에 따라 달라진다. 따라서 주제의 적용범위를 확인하여야 하며, 적용범위에 대한 개관을 가지는 좋은 방법은 정보원을 브라우징하는 것이다. 정보원의 목차, 색인 또는 초록/개요를 확인한다.

즉 정보원이 역사적 정보 아니면 최신 정보를 제공하는지 또는 두 가지 모두를 제공하는지를 확인한다. 지리적으로는 지역 또는 국내에 한정된 정보를 제공하는지 아니면 세계적인 정보를 제공하는지를 확인한다. 그리고 정보원이 주제 전반에 걸친 정보를 제공하는지 아니면 주제의 특정부분에 대한 전문적인 상세한 정보를 제공하는지를 확인한다.

예를 들면 『한국경제의 이론과 실제』와 『살아있는 세계경제 생활속의 지구촌경제』는 모두 경제에 대해 다루고 있지만 지리적으로 전자는 한국으로 한정하였으며, 후자는 보다 포괄적으로 세계의 경제를 다루었다(그림 8-5 참조).

〈그림 8-5〉 지리적 적용범위에 대한 사례

〈그림 8-6〉의 학위논문들은 모두 미니멀리즘에 관해 쓰고 있지만 각기 주제적 관점, 시대, 지리 등을 달리하고 있다. 즉 『현대 도예의 미니멀리즘적 경향연구』는 도예에서

의 미니멀리즘 경향을 연구하였으나 지리를 미국, 시대를 현대로 제한하였다. 『미국의 초기 포스트모던댄스에 나타난 미니멀리즘에 대한 연구』는 댄스에서의 미니멀리즘을 다루며 지리를 미국, 시대를 1960년대초에서 1970년대초로 한정하였다. 그리고 『현대 복식에 표현된 미니멀리즘에 대한 연구』는 시대를 현대, 지리를 한국으로 하여 복식에서의 미니멀리즘을 연구하였다. 『한국 창작춤에 나타난 미니멀리즘 성향에 관한 연구』는 창작춤에서의 미니멀리즘에 대해 연구하였는데 지리적인 것을 한국으로 하여 연구 범위를 제한하였다.

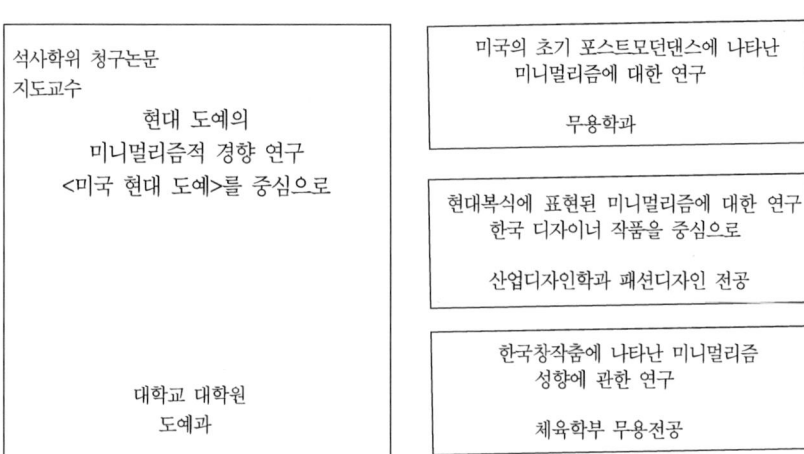

〈그림 8-6〉 주제적 논점, 지리, 시대 등의 적용범위에 대한 사례

## 5) 정확성(Accuracy)

정확성은 정보가 사실, 견해 또는 선전인지를 결정하고, 오타나 일치되지 않는 데이터는 없는지 그리고 편향된 견해를 가지고 쓴 것은 아닌지를 평가하는 것이다. 따라서 정확성은 인용, 믿을만한 정보원(동료평가가 된 학술지의 아티클 또는 정부기관 등)인지의 여부, 오타 또는 기타 실수, 저자나 제작자 또는 후원기관의 정보 발행 목적 그리고 어떠한 문체를 사용하는가의 확인을 통해 판단해야 한다.

### (1) 인용문헌이 표기되어 있으며 믿을 만한 정보원에서 발행되었는가?

어떤 정보가 사실, 견해 또는 선전인지 아닌지는 인용의 여부와 믿을 만한 발행처 또는 정보원에서 발행된 것인가의 확인을 통해 판단한다. 사실은 검증될 수 있도록 잘 기록되어 있고, 본문내 인용, 각주, 참고문헌을 기록하고 있는 것으로 정보가 믿을만한 정보원에서 발행된 것인가를 확인한다. 예를 들면 통계청의 통계DB에서 수집한 국가별 국토면적, 환율정보 등의 통계정보는 우리나라의 통계의 기준설정과 인구조사, 각종 통계에 관한 사무를 관장하는 정부산하기관에서 발행한 믿을 만한 정보원에서 발행된 사실이다. 신문의 사설은 사설을 쓴 사람의 견해를 나타낸 것이며, 영화 광고문, 상가분양 광고문 등에 수록된 광고 정보들은 선전이다(그림 8-7 참조).

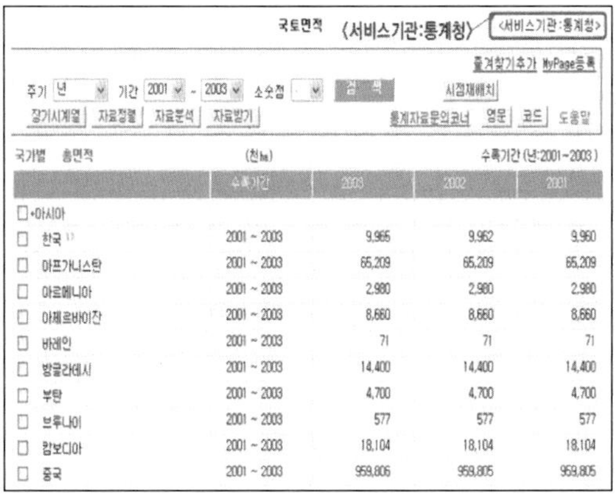


국가별 총면적 (천㏊) 수록기간 (년:2001~2003)

| | 수록기간 | 2003 | 2002 | 2001 |
|---|---|---|---|---|
| +아시아 | | | | |
| 한국 1) | 2001 ~ 2003 | 9,965 | 9,962 | 9,960 |
| 아프가니스탄 | 2001 ~ 2003 | 65,209 | 65,209 | 65,209 |
| 아르메니아 | 2001 ~ 2003 | 2,980 | 2,980 | 2,980 |
| 아제르바이잔 | 2001 ~ 2003 | 8,660 | 8,660 | 8,660 |
| 바레인 | 2001 ~ 2003 | 71 | 71 | 71 |
| 방글라데시 | 2001 ~ 2003 | 14,400 | 14,400 | 14,400 |
| 부탄 | 2001 ~ 2003 | 4,700 | 4,700 | 4,700 |
| 브루나이 | 2001 ~ 2003 | 577 | 577 | 577 |
| 캄보디아 | 2001 ~ 2003 | 18,104 | 18,104 | 18,104 |
| 중국 | 2001 ~ 2003 | 959,806 | 959,805 | 959,805 |

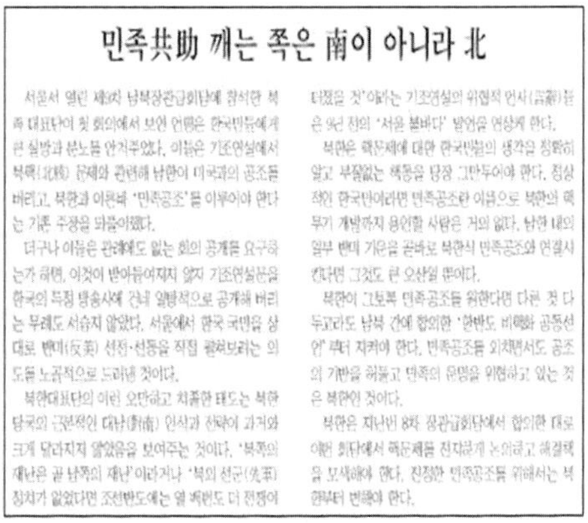

민족共助 깨는 쪽은 南이 아니라 北

서울서 열린 제9차 남북장관급회담에 참석한 북측 대표단이 첫 회의에서 보인 언행은 한국민들에게 큰 실망과 분노를 안겨주었다. 이들은 기조연설에서 북핵(北核) 문제와 관련해 남한이 미국과의 공조를 버리고, 북한과 이른바 '민족공조'를 이루어야 한다는 기존 주장을 되풀이했다.

더구나 이들은 관례에도 없는 회의 공개를 요구하는가 하면, 이것이 받아들여지지 않자 기조연설문을 한국의 특정 방송사에 건네 일방적으로 공개해 버리는 무례도 서슴지 않았다. 서울에서 한국 국민을 상대로 반미(反美) 선전·선동을 직접 펼쳐보려는 의도를 노골적으로 드러낸 것이다.

북한대표단의 이런 오만하고 치졸한 태도는 북한 당국의 근본적인 대남(對南) 인식과 전략이 과거와 크게 달라지지 않았음을 보여주는 것이다. '북쪽의 재난은 곧 남쪽의 재난'이라거나 '북의 선군(先軍) 정치가 없었다면 조선반도에는 열 백번도 더 전쟁이 터졌을 것'이라는 기조연설의 위협적 언사(言辭)들은 9년 전의 '서울 불바다' 발언을 연상케 한다.

북한은 핵문제에 대한 한국민들의 생각을 정확히 알고 부질없는 책동을 당장 그만두어야 한다. 정상적인 한국민이라면 민족공조란 이름으로 북한의 핵무기 개발까지 용인할 사람은 거의 없다. 남한 내의 일부 반미 기운을 곧바로 북한식 민족공조와 연결시킨다면 그것도 큰 오산일 뿐이다.

북한이 그토록 민족공조를 원한다면 다른 것 다 두고라도 남북 간에 합의한 '한반도 비핵화 공동선언'부터 지켜야 한다. 민족공조를 외치면서도 공조의 기반을 허물고 민족의 운명을 위협하고 있는 것은 북한인 것이다.

북한은 지난번 8차 장관급회담에서 합의한 대로 이번 회담에서 핵문제를 진지하게 논의하고 해결책을 모색해야 한다. 진정한 민족공조를 위해서는 북한부터 변해야 한다.

**〈그림 8-7〉 출처 및 인용문헌 확인을 통한 정보의 정확성 평가 사례**

(통계청 2006)(조선일보 2003)

### (2) 정보가 사실로서 제시되었다면, 그것은 올바른 것인가?

많은 정보원은 수록된 정보들이 검증된 데이터, 정확한 정보라는 것을 나타내기 위하여 본문내 인용, 각주, 참고문헌을 기록하고 있다. 그런데 어떤 정보원은 정확하지 못한 인용을 기록하는 경우도 있다. 따라서 이러한 인용에 대한 확인을 통해 정보가 정확한 것인지를 파악할 수 있어야 한다(그림 8-8 참조).

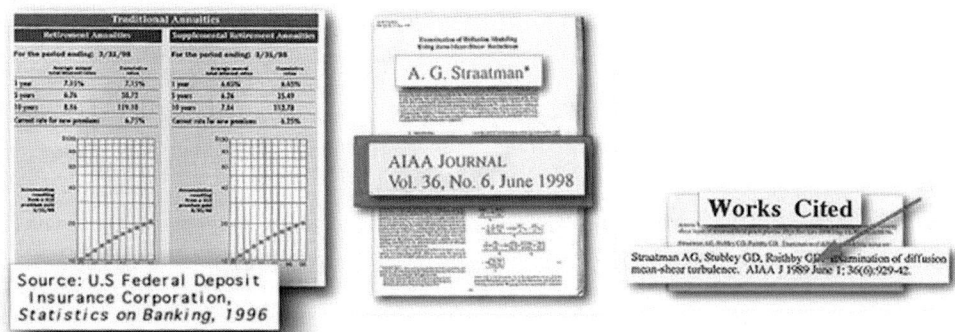

〈그림 8-8〉 인용의 정확성 여부 확인을 통한 정보의 정확성 평가 사례  (Cal Poly 1999)

### (3) 어떤 종류의 문체가 사용되었는가?

정보가 객관적이고 공평한 것인지 또는 감정적으로 변화된 것인지를 알기 위해서는 정보원의 문체를 살펴본다. 어떤 정보원은 수록된 정보가 구체적이고 상세한 용어를 사용하여 객관적인 스타일로 쓰여져 있다. 반면 어떤 정보원은 정보가 애매한 문체를 사용하거나 감정적으로 왜곡되어 있다. 그리고 저자나 제작자 또는 후원기관의 정보 발행 목적을 잘 살펴봄으로써 특정 관점을 옹호하거나 제시하여 여론에 영향을 미치려고 시도하는 것인지 아닌지를 확인한다.

## 2. 웹 정보의 평가기준

컴퓨터를 가지고 인터넷에 접속할 수 있는 사람이면 누구든지 웹을 통해 웹 페이지 또는 웹 문서에 정보를 수록하여 배포할 수 있다. 이러한 웹 정보의 발생상의 특성 때문에 웹 정보는 인쇄매체에 수록된 정보와는 달리 그것이 정확하거나 유용하다는 것을 확인시키기 위한 편집자, 동료평가 등의 여과장치나 표준화 장치에 의해 검증되거나 표준화되지 않는다. 따라서 웹상의 정보를 이용할 것인지 아닌지를 결정하기 위해서는 일반적인 평가기준과는 조금 다른 일정한 기준을 가지고 평가를 하여야 한다.

먼저 웹 페이지를 처음 접했을 때 웹 페이지의 구조와 웹 페이지의 필수 요소를 확인해야 한다. 웹 페이지는 머리말(Header), 본문(Body), 꼬리말(Footer)로 구성되어 있으며, 각 부분에는 저자 또는 담당자, 기관, 제작일자 또는 갱신일자, 대상, 정보의 목적, 로컬 홈페이지에의 링크 등의 필수 요소들이 기록되어 있다(UA 2005)(그림 8-9, 표 8-1 참조).

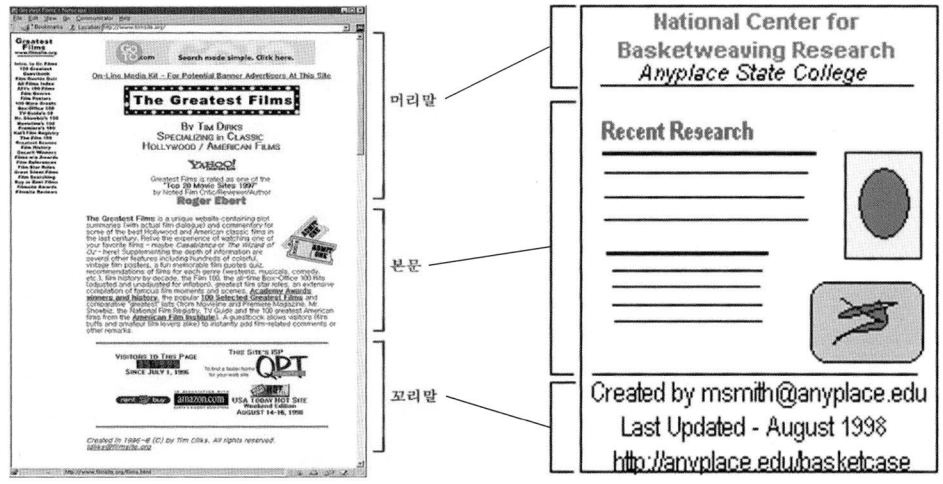

〈그림 8-9〉 웹 페이지의 구조   (연세대학교 1999)(UA 2005)

〈표 8-1〉 웹 페이지의 필수 요소

| 필수 요소 | 위 치 |
| --- | --- |
| 저자 또는 담당자 | 일반적으로 꼬리말에 기입되어 있다. |
| 기관 | 일반적으로 머리말 또는 꼬리말에 기입되어 있다. |
| 제작일자 또는 갱신일자 | 일반적으로 꼬리말에 기입되어 있다. |
| 대상 | 본문을 검토함으로써 확인할 수 있다. |
| 정보의 목적 | 본문을 검토함으로써 확인할 수 있다. |
| 로컬 홈페이지에의 링크 | 일반적으로 머리말 또는 꼬리말에 기입되어 있다. |

웹 정보의 일반적인 평가기준은 정보는 적절한가?(적절성), 정보는 시기적절한가?(적시성), 정보는 믿을 수 있는가?(권위), 정보는 포괄적인가(적용범위), 정보는 정확한가?(정확성), 웹 사이트의 디자인은 효과적인가?(디자인)이다(그림 8-10 참조).

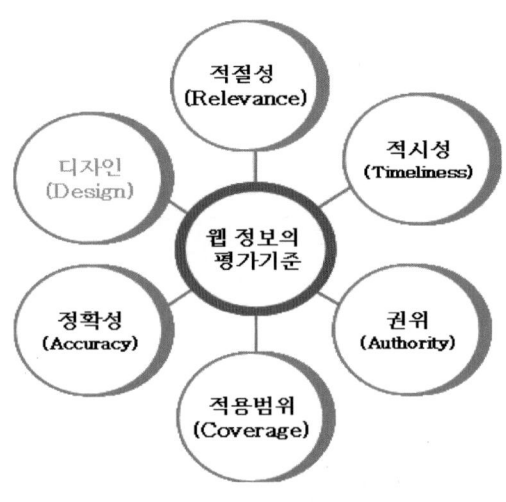

〈그림 8-10〉 웹 정보의 평가기준

## 1) 적절성(Relevance)

웹상의 모든 정보가 특정 주제 또는 정보 요구에 적절한 것은 아니다. 그러므로 정보의 적절성은 아래와 같은 4가지 면에서 정보를 수록하고 있는 정보원을 평가해야 한다.

### (1) 정보원이 일차정보 또는 이차정보를 제공하는가?

필요로 하는 정보가 원문(full-text) 또는 서지정보일 때 정보원이 일차정보를 제공하는지 아니면 이차정보를 제공하는지를 확인해야 한다. 예를 들어 일차정보인 국내 학위논문 원문정보를 필요로 할 때 국립중앙도서관의 온라인 목록과 한국교육학술정보원 학술연구정보서비스의 학위논문DB 중 어느 것을 이용하여 필요한 정보를 얻는 것이 적절한가를 판단하여야 한다. 국립중앙도서관은 납본기관으로 인쇄매체의 국내 학위논문을 가장 포괄적으로 소장하고 있으나 웹을 통해 학위논문의 서지정보만을 제공하고 원문정보는 서비스하지 않는다. 반면 한국교육학술정보원의 학술연구정보서비스에서는 국내 다수의 대학도서관과 협약을 맺고 웹을 통해 국내 학위논문에 대한 원문정보를 서비스하고 있다.

또한 일차정보 또는 이차정보를 가진 두 가지 유형의 정보원이 검색된 경우 어느 것이 일차정보인 원문정보를 포함하고 있는지를 평가해야 한다.

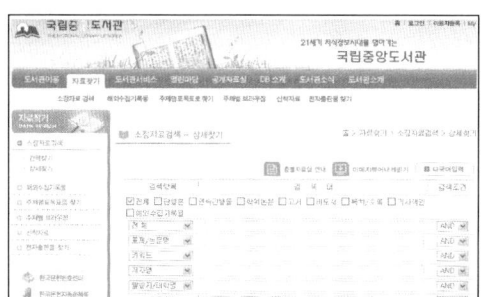

〈그림 8-11〉 국립중앙도서관과 한국교육학술정보원의 학술연구정보서비스 웹 사이트

## (2) 정보가 배경정보 또는 깊이 있는 정보인가?

어떤 정보원은 하나의 논제에 대한 대략적인 개요만을 제공하나, 어떤 다른 정보원은 하나의 논제에 대한 상세한 정보를 제공한다. 따라서 정보원이 정보요구에 적절한지를 확인한다. 예를 들면 'The Albert Einstein Archives' 웹 사이트(http://www.albert-einstein.org/)는 아인슈타인의 생애, 저작권, 상대성이론 등에 대한 저작물 등 아인슈타인에 대한 전반에 걸친 다양한 면을 대략적으로 소개하고 있으며, 깊이 있고 상세히 다루고 있는 폭넓은 범위의 관련 자료에 대한 링크를 제공한다.

반면에 'Relativity 4 Engineers' 웹 사이트(http://www.einsteins-theory-of-relativity-4engineers.com/index.html)는 아인슈타인의 공학자들을 위한 상대성이론에 대한 상세한 설명과 그에 관련된 아티클 원문정보를 제공하고 있으며, 관련 저작물에 대한 깊이 있는 정보를 제공한다.

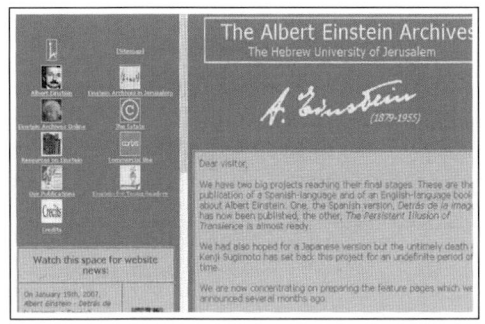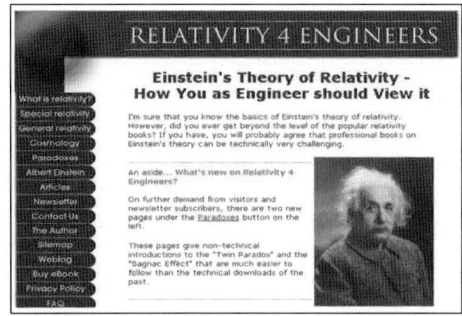

〈그림 8-12〉 The Albert Einstein Archives와 Relativity 4 Engineers 홈페이지

## (3) 정보원이 누구를 대상으로 하는가?

많은 웹 사이트들은 특정 흥미나 요구를 가진 어린이 또는 일반인들을 대상으로 하거나 또는 특정 전문지식을 가진 사람들을 위해 만들어진다. 따라서 연구주제에 적합한 사람을 대상으로 만들어진 것인지를 확인한다. 예를 들면 농업진흥청의 '농업이야기' 어린이 웹 사이트는 농업에 대한 전반적인 지식을 어린이에게 가르쳐 줄 수 있는 유용한 사이트이다. 그러나 일반인이나 전문가에게는 너무 단순하고 대략적인 내용이다.

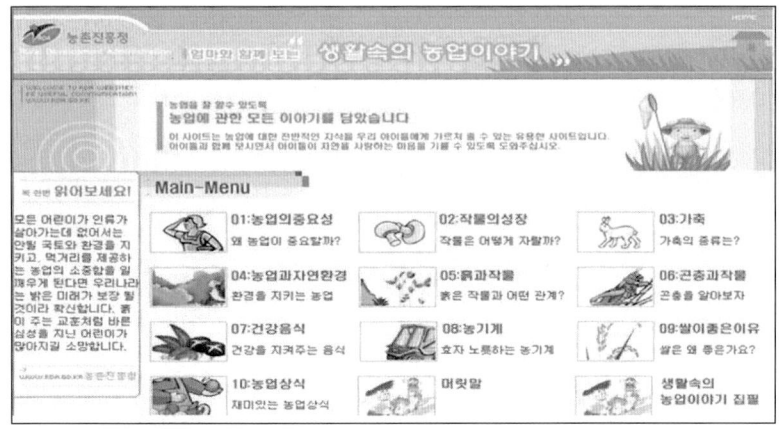

〈그림 8-13〉 농업진흥청 '농업이야기' 어린이 웹 사이트

경기도 품목별 농업연구전문가 웹 사이트는 실제 농업을 하는 사람이 해당 품목을 재배하는 데 있어 농업연구전문가의 지식과 경험을 확인하거나 조언을 받을 수 있도록 한 사이트로 농작물 재배에 필요한 농업기술 정보를 얻는데 유용한 사이트이다. 농생명과학연구정보센터(ALRIC)의 웹 사이트는 광범위한 농생명과학분야의 국내외 전문연구정보를 체계적으로 수집, 분석, 가공하여 DB로 구축하고 있고, 대량 생산되는 연구실적들을 정보화하여 온라인으로 유통시킴으로 연구자들이 효율적으로 관련된 정보를 얻도록 하고 있다. 위의 사이트보다 훨씬 전문적인 사이트로 농생명과학분야 전문가의 연구에 적절하다.

〈그림 8-14〉 경기도 품목별 농업연구전문가와 농생명과학연구정보센터 웹 사이트

## (4) 정보원의 모든 정보에 접근이 가능한가 아니면 접근이 제한되는가?

어떤 웹 사이트는 목차 또는 개요는 공개를 하지만 원문(full text)은 이용회원 또는 이용회원기관으로 등록된 기관의 소속자들만이 이용할 수 있도록 하고 있다.

예를 들면 PsycINFO와 같은 유료 데이터베이스들은 데이터베이스를 구독하고 있는 기관의 소속자만이 해당 ID와 패스워드를 가지고 접근할 수 있다. 국회도서관은 국내 석박사학위논문 등에 대한 원문정보서비스를 하고 있으나, 기관 또는 단체로만 원문을 이용할 수 있는 회원으로 가입이 가능하며, 이용회원기관으로 등록된 기관의 소속자만이 지정된 장소에서 로그인후 원문을 이용할 수 있다. 그리고 복사서비스 등에 대한 비용을 지불하여야 한다(그림 8-15 참조).

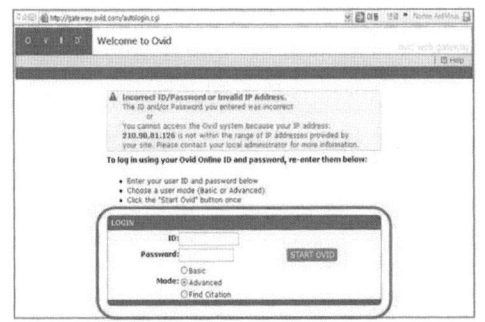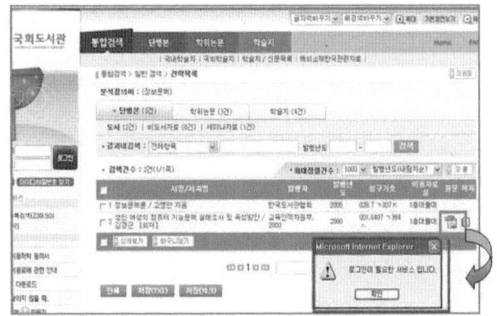

〈그림 8-15〉 PsycINFO와 국회도서관 웹 사이트

## 2) 적시성(Timeliness)

웹 정보원으로부터의 정보가 논제에 맞는 최신의 것인지 아니면 과거의 정보인지를 확인한다. 적시성은 학문분야 및 주제에 따라 차이가 있는 것으로 과학적인 논제는 좀 더 최신의 정보를 요구하며, 인문학분야의 논제는 오래된 정보도 필요로 할 수 있다. 정보의 적시성은 정보원이 만들어진 일자 또는 갱신일자 및 정보의 유효성 면에서 아래와 같이 평가되어야 한다.

### (1) 정보가 언제 만들어졌는지 또는 발행되었는지 그리고 언제 갱신되었는지를 나타내는 표시가 있는가?

웹 페이지에서는 일반적으로 최종 갱신일자가 기록되며 웹 페이지의 꼬리말 부분 또는 각 페이지에서 확인할 수 있다. 그러나 인쇄매체와 같은 대부분의 다른 정보원이 발행일자를 기록하는데 비해 웹 정보원의 경우는 발행일자가 언제나 기록되지는 않는다. 그리고 때때로 기록된 경우에도 정보가 처음 쓰여져 웹상에 올려진 일자인지 또는 마지막 개정일자인지를 말하는 것인지를 결정하기 어려운 경우가 있다. 정보원이 만들어진 일자, 발행일자 또는 갱신일자를 제공하지 않으면 연구과제에 최신성이 요구되는 경우 이 정보를 이용하는 것은 적절하지 않을 수 있다.

 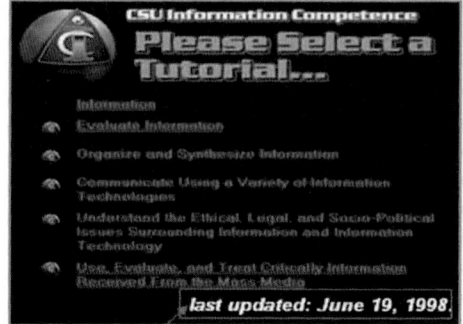

처음 이 홈페이지가 만들어진 해      마지막으로 갱신된 날짜 정보를 나타냄

〈그림 8-16〉 국립중앙박물관 및 Cal Poly의 CSU Information Competence 홈페이지

## (2) 정보가 연구주제에 여전히 유효한가?

웹 정보가 만들어진 지는 오래되었지만 역사적 연구를 위한 연구자에게는 여전히 유효할 수 있다(예: designdb 웹진의 한국 문양과 상징). 따라서 정보가 여전히 유효한지 아니면 유효하지 않은지를 확인한다. 일반적으로 시간이 지난 공모전, 전시행사 등에 대한 웹 정보는 유효하지 않다(그림 8-17 참조).

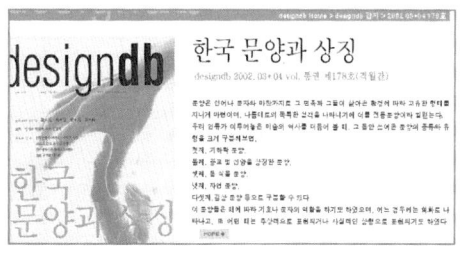 

〈그림 8-17〉 designdb 웹진 아티클 및 designkorea 2006 상해 행사 안내 웹 페이지

## 3) 권위(Authority)

웹 정보의 권위(Authority)를 알아보기 위해서는 웹 문헌의 저자/제작자, 책임을 지고 있는 단체, 연락처 등에 대한 것을 확인하는 것이 중요하다.

### (1) 검색한 정보의 저자/제작자가 누구이며 연구주제에 관한 저자의 전문지식 수준에 대한 정보가 있는가?

웹 사이트를 만든 사람 또는 웹 정보의 저자가 누구인지를 알면 흔히 정보가 믿을 수 있는 것인지, 아닌지를 결정할 수 있다. 어떤 웹 정보원은 정보를 만들거나 편집한 사람을 웹 페이지 또는 웹 문서의 머리말 또는 꼬리말에 명백하게 표시한다. 반면 어떤 정보원은 저자/제작자에 대한 표시를 주지 않는다. 예를 들면 세계적으로 유명한 제품디자이너 Philippe Starck의 웹 사이트는 홈페이지에 Starck이라고 써서 웹 사이트를 만든 사람이 Philippe Starck임을 밝히고 있다. 또한 아래의 웹 문서는 아티클명 바로 아래에 저자명을 밝히고 있으며, 페이지 하단에 저자의 자격에 대해 소개하고 있다. 저자의 소개를 통해 그 사람의 직업, 지위, 전문지식, 교육수준에 대한 정보를 확인할 수 있다.

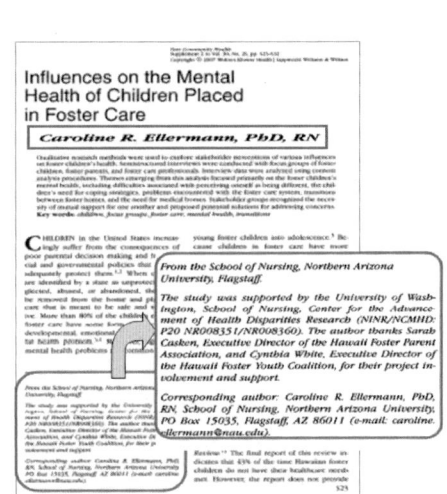

〈그림 8-18〉 웹 사이트 / 문서의 저자에 대한 정보 사례   (Starch 2007)(Ellermann 2007)

### (2) 웹 사이트에 책임이 있는 단체에 대한 정보가 있는가?

웹 사이트에 책임이 있는 조직, 회사 또는 그룹 등에 대한 정보는 여러 가지 방법으로 확인할 수 있다.

첫번째 방법으로 웹 사이트에 책임이 있는 단체에 대한 정보는 웹 사이트의 주소 (URL)에서 알아 볼 수 있다. URL이란 인터넷의 모든 정보의 위치를 표시하는 표준 방식으로 '접근 Protocol://호스트이름(또는 도메인이름)/문서 경로/문서 이름'의 형식 을 취하는데 URL의 첫번째 위치(Prototocol://첫번째 위치/)에 웹 사이트에 책임이 있는 단체 또는 발행처가 나타나게 된다(예 : www.ghil.com).

다른 예를 들면 웹 사이트의 URL이 'http://www.korail.go.kr/'일 때 정보가 정부기 관(.go)인 한국철도공사(korail)에서 나왔다는 것을 나타낸다.

HTTP(HyperText Transfer Protocol)는 인터넷에서 하이퍼텍스트 문서를 교환하기 위해 사용하는 통신규약 즉 문서를 주고받는 통신 규약을 말한다.

컴퓨터 호스트 이름이란 네트워크 상에서 어떤 컴퓨터를 유일하게 인식할 수 있는 이름을 가리킨다. 인터넷상에서의 호스트 이름은 흔히 'www.ghil.com'과 같은 형태를 갖는데, 만약 그 주소에 하나의 인터넷 사이트만 있다면 호스트 이름과 도메인 이름은 같다. 하지만 한 컴퓨터에 하나 이상의 인터넷 사이트가 수용되어 있다면 그 사이트는 여러 개의 호스트 이름을 가질 수 있다. 즉 컴퓨터 호스트 이름이 한대의 서버나 컴퓨 터를 지칭하는 말이라면, 도메인 이름은 그 각각의 서버나 컴퓨터그룹을 대표하는 이 름을 말한다(가비아 2007).

도메인 이름(Domain Name)은 IP주소((Internet Protocol Address)를 문자로 표현 한 것으로, 시스템, 조직, 조직의 종류, 국가 이름 등 3, 4가지 구분자를 계층화해 '.'으 로 구분하고 있다. 즉 인터넷을 통하여 다른 컴퓨터와 통신하기 위해서는 두 컴퓨터가 인터넷에 연결되어 있어야 하고 두 컴퓨터가 고유한 주소를 가지고 있어야 하며, 연결하고자 하는 컴퓨터의 주소를 알고 있어야 한다. 컴퓨터의 주소는 숫자와 점(dot)으로 표현된다. 이 주소는 점으로 구분된 숫자로 되어 있으며 4단계로 표시된다. 점(.)으로 구분된 각 숫자는 0 ~ 255까지의 숫자를 사용할 수 있으며, 이 주소는 전 세계적으로 중복되지 않도록 사용한다. 이러한 주소를 IP주소라고 한다. 네트워킹을 위해서 IP주소를 사용하면 사람은 접속하고자 하는 주소를 기억하기 어렵다. 예를 들어 'http://210.96.157.10'라는 IP주소를 기억하여 웹 사이트를 찾는 것은 쉽지 않다. 따라서 URL에 원래 컴퓨터가 실제 통신에 사용하는 주소인 IP주소를 써야 하는데 그 대신에 사람이 알아보기 쉬운 주소를 사용하기로 하였으며, 이것이 도메인 이름(예: www.skku.ac.kr 또는 www.skku.edu)이다. 우리나라의 일반적인 도메인 이름 구조는 호스트 이름, 기관 이름, 기관 종류, 국가 이름 또는 호스트 이름, 기관 이름, 기관 종류로 되어 있다(그림 8-19 참조).

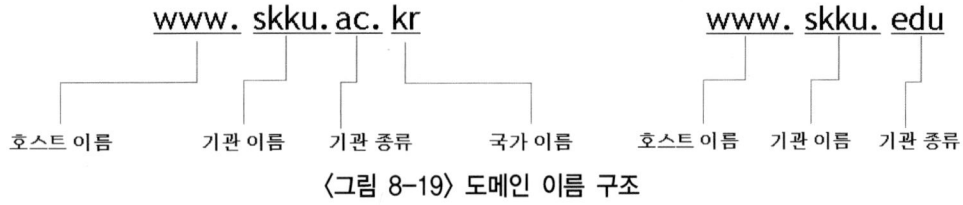

〈그림 8-19〉 도메인 이름 구조

도메인 이름은 관리기관 및 등록 요건에 따라 네 가지 종류로 나누어진다.

- gTLD(Generic Top level domain)
- ccTLD(Country Code Top level domain)
- iTLD(International Top Level Domain)
- sTLD(Special Top Level Domain)

gTLD는 ICANN(The Internet Corporation for Assigned Names and Numbers)이라는 국제기구에 의하여 관리되는 도메인으로 .com, .org, .net, .biz, .info, .aero,

.museum, .coop, .edu, .name이 있다. .com .org .net .info .name은 자격 제한없이 누구나 등록 가능하며, .biz는 비즈니스를 목적으로 하는 개인 또는 회사가 등록할 수 있다. .pro .aero .museun .coop는 도메인 이름과 연관된 자격이 있는 개인 또는 단체가 등록할 수 있으며, .edu는 전세계 4년제 대학만 등록이 가능하며 무료이다.

ccTLD는 ISO에서 지정하고, 각국 인터넷 정보센터가 관리하는 도메인이다. ccTLD는 ISO 3166 STANDARD에 지정된 두개의 영문자로 구성되는 것으로 예를 들면 한국의 ccTLD는 .kr , 일본의 ccTLD는 .jp이다.

iTLD는 정부간 국제 규약에 의하여 설립된 국제기구 등 특수한 자격조건을 갖춘 기관에서 사용할 수 있는 도메인이다. 이 도메인으로는 .int가 있으며, IANA(Internet Assigned Numbers Authority)에 의하여 관리된다.

sTLD는 미국 내 특정기관만이 등록, 사용할 수 있는 도메인으로, gov, .mil이 있다. .mil은 미국의 군 단체를 위한 도메인이며, .gov는 미국 정부 단체를 위한 도메인이다 (가비아 2007).

〈표 8-2〉 도메인의 종류

| 국내 도메인 | 대 상 | 국제 도메인 | 대 상 | 국가 도메인 | 대 상 |
|---|---|---|---|---|---|
| ac | 대학, 대학원 | com | 영리기업/기관 | kr | 한국 |
| co | 기업, 상업기관 | net | 네트워크관련단체 | cn | 중국 |
| or | 비영리기관/단체 | org | 비영리기관/단체 | jp | 일본 |
| go | 정부기관 | edu | 4년제 단과대학/종합대학 | us | 미국 |
| ne | 네트워크 기관 | gov | 미국 연방정부기관 | uk | 영국 |
| re | 연구기관/단체 | mil | 미국 연방군사기관 | it | 이탈리아 |
| pe | 개인 | int | 국제적인 특성을 가진 기관 | | |
| es | 초등학교 | info | 기업 등 모든 정보사업 | | |
| ms | 중학교 | biz | 영리를 추구하는 기업 | | |
| hs | 고등학교 | name | 개인, 상품브랜드 | | |
| sc | 기타학교 | | | | |

두번째 방법은 대부분의 웹 사이트는 홈페이지의 머리말과 꼬리말에 웹 사이트에 책임이 있는 단체명을 표기하거나 또는 기관소개, About us 등 단체에 대한 소개 페이지

의 링크를 통해 단체에 대한 부가적인 정보를 제공하는 것으로 이를 확인하는 것이다. 예를 들면 아래의 사이트들은 각각 한국문화예술위원회와 LG상남언론재단에서 만든 사이트로 홈페이지 상단 및 하단에 웹 사이트를 만든 단체명을 표기하고 있으며 기관 소개의 별도의 링크페이지를 통해 단체에 대한 소개를 하고 있다(그림 8-20 참조).

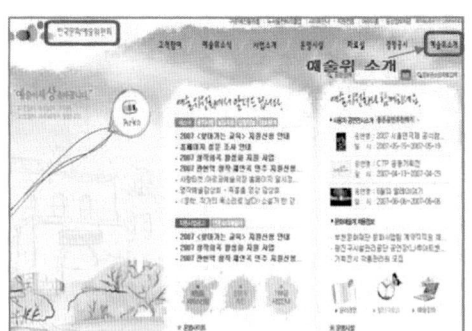

〈그림 8-20〉 웹 사이트에 책임이 있는 단체에 대한 사례

세번째 방법은 웹 사이트에 대한 외부의 평가를 알아보는 것이다. 알렉사(www.alexa.com) 또는 랭키(www.rankey.com)와 같은 웹 평가 사이트를 이용한다. 알렉사는 전세계 웹 사이트 페이지뷰 및 인기도 순위, 분야별 랭킹 등을 제공하는 것으로 웹을 검색할 때 찾고자 하는 사이트들의 인기도 순위, 분야별 랭킹 등을 확인할 수 있다. 랭키도 분야별 사이트 순위, 트래픽 분석 정보 등을 제공한다.

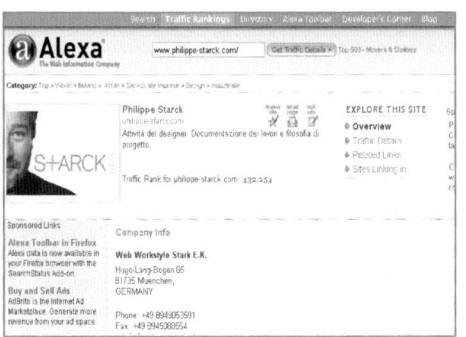

〈그림 8-21〉 웹 사이트 평가 도구에 대한 사례  (alexa 2007)(rankey 2007)

## (3) 연락 정보가 있으며, 정보는 안정적인가?

웹 사이트에 수록된 정보 또는 전문적인 배경에 대한 더 많은 부가적인 정보를 요청할 수 있도록 저자 또는 웹 사이트에 책임이 있는 단체에 대한 연락 정보 즉 이메일 주소, 전화번호 및 주소 등이 기재되어 있는가를 확인한다(그림 8-22 참조).

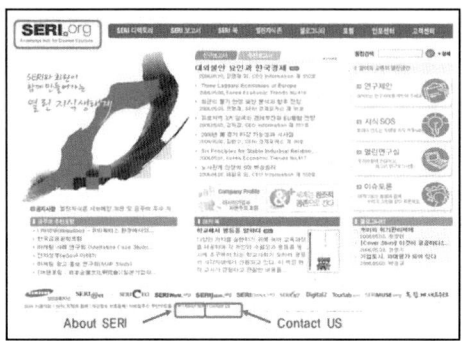 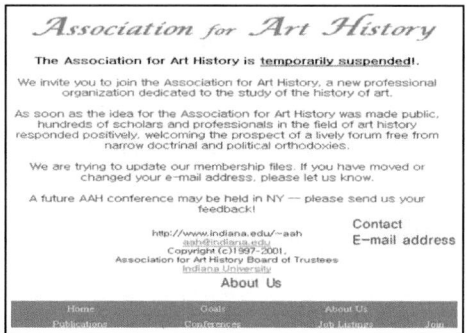

〈그림 8-22〉 연락정보에 대한 사례　(삼성경제연구소 2005)(indiana 2001)

대부분의 웹 사이트들은 웹 페이지의 머리말과 꼬리말에 연락 정보를 기록한다.

그리고 다른 정보원과 달리 웹 페이지는 아무런 경고도 없어지거나 새로운 주소로 이동하는 경우가 종종 있는데 이에 대한 어떠한 표시를 하여 정보가 오랫동안 존재하리라는 것을 나타내고 있는가를 확인한다(그림 8-23 참조).

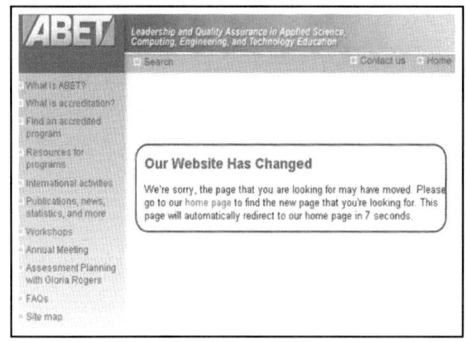 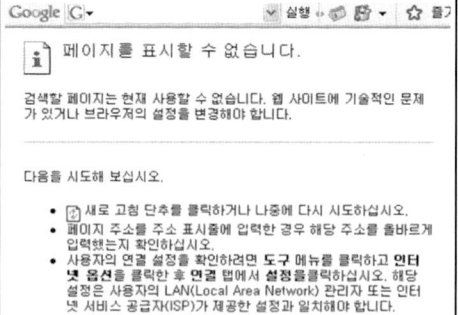

〈그림 8-23〉 정보 이동에 대한 사례　(ABET 2004)

## 4) 적용범위(Coverage)

웹 정보원이 연구주제를 시간, 지리, 전문성, 관점의 점에서 전체적으로 광범위하게 다루고 있는지 아니면 보다 세밀하게 다루고 있는가를 확인한다. 웹 정보의 적용범위에 대한 개관을 가지는 좋은 방법은 웹 정보원의 사이트맵 또는 웹문서의 초록/개요를 살펴보는 것이다.

즉 웹 정보원이 역사적 정보 아니면 최신 정보를 제공하는지 또는 두 가지 모두를 제공하는지를 확인한다. 지리적으로는 어느 고장, 지역 또는 국내에 한정된 정보를 제공하는지 아니면 세계적인 정보를 제공하는지를 확인한다. 그리고 정보원이 주제 전반에 걸친 정보를 제공하는지 아니면 주제의 특정부분에 대한 전문적인 상세한 정보를 제공하는지를 확인한다. 또한 정보가 어떤 관점에서 쓰여졌는가를 확인한다. 예를 들면 통계청의 국가통계포털(KOSIS)에서는 국가통계정보를 제공하는 데 비해 경기도청의 통계정보는 경기도에 대한 통계정보를 제공한다.

〈그림 8-24〉 정보원의 지리적 영역에 대한 사례  (통계청 2007) (경기도청 2006)

## 5) 정확성(Accuracy)

웹 정보의 정확성을 평가하는 것은 대다수의 사람들에게 쉬운 일이 아니다. 웹 정보의 정확성은 먼저 검증될 수 있는 사실인지, 아니면 견해 또는 선전인지를 확인한다.

그리고 철자 등에 오류가 없는지 특히 통계 정보들은 올바르고 일치하는지를 확인한다. 또한 정보는 객관적인지 또는 감정적인지를 확인한다.

### (1) 정보는 사실인가 아니면 견해를 기록한 것인가?

웹 정보는 사실 또는 견해의 인용문 뒤에 괄호 또는 꽉괄호안에 저자와 발행년도 또는 각주 번호로 본문내 인용을 기록하고 본문내 인용, 각주 또는 참고문헌에 링크를 가지고 있다. 사실은 일반적으로 검증될 수 있도록 잘 기록되어 있고, 본문내 인용, 각주, 참고문헌을 기록한다. 따라서 웹 정보가 사실인지 아닌지는 본문내 인용과 참고문헌, 각주 등의 인용의 여부와 관련된 링크를 확인해 봄으로써 믿을 만한 발행처 또는 정보원에서 발행된 것인가의 확인을 통해 판단한다. 그리고 사실정보를 위한 정보원인가를 확인한다. 예를 들면 〈그림 8-25〉는 ALA에서 미국도서관협회(ALA)의 과학, 공학, 기술분야를 위한 정보문해 기준을 개발하는 데 참고한 문헌들을 정보문해 기준 하단에 기술하고 있으며 관련된 사이트에 대한 링크를 제공하고 있다. 링크된 참고문헌들은 고등교육 인증협의회 및 과학 공학 기술분야 정보문해 교육관련 발행처에서 발행한 문헌들로 믿을 만한 발행처에서 발행된 것들이다. 또한 사실정보를 제공하는 정보원들이기도 하다.

그리고 이러한 인용에 대한 확인을 통해 정보가 올바른 것인지를 파악한다. 철자 등에 오류가 없는지 특히 통계 정보들은 올바르고 일치하는지를 확인한다.

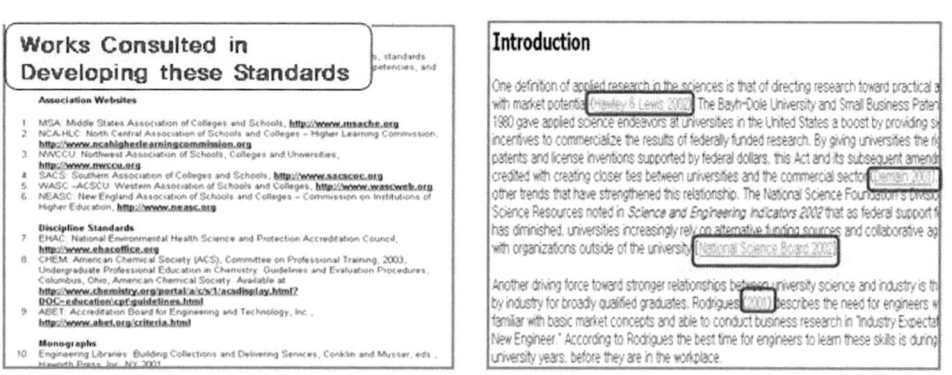

〈그림 8-25〉 정보의 정확성에 대한 ALA 웹 사이트 사례 (ALA 2005)

### (2) 어떤 종류의 문체가 사용되었으며, 정보의 발행목적은 무엇인가?

정보가 어떤 논제에 대해 정보가 객관적이고 총체적인 관점에서의 정보인지 아니면 특정 관점에서의 정보인지를 확인한다. 객관적이고 공평한 것인지 또는 특정 관점에서 감정적으로 변화되었는지를 알기 위해서는 먼저 정보원의 문체를 확인한다. 어떤 정보원은 수록된 정보가 구체적이고 상세한 용어를 사용하여 객관적인 스타일로 쓰여져 있다. 반면 어떤 정보원은 정보를 애매한 문체를 사용하거나 감정적으로 왜곡되어 있다. 그리고 믿을만한 정보원에서 정보가 발행되었는지, 저자나 제작자 또는 후원기관의 정보 발행 목적을 확인한다.

예를 들면 마틴 루터 킹에 관한 웹 사이트는 대표적으로 네 개의 웹 사이트를 들 수 있다. 첫번째로 King Center의 웹 사이트는 Coretta Scott King이 마틴 루터 킹의 업적 보전과 진흥을 위해 설립한 King Center에 의해 운영되고 있다. 웹 사이트의 기관 소개 중 운영 목적에 나와 있는 것처럼 이 사이트는 마틴 루터 킹 관련 주제에 대한 권위있는 사이트이며, 긍정적인 의견을 가지고 있다. 이 사이트는 아래에서 소개되고 있는 martinlutherking.org 사이트의 홈페이지와 혼돈을 일으키고 있어 홈페이지의 디자인을 변경하였으며 2004년에 마지막으로 갱신되었다.

(King Center 변경전 홈페이지)　(King Center 변경후 홈페이지)　(Martinlutherking 홈페이지)
〈그림 8-26〉 마틴 루터 킹 관련 두 웹 사이트의 정보의 정확성에 대한 비교　(drexel 2004)

두번째로 martinlutherking.org의 사이트는 현혹시키거나 믿을 수 없는 사이트의 좋은 예이다. 믿을 수 없는 이유는 편향된 견해를 숨기려고 한다는 것으로 King Center

의 홈페이지(변경전)와 매우 유사하게 하여 King Center의 홈페이지로 착각하도록 하고 있다. 또한 이 사이트는 이 사이트에 책임이 있는 사람에 대한 명확한 표기가 없다. 찾을 수 있는 유일한 방법은 홈페이지 맨 하단에 있는 Join MLK Discussion Forum Hosted by Stormfront라고 되어 있는 것을 클릭함으로써 stormfront.org 사이트를 운영하는 단체가 이 사이트를 운영하는 한다는 것을 알 수 있다는 것이다. 그런데 이 단체는 백인지상주의자 조직체로 이 사이트는 시민운동 지도자에 관한 객관적인 정보원이 아님을 알 수 있다.

세번째는 *Seattle Times*에서 운영하는 사이트이다. 이 사이트의 기사와 글은 과거에 발행된 신문으로부터 온 것이다. *Seattle Times*는 명성있는 신문이며, 기자들은 높은 수준의 객관성을 가지고 헌신하는 사람들이기 때문에, 이 사이트는 다른 사이트들보다도 더 객관적이라고 할 수 있다.

네번째는 스탠포드대학교와 King Center가 협력하여 추진한 'King Papers Project' 사이트이다. 이 사이트의 목적은 마틴 루터 킹의 편지, 설교, 연설, 출판물 그리고 미출판된 원고들을 함께 모아 출판하고 이를 해설없이 웹으로 이용할 수 있도록 함으로써 연구자들이 자료로부터 스스로의 판단을 내릴 수 있도록 하는 것이다. 위와 유사한 이유로 가장 객관적인 사이트라고 할 수 있다(drexel 2004).

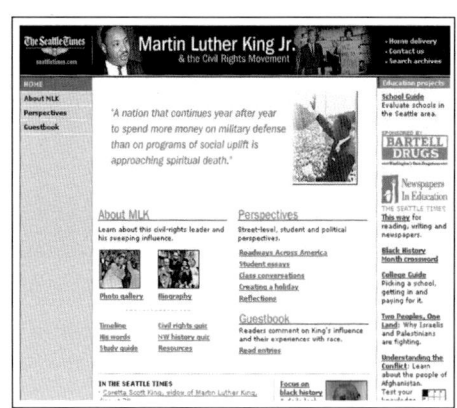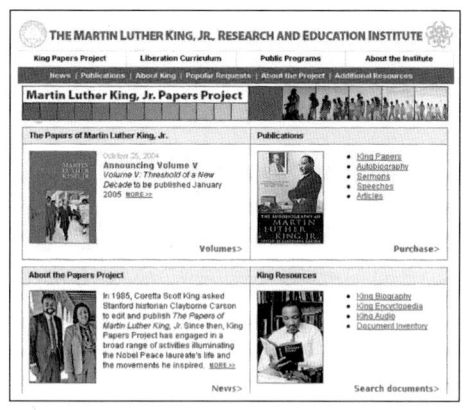

〈그림 8-27〉 마틴 루터 킹 관련 Seattletimes와 King Papers Project 웹 사이트
(seattletimes 2007)(standford 2007)

보다 이해하기 쉬운 다른 예를 들면 금연길라잡이 사이트는 금연을 지지하는 하나의 관점에서, Ilovesmoking 사이트는 흡연자들의 관점에서 정보를 제공하고 있다. 한편 Smoking from All Sides 사이트는 흡연의 모든 면에 관한 링크를 제공하고 있다.

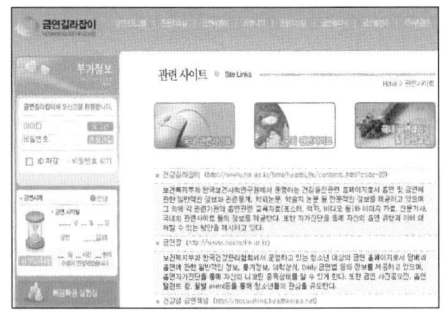
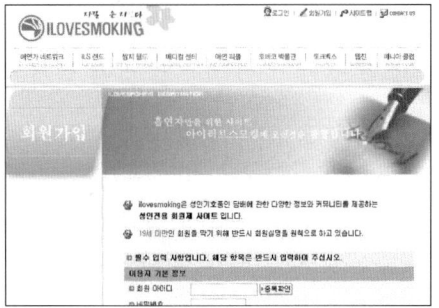

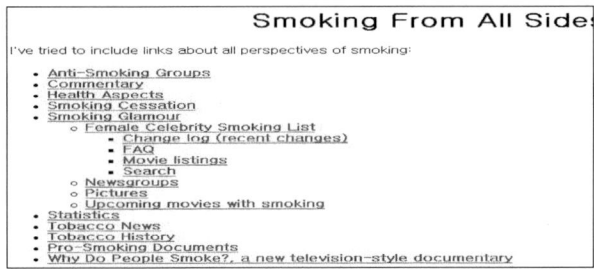

〈그림 8-28〉 정보원의 특정 관점관련 세가지 웹 사이트

## 6) 디자인(Design)

웹 사이트의 디자인은 시각적으로 보기 좋으면서도 이용하기 쉬워야 한다. 아무리 화려하고 멋있는 홈페이지도 사용 방법이 어려우면 그 홈페이지에 들어가지 않을 것이다. 따라서 웹 사이트는 웹 디자인의 주요 요소인 컬러, 타이포그라피, 인터페이스 디자인, 네비게이션 디자인, 이미지 등의 시각적인 요소과 기능적인 요소를 모두 살펴보아야 한다.

웹 사이트는 시각적으로 보기 좋은 가를 평가하기 위해서는 텍스트, 배경, 타이포그라피, 레이아웃, 이미지, 칼라 등이 시각적으로 혼란을 일으키지 않으며, 명료한지를 확인한다. 그리고 웹 사이트가 이용하기 쉬운가는 웹 사이트가 이용자의 편의를 고려하여 여러가지 버튼이나 아이콘, 링크 등의 네비게이션 도구를 잘 배치하였는지 인터페이스 디자인을 유의하여 살펴본다. 또한 원하는 웹 페이지로의 이동 및 다운로드가 빠르게 잘 되며, 부가적인 소프트웨어의 설치를 어느 정도 요구하는지를 확인한다.

로빈 윌리암스(2000)는 좋은 웹 디자인, 나쁜 웹 디자인의 특징을 아래와 같이 제시하고 있다(표 8-3 참조).

### 〈표 8-3〉 좋은 웹 디자인, 나쁜 웹 디자인의 특징

| 구 분 | 좋은 웹 디자인 | 나쁜 웹 디자인 |
|---|---|---|
| 배경/컬러 | · 배경이 텍스트를 읽는데 방해가 되지 않는다.<br>· 그래픽과 배경에 부라우저가 인식할 수 있는 칼라를 사용한다. | · 회색의 기본값을 배경색으로 사용한다.<br>· 산만한 배경 때문에 텍스트 읽기가 어렵다. |
| 텍스트 | · 텍스트가 읽기에 충분한 크기이다.<br>· 정보의 위계가 매우 명확하다.<br>· 텍스트 문단의 폭이 책보다 좁게 설정되어 읽기 쉽다. | · 텍스트가 너무 작아 읽기 어렵다.<br>· 모두 대문자, 볼드체, 또는 이태릭체를 사용한다.<br>· 링크가 아닌 텍스트에 밑줄을 사용한다. |
| 네비게이션 링크 그래픽 | · 네비게이션 버튼과 바가 이해하기 쉽고 사용이 편리하다.<br>· 네비게이션이 웹 사이트 전체에 걸쳐 일관성이 있다.<br>· 네비게이션 버튼이나 바를 이용하여 방문자에게 현재 위치 즉 사이트의 어느 페이지에 있는 지를 알려준다.<br>· 큰 사이트의 경우 인덱스나 사이트 맵이 있다.<br>· 링크 칼라는 페이지 칼라와 어울린다.<br>· 링크에 밑줄이 있어서 알아보기 쉽다.<br>· 버튼이 크지 않고 적당하다 | · 네비게이션이 복잡하고 명확하지 않다.<br>· 프레임 구조가 복잡하고, 프레임이 지나치게 많으며, 불필요한 스크롤바가 프레임에 있다.<br>· 그래픽 테두리에 파란색 링크를 만든다.<br>· 어디로 이동하는지 링크에 대한 정보가 명확하지 않다.<br>· 기능을 하지 못하는 링크가 있다. |
| 전체 디자인 | · 다운로드가 빠르다.<br>· 첫 페이지나 홈페이지가 표준 브라우저 윈도우 규격(640×460)공간에 맞다.<br>· 그래픽요소(사진, 부제목, 인용구 등)를 긴 텍스트 중간 중간에 잘 사용한다. | · 큰 그래픽 파일을 사용해서 다운로드 시간이 많이 걸린다.<br>· 첫 페이지나 홈페이지가 표준 브라우저 윈도우 규격(640×460)에 맞지 않는다.<br>· 의미없고 불필요한 그래픽 파일들을 사용한다. |

위의 기준에 따라 나쁜 웹 디자인의 예를 들면 〈그림 8-29〉의 왼쪽 웹 사이트는 텍스트가 모두 대문자로 되어 있으며 검은색 바탕을 사용하였다. 그리고 문장이 웹 페이지 한쪽 끝에서 시작하여 반대쪽 끝까지 계속되고 있는 것으로 텍스트 읽기가 쉽지 않다. 오른쪽의 웹 페이지는 멋진 이미지와 로고를 이용하고 있다. 그런데 지나치게 큰 버튼이 페이지를 압도하는 것이 단점이다. 그리고 부제목이 모두 대문자라서 읽기가 힘들며 버튼의 텍스트가 글자 크기를 다르게 함으로써 일관성이 없다(Williams 2001).

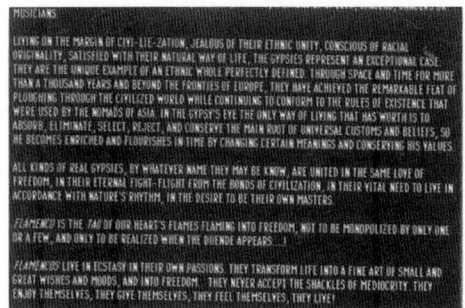 

〈그림 8-29〉 나쁜 웹 디자인의 사례   (Williams 2001)

좋은 웹 디자인의 예를 들면 〈그림 8-30〉의 두 웹 사이트는 모두 홈페이지가 표준 브라우저 윈도우 규격(640×460)공간에 들어간다. 좌우 스크롤바도 없으며, 네비게이션 시스템 같은 주요 정보를 얻기 위해 상하 스크롤을 해야 하는 일도 없다. 그리고 왼쪽 웹 사이트는 깔끔하고 명료하다. 링크 위로 마우스를 움직이면 브라우저 윈도우의 왼쪽 하단에 있는 상태 표시줄에 그 링크에 대한 설명이 나타나는데 이 페이지에서 링크 정보는 유용하며 지나치지 않다. 오른쪽의 Dayton Lummins의 홈페이지는 단순한 텍스트에 강렬한 단일 이미지를 사용하였으며, 네비게이션 아이콘을 이용하여 시각적 흥미를 더하고 있다. 단순미가 이 홈페이지 디자인의 성공 비결이라고 할 수 있다(Williams 2001).

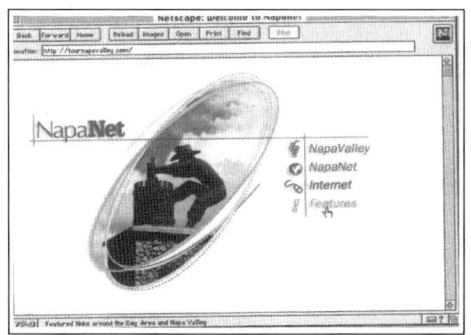

〈그림 8-30〉 좋은 웹 디자인의 사례 　(Williams 2001)

## 3. 정보원별 정보 평가기준

　위에서 살펴본 정보의 일반적인 평가기준, 웹 정보의 평가기준 이외에 정보가 수록된 정보원의 유형에 따라 정보 평가기준은 조금씩 다르게 적용된다. 정보원별 정보의 평가와 관련된 Tutorials와 문헌은 다음과 같다.

- 건축학 정기간행물 〈http://www.design-site.net/blakemag.htm〉
- 일반 정보원 〈http://www.vuw.ac.nz/~agsmith/evaln/evaln.htm〉
- 인쇄정보원 〈http://www.library.cornell.edu/okuref/research/skill26.htm〉
- 웹 사이트 〈http://gateway.lib.ohio-state.edu/tutor/les1/〉
  　　　　〈http://www.lib.purdue.edu/rguides/studentinstruction/evaluation /evaluatingwebsites.html〉
- 인터넷자원 〈http://169.226.11.130/divs/usered/webeval/〉
- 아티클 〈http://gateway.lib.ohio-state.edu/tutor/articles/pg5.html〉
- 도서 〈http://www.library.cornell.edu/olinuris/ref/bookreviews.html〉

## 연습문제

1. 웹 정보에 대한 평가가 다른 정보원에 수록된 정보에 대한 평가보다 더욱 중요한
   이유는 무엇인가?

2. 정보의 일반적인 평가기준에 대하여 서술하시오

3. 본인의 전공분야(학과) 단행본들 중에서 하나를 선정하고 그것에 수록된 정보를 정
   보의 일반적인 평가기준 중 권위와 신뢰성 측면에서 평가하시오.
   ( • 전공분야 단행본의 예 : 행정학(전공분야) - 행정학개론(단행본명))

   1) 선정한 단행본 :              (전공분야) -              (단행본명)
   2) 권위와 신뢰성 측면에서의 평가

4. IP주소와 Domain 이름에 대하여 설명하시오

5. 웹 정보의 평가기준에 대하여 답하시오
   1) 웹 정보의 평가기준은 무엇인가?(개략적 범주 6개)

   2) 소속된 대학도서관 웹 사이트에 수록된 정보를 웹 정보의 6개 평가기준 중 하나
      의 측면에서 평가를 하시오.

## 참고문헌

가비아. 2007. "도메인 상식." [cited 2007.5.17]. ⟨www.gabia.com⟩.
　　　⟨http://domain.gabia.com/information/sense__list.php?category__id＝DOMAIN__00
　　　1&num＝8⟩.

경기도청. 2006. "통계정보." [cited 2007.9.3]. ⟨http://portal.gg.go.kr/portal/site/gg/⟩.

경기도농업기술원. 2003. "경기도 품목별 농업연구전문가." [cited 2007.5.17].
　　　⟨http://nongupsp.gyeonggi.go.kr/main.html⟩.

고영만. 2005. 『정보문해』. 서울: 성균관대학교 문헌정보학과.

국립중앙도서관. 2005. [cited 2007.5.17]. ⟨http://www.nl.go.kr/⟩.

국립중앙박물관. 2005. [cited 2006.11.17]. ⟨http://www.museum.go.kr/⟩.

국회도서관. 2007. [cited 2007.5.17]. ⟨http://www.nanet.go.kr/⟩.

김순희. 2007. 2006. 『정보문해 온라인 강의록』: 서울: 성균관대학교.

농생명과학연구정보센터. 2006. [cited 2007.5.17]. ⟨http://www.alric.org/⟩.

농업진흥청. 2001. "엄마와 함께 보는 생활속의 농업이야기." [cited 2007.5.11].
　　　⟨http://www2.rda.go.kr/child__agri/main.htm⟩.

누리미디어. 2006. DBpia. [cited 2007.4.18]. ⟨http://www.dbpia.co.kr/⟩.

미디어채널. 2007. "랭키." [cited 2007.5.11]. ⟨www.rankey.com⟩.

보건복지부. 2005. "금연길라잡이." [cited 2007.5.11].
　　　⟨http://www.nosmokeguide.or.kr/⟩.

삼성경제연구소. 2005. "Seri.org." [cited 2007.5.11]. ⟨http://www.seri.org/⟩.

연세대학교 전산학과. 1999. "웹 페이지의 구성요소." [cited 2007.5.11].
　　　⟨http://solgae.yonsei.ac.kr/note/internet/ch09/ch09__01__frm.html⟩.

Incomhub. 2001. "ILOVESMOKING." [cited 2007.5.11].
　　　⟨http://www.ilovesmoking.co.kr/main.asp⟩.

인터넷정보센터. 2007. "도메인 이름." [cited 2007.5.18]. ⟨http://ko.wikipedia.org⟩.

LG상남언론재단. 2003. [cited 2007.5.18]. ⟨http://www.lgpress.org/⟩.

조선일보. 2003. "민족 공조 깨는 쪽은 남이 아니라 북." 『조선일보』, 2003.1.23.

통계청. 2007. "KOSIS국가통계포털." [cited 2007.9.2]. 〈http://www.kosis.kr/〉.

한국교육학술정보원. 2007. "한국교육학술정보원 학술연구정보서비스." [cited 2007.4.18].
          〈http://www.riss4u.net/index.jsp〉.

한국디자인진흥원. 2002. "한국문양과 상징." 『designdb』, 2002(3/4). [cited 2007.4.18].
          〈http://web2.designdb.com/zine/20020304_list.asp〉.

한국디자인진흥원. 2006. "디자인코리아 2006-상하이." [cited 2007.4.18].
          〈http://www.designidiom.co.kr/bbs/zboard.php?id=episode&page=1&sn1=&divpa
          ge=1&sn= off&ss=on&sc=on&select_arrange=headnum&desc=asc&no=23〉.

한국문화예술위원회. 2007. [cited 2007.4.18]. 〈http://www.arko.or.kr/home2005/index〉.

한국철도공사. 2007. "코레일." [cited 2007.5.11]. 〈http://www.korail.go.kr/〉.

ABET, Inc. 2006. "ABET." [cited 2007.5.21]. 〈http://www.abet.org/criteria.html〉.

American Library Association. 2007. [cited 2007.5.21]. 〈http://www.ala.org〉.

The ALA/ACRL/STS Task Force on Information Literacy for Science and Technology.
          2006. "Information Literacy Standards for Science and Engineering/Technology."
          [cited 2007.5.11]. 〈http://www.ala.org/ala/acrl/acrlstandards/infolitscitech.htm〉.

Alexa Internet, Inc. 2007. "Alexa." [cited 2007.5.11]. 〈www.alexa.com〉.

California Polytechnic State University. 1999. "Evaluating Information." [cited 2006.4.11].
          〈http://www.lib.calpoly.edu/infocomp/modules/05_evaluate/index.html〉.

Cornell University. 2006. "Book Reviews: A Finding Guide." [cited 2006.4.11].
          〈http://www.library.cornell.edu/olinuris/ref/bookreviews.html〉.

Drexel University. 2004. "Evaluating Information on the Web." [cited 2007.5.11].
          〈http://www.library.drexel.edu/resources/tutorials/webeval/objectivity3.html〉.
          〈http://www.library.drexel.edu/resources/tutorials/webeval/contents.html〉.

The Hebrew University of Jerusalem. 2007. "The Albert Einstein Archives." [cited
          2007.5.11]. 〈http://www.albert-einstein.org/〉.

The King Center. 2004. [cited 2007.4.18]. 〈http://www.thekingcenter.org/〉.

Ohio State University Libraries. 2005. "Evaluating Web Sites." [cited 2005.11.11].
          〈http://gateway.lib.ohio-state.edu/tutor/les1/〉.

ProQuest LCC. 2007. "Ulrich's Periodicals Directory." [cited 2007.9.9].

⟨http://www.ulrichsweb.com/ulrichsweb/#⟩.

Relativity-4-Engineers.com. 2007. "Relativity 4 Engineers." [cited 2007.5.11].
        ⟨http://www.einsteins-theory-of-relativity-4engineers.com/index.html⟩.

Seattletimes. 2007. "Martin Luther King Jr. & the Civil  Right Movement." [cited
        2007.5.20]. ⟨http://seattletimes.nwsource.com/mlk/⟩.

Smokingsides.com. "Smoking from All Sides." [cited 2007.5.20].
        ⟨http://smokingsides.com/⟩.

Stanford University, The Martin Luther King, Jr. Research Institute. 2007. "King Papers
        Project." [cited 2007.5.20]. ⟨http://www.stanford.edu/group/King/mlkpapers/⟩.

Starck, philippe. "Starck." [cited 2007.5.11]. ⟨http://www.philippe-starck.com/⟩.

Stormfront. "Martin Luther King Jr." [cited 2007.4.18].
        ⟨http://www.martinlutherking.org/⟩.

Queensland University of Technology. 2005. "Evaluate your Information." [cited 2006.4.11].
        ⟨http://pilot.library.qut.edu.au/module3/⟩.

Queensland University of Technology Library. 2000. "QUT Information Literacy Framework
        & Syllabus." [cited 2006.4.11]. ⟨http://www.library.qut.edu.au/ilfs/framework.jsp⟩.

University of Arizona. 2005. "Evaluating Information on the Web." [cited 2007.5.11].
        ⟨http://www.library.arizona.edu/help/tutorials/webinfo/index.html⟩.

Williams, Robin. 윤소연 역. 2001. 『비전공자를 위한 웹 디자인 북』. 서울: 안그라픽스.

Williams, Robin. 2000. "Good Web Design features." [cited 2007.5.21].
        ⟨http://www.ratz.com/featuresgood.html⟩.

Williams, Robin. 2000. "Bad Web Design features." [cited 2007.5.21].
        ⟨http://www.ratz.com/featuresbad.html⟩.
        ⟨http://www.ratz.com/⟩.

# 제 9 장

## 정보 조직과 인용

정보의 조직이란 수집한 정보를 이해하고, 분석하고, 종합하는 것을 말한다. 본 장에서는 수집된 정보를 조직하고 새로운 정보를 기존 지식에 합성하는 과정에서 다른 저자들의 정보를 그대로 가져다가 이용하거나 요약 등을 하여 이용되는데 이에 대한 표시 즉 인용(Citations)을 어떻게 하는 지에 대하여 학습한다. 이를 통해 다른 저자의 정보에 대해 적절하게 인용하는 능력, 인용문에 관한 정보원을 찾을 수 있는 능력 그리고 과제에 적합한 인용 기술 방식들(Citation Styles)을 참고할 수 있는 능력들을 습득하도록 하는 것을 목표로 한다.

# 1. 인용

정보원의 인용(Citations)은 연구 과제를 수행하는데 있어 다른 저자들의 정보를 이용하게 되는데 그것들을 누구의 어떤 정보원에서 찾았는지 출처를 정확하게 밝히는 것이다. 인용(Citations)은 In-text citation과 Reference(Citation이라고도 부름)로 나눌 수 있다. 우리나라에서는 일반적으로 In-text citation은 본문내 인용으로, Reference 및 이를 모아 놓은 리스트인 References는 참고문헌이라고 번역하여 사용한다. 또한 In-text citation은 'Reference citations in text', 'Parenthetical reference' 등의 용어로 사용되기도 하며, References는 'Reference list', 'List of cited references', 'Works cited list' 또는 'Bibliography'란 용어로 사용되기도 한다. 한편 저자가 인용한 다른 저자의 정확한 정보 또는 구절은 인용문(quotation), 또는 인용구라고 한다.

Citations(인용)
- In-text citation(본문내 인용)
- Reference(s)(참고문헌)
  : Citation(인용)이라고도 부름

본문내 인용과 참고문헌을 기록해야 하는 이유는 표절(Plagiarism)을 피하고, 자신의 주장 또는 결론을 지지하기 위함이며, 그 정보의 원래 저자에 대한 예의를 표하기 위한 것이다. 또한 그 주제에 관심이 있는 다른 사람들이나 연구자가 후에 원래의 출처를 쉽고 정확하게 찾을 수 있도록 하기 위한 것이다. 그러나 모든 인용문에 모두 인용을 해야 것은 아니다. 전기공학에서의 옴의 법칙(ohm's law), 물리학에서의 상대성이론(theory of relativity)과 같이 한 학문분야내에서 상식으로 여겨지는 사실 또는 아이디어, 그리고 서울은 한국의 수도이다, 지구는 둥글다, 산소는 $O_2$ 등과 같이 좀 더 일반적인 사례에 대해서는 인용을 하지 않아도 된다(QUT 2006).

## 1) 본문내 인용

본문내 인용(In-text citation)은 독자에게 저자가 인용하거나 바꾸어 쓴 정보의 원래 저자에 대한 링크를 본문내에서 제공하는 것으로, 인용문 끝에서 가로 안에 저자, 발행년도 등을 기입한 것을 말한다. 저자는 본인이 인용하거나 바꾸어 쓴 모든 것 즉 도서, 아티클 정부간행물, 인터뷰, 웹 정보원, 그리고 다른 비인쇄자료(비디오, 그래픽, 음향 기록 등)를 포함하는 모든 유형의 정보원에 대해 일관되고 정확한 인용을 제공해야 한다.

- 본문내 인용의 사례

| |
|---|
| Good online courses do not happen ; they are created(Ferguson, 2001). |

| |
|---|
| '학술정보'는 학술연구에 필요한 모든 유형의 정보를 의미한다. 학술정보를 주제 분야 별로 대별하면 인문, 사회, 자연과학 분야 및 기술개발과 관련한 과학기술정보로 구별되며, 이를 활용 목적에 의해 분류하면 ..... 연구개발에 필요한 정보로 구분된다(이두영, 남태우, 조인숙 1997). |

| | | |
|---|---|---|
| (Goldstein 1978a) | (Goldstein 1978b) | (Katz 1987, vol.2) |

## 2) 참고문헌

참고문헌(Reference)은 연구 과제를 쓰기 위해 저자가 인용하고 바꾸어 쓴 정보의 원래 저자의 저술에 대한 기술을 말한다. 대개 저술의 맨 마지막에 나타나며 본문내 인용과 링크된다. 참고문헌은 독자에게 저자가 인용하거나 바꾸어 쓴 정보가 수록된 원래의 저술을 정확하게 확인하는데 필요한 모든 서지적 정보를 제공해야 한다(QUT 2006).

• 참고문헌의 사례

Wilcox, R. V. (1991). Shifting roles and synthetic women in Star trek: The next generation. *Studies in Popular Culture, 13*(2), 53-65.

이두영, 남태우, 조인숙. 1997. 학술정보 관리 및 유통시스템 구축 방안에 관한 연구.『한국문헌정보학회지』, 31(4): 187-214.

# 2. 인용의 구성요소

인용을 기술하는 방식에는 APA Style, MLA Style, Chicago Style 등 여러 인용 기술 방식이 있지만 어느 인용 기술 방식을 이용하더라도 정보원의 유형에 따라 인용에 공통적으로 기술하여야 하는 구성요소들이 있다. 따라서 그러한 구성요소들을 올바르게 기록함으로써 인용이 도서, 도서의 일부분(chapter), 저널 아티클, 또는 웹 페이지 등 여러 유형의 정보원 중 어느 유형의 정보원인지를 정확하게 표현하여야 하며 또한 후에 인용을 보고 어떠한 유형의 정보원인지를 이해하고 이를 올바르게 찾아 갈 수 있어야 한다.

본문내 인용의 주요 구성요소는 정보원의 유형에 관계없이 일반적으로 저자명과 발행년도이다. 그러나 인용의 기술 방식에 따라 저자가 확인이 되지 않는 경우에는 저술

의 제목을 기술하며, 그 외 페이지 또는 정보원 속에서 인용된 정보가 있는 것을 나타
내는 기타 다른 정보를 기술하기도 한다.

---

(저자명  발행년도 또는 페이지 번호)

(Goleman 1995)

(Bondonsk, 1989)

(Liker and Szekely 1997)

(Perle 183-185)

(안인자 2004)

(윤희윤 1999, 225)

---

참고문헌의 주요 구성요소들은 정보원의 유형별로 차이가 있는 것으로 정보원의 유
형별로 살펴보면 다음과 같다.

## 1) 도서

참고문헌이 도서인 경우에 구성요소는 저자명, 발행년도, 서명, 총서명, 판사항, 발행
지, 발행처(=출판사), 페이지 번호이다. 그러나 총서명, 페이지 번호는 인용의 기술방
식에 따라 구성요소에 포함시킬 수도 있고 포함시키지 않을 수도 있다. 도서에 대한
구성요소에는 다른 종류의 정보원에 대한 구성요소와는 달리 발행지와 발행처가 포함
된다. 따라서 참고문헌이 도서를 나타내는지의 구별은 참고문헌의 기술된 구성요소 중
에 발행지와 발행처가 있는지를 확인하면 된다. 아래의 참고문헌에서 확인한다면 해외
도서의 경우는 New York이 발행지이고, Bantam이 발행처이다. 그리고 도서인 참고
문헌에 대한 기술을 보고 해당 도서를 검색을 하고자 할 때는 서명, 저자 또는 저자와
서명을 조합하여 검색을 실시하면 된다.

```
    (저자명)      (발행년도)        (서명)         (판사항)  (발행지)   (발행처)
Goleman, Daniel. 1995. Emotional Intelligence. 1st ed. New York: Bantam.
```

```
      (저자명)              (발행년도)  (서명)     (판사항) (발행지) (발행처)
박연호, 이종호, 임영제. 2006. 행정학개론. 제2판. 서울: 박영사.
```

## 2) 연속간행물(저널, 신문, 잡지)의 아티클

참고문헌이 연속간행물인 저널, 신문 또는 잡지의 아티클인 경우에 구성요소는 아티클의 저자명, 발행년도(발행일자), 아티클명, 연속간행물명, 권번호(volume number), 호번호(issue number), 아티클이 수록된 전체 페이지 번호이다. 그러나 호번호는 인용의 기술방식에 따라 구성요소에 포함시킬 수도 있고 포함시키지 않을 수도 있다. 연속간행물의 아티클에 대한 구성요소에는 다른 종류의 정보원에 대한 구성요소와는 달리 권, 호번호와 페이지 번호가 포함된다. 따라서 참고문헌이 연속간행물인 저널, 신문 또는 잡지에 수록된 아티클인지의 구별은 참고문헌의 기술된 구성요소 중에 권, 호번호와 페이지 번호가 있는지를 확인하면 된다. 아래의 참고문헌에서 확인한다면 해외 저널의 아티클인 경우는 54가 권번호, (3)이 호번호이며, 797-802가 아티클이 수록된 전체 페이지 번호로 참고문헌이 저널의 아티클임을 알 수 있다. 또한 연속간행물인 참고문헌을 보고 온라인 목록에서 검색을 하려고 하면 연속간행물명으로 하여야 한다.

```
        (아티클의 저자명)          (발행년도)        (아티클명)
Liker, Andras and Tamas Szekely. 1997. Aggression among female lapwings,
    Vanellus vanellus. Animal Behaviour 54 (3): 797-802.
            (연속간행물명) (권번호)(호번호) (페이지번호)
```

(아티클의 저자명)(발행년도)                    (아티클명)

이현실. 2004. 델파이 조사를 이용한 정보활용능력 교육 항목 개발 연구.
『한국문헌정보학회지』, 38(1): 303-322.
            (연속간행물명)      (권번호)(호번호)(페이지번호)

## 3) 전자정보원

참고문헌이 전자정보원인 경우 구성요소는 기본적으로 인쇄정보원을 위한 구성요소
와 같으나 부가적으로 매체 유형, 검색일자, 웹 문서가 수록된 URL 또는 데이터베이
스명 등의 구성요소가 추가된다(QUT 2006). 따라서 매체 유형, 검색일자, URL 또는
데이터베이스명 등에 대한 확인을 통해 전자정보원임을 알 수 있다.

### (1) 원문 DB의 아티클

Hicks, J. E., Jones, J. F. Renner, J. H., & Schmaling, K. (1995).
   Chronic fatigue syndrome: strategies that work. *Patient Care*, *29*(10), 55.
   Retrieved March 17, 2002, from InfoTrac Web Expanded Academic ASAP database.
         (검색일자)                        (데이터베이스명)

### (2) 웹 페이지/문서

                                        (검색일자)
Lynch, T. (1996). *DS9 trials and tribble-ations review.* Retrieved October 8, 1997, from
   Psi Phi: Bradley's Science Fiction Club Web site: http://www.bradley.edu/campusorg
   /psiphi/DS9/ep/503r.html.
                                        (URL(Uniform Resource Locator))

## 4) 시청각 미디어(음악, 영화)

참고문헌이 시청각 미디어인 경우 구성요소는 1차 기여자(예 : 제작자, 디렉터)의
이름과 역할, 발행년도, 표제, 매체 유형, 발행지와 발행처이다. 참고문헌이 시청각 미
디어인지는 곽괄호([   ])안에 기재된 매체 유형(비디오카세트, 영화, CD, 카세트 레코
딩 등)을 보면 알 수 있다.

### (1) 비디오카세트

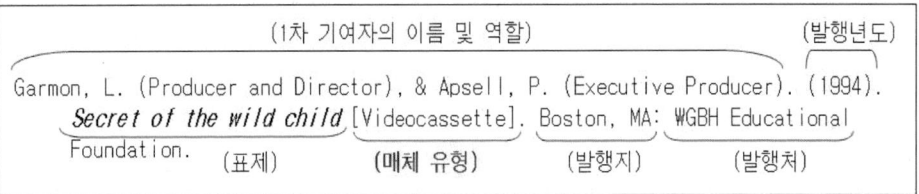

### (2) 텔레비전 방송

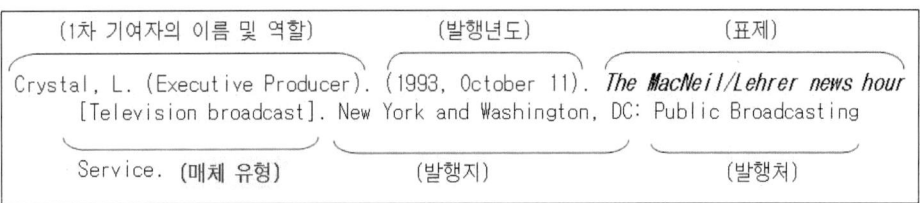

## 3. 인용 기술 방식

다른 저자의 저술에 대한 인용 기술 방식(Citation Styles)은 학문분야에 따라 차이
가 있다. 일반적으로 사용되는 인용 기술 방식으로는 Chicago Style, APA Style,

MLA Style, ACS Style, IEEE Style 등이 있다(표 9-1 참조).

〈표 9-1〉 학문분야별 인용 기술 방식

| 인용 기술 방식 | 이용하는 학문분야 | 비 고 |
|---|---|---|
| APA Style | 심리학, 사회과학 | 저자-발행년도 방식(Author-Date style) |
| Chicago Style | 사회과학, 자연과학 | 저자-발행년도 방식(Author-Date style) |
| | 예술, 역사, 문학 | 주-서지 방식(Notes-Bibliography style) |
| MLA Style | 예술, 인문학 | 저자-페이지 방식(Author-page style) |
| Harvard Style | 교육, 공학 | 저자-발행년도 방식(Author-Date style) |
| ACS Style | 화학, 화학공학 | 저자-발행년도 방식(Author-Date style)<br>번호 방식(Numbered style) |
| ASCE Style | 도시공학 | 저자-발행년도 방식(Author-Date style) |
| IEEE Style | 전기전자공학 | 번호 방식(Numbered style) |

여러 인용 기술 방식에 있어 인용의 구성요소들은 크게 차이가 없으나, 인용 기술 방식별로 주요 구성요소들이 정렬되는 순서와 구두점(punctuation) 등에 있어 차이가 있다.

따라서 학문분야에 따라 또는 과제의 요구사항에 따라 특정 인용 기술 방식을 선택하게 되면 과제를 수행하는데 있어 일관되게 사용하는 것이 필수적이며, 선택한 인용 기술 방식에 맞게 기술하기 위해서는 인용 기술 방식 매뉴얼을 참조하여야 한다(QUT 2006). 가장 일반적으로 사용되는 매뉴얼로는 아래와 같은 것이 있다. Harvard Style 은 특정 매뉴얼을 가지고 있지 않으나 The Chicago Manual of Style에서 Harvard Style에 대한 사례를 제공한다(그림 9-1 참조).

- The Chicago Manual of Style(Chicago style, Harvard style)
- MLA Handbook for Writers of Research Papers(MLA style)
- Publication Manual of the American Psychological Association(APA style)
- The ACS Style Guide(ACS style)

〈그림 9-1〉 주요 인용 기술 방식 매뉴얼(Citation Style Manual)

    우리나라에서도 각 학문분야별로 학회를 중심으로 인용 및 참고문헌 기술방식(예 : 한국문헌정보학회 인용문과 참고문헌의 기술요소와 형식, 디자인학연구 각주 및 참고문헌 기술방식 등)을 규정하여 사용하고 있는 것으로 국내에서는 그러한 규정에 따라 기술하여야 한다.

## 1) Chicago Style(15th ed.)

    Chicago 인용 기술 방식은 시카고 대학 출판사에 의해 개발된 것으로 크게 저자-발행년도 방식(Author-Date style)과 주-서지 방식(Notes-Bibliography style)으로 나누어진다.

    저자-발행년도 방식(Author-Date style)은 자연과학과 사회과학분야에서 사용하며 본문 중에서 괄호 안에 저자와 발행년도를 기입하며, 저술의 마지막에 인용문헌 리스트를 제공한다. 주-서지 방식(Notes-Bibliography style)은 예술, 역사, 문학 분야에서 사용하며 본문에 인용한 순서대로 번호를 붙이고 한 페이지의 아래 부분이나 한 장(chapter) 또는 저술의 끝에 참고문헌을 둔다. 참고문헌은 정보원별 구성요소를 정해진 순서와 구두점을 사용하여 기술하며, 본문내 인용 순서에 상관없이 저자의 알파벳순으로 정렬하고, 서명, 연속간행물명, 데이터베이스명은 기울림체를 사용한다. 저자-발행년도 방식에 대한 사례는 아래와 같다(표 9-2 참조).

〈표 9-2〉 Chicago Style의 인용 사례

| 정보원 | 인용 사례 |
|---|---|
| 도서 | 본문내 인용(In-text citation)<br>　형식: (저자의 성 발행년도)<br>　(Kourik 1998) |
| | 참고문헌(Bibliography)<br>　형식: 저자의 성, 이름. 발행년도. 서명. 발행지: 발행처.<br>　　Kourik, Robert. 1998. *The lavender garden: beautiful varieties to grow and gather.* San Francisco: Chronicle Books. |
| 연속<br>간행물 | 본문내 인용(In-text citation)<br>　형식: (저자의 성 발행년도, 페이지 번호)<br>　(Terborgh 1974, 720) or (Terborgh 1974) |
| | 참고문헌(Bibliography)<br>　형식: 저자의 성, 이름. 발행년도. 아티클명. 연속간행물명 권 (호)번호: 페이지 번호.<br>　　Terborgh, J. 1974. Perservation of natural diversity: The problem of extinction- prone species. BioScience 24 (1): 715-22. |
| 전자<br>저널 | 본문내 인용(In-text citation)<br>　형식: (저자의 성 발행년도)<br>　(Thomas 1956) |
| | 참고문헌(Bibliography)<br>　형식: 저자의 성, 이름. 발행년도. 아티클명. 연속간행물명 권 (호)번호: 페이지 번호. URL (검색일자).<br>　　Thomas, Trevor M. 1956. Wales: Land of Mines and Quarries. Geographical Review 46, no. 1: 59-81. http://www.jstor.org/(accessed June 30, 2005). |
| 웹<br>사이트 | 본문내 인용(In-text citation)<br>　형식: (저자의 성 또는 기관명 발행년도)<br>　(National Geographic 2005) |
| | 참고문헌(Bibliography)<br>　형식: 저자의 성, 이름. 발행년도. 웹페이지 제목. URL (검색일자).<br>　　Roach, John. 2005. Journal Ranks Top 25 Unanswered Science Questions. http://news.nationalgeographic.com (accessed July 7, 2005). |

(OSUL 2007)

보다 많은 여러 종류의 정보원에 대한 Chicago 인용 기술 방식은 아래의 관련 웹 사이트를 통해 자세히 학습할 수 있다.

- Chicago Manual of Style Citation Guide(Ohio State University Libraries)
  〈http://library.osu.edu/sites/guides/chicagogd.php〉
- Chicago Citation Style(Long Island University)
  〈http://www.liu.edu/cwis/cwp/library/workshop/citchi.htm〉
- Citation Guide(Williams College Libraries)
  〈http://www.williams.edu/library/citing/index.php〉

## 2) MLA Style(6th ed.)

MLA 인용 기술 방식은 연구 저술에 이용된 정보원을 알리기 위하여 미국의 현대 언어협회(Modern Language Association)에 의해 개발된 것으로 예술 및 인문학 분야에서 많이 사용된다.

MLA 인용 기술 방식에서 각 인용은 삽입참조(Parenthetical reference)와 인용문헌 리스트(Works cited list)로 이루어진다. MLA 인용 기술 방식에서는 본문내 인용을 삽입참조(Parenthetical reference), 참고문헌을 인용문헌 리스트(Works cited list)라고 부른다. 삽입참조(Parenthetical reference)는 문장 끝에서 괄호 안에 저자의 성과 해당 페이지를 기입한다. 인용문헌 리스트(Works cited list)는 저술의 마지막에 기록하는 것으로, 본문에 인용된 각각의 정보원에 대해 완전하게 서지사항을 기술해야 한다. 이 경우는 저자의 성을 먼저 쓰고 쉼표(,)를 붙인 후 이름을 쓴다. 서명, 연속간행물명, 데이터베이스명 밑에는 밑줄을 치고, 연속간행물, 데이터베이스에 수록된 아티클은 인용부호("")로 표시하며, URL, E-mail 주소는 각 괄호(〈 〉)한다. 그리고 인용된 문헌의 저자명 또는 서명(저자가 없는 경우)의 알파벳순으로 수록한다(표 9-3 참조).

### ⟨표 9-3⟩ MLA Style의 인용 사례

| 정보원 | 인용 사례 |
|---|---|
| 도서 | 삽입참조(Parenthetical reference)<br>　형식: (저자의 성 페이지 번호)<br>　　　(Perle 493)<br><br>인용문헌 리스트(Works cited list)<br>　형식: 저자의 성, 이름. <u>서명</u>. 발행지: 발행처, 발행년도.<br>　　　Perle, George. <u>Serial Composition and Atonality: an Introduction to the</u><br>　　　　　<u>Music of Schoenberg, Berg, and Webern</u>. 6th ed. Berkeley: University<br>　　　　　of California Press, 1991. |
| 연속<br>간행물 | 삽입참조(Parenthetical reference)<br>　형식: (저자의 성 페이지 번호)<br>　　　(Wolff 231)<br><br>인용문헌 리스트(Works cited list)<br>　형식: 저자의 성, 이름. "아티클명." <u>연속간행물명</u> 권호번호 (발행년도): 페이지 번호<br>　　　Wolff, Larry. "The Boys are Pickpockets, and the Girl is a Prostitute :<br>　　　　　Gender and Juvenile Criminality in Early Victorian England from Oliver<br>　　　　　Twist to London Labour." <u>New Literary History</u> 27 (1996): 227-249. |
| 원문<br>DB로<br>부터의<br>아티클 | 삽입참조(Parenthetical reference)<br>　형식: (저자의 성 페이지 번호)<br>　　　(Andreatta 32)<br><br>인용문헌 리스트(Works cited list)<br>　형식: 저자의 성, 이름. "아티클명." <u>연속간행물명</u> 권호번호: 페이지 번호.<br>　　　<u>데이터베이스명</u>. 발행처. 검색일자. ⟨URL⟩.<br>　　　Andreatta, Filippo. "Italy at a Crossroads: The Foreign Policy of a<br>　　　　　Medium Power after the End of Bipolarity." <u>Daedalus</u> 130.2: 45-.<br>　　　　　<u>Expanded Academic ASAP</u>. Gale Group Databases. Williams College<br>　　　　　Library. 9 March 2003. ⟨http://www.infotrac.galegroup.com⟩. |
| 웹<br>사이트 | 삽입참조(Parenthetical reference)<br>　형식: (저자의 성)<br>　　　(Pilgrim)<br><br>인용문헌 리스트(Works cited list)<br>　형식: 저자의 성, 이름. "웹페이지 제목." <u>전체제목</u>. 발행년도. 발행처. 검색일자 ⟨URL⟩.<br>　　　Pilgrim, David. "The Brute Caricature." <u>Jim Crow Museum of Racist</u><br>　　　　　<u>Memorabilia</u>. Nov. 2000. Ferris State University. 20 May 2003<br>　　　　　⟨http://www.ferris.edu/news/jimcrow/brute/⟩. |

보다 많은 여러 종류의 정보원에 대한 MLA 인용 기술 방식은 아래의 관련 웹 사이트를 통해 자세히 학습할 수 있다.

- MLA Style(Williams College Libraries)
  〈http://www.williams.edu/library/citing/styles/mla.php〉
- MLA Citation Style(Long Island University)
  〈http://www.liu.edu/cwis/cwp/library/workshop/citmla.htm〉
- MLA Style(Modern Language Association)
  〈http://www.mla.org/style〉

## 3) APA Style

APA 인용 기술 방식은 미국심리협회(American Psychological Association)에 의해 개발된 것으로 심리학 및 사회과학 분야에서 많이 사용된다. APA 인용 기술 방식에서 각 인용은 본문내 인용(Reference citations in text)과 참고문헌 리스트(Reference list)로 이루어진다. 본문내 인용은 본문내에서 간략한 정보를 제공하는 것으로 문장 끝에서 괄호 안에 저자의 성과 발행년도를 기입하며, 중간에 쉼표로 구분한다(예: Parker, 1998). 참고문헌 리스트(Reference list)는 저술의 마지막에 기록하는 것으로, 본문에 인용된 각각의 정보원에 대해 완전하게 서지적 정보를 기술해야 한다. 저자의 성을 먼저 쓰고 쉼표(,)를 붙인 후 이름을 쓴다. 서명, 연속간행물명, 데이터베이스명은 기울림체로 쓰며, 특히 APA 인용 기술 방식에서는 연속간행물 권(volume)번호까지 기울림체로 쓴다. 그리고 인용된 문헌의 저자명 또는 서명(저자가 없는 경우)의 알파벳순으로 수록한다(표 9-4 참조).

<표 9-4> APA Style의 인용 사례

| 정보원 | 인용 사례 |
|---|---|
| 도서 | 본문내 인용(Reference citations in text)<br>　형식: (저자의 성, 발행년도)<br>　(Austin, 1998)<br>---<br>참고문헌 리스트(Reference list)<br>　형식: 저자의 성, 이름. (발행년도). 서명. 발행지: 발행처.<br>　　　Austin, J. H. (1998). *Zen and the brain: Toward an understanding of meditation and consciousness.* Cambridge, MA: MIT Press. |
| 연속<br>간행물 | 본문내 인용(Reference citations in text)<br>　형식: (저자의 성, 발행년도)<br>　(Dubeck, 1990)<br>---<br>참고문헌 리스트(Reference list)<br>　형식: 저자의 성, 이름. (발행년도). 아티클명. *연속간행물명, 권번호*(호번호), 페이지 번호<br>　　　Dubeck, L. (1990). Science fiction aids science teaching. *Physics Teacher, 28,* 316-318. |
| 원문<br>DB로<br>부터의<br>아티클 | 본문내 인용(Reference citations in text)<br>　형식: (저자의 성, 발행년도)<br>　(Hicks, Jones, Renner, & Schmaling, 1995)<br>---<br>참고문헌 리스트(Reference list)<br>　형식: 저자의 성, 이름. (발행년도). 아티클명. *연속간행물명, 권번호*(호번호), 페이지 번호. 검색일자. 데이터베이스명.<br>　　　Hicks, J. E., Jones, J. F. Renner, J. H., & Schmaling, K. (1995). Chronic fatigue syndrome: strategies that work. *Patient Care, 29*(10), 55. Retrieved March 17, 2002, from InfoTrac Web Expanded Academic ASAP database. |
| 웹<br>사이트 | 본문내 인용(Reference citations in text)<br>　형식: (저자의 성 또는 기관명, 발행년도)<br>　(Pew Research Center, 2002)<br>---<br>참고문헌 리스트(Reference list)<br>　형식: 저자의 성, 이름 또는 기관명 (발행일자). 웹 페이지명, 검색일자, URL.<br>　　　The Pew Research Center for the People and the Press (2002, December 4). *What the world thinks in 2002.* Retrieved February 26, 2003, from http://people-press.org/reports/display.php3?ReportID=165. |

보다 많은 여러 종류의 정보원에 대한 APA 인용 기술 방식은 아래의 관련 웹 사이트를 통해 자세히 학습할 수 있다.

- APA Style(Williams College Libraries)
  〈http://www.williams.edu/library/citing/styles/apa.php〉
- APA Citation Style(Long Island University)
  〈http://www.liu.edu/cwis/cwp/library/workshop/citapa.htm〉
- APA Style 〈http://www.apastyle.org/〉

## 4) IEEE Style

IEEE 인용 기술 방식은 미국전기전자학회(Institute of Electrical and Electronics Engineers)에 의해 개발된 것으로 전기 전자공학분야에서 많이 사용된다. IEEE 인용방식은 본문내 인용(In text citation)과 참고문헌 리스트(Reference list)로 이루어진 번호 방식이다. 본문내 인용은 본문내에서 곽괄호([ ])안에 인용 번호를 기입하며 인용된 순서대로 번호를 부여한다. 참고문헌 리스트(Reference list)는 저술의 마지막에 기록하는 것으로, 본문에 인용된 각각의 정보원에 대해 완전하게 서지적 정보를 기술하며 본문내 인용된 번호 순서대로 참고문헌을 기록한다. 저자의 이니셜과 성을 먼저 쓰고 쉼표( , )를 붙인 후 이름을 쓴다. 서명, 연속간행물명, 데이터베이스명은 기울림체로 쓴다(표 9-5 참조).

〈표 9-5〉 IEEE Style의 인용 사례

| 정보원 | 인용 사례 |
|---|---|
| 도서 | 본문내 인용(In text citation)<br>형식: [인용번호]<br>　　　[1] · 예: ...was the most significant [1].<br><br>참고문헌 리스트(Reference list)<br>형식: [인용번호] 저자의 이니셜. 성, 이름. 서명. 판사항., 발행지: 발행처, 발행년도, 페이지 번호.<br>　　　[1] H. Inose, P. Fingle, and J.R. Pierce, *Information Technology and Civilization*, 2nd ed., New York: Freeman, 1984, pp. 105-121. |

| 정보원 | 인용 사례 |
|---|---|
| 연속<br>간행물 | 본문내 인용(In text citation)<br>　형식: [인용번호]<br>　　　[2]<br><br>참고문헌 리스트(Reference list)<br>　형식: [인용번호] 저자의 이니셜. 성, 이름. "아티클명", 연속간행물명, 권호번호,<br>　　　　페이지 번호, 발행일자.<br>　　　[2] W. Chen, R. Yeung, and P.P. Wainwright, "Linear networks - assessing<br>　　　　　their feasability", Phys. Rev., vol. 12, no. 1, pp. A105-A119, Apr. 1994. |

(UniMelb 2005)

　보다 많은 여러 종류의 정보원에 대한 IEEE 인용 기술 방식은 매뉴얼인 The written assignment 및 미국전기전자학회, 호주 멜버른대학의 도서관 웹 사이트 등에서 자세히 학습할 수 있다.

- IEEE Style(Institute of Electrical and Electronics Engineers)
  ⟨http://www.ieee.org/portal/site⟩
- IEEE Style(The University of Melbourne Library)
  ⟨http://www.lib.unimelb.edu.au/cite/ieee/index.html⟩
  ⟨http://www.lib.unimelb.edu.au/cite/ieee/examples.html⟩

## 5) ACS Style

　ACS 인용 기술 방식은 미국화학학회(American Chemical Society)에 의해 개발된 것으로 화학분야의 연구보고서 작성에 많이 사용된다. ACS 인용 기술 방식은 본문내 인용(In text citation)과 참고문헌 리스트(Reference list)로 이루진다. 본문내 인용은 본문내에서 간략한 식별 정보를 제공하는 것으로 윗첨자 번호, 기울림체 번호, 저자명과 발행년도의 3가지 방법 중 하나를 선택한다.

- 본문내 인용(In-text citations)
  - 윗첨자 번호(Superscript numbers)
    - 예: ... for remineralization.[1]
  - 기울림체 번호(Italic numbers)
    - 예: ... for remineralization *(1)*.
  - 저자명과 발행년도
    (Author name and year of publication)
    - 예: ... for remineralization (Rakita, 2004).

참고문헌 리스트(Reference list)는 저술의 마지막에 기록하는 것으로, 본문에 인용된 각각의 정보원에 대해 완전하게 서지적 정보를 기술하며 본문내 인용에서 윗첨자 번호, 기울림체 번호를 사용한 경우에는 인용번호를 쓰며 번호 순서대로 참고문헌을 기록한다. 저자의 성을 먼저 쓰고 쉼표( , )를 붙인 후 이름을 이니셜로 쓴다. 서명, 연속간행물명, 데이터베이스명, 권번호는 기울림체로 쓰며, 발행년도는 굵은 글자체로 쓴다. 서명 다음에는 세미콜론을 사용하나 연속간행물 다음에는 구두점을 사용하지 않는다(표 9-6 참조).

〈표 9-6〉 ACS Style의 인용 사례

| 정보원 | 인용 사례 |
|---|---|
| 도서 | 본문내 인용(In text citation)<br>형식: 윗첨자 번호 또는 (기울림체 번호) 또는 (저자의 성, 발행년도)<br>...Bersuker[1]　　...Bersuker *(1)*.　　...(Bersuker, 1996). |
| | 참고문헌 리스트(Reference list)<br>형식: 인용번호 저자의 성, 이름. 서명: 발행지: 발행처, 발행년도.<br>1 Bersuker, I. B. *Electronic Structure and Properties of Transition Metal Compounds: Introduction to the Theory;* Wiley & Sons: New York, 1996. |
| 연속<br>간행물 | 본문내 인용(In text citation)<br>형식: 윗첨자 번호 또는 (기울림체 번호) 또는 (저자의 성, 발행년도)<br>Grote et al.[3]　　Grote et al. *(3)*　　(Grote et al., 1996). |

| 정보원 | 인용 사례 |
|---|---|
| 연속<br>간행물 | 참고문헌 리스트(Reference list)<br>　형식: 인용번호 저자의 성, 이름. 아티클명, *연속간행물명* **발행년도**, *권번호*(호번호),<br>　　페이지 번호.<br>　　3 Grote, T.; Gandara, D.; Kristiansen, M. Kinetics of gasification of brown<br>　　coal. *J. Nat. Prod.* **1999**, *39*(12), 32-37. |
| 학위<br>논문 | 본문내 인용(In text citation)<br>　형식: 윗첨자 번호 또는 (기울림체 번호) 또는 (저자의 성, 발행년도)<br>　　...Cotruvo[7]　　　...Cotruvo *(7)*　　　...(Cotruvo, 1996) |
| | 참고문헌 리스트(Reference list)<br>　형식: 인용번호 저자의 성, 이름. 논문명, 논문유형, 수여기관, 발행지, 발행년도.<br>　　7 Cotruvo, J. Kinetic Model for Chlorophyll Degradation. Ph.D. Thesis,<br>　　Massachusetts Institute of Technology, Cambridge, MA, June 1996. |

(UniMelb 2005)

　보다 많은 여러 종류의 정보원에 대한 ACS 인용 기술 방식은 아래의 관련 웹 사이트를 통해 자세히 학습할 수 있다.

- ACS Style(The University of Melbourne Library)<br>〈http://www.lib.unimelb.edu.au/cite/acs/index.html〉
- ACS Citation Style(Williams College Libraries)<br>〈http://library.williams.edu/citing/styles/acs.php〉

# 4. 인용 관리 도구

　인용 관리 도구(Citation Management Tools)는 적절하게 정해진 방식의 각주 또는 인용을 보고서에 끼워 넣거나 적절하게 정해진 방식으로 참고문헌을 자동으로 만들고 조직하는 인용 관리 소프트웨어를 말한다. 인용 관리 도구로는 상용 인용 관리 소프트웨어, 전문 데이터베이스내의 참고문헌 관리 소프트웨어, 무료 웹 사이트 등이 있다.

## 1) 상업용 인용 관리 소프트웨어(Citation Management Software, CMS)

상업용 인용 관리 소프트웨어는 참고문헌 관리 프로그램으로 MEDLINE과 PubMed 등과 같은 서지 DB를 검색한 후 참고문헌 부분을 따와서 다시 글자를 치거나 잘라 붙이는 등의 작업을 하지 않고 개인적으로 인용 DB를 만들어 저장 및 관리할 수 있 도록 하며, 요구되는 특정 인용 기술 방식으로 자동으로 논문이나 보고서의 참고문헌 (미주, 각주, 서지사항)을 만들거나 조직할 수 있도록 한다. 또한 인용 관리 소프트웨 어 제품에 따라 원문(full-text) DB의 아티클 PDF파일을 조직, 관리 및 저장하는 것 이 가능하기도 한다. 자주 사용되는 상업용 인용 관리 소프트웨어로는 EndNote, ProCite, Reference Manager, Bibliographix 등이 있으며, 해당 웹 사이트에서 시험 (trial) 버전, 무료 Basic 버전을 다운로드하여 사용해 볼 수 있다.

- EndNote - 〈http://www.endnote.com/enhome.asp〉
            〈http://www.endnote.com/endemo.asp〉
- Procite - 〈http://www.procite.com/pchome.asp〉
            〈http://www.procite.com/pcdemo.asp〉
- Reference Manager - 〈http://www.refman.com/rmhome.asp〉
                      〈http://www.refman.com/rmdemo.asp〉
- Bibliographix - 〈http://www.bibliographix.com〉

〈그림 9-2〉 주요 상업용 인용 관리 소프트웨어

## 2) 전문 데이터베이스내의 참고문헌 관리 소프트웨어(QuickBib)

CSA ILLUMINA와 같은 전문 데이터베이스가 가지고 있는 QuickBib와 같은 참고
문헌 관리 소프트웨어를 이용하면 국외 유명 저널 및 학회의 인용 기술 방식에 따른
참고문헌을 자동 생성할 수 있다.

예를 들어 대학도서관에서 구독하고 있는 CSA ILLUMINA의 LISA net에서 아티
클명에 Information과 Literacy란 키워드를 모두 포함하고 있으며 2006년에 발표된 아
티클을 검색하고 QuickBib를 이용하여 검색결과에 대한 참고문헌을 자동 생성하고자
한다. 그러면 다음과 같은 순서로 진행하여야 한다.

① 대학도서관의 웹 사이트에 접속한다(교외에서는 전자정보 교외접속 필수).
② 전자정보검색의 학술 Web DB 중에서 LISA net을 클릭한다(전자정보검색〉학술
   Web DB〉LISA net).
③ LISA net의 고급검색(Advanced Search)에서 검색필드를 Title에 놓고 Information
   과 Literacy를 각각 입력한다(불리안 연산자는 and를 사용한다).
④ 연도지정에서 연도를 2006으로 제한한다(그림 9-3 참조).

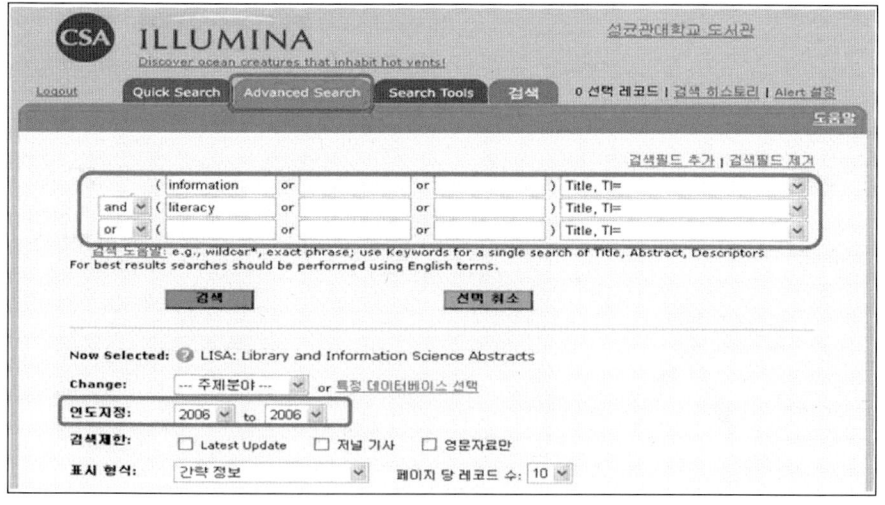

〈그림 9-3〉 LISA net의 고급검색(Advanced Search) 입력 화면

⑤ 검색결과 77건의 아티클이 검색되었다(검색일자 : 2007. 4. 23일).

⑥ 77건 중 필요한 아티클명 앞에 있는 체크박스에 체크를 하고 'Marked List'에 추가'를 클릭한다. 여기서는 임의로 10건의 아티클을 선택하고 'Marked List'에 추가'를 클릭하면 화면 상단에 '10선택 레코드'라고 표시된다.

⑦ 그 다음에 '저장, 인쇄, 이메일' 링크 아이콘을 클릭한다(그림 9-4 참조).

〈그림 9-4〉 LISA net 고급검색(Advanced Search) 결과 중 참고문헌을 출력할
레코드 선택 화면

⑧ 선택한 10개 레코드에 대한 참고문헌을 출력하기 위해서는 먼저 간략정보를 선택하고 출력형태는 본인이 원하는 형태를 선택한다. 여기서는 HTML을 선택한다.

⑨ 그 다음에 여러 가지 'Bibliographic style' 중에 원하는 인용 방식을 선택한다. 여기서는 APA Style(5th ed.)을 선택하여 출력해 본다(그림 9-5 참조).

⑩ 그 다음에 'Bibliographic style' 선택란 밑에 있는 '생성' 아이콘을 클릭한다(그림 9-6 참조).

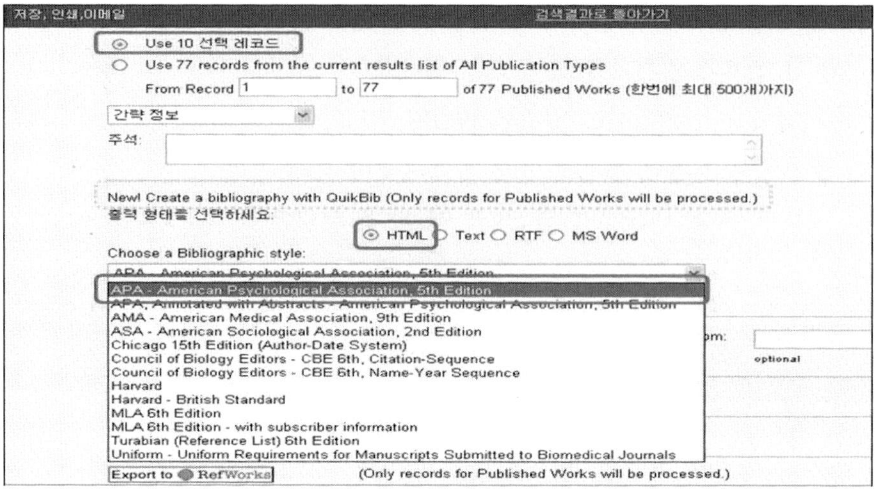

〈그림 9-5〉 레코드 수 선택 및 인용 기술 방식(APA Style(5th ed.))의 선택 화면

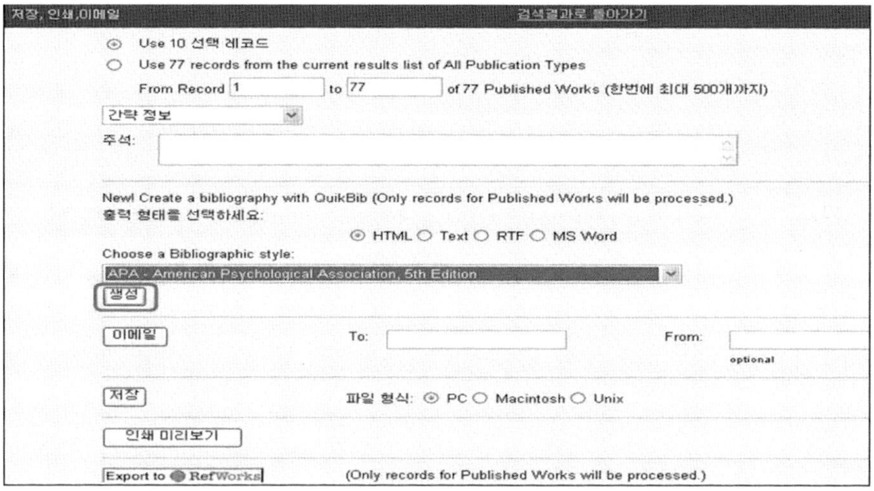

〈그림 9-6〉 참고문헌을 출력하기 위한 생성 아이콘 클릭 화면

⑪ APA Style(5th ed.)로 출력한 참고문헌(References)은 프린트, 저장 또는 이메일로 보낼 수 있다(그림 9-7 참조).

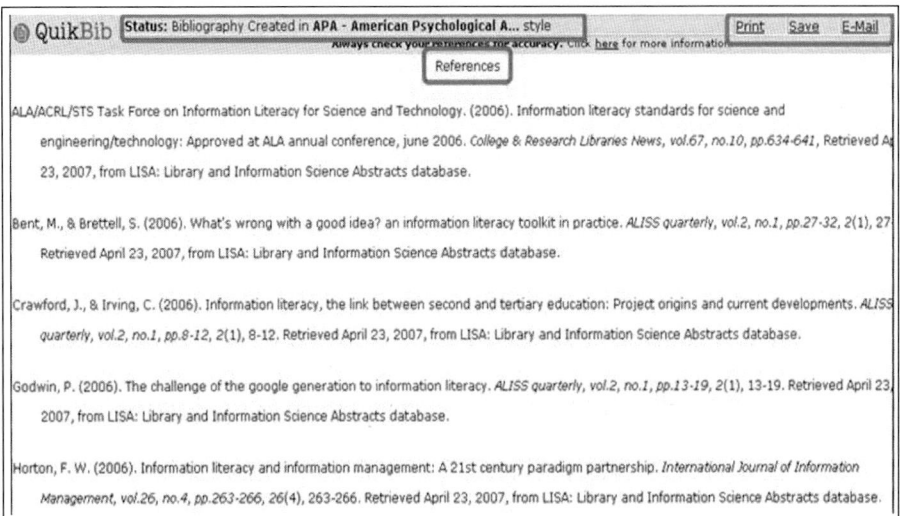

〈그림 9-7〉 APA Style(5th ed.)로 출력한 HTML형태의 참고문헌(References)

⑫ 인용 기술 방식 또는 출력 형태를 바꾸어 참고문헌을 출력할 수 있다. Chicago Style로 출력한 HTML형태의 참고문헌은 아래와 같다(그림 9-8 참조).

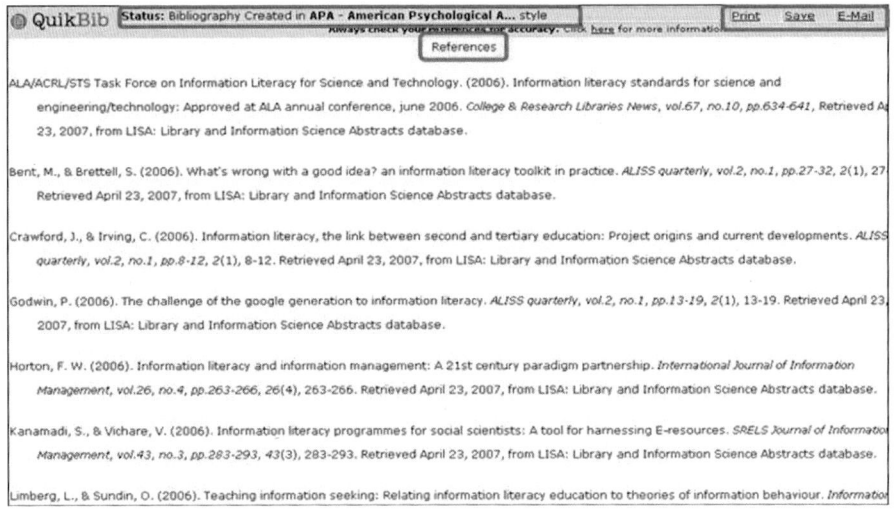

〈그림 9-8〉 Chicago Style(15th ed.)로 출력한 HTML형태의 참고문헌(References)

## 3) 무료 인용 관리 웹 사이트

웹상에는 고등학생, 대학생, 교사 또는 독립적인 연구자들이 다른 사람의 지적 재산을 적절하게 이용하는 것을 돕기 위하여 만들어진 여러 가지 무료 인용 관리 웹 도구들이 있다. The Son of Citation Machine, StudentABC 등이 그 중에 하나이며, 이러한 무료 인용 관리 웹 사이트에 접속하여 APA, MLA 또는 Chicago Style 등의 주요 인용 기술 방식에 따라 인쇄정보원과 전자정보원의 참고문헌을 출력할 수 있다.

• The Son of Citation Machine 〈http://citationmachine.net/〉
  : MLA, APA 그리고 Chicago Style로 참고문헌 출력 가능
• StudentABC 〈http://www.studentabc.com/citation_machine〉
  : MLA, APA Style로 참고문헌 출력 가능

The Son of Citation Machine의 홈페이지는 아래와 같다(그림 9-9 참조).

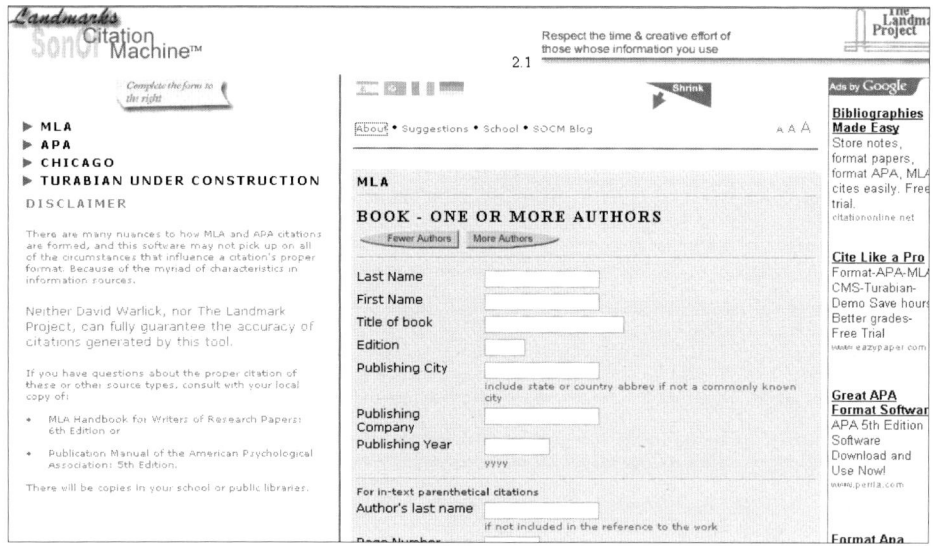

〈그림 9-9〉 The Son of Citation Machine의 홈페이지 (Warlick and The Landmark Project 2006)

　　The Son of Citation Machine에서 인용하고자 하는 정보원의 유형과 인용 기술 방식
을 화면 왼쪽 메뉴에서 선택한 후에, 입력란에 관련 정보를 입력하고 '제출(Submit)'
버튼을 클릭한다. 인용은 선택한 인용 기술 방식으로 디스플레이되며, 결과물은 복사하
거나 붙이기 할 수 있다. 아래의 화면은 APA Style을 선택하여 구성요소를 입력하고
도서에 대한 인용을 출력한 것이다(그림 9-10, 9-11 참조).

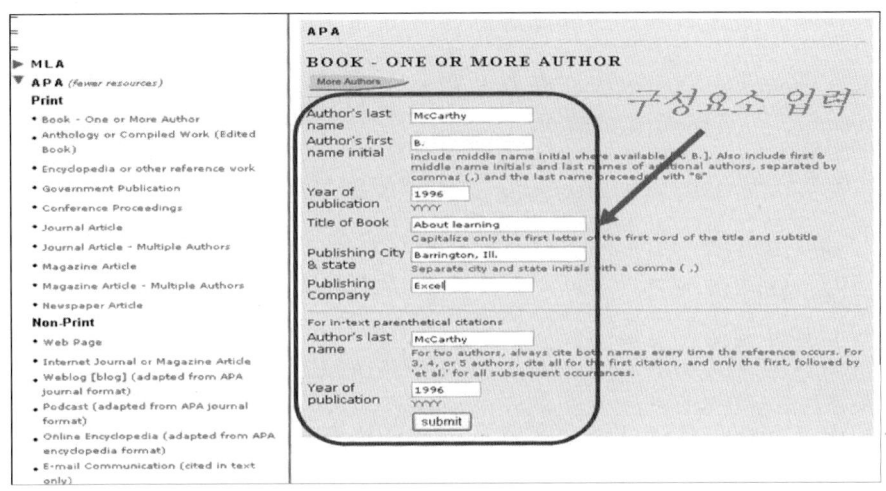

〈그림 9-10〉 The Son of Citation Machine에서의 도서 인용 구성요소 입력 화면 （APA Style）

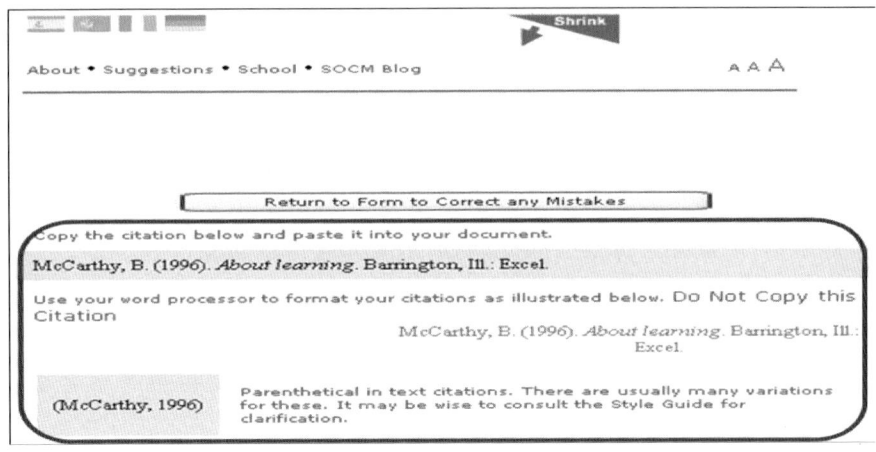

〈그림 9-11〉 The Son of Citation Machine에서의 도서에 대한 인용 출력 화면 （APA Style）

## 연습문제

1. 아래의 인용을 보고 답하시오.

Salton, Gerard. 1998. *Automatic Text Processing*. New York: Academic Press.

인용 중 "*Automatic Text Processing*"은 무엇을 가리키는가? (     )

① 저널 아티클의 제목         ② 정부간행물의 제목
③ 회의록의 제목             ④ 도서명

2. 학술 Web DB의 하나인 LISA net으로부터의 검색결과를 보고 질문에 답하세요.

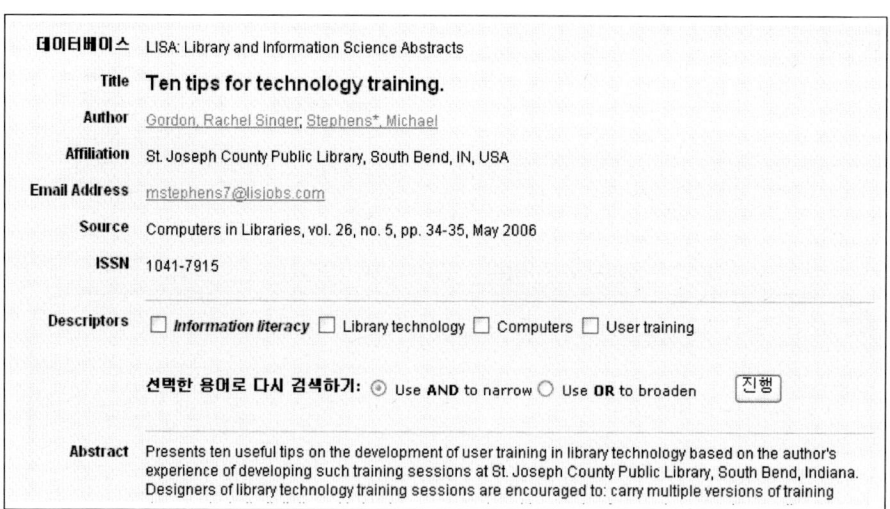

1) 위의 검색결과 속에 정보는 무엇을 나타내는가? (    )

   ① 연속간행물 아티클   ② 도서   ③ 정부간행물   ④ 웹 사이트

2) 위의 검색결과에 나타난 문헌이 대학도서관에 소장되어 있는지를 확인하기 위해
서는, 대학도서관의 온라인 목록에서 무엇으로 검색을 하여야 하는가? (    )

   ① Ten tips for technology training (아티클의 제목)

   ② Information literacy, Computers 등 (아티클의 키워드)

   ③ Computers in Libraries (저널명)

   ④ Gordon, Rachel Singer (아티클의 저자)

3. 인용의 구성요소에 대하여 답을 하시오.

Grassian, E. S., & Kaplowitz, J. R. (2006). Learning to lead and manage
            (             )            (    ) (                  )

information literacy instruction. *College & Research Libraries*, *vol.67*, *no.3*,
                       (                )       (   ) (   )

*pp.284-285*, *67(3)*, 284-285. Retrieved November 18, 2006, from LISA: Library
(     )                 (            )         (      )

and Information Science Abstracts database.

4. 인용의 구성요소를 올바른 순서로 나열하고 그 번호를 기입하시오(APA Style).

*Memory Essentials*. Psychology Press. (1999). Baddeley, A. D. Hove, England:
         ①             ②       ③     ④            ⑤

(답 : _____)

5. 도서관에서 구독하고 있는 도서관 정보학관련 학술 Web DB인 LISA net를 이용하
   여 China에서의 Information literacy에 관한 아티클을 검색하고 QuickBib를 이용하
   여 검색결과에 대한 References를 만드시오(인용 기술 방식: Chicago Citation
   Style. 15th ed.).

# 참고문헌

고영만. 2005. 『정보문해』. 서울: 성균관대학교 문헌정보학과.

김순희. 2007. 2006. 『정보문해 온라인 강의록』. 서울: 성균관대학교.

California Polytechnic State University. 1999. "CSU Information Competence." [cited 2004.5.10].
⟨http://www.lib.calpoly.edu/infocomp/modules/index.html⟩.

Columbia University. 2007. "Citation/Reference Management Tools." [cited 2007.4.17].
⟨http://library.cpmc.columbia.edu/hsl/eres/citation.cfm⟩.

Louisiana State University. 2006. "Parts of a Citation." [cited 2007.4.17].
⟨http://www.lib.lsu.edu/instruction/tigertail/nf/module3/citing2.htm⟩.

Long Island University. "Citation Guide for Research Papers." [cited 2007.4.17].
⟨http://www.liu.edu/cwis/cwp/library/workshop/citation.htm⟩.

Modern Language Association. 2007. "MLA Style." [cited 2007.4.17]. ⟨http://www.mla.org/style⟩.

Ohio State University Libraries. 2007. "Chicago Manual of Style Citation Guide." [cited 2007.4.2].
⟨http://library.osu.edu/sites/guides/chicagogd.php⟩.

Queensland University of Technology. 2006. "Manage Your Information." [cited 2007.4.17].
⟨http://pilot.library.qut.edu.au/module4/⟩.

SolveABC Inc. 2006. "Citation Creation Machine." [cited 2007.4.2].
⟨http://www.studentabc.com/citation_machine⟩.

Warlick, David and The Landmark Project. 2006. "The Son of Citation Machine." [cited 2007.4.2].
⟨http://citationmachine.net/⟩.

Williams College Libraries. "Citation Guide." [cited 2007.4.17].
⟨http://library.williams.edu/citing/styles/acs.php⟩.

University of Melbourne. 2005. "ACS Style." [cited 2007.4.17].
⟨http://www.lib.unimelb.edu.au/cite/acs/index.html⟩.

University of Melbourne. 2005. "IEEE Style." [cited 2007.4.17].
⟨http://www.lib.unimelb.edu.au/cite/ieee/index.html⟩.

Wikimedia Foundation. 2007. "Citation." [cited 2007.4.17]. ⟨http://en.wikipedia.org/wiki/Citation⟩.

# 제 10 장

정보의 윤리적 · 법적 적합한 이용

본 장에서는 정보윤리와 지적재산권에 대하여 학습을 한다. 이를 통해 표절에 대한 개념을 이해하고 연구에 있어 표절을 피할 수 있는 능력을 갖추도록 하며, 저작권, 공정 이용, 퍼블릭 도메인, 산업재산권 등 지적재산권을 이해하고 적용하는 능력을 습득하도록 하여 정보를 윤리적, 법적으로 올바르게 이용할 수 있도록 하는 것을 학습목표로 한다.

# 1. 정보윤리

정보는 저자 또는 발행자의 것이다. 그런데 다른 사람의 글이나 아이디어 또는 디자인 등을 자신의 것처럼 이용하거나, 본인의 작품저술시 다른 사람의 생각과 글을 명확히 제시하는 정보원이 누락되면 표절 또는 도용 시비에 휘말린다. 표절(Plagiarism)이란 다른 사람의 학설, 아이디어 또는 논문, 문학작품, 사진 등의 창작물을 그 본제창자(originator)나 저작권자의 양지(讓知)나 허락없이 몰래 가져다가 자신의 것처럼 발표하는 행위를 말한다. 도작(盜作), 도용(盜用), 모작(模作)과 비슷한 말이다. 표절 또는 도용은 우리나라뿐만 아니라 다른 나라에서도 학술적으로 윤리적인 심각한 비난을 받게 되며, 지적재산권법에 의해 구속을 받게 된다. 따라서 이를 피하기 위해서는 먼저 정보원을 밝히는 연구자로서의 윤리적 규범을 철저히 준수해야 한다.

즉 정보윤리는 자신의 저작물 또는 창조물을 형성시키는데 기여한 다른 사람들의 아이디어 또는 정보에 대한 공지를 정확히 잘하며, 정보의 사용과 관련된 최소한의 품행기준에 따르는 것을 말한다. 따라서 이와 관련하여 지적정보의 보호와 관련된 법규인 저작권법, 산업재산권법 등의 지적재산권법에 대한 충분한 이해가 필요하다. 특히 특허정보 등과 같은 산업재산권의 경우는 산업재산권에 대한 이해 및 법적, 윤리적으로 제대로 활용할 수 있는 능력을 갖춤으로써 산업재산권관련 분쟁을 사전에 방지할 수 있도록 해야 한다(그림 10-1 참조).

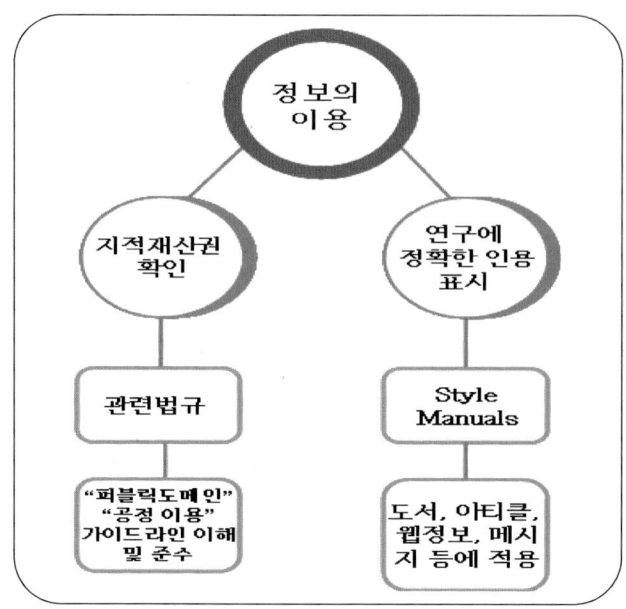

〈그림 10-1〉 정보의 적합한 이용 과정　(OSUL 2007)

## 2.  지적재산권

　지적재산권(Intellectual Property)은 저작, 발명 등의 정신적, 지능적 창조물을 독립적으로 이용하는 것을 내용으로 하는 권리로서 무체 재산권이다. 최근에는 지식재산권이라고도 부른다. 지적재산권관련 국제기구인 세계지적재산권기구(World Intellectual Property Organization, WIPO)는 지적재산권을 구체적으로 '문학·예술 및 과학작품, 연출, 예술가의 공연·음반 및 방송, 발명, 과학적 발견, 산업디자인·등록상표·상호 등에 대한 보호권리와 공업·과학·문학 또는 예술분야의 지적 활동에서 발생하는 기타 모든 권리를 포함한다'고 정의하고 있으며, 산업재산권과 저작권의 두 카테고리로 크게 분류하고 있다.

　우리나라에서는 지적재산권을 저작권, 산업재산권, 그리고 신지적재산권으로 분류하고 있다(그림 10-2 참조).

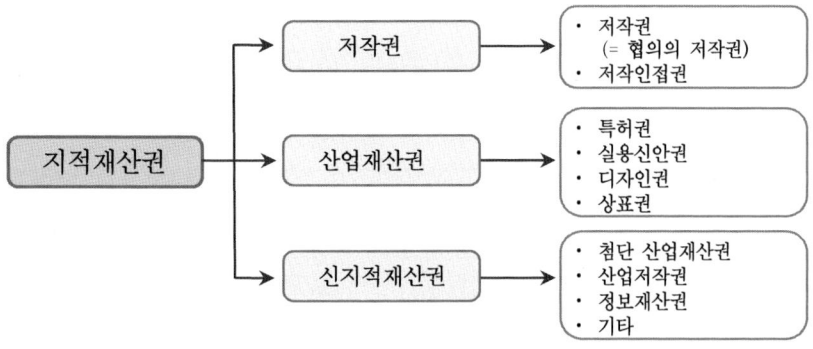

〈그림 10-2〉 지적재산권의 종류

## 1) 저작권

저작권(Copyright)은 문학 · 학술(學術) 또는 예술의 범위에 속하는 창작물인 저작물에 대한 복제, 번역, 방송, 상연 등을 일정기간 독점적으로 사용할 수 있는 권리이다. 글자 뜻대로 해석하면 독창적인 저작물을 복사할 권리(the right to copy)이다. 저작물에는 소설 · 시 · 논문 · 강연 · 연술(演述) · 각본 그 밖의 어문저작물, 음악저작물, 연극 및 무용 · 무언극 등을 포함하는 연극저작물, 회화 · 서예 · 조각 · 공예 · 응용미술저작물 그 밖의 미술저작물, 건축물 · 건축을 위한 모형 및 설계도서를 포함하는 건축저작물, 사진 및 이와 유사한 제작방법으로 작성된 것을 포함하는 사진저작물, 영상저작물, 지도 · 도표 · 설계도 · 약도 · 도형 그 밖의 도형저작물, 컴퓨터프로그램저작물 등이 포함된다.

국민 및 그 국가에 주소를 둔 외국인이 그 국가에서 최초로 발행(또는 미발행)한 저작권을 가진 저작물은 동일하게 국내 저작권법에 보호를 받으며, 저작권 보호관련 협약을 체결한 다른 나라에서는 다른 나라의 저작권법에서 규정한 보호와 동일한 보호를 받는다. 따라서 저작물에 대한 저작권은 전 세계에서 거의 모두 보호를 받는다고 볼 수 있다.

저작권은 저작권(＝협의의 저작권)과 저작인접권으로 나누어지는데 일반적으로 저작권 즉 협의의 저작권을 저작권이라고 부른다. 이러한 저작권과 저작인접권을 보호하고 저작물의 공정한 이용을 도모함으로써 문화의 향상 발전에 이바지하는 것을 목적

으로 하는 법률로 저작권법이 있다. 자세한 저작권법 내용은 법제처의 현행법령정보,
로앤비(LAWⓝB)의 법령정보 또는 국립중앙도서관의 공개자료실 도서관관련법령 등
에서 참고할 수 있다.

### (1) 협의의 저작권

협의의 저작권에는 저작인격권과 저작재산권이 있다. 저작인격권은 저작자의 명예와
인격적 이익을 보호하기 위한 권리이며, 저작재산권은 저작자의 경제적 이익을 보전해
주기 위한 권리이다. 저작인격권에는 공표권, 성명표시권, 동일성유지권이 있으며, 지
적재산권에는 복제권, 공연권, 방송권, 전송권, 전시권, 배포권, 2차적 저작물 작성권,
편집저작물 작성권 등이 있다(표 10-1 참조).

〈표 10-1〉 협의의 저작권의 종류

| 구 분 | | | 종 류 |
|---|---|---|---|
| 협의의 저작권 | 저작인격권 | 공표권 | 저작물을 일반에게 공표하거나 공표하지 아니할 것을 결정할 권리 |
| | | 성명표시권 | 저작자 자신이 그 저작물에 자신의 이름을 표시하거나 표시하지 않을 권리 |
| | | 동일성유지권 | 저작물의 내용, 형식 및 제호의 동일성을 유지할 권리 |
| | 저작재산권 | 복제권 | 저작물을 인쇄·사진·복사·녹음·녹화 그 밖의 방법에 의하여 유형물에 고정하거나 유형물로 다시 제작할 권리 |
| | | 공연권 | 저작물을 상연·연주·가창·연술·상영 그 밖의 방법으로 일반 공중에게 공개할 권리 |
| | | 방송권 | 저작물을 유선 또는 무선 통신의 방법에 의하여 음성·음향 또는 영상을 일반 공중에게 송신할 권리 |
| | | 전송권 | 저작물을 일반 공중이 개별적으로 선택한 시간과 장소에서 수신하거나 이용할 수 있도록 무선 또는 유선통신의 방법에 의하여 송신하거나 이용에 제공할 권리 |
| | | 전시권 | 미술저작물의 원작품이나 그 복제물을 일반 공중이 볼 수 있도록 전시할 권리 |
| | | 배포권 | 저작물의 원작품 혹은 그 복제물을 일반 공중에게 대가를 받거나 받지 아니하고 양도 또는 대여할 권리 |
| | | 2차적 저작물 작성권 | 원저작물을 번역, 편곡, 변형, 각색, 영상제작 그 밖의 방법으로 독자적으로 창작물인 2차적 저작물을 작성하고 이를 이용할 권리 |
| | | 편집저작물 작성권 | 원저작물의 구성 부분을 창작적으로 선택·배열 또는 구성한 편집저작물을 작성하고 이를 이용할 권리 |

저작권은 저작물의 창작과 동시에 발생하며, 납본, 등록 등의 어떠한 절차나 방식을 요구하지 않는다. 이를 무방식주의라고 하며, 1886년 저작권 보호를 위한 대표적인 국제조약인 베른조약(Berne Convention)에서 무방식주의를 취한 이래 우리나라를 비롯한 세계 대부분의 국가에서 무방식주의를 취하고 있다. 이런 점에서 특허청에 출원하여 등록을 하지 않으면 권리가 발생하지 않는 산업재산권과는 다르다. 이렇게 저작권은 등록하지 않아도 법적 보호를 받을 수 있지만 문화체육관광부장관(이전 명칭: 문화관광부장관)으로부터 권한을 위탁받아 업무를 수행하고 있는 저작권위원회(이전 명칭: 저작권심의조정위원회)에 저작권을 정식으로 등록함으로써 기존에 발생한 저작권의 효력을 강화하는 법률적 이익을 얻을 수 있다. 저작권 등록이란 저작자 또는 저작재산자의 성명, 저작물의 제호 등 저작물에 관한 일정한 사실관계와 법률관계를 '저작권 등록부'에 등재하여 일반인들에게 널리 알리는 제도를 말한다.

저작권은 배타적 권리이며, 물건을 직접 지배하지는 않으나 전속적으로 취득하는 준물권이다. 따라서 저작물을 이용하는 사람은 권리자에게 반드시 사전 허락을 받아야 한다. 그리고 저작인격권은 저작자만 가질 수 있는 권리로서, 다른 사람에게 양도되거나 상속될 수 없는 성질(일신전속성)을 가지나 저작재산권은 전부 또는 일부 권리의 양도나 이전이 가능하다(채명기 2005).

저작재산권이 저작물을 배타적, 독점적으로 이용할 수 있는 권리이나 그 독점성을 무제한으로 인정하는 것은 공공의 이익에 맞지 않으며, 문화발전에 지장을 줄 수 있다. 즉, 저작권 보호를 통하여 저작자의 인격을 보호하고 경제적 유인을 제공함으로써 더 많고 더 나은 창작을 유도하되, 이 보호가 지나치게 되면 저작물의 원활한 이용을 제약하게 되어 오히려 국민의 문화생활이 위축되고 새로운 저작물의 창작을 저해하게 되므로 그 보호의 범위가 적절하게 조절되어야 할 필요가 있다. 따라서 저작재산권자의 이익을 부당하게 침해하지 않는 범위내에서 저작재산권은 제한을 받는다. 일반적으로 이러한 저작재산권의 제한을 공정 이용(Fair Use 또는 Fair Dealing)으로 표현한다. 그러나 정확히 말하면 공정 이용은 미국법의 Fair Use, 영국법의 Fair dealing을 말하는 것이고 우리나라의 법에는 공정 이용이라는 표현을 쓰지 않고, 저작권법 제6절 저작재산권의 제한에서 공정한 이용을 나타내는 저작권에 대한 제한사항을 열거하여 규정하고 있다. 대부분의 국가에서도 저작권에 대한 제한사항을 열거하여 규정하고 있다. 저작권을 가진 저작물은 자국만이 아니라 협약을 체결한 다른 나라에서도 동일한 권리를 보호받는 것으로, 미국, 영국 등 국가에 따라 다른 저작권법의 규정 예를 들면 공정 이용 등을 우리나라의 저작권에 대한 제한사항 등의 규정과 비교하여 이해하는 것이 필요하며, 이를 통해 저작권 보호 및 정보를 효율적으로 잘 이용할 수 있어야 한다.

즉 우리나라 저작권법 제6절 저작재산권의 제한에 의하면 재판절차 등에서의 복제, 학교교육목적에의 이용, 시사보도를 위한 이용, 공표된 저작물의 인용, 영리를 목적으로 하지 아니하는 공연·방송, 사적이용을 위한 복제, 도서관 등에서의 복제, 시험문제로서의 복제, 시각장애인 등을 위한 복제, 방송사업자의 일시적 녹음·녹화, 미술저작물 등의 전시 또는 복제, 번역 등에 의한 이용 등의 경우에는 정당한 범위 내에서 저작재산권이 일부 제한된다. 그러나 저작물을 이용하는 자는 일부의 경우를 제외하고 반드시 출처를 명시해야 한다.

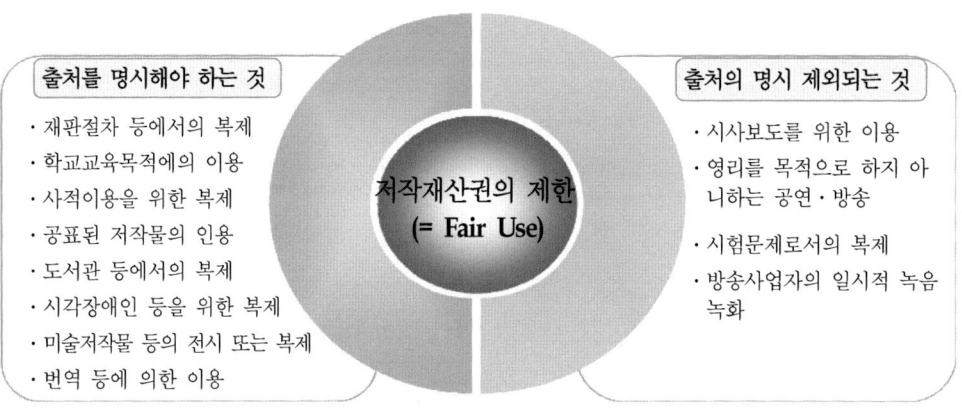

〈그림 10-3〉 저작권법 제6절 저작재산권의 제한 및 출처의 명시 사항

저작재산권의 보호기간은 저작권법 제7조에서 특별히 규정한 경우를 제외하고는 원칙적으로 저작자의 생존기간과 사망 후 50년간 존속한다. 저작권법 제7조에 규정된 보호기간은 아래와 같다.

- 원칙 : 저작자의 생존기간과 사망 후 50년간
- 무명 또는 이명 저작물 : 공표된 때부터 50년간
- 단체명의 저작물 : 공표한 때부터 50년간
- 영상저작물 : 공표한 때부터 50년간
- 공동 저작물 : 맨 마지막으로 사망한 저작자의 사망 후 50년

저작권 보호기간이 만료되었거나 저작권이 없는 상태를 퍼블릭 도메인(Public Domain)이라 한다. 퍼블릭 도메인 상태의 저작물은 저작권법, 산업재산권법 등의 보호를 받지 않는다. 즉 일반인이 저작물을 허가없이 자유롭게 이용할 수 있다. 예를 들면 저작권법이 제정되기 전에 만들어진 모나리자(The Mona Lisa), 성서(The Bible), 저작권 보호기간이 만료된 제인 오스틴의 소설 『오만과 편견(Pride and Prejudice)』, 허먼 멜빌의 『백경(Moby Dick)』, 저작권 보호를 받지 못하는 헌법, 미정부 발행 저작물 등이 있다(그림 10-4 참조). 우리나라 저작권법 2장 7조에서 규정하고 있는 저작권 보호받지 못하는 저작물은 아래와 같다.

- 헌법 · 법률 · 조약 · 명령 · 조례 및 규칙
- 국가 또는 지방자치단체의 고시 · 공고 · 훈령 그 밖의 이와 유사한 것
- 법원의 판결 · 결정 · 명령 및 심판이나 행정심판절차 그 밖의 유사한 절차에 의한 의결 · 결정 등
- 국가 또는 지방자치단체가 작성한 것으로서 헌법, 고시 등의 편집물 또는 번역물
- 사실의 전달에 불과한 시사보도
- 공개한 법정 · 국회 또는 지방의회에서의 연술

〈그림 10-4〉 퍼블릭 도메인 저작물의 사례

  그러나 모나리자 등 퍼블릭 도메인 저작물에 대한 특정 사진가의 이미지는 저작권이 있을 수 있다.

  저작권자는 저작권 심볼 ⓒ (원안에 알파벳 C) 또는 단어 'Copyright' 또는 약어 'Corp.'의 세 가지 방법을 사용하여 저작권이 있음을 시각적으로 표시하여야 한다(그림 10-5 참조). 그리고 위의 표기 다음에 발행년도와 저작권자의 이름을 기입한다. 예를 들면 Copyright ⓒ 2007 Kim Sun Hi 또는 Copyright ⓒ 2007 김순희 라고 표기한다. 그런데 저작권 심볼 ⓒ (원안에 알파벳 C)는 시각적으로 인식할 수 있는 저작물의 경우에만 사용되며, 녹음자료, 음반 등에는 녹음자료에 대한 저작권(phonographic copyright)을 나타내는 ⓟ (원안에 알파벳 P) 심볼을 사용해야 한다(UKCS 2007). 이와 같이 저작권에 대한 심볼은 일반적으로 두 가지 심볼이 사용된다. 퍼블릭 도메인 저작물에 대한 공통의 심볼은 아래의 오른쪽 그림과 같이 세 가지가 사용된다(그림 10-6 참조).

⟨그림 10-5⟩ 저작권 심볼 (UKCS 2007)　　⟨그림 10-6⟩ 퍼블릭 도메인 심볼 (Wikimedia 2007)

  다른 사람의 저작물을 이용하려는 사람은 저작권자에게 사전에 허락을 받아야 하나 상당한 노력을 기울였어도 저작재산권자를 알지 못하거나 저작재산권자를 알더라도 그의 거소를 찾을 수 없어 저작물의 이용을 허락받을 수 없는 경우에는 문화체육관광부장관의 승인을 얻은 후 문화체육관광부장관이 정하는 기준에 의한 보상금을 공탁하고 저작물을 이용할 수 있다. 이를 법정허락제도라고 하며, 현재 저작권위원회(이전 명칭: 저작권심의조정위원회)에서 문화체육관광부장관으로부터 권한을 위탁받아 업무를 수행하고 있다.

## (2) 저작인접권

저작인접권은 저작물의 복제·전파기술의 발달로 전통적인 저작권의 보호 이외에 저작물의 실연, 녹음 및 방송을 통하여 저작물의 배포, 전파에 기여한 사람들의 권리를 보호해 주기 위해 인정된 권리 개념이다(문화관광부 2006).

저작인접권자로는 실연자, 음반제작자, 방송사업자가 있으며, 그들에게 각각 부여되는 저작인접권의 종류는 아래와 같다. 저작인접권은 실연 또는 음반제작 또는 방송을 한 때부터 발행하며, 그 다음해부터 기산하여 50년간 존속한다(표 10-2 참조).

〈표 10-2〉 저작인접권의 종류 및 보호기간

| 저작인접권자 | 종 류 | 보호기간 |
|---|---|---|
| 실연자 | 복제권, 실연방송권, 전송권, 방송사업자에 대한 보상청구권, 음반대여업자에 대한 대여허락권 | 실연을 한 때부터 50년간 |
| 음반제작자 | 복제·배포권, 음반대여업자에 대한 대여허락권, 전송권, 방송사업자에 대한 보상청구권 | 음을 맨 처음 음반에 고정한 때부터 50년간 |
| 방송사업자 | 복제 및 동시중계방송권 | 방송을 한 때부터 50년간 |

저작인접권의 보호는 저작권에 영향을 미치지 않는다. 따라서 실연이나 음반 또는 방송물을 공연하거나 방송할 때에는 저작인접권자의 허락뿐만 아니라, 이용의 대상이 되는 저작물의 저작재산권자의 허락도 별도로 받아야 한다. 그리고 저작인접권자의 권리도 협의의 저작권과 마찬가지로 저작물의 이용에 있어 공공의 이익 등을 위하여 저작재산권의 제한과 같은 경우(저작권법 22조, 23조 2항, 24조, 29조, 30조 2항, 31조, 33조, 34조)에 그 권리가 제한된다(채명기 2005).

한편 2007년 4월 한미자유무역협정(FTA)에서 지적재산권 분과 최대 쟁점인 저작권 보호기간을 사후 50년에서 사후 70년으로 연장한다는 데 원칙적으로 합의하였으며, 협정 발효 후 2년의 유예기간을 두기로 하였다. 따라서 저작권 보호기간은 협정 발효 후 2년간의 유예기간이 지나면 70년으로 변경된다. 현재 저작권 보호기간이 70년으로 연장되는 것은 세계적인 추세이다.

### (3) 저작권의 침해 구제

저작권자는 저작권의 침해를 당한 경우 민사 및 형사상 구제 신청을 할 수 있다. 민사구제는 저작권자가 권리를 침해하는 자를 상대로 법원에 소송을 제기하여 침해의 정지, 침해의 예방 또는 손해배상의 담보를 청구하거나, 침해행위에 의하여 만들어진 물건의 폐기나 그 밖에 필요한 조치를 청구하는 것이다. 손해배상청구권은 불법 행위가 있었던 날로부터 10년내에 행사하지 않거나 손해 및 가해자를 안 날로부터 3년 내에 행사하지 않으면 시효에 의하여 소멸된다.

형사 구제는 저작권자가 고의에 의해서 저작권을 침해한 자를 수사당국에 소추해 달라고 요구하는 것이다. 저작권의 침해에 대한 형사상의 벌칙으로 저작재산권 등의 권리를 침해한 경우에는 5년 이하의 징역 또는 5,000만원 이하의 벌금에 처하거나 이를 병과하여 처벌할 수 있다. 저작인격권을 침해하여 저작자의 명예를 훼손시키거나 허위 등록을 한 경우에는 3년 이하의 징역 또는 3,000만원 이하의 벌금에 처하며, 출처 명시를 위반한 경우에는 500만원 이하의 벌금에 처한다(채명기 2005)(문화관광부 2006).

## 2) 산업재산권

산업재산권(Industrial Property)은 특허권, 실용신안권, 디자인권 및 상표권을 총칭하며, 산업활동과 관련된 사람의 정신적 창작물이나 창작된 방법에 대해 인정하는 독점적 권리인 무체재산권이다. 산업영역에의 기여에 대한 보호를 본질로 하는 산업재산권은 새로운 발명, 고안 등에 대하여 창작자가 일정 기간동안 독점적이고 배타적인 권리를 부여하는 대신 이를 일반에게 공개하여야 하며 일정 존속기간이 지나면 누구나 이용·실시할 수 있도록 하는 것으로 기술진보와 산업발전을 추구한다.

산업재산권은 무방식주의를 취하고 있는 저작권과는 달리 특허청에 출원·등록함으로써 권리를 가지며 등록에는 선출원주의가 적용된다. 최선의 발명자에게 특허를 받을 수 있는 자격을 주는 선발명주의를 고수하고 있는 미국을 제외하고 세계의 모든 나라가 최선의 출원자에게 특허를 받을 수 있는 자격을 주는 선출원주의를 채택하고 있다.

또한 각국의 산업재산권은 자국의 산업보호를 위하여 자국에 등록된 권리만을 보호하는 속지주의를 원칙으로 하고 있다. 따라서 등록을 한 나라에 한하여 보호되므로 각국에 따로 출원하여 권리화하여야 한다.

산업재산권의 출원은 발명인 및 그 승계인인 국내 자연인 및 법인이 가능하며, 재외자(국적여부와는 무관하게 국내에 주소 또는 영업소가 없는 자)는 대리인을 선임한 재외자가 국내에 체재하는 경우와 대리인의 선임, 변경 또는 대리권의 수여, 소멸에 관하여 등록하는 경우를 제외하고는 단독으로 출원 등의 절차를 밟을 수 없고 국내에 주소 또는 영업소를 가지는 자(특허관리인)를 통해서만 가능하다.

각각의 산업재산권을 규율하기 위하여 특허법, 실용신안법, 상표법, 디자인보호법이 제정 · 시행되고 있다. 산업재산권을 침해받은 자는 민사 및 형사상으로 구제를 신청할 수 있다.

## (1) 특허권

특허권(Patent Right)은 아직까지 없었던 물건 또는 방법을 최초로 발명하였을 경우 그 발명자에게 주어지는 권리이다. 독창적인 기술적 사항이고 자연법칙을 이용한 것으로 기술적 효과를 낼 수 있고 산업상 이용할 수 있는 것이어야 특허를 받을 수 있다. 특허권은 특허출원 후 심사와 출원공개를 거쳐 등록을 해야만 권리를 취득할 수 있으며, 그 권리의 존속기간은 설정등록 후 출원일로부터 20년간이다.

## (2) 실용신안권

실용신안권(Utility Model Right)은 '자연법칙을 이용한 기술적 사상의 창작'으로 물품의 형상 구조, 조합에 관한 고안으로서 특허청에 출원해 등록함으로써 부여받는 배타적인 전용권이다. 실용신안의 출원 및 심사, 심판절차는 특허와 거의 동일하나 실용신안은 특허보다는 고술고도성이 약간 떨어지는 것으로, 특허권의 존속기간이 20년간인데 비해 실용신안권의 존속기간은 설정등록 후 출원일로부터 10년간으로 특허권보다 짧다. 발명과 고안은 다음과 같이 정의될 수 있다.

- 발명의 정의 : 자연법칙을 이용한 기술사상의 창작으로서 고도한 것
- 고안의 정의 : 자연법칙을 이용한 기술사상의 창작

예를 들어 1876년 알렉산더 그래햄 벨이 모스 부호라는 장거리 통신을 인간의 자연 언어로 대체할 수 있는 획기적인 '전화기'를 발명하였는데 그 전화기 자체의 개발은 특허의 대상이 될 수 있다. 그러나 벨의 전화기는 송화기와 수화기가 분리되어 불편했던 것으로 분리된 송화기와 수화기를 편리하게 일체형의 형상이나 구조로 고안한 것은 실용신안의 대상이 된다.

### (3) 디자인권

디자인권(Design Right)은 산업적 물품 또는 제품의 독창적이고 장식적인 외관 형상의 보호를 위하여 등록을 통하여 창작자에게 일정기간 창작된 디자인에 대한 부여하는 독점적인 권리이다. 과거엔 '의장권'이라 하였으나, 2004년 12월 '의장법'이 '디자인보호법'으로 개정되면서, '의장권'도 '디자인권'으로 명칭이 바뀌었다.

디자인이란 물품의 형상·모양·색채 또는 이들을 결합한 것으로서 시각을 통하여 미감을 일으키게 하는 것을 말한다. 즉, 기술과는 무관하게 물품의 미적외관을 시각적인 관점에서 파악되는 것이며, 반드시 특정된 물품에 표현되어야 한다(NHN Corp.). 디자인권의 존속기간은 설정등록일로부터 15년간이다.

예를 들면 Incoming Call회사의 M&M 전화기처럼 다양한 색상이나 형상 등을 결합하여 시각적으로 미감을 일으킨다면 디자인이 된다.

### (4) 상표권

상표권(Trademark Right)은 상품을 생산, 가공, 증명 또는 판매하는 것을 업으로 영위하는 자가 자기의 업무에 관련된 상품을 타인의 상품과 식별되도록 하기 위하여 사용하는 기호, 문자, 도형 또는 이들을 결합한 것 즉 상표를 특허청에 출원해 등록함으로써 등록상표를 지정상품에 독점적으로 사용할 수 있는 배타적인 권리이다. 상표권

은 설정등록에 의하여 발생하고 그 존속기간은 설정등록일로부터 10년이며, 갱신등록
의 출원에 의하여 10년마다 갱신할 수 있는 것으로 반영구적 권리라고 할 수 있다.

예를 들면 전화기에 타 상품과 구별될 수 있도록 LG, SAMSUNG, NOKIA, GE 등
전화기 제조사의 심볼마크, 로고 또는 브랜드명을 부착하고 이를 등록하면 상표가 된
다(그림 10-7 참조).

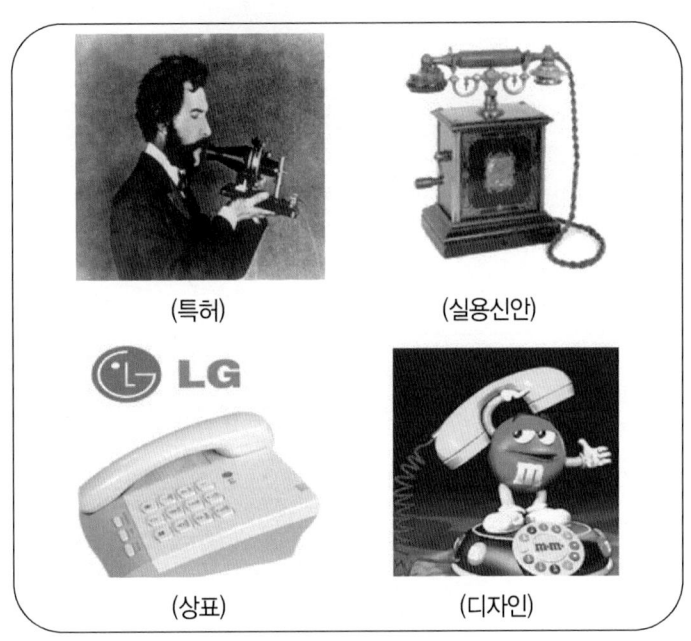

〈그림 10-7〉 산업재산권의 사례 1 - 전화기

자동차의 경우를 들어 설명하면 자동차 엔진 제어시스템, ABS 브레이크시스템, 변
속기 시스템 등의 개발은 특허에 속하며, 백미러, 컵홀더, 자동차 도어, 의자 높낮이
조정 등의 고안은 실용신안에 속한다. 그리고 차체, 의자, 전방 램프 및 리어 스포일러
의 형상을 새롭게 한 것은 디자인에 속하며, 소나타, 레간자 등의 자동차 명칭 또는
현대, BMW, 아우디, 벤츠 등의 제작사 명칭은 상표에 해당된다(그림 10-8 참조).

〈그림 10-8〉 산업재산권의 사례 2 - 자동차

〈표 10-3〉 산업재산권의 종류

| 종 류 | | 사 례 | 존속기간 |
|---|---|---|---|
| 특허권 | 발명<br>(물질, 장치, 방법, 용도) | 자동차 엔진 제어시스템,<br>전화기, 만년필 | 설정등록후<br>출원일로부터 20년간 |
| 실용신안권 | 고안(물품) | 자동차 백미러, 전화기의 송수화기,<br>포켓용 만년필 뚜껑 & 피펫 | 설정등록후<br>출원일로부터 10년간 |
| 디자인권 | 산업디자인(물품) | 차체, 전화기, 만년필의 형상 | 설정등록일로부터 15년 |
| 상표권 | 상표, 서비스표,<br>단체표장, 업무표장 | 자동차 및 제작사 명칭,<br>전화기, 만년필의 브랜드 | 설정등록일로부터 10년<br>(10년마다 갱신가능, 반영구적) |

## 3) 신지적재산권

과학의 발달과 사회여건의 변화에 따라 특허, 실용신안, 디자인, 상표, 저작권 등의 전통적인 기존의 지적재산권 영역에는 포함되지 않는 새로운 행태의 지적 창작물에 대한 권리가 등장하게 되었다. 이러한 지적창작물에 대한 재산적 권리를 신지적재산권 (New Intellectual Property)이라고 한다.

반도체 집적회로 배치설계권, 생명공학 기술권, 컴퓨터프로그램 및 소프트웨어권, 영업비밀 보호권, 데이터베이스권, 뉴미디어권 등이 신지적재산권의 분야에 속한다(표 10-4 참조). 신지적재산권은 기존의 지적재산권체계로는 보호하기 어려운 경우가 많고 나라마다 보호범위, 방식 등이 상이하여 국제적인 통일규범을 마련하기 위한 논의가 세계지적재산권기구(WIPO)를 중심으로 진행되고 있다(동원국제법률사무소2003).

〈표 10-4〉 신지적재산권의 종류

| 종 류 | | 내 역 |
|---|---|---|
| 첨단산업<br>재산권 | 반도체 집적회로<br>배치설계권 | 반도체 집적회로 창작자의 권리 보호, 배치설계의 공정한 이용을 도모해 그 산업기술을 진흥함으로써 그 권리를 보호함 |
| | 생명공학 기술권 | 유전공학, 미생물, 응용미생물, 무성번식 변종식물 등 4가지 특허가 있으며, 새로운 전략적 무역산업으로써 중요한 지적재산권의 부분이 됨 |
| 산업저작권 | 컴퓨터 프로그램 및<br>소프트웨어권 | 컴퓨터 프로그램 저작물 저작자의 권리를 보호하고, 그 분야의 창작활동 및 저작물의 공정한 이용을 촉진, 산업기술진흥을 도모함 |
| 정보<br>재산권 | 영업비밀 보호권 | 영업비밀은 보통 노하우라는 말로 잘 사용되며, 설계도, 공정도, 실험데이터, 제조기술, 거래처명부, 판매기 등이 있음 |
| | 데이터베이스권 | 컴퓨터에 의한 검색이 가능하도록 신문기사, 학술논문초록, 자연과학과 사회과학의 각종 데이터, 법령, 관례 등을 정리통합한 것 |
| | 뉴미디어권 | 개성과 성격이 뚜렷한 이미지의 전달매체로서 디자인 등에 이용 제작 판매하며, 잡화와 의류 등에 사용하는 추세가 크게 증가된 신지적재산권임 |
| 기타 | 캐릭터, 프렌차이징,<br>맛, 소리, 냄새상표 등 | |

연습문제

1. 지적재산권에 대한 설명으로 맞지 않는 것은? (     )
   1) 지적재산권은 저작, 발명 등의 정신적, 지능적 창조물을 독립적으로 이용하는 것을 내용으로 하는 무체의 재산권이다.
   2) Public domain은 저작권이 없거나 만료된 것을 말한다.
   3) 지적재산권의 종류로는 저작권, 산업재산권, 신지적재산권이 있다.
   4) 산업재산권에는 특허권, 상표권 , 디자인권, 실용신안권이 있다.
   5) 저작권 침해를 당한 사람은 민사상으로만 구제 신청이 가능하다.

2. 다음 중 어느 것이 표절(Plagiarism)에 해당하는가? (     )
   1) 인용 표시없이 자기 것처럼 다른 사람의 글을 이용하는 것
   2) 인용 표시없이 자기 것처럼 다른 사람의 아이디어를 이용하는 것
   3) 인용 표시없이 텍스트를 베껴 사용하는 것
   4) 다른 사람의 정보를 바꾸어 쓰거나, 승인없이 이용하는 것
   5) 위의 것 모두

3. 저작권에 대한 설명 중 틀린 것은? (     )
   1) 책이나 저널을 복사하는 것은 저작권에 제한을 받는다.
   2) 단체명의 저작물의 저작권 보호기간은 공표된 때로부터 20년이다.
   3) 온라인 강의안을 저작권자의 허락없이 다운로드하여 웹 등을 통해 일반에게 공개하는 것은 저작권에 위배된다.
   4) 저작권의 보호기간은 원칙적으로 저작자의 생존기간 및 사망 후 50년이다.
   5) 출판물 또는 출판되지 않은 저술은 모두 저작권에 제한을 받는다.

4. 연구를 수행하고 발표할 때 이용한 정보원의 출처를 항상 밝혀야 하는 이유는 무엇인가?

5. 지적재산권이란 무엇인가(정의 및 종류)?

6. 산업재산권의 종류를 예를 들어 설명하시오.

# 참고문헌

김순희. 2007. 2006. 『정보문해 온라인 강의록』. 서울: 성균관대학교.

동원국제법률사무소. 2003. "지적재산권 개요." [cited 2006.5.12].
⟨http://www.chung.co.kr/new/public_html/korean/intellectual/int_intro.php⟩.

문화관광부. 2006. "저작권 일반상식." [cited 2007.4.26].
⟨http://www.mct.go.kr/open_content/copyright/anxiety/anxiety11.htm⟩.

채명기. 2005. 『박물관·미술관 속 저작권』. 서울: 한국박물관협회, 저작권심의조정위원회.

한국과학기술원(KAIST). 2006. "우리나라의 산업재산권제도." [cited 2007.6.2].
⟨http://research.kaist.ac.kr/v2/sub03_01_01.asp⟩.

Bells, Mary. "Copyright Notice and the Use of the Copyright Symbol." [cited 2007.5.31].
⟨http://inventors.about.com/od/copyrights/a/CopyrightNotice.htm⟩.
⟨http://inventors.about.com/od/copyrights/a/CopyrightNotice_2.htm⟩.

Name Your Flavor.com. 2005. "M&M Brand Chracter-Voice Activated Phone." [cited 2007.5.31].
⟨ www.nameyourflavor.com⟩.

NHN Corp. "디자인권." [cited 2007.6.2].
⟨http://terms.naver.com/item.nhn?dirId=700&docId=5683⟩.

Ohio State University Libraries. 2007. "Using Information." [cited 2007.4.11].
⟨http://gateway.lib.ohio-state.edu/tutor/les7/⟩.

The UK Copyright Service. 2007. "The Copyright Symbol." [cited 2007.6.2].
⟨http://www.copyrightservice.co.uk/copyright/copyright_symbol⟩.

Wikimedia Foundation. 2007. "Symbols of Public Domain." [cited 2007.5.31].
⟨http://ig.wikipedia.org/wiki/Image:Common_PD_Symbols.svg⟩.

World Intellectual Property Organization. "What is Intellectual Property?" [cited 2007.4.2].
⟨http://www.wipo.int/about-ip/en/⟩.

Queensland University of Technology. "Use Your Information Appropriately." [cited 2007.4.2].
⟨http://pilot.library.qut.edu.au/module6/6_5/6_5_1.jsp⟩.

# 표 목 차

# 그림목차

# 한글색인

(ㅊ)

# 영문색인

# 저자

김순희  •약  력•
성균관대학교 문헌정보학과 졸업
성균관대학교 대학원 문헌정보학과 석사과정: 도서관학석사
성균관대학교 대학원 문헌정보학과 박사과정: 문학박사
성균관대학교 정보문해 강사(2006-2007)
성균관대학교 부설 사서교육원 강사(2005-2007)
한국디자인진흥원 디자인정보자료실 과장(현재)

•주요 논저•
「온라인 정보문해 과목의 교육 효과 및 만족도 평가에 관한 연구」
『디자인분야 정보문해 교육 모형 개발과 적용에 관한 연구』
「학문분야·주제별 정보소양 교육을 위한 국가 정보소양 기준과
　　프로그램의 비교분석에 관한 연구」
「디자인분야 정보문해 교육 활성화 방안에 관한 연구」
「디자인학분야 문헌의 인용분석 연구」
「하이브리드 디지털도서관에서의 디지털 정보자료의 구축과 이용
　　에 관한 연구」
「도서관 심벌에 대한 사례조사 및 분석연구」
외 다수

## 정보문해

• 초 판 인 쇄　2008년 3월 20일
• 초 판 발 행　2008년 3월 20일

• 지 은 이　김순희(Copyright ⓒ 2008 김순희)
• 표지디자인　김순희(Copyright ⓒ 2008 김순희)
　　　　　　　이치성(assistant)
• 펴 낸 이　채종준
• 펴 낸 곳　한국학술정보㈜
　　　　　　경기도 파주시 교하읍 문발리 513-5
　　　　　　파주출판문화정보산업단지
　　　　　　전화　031)908-3181(대표)·팩스　031)908-3189
　　　　　　홈페이지　http://www.kstudy.com
　　　　　　e-mail(출판사업부)　publish@kstudy.com
• 등 록　제일산-115호(2000. 6. 19)
• 가 격　36,000원

ISBN　978-89-534-8326-2 95020 (Paper Book)
　　　　978-89-534-8327-9 98020 (e-Book)